KB193768

폭풍

다음에

블

폭풍 다음에 불 : 희망 없는 시대의 희망
Hope in Hopeless Times

지은이	존 홀러웨이
옮긴이	조정환
펴낸이	조정환
책임운영	신은주
편집	김정연
디자인	조문영
홍보	김하은
프리뷰	박서연·손보미
초판 인쇄	2024년 10월 24일
초판 발행	2024년 10월 28일
종이	타라유통
인쇄	예원프린팅
라미네이팅	금성산업
제본	바다제책
ISBN	978-89-6195-368-9 03300
도서분류	1.철학 2.정치경제학 3.정치철학 4.사회운동 5.맑스주의
값	27,000원
펴낸곳	도서출판 갈무리
등록일	1994. 3. 3.
등록번호	제17-0161호
주소	서울 마포구 동교로18길 9-13 2층
전화	02-325-1485
팩스	070-4275-0674
웹사이트	www.galmuri.co.kr
이메일	galmuri94@gmail.com

일러두기

1. 이 책은 John Holloway의 *Hope in Hopeless Times* (London : Pluto Press. 2022)를 완역한 것이다.
2. 인명, 책 제목, 논문 제목, 전문 용어 등 고유명사의 원어는 맥락을 이해하는 데 꼭 필요하다고 생각되는 경우를 제외하고는 본문과 각주에서 병기하지 않았으며 찾아보기에 수록하였다.
3. 단행본, 전집, 정기간행물에는 겹낫표(『 』)를, 논문에는 홑낫표(「 」)를 사용하였다.
4. 단체, 밴드, 영화 이름에는 홑화살괄호(〈 〉)를 사용하였다.
5. 영어판에서 이텔릭체로 강조된 것은 고딕체로 표기하였다. 영어가 아닌 외래어라서 이텔릭체 강조된 것은 한국어판에서 강조하지 않았다.
6. 본문에서 저자가 첫 글자를 대문자로 표기한 낱말들은 한글 번역어 첫 글자를 고딕체로 표시하여 영어 단어가 대문자로 시작한다는 점을 나타내주고(예 : 화폐) 처음 나올 때 원문을 병기했다.

존 홀러웨이는 복잡하고 학문적이며 지적 만족감을 주는 논쟁들을 놀라울 정도로 읽기 쉬운 산문으로 풀어내는 뛰어난 재능을 가지고 있다. 이 책에서 자본주의적 통제에 대한 그의 비타협적인 비판과 "무리"에 대한 그의 옹호는 우리가 현대 사회에서 겪고 있는 몇몇 독에 대한 해독제로 작용한다.

마이클 하트, 『전복적 70년대』의 지은이

우리는 모든 것이 사라지거나 다시 태어날 수밖에 없는 역사의 영점에 있다. 생명의 멸종에 대해서는 필수적인 것들이 이미 이야기되었다. 그러나 세계 곳곳에서 타오르고, 꺼지고, 다시 불타오르는 반란들에 대해서는 거의 이야기되지 않았다. 때때로 그 반란들은 허망하게 끝났다. 하지만 이제 처음으로, 운동이 지도자나 외부 조직 없이 성장하고 있다. 그 운동의 핵심적 열망은 진정으로 인간이 될 자유다. 존 홀러웨이는 이 넘쳐흐름의 시 속에서 삶의 반란을 포착한 사람 중 하나다.

라울 바네겜, 『일상생활의 혁명』의 지은이

돈은 피착취자들, 소수자들, 생산하면서 복종해야 하는 자들의 감옥이다. 우리는 그 안에 갇혀 있다. 하지만 노동하고 투쟁하면서 화폐의 지평을 넘어선 곳을 발견할 때 우리는, 금융 명령의 취약성을 드러내고 해방 투쟁의 문을 여는 운동을 통해 희망을 체현한다. 더 이상 자본이 지배할 수 없는 우리, 우리들 모두, 요컨대 혁명적 다중은 희망으로 무장하고 있다. 홀러웨이는 이 책의 이어지는 장들 속에서 자신이 전투적인 삶 속에서 뿌려온 것들을 확실하게 모아내면서 우리를 큰 감동으로 이끈다.

안또니오 네그리, 『주권의 종말』의 지은이

세계가 점점 더 분명하게 재앙을 향해 치닫고 있으며, 이를 멈추려는 모든 시도가 지금까지 실패해 왔다는 사실에 직면하여, 더 나은 세계를, 좀 더 인간적이고 더 정의로운 세계를 추구하는 것이 무의미하다고 선언하는 것이 일리가 있을 수 있다. 하지만 이러한 경향에 반하여, 존 홀러웨이는 희망이 없는 시기에도 희망을 포기해서는 안 된다고 주장한다. 그는 희망이 없는 시기에도 희망을 포기하지 않아야 할 이유가 있다고 주장한다. 그 희망은 소망적 사고로서의 희망이 아니라 기존의 관계들, 그 모순들, 현재의 가능성들, 그리고 이미 존재하는 실천적 주도성들을 면밀히 고려한 결과로서의 희망이다. 어떤 사람들에게는 이것이 지나치게 낙관적으로 보일 수도 있지만, 홀러웨이의 성찰은 중요하며, 그것은 반드시 진지하게 다루어져야 한다.

요아힘 히르쉬, 프랑크푸르트 요한 볼프강 괴테 대학교 명예 교수

에른스트 블로흐의 『희망의 원리』, 칼 맑스의 정치경제학 비판, 그리고 사빠띠스따의 존엄한 분노를 결합하고 있는 존 홀러웨이의 이 새 책은 괴물 같은 자본주의 히드라에 맞서 싸우고 그것을 파괴하라는 멋진 호소이다.

마이클 뢰비, 맑스주의 사회학자 겸 철학자

우리 시대의 비참함 속에서 우리는 무엇을 희망하는가? 우리는 이미 너무나 파국적인 것으로 드러난 사회주의의 완전 노동경제 체제를 희망하는가? 아니면 오랜 시대의 오물을 제거하면서 사회를 새롭게 창조하기를 희망하는가? 홀러웨이의 이 용감한 책은 부가 자유로운 가처분 시간이며 평등이 인간의 필요를 위한 평등인 사회를 주장한다. 이 책은 홀러웨이의 가장 전복적인 모습을 보여준다.

워너 본펠드, 요크 대학교 교수

자신의 놀라운 삼부작의 이 마지막 권에서 홀러웨이의 작업은 그가 화폐라는 가장 어두운 힘, 이 진짜 히드라를 사로잡아 목을 조르면서 절정으로 치닫는다.

아니트라 넬슨, 『화폐를 넘어서 : 탈자본주의 전략』의 지은이

차례

폭풍
다음에
불

물통은 가둔다. 분수는 넘쳐흐른다.
윌리엄 블레이크, 「지옥의 잠언」

화폐는 가둔다. 풍요는 넘쳐흐른다.

『폭풍 다음에 불』은 가만히 있지 않으려는 고뇌이며, 다시 생각하고 또 생각하고 또 생각해야 하는 문제입니다. 이 책은 "오늘, 어느 날"로 시작하면서, 독자 여러분에게 아침 신문을 펴보라고 권유합니다. 2017년 7월 25일, 이주민 열 명이 트레일러에서 질식사했다는 소식이 전해졌을 때 쓴 글입니다. 6년이 훨씬 지난 2023년 12월 27일 오늘, 나는 신문을 펴고 가자지구의 대량 학살 전쟁에 대해 읽습니다. 이스라엘 정부는 미국 정부의 적극적인 지원을 받아 팔레스타인에서 매일 수백 명의 사람들(주로 어린이들)을 죽이고 있습니다. 전 세계 거의 모든 국가가 이것에 반대하지 않고 있습니다. 이 세계는 시위가 점점 더 많은 검열과 탄압에 부딪히는 세계입니다. 희망 없는 시대는 더욱 희망 없게 되고, 희망은 점점 더 어려워지고 있습니다.

이 책은 매일 아침 일어나 자신을 다시 쓰고 싶어 합니다. 주장이 틀려서가 아니라 희망 없음 속에서의 희망의 투쟁이 날마다 다시 태어나야 하기 때문입니다. 그래서 새로운 판이 출판될 수 있을 때, 나는 새로운 서문을 쓸 필요성을 느낍니다. 지금은 그 새로운 판이 한국어판입니다. 나는 이 책이 한국에서 출간된 것에 대한 나의 기쁨을 노래하고 싶습니다. 그리고 이 책을 번역해 주신 조정환 역자님과 이 책을 출판하는 데 힘써 주신 김정연 편집자님 및 갈무리 활동가들 모두에게 무한한 감사를 전하고 싶습니다. 아울러 나는 이 책의 본문을 마무리 지은 후 수년 동안에 이루어진 세계의 변화 양상들 중에서 한 가지 특수한 측면에 대해서 약간 말하고 싶습니다.

1. 이 책에 나오는 주장의 대부분은 겉보기와 달리 우리가 사회적 난국에 살고 있다는 생각을 중심으로 전개됩니다. 심각한 위기로 인해 발생할 수 있는 사회적 결과에 대한 두려움 때문에 자본은 점점 더 허구적인 세계로 빠져들게 되었습니다. 그 세계 속에서 부채의 끊임없는 확대는 심각한 위기와 자본의 구조조정이 수반하곤 하는 사회적 대결을 피할 수 있게 했습니다. 종종 실수로 묘사되곤 하는 중앙은행의 "금융완화" 정책은 사회적 압력에 대한, 궁극적으로는 무리에게서 느끼는 두려움에 대한 대응이었습니다. 이것은 1970년대 이후 전 세계적으로 혁명 활동이 쇠퇴하도록 만들었습니다. 하지만 다른 한편에서 그것은 시스템을 더욱 취약하고 공격적이며 비효율적으로 만들었습니다. [이런 의미에서는] 우리가 바로 자본의 위기입니다.

팬데믹 기간 동안 부채 확대가 가속화되었습니다. 하지만 그것은 유지하기가 점점 더 어려워졌습니다. 2022년 초 이 책의 집필을 마무리할 당시 미국 연방준비제도이사회(이하 연준)와 기타 지도적인 중앙은행들에 의해 주요한 방향 변화가 있을 것이라는 징후가 점점 더 늘어났습니다. 이 방향 변화는 극적이었습니다. 2022년 3월부터 연준은 이자율을 거의 0%에서 5% 이상으로 단계적으로 인상했습니다. 다른 주요 중앙은행들도 비슷한 방식으로 행동했습니다. 또한, 양적 완화QE는 양적 긴축QT으로 대체되었습니다. 연준은 2023년 3월에 자신이 축적한 9조 달러의 자산 중에서 시장을 지원하기 위한 자산 매입을 최대 월 950억 달러씩 축소하는 방향으로 정책을 전환하기로 결정했습니다(『파이낸셜 타임스』, 2022년 4월 6일).

이것은 통화 정책의 수사와 현실 모두에서의 중요한 변화로서 사십 년 만에 금융완화 시대를 포기한 것입니다. 연준에 관해서는 볼커 시대로의 복귀에 대한 이야기가 많았습니다. 2022년 3월 17일 자 『파이낸셜 타임스』는 다음과 같이 보도했습니다. "이달 초 의회에서 증언한 제이 파월은, 미국 연준이 인플레이션을 다시 통제하기 위해 '필요한 조치를 취할' 준비가 되어 있는지, 그리고 '어떤 대가를 치르고서도' 가격 안정을 되찾았던 존경받는 전임자 폴 볼커의 발자취를 따를 준비가 되어 있는지 물었습니다. 작고한 볼커를 '당대 최고의 경제 공직자'라고 부르면서 파월은 '나는 당신의 질문에 대한 대답이 역사에 "예"로 기록되기를 바랍니다'라고 답했습니다."

이러한 방향 변화가 전 세계적으로 상당한 고통을 야기하고 있다는 것이 시인되고 있음에도 불구하고 경제평론가들은 만장일치로 그것이 필요하다고 생각하는 것 같습니다. 금융완화라는 "잘못된" 정책을 수년간 시행한 후에야 말입니다. 물론 이 방향 변화가 얼마나 멀리까지 추진되어야 하는지에 대해서는 비둘기파와 매파 사이에 차이가 있습니다.

이러한 방향 변화가 무리에 대한 두려움이 자본에게 부채의 확대를 강제해 왔다는 이 책의 주장을 약화시키는 것일까요?

2. 이러한 방향 변화는 분명히 풍요richness에 대한 화폐의 지배를 재구성하려는 시도입니다. 이것이 상당한 사회적 고통과 불만을 야기할 것이라는 점을 알고 있으면서 말이지요. 우리는 부채를 통한 장기적 팽창 기간이 점점 더 비효율적이고 불안정한 경제를 가져왔다는 사실에 대해 살펴보았습니다. 그것의 전 기간에 걸쳐 인플레이션이 존재했지만 그것은 주로 자산 가격에 국한되었고 부동산 소유자들(주택 소유자만이 아니라 좀 더 극적으로는 주식, 채권 및 기타 금융 자산 소유자들)의 이익을 위해 작동했습니다. 지난 몇 년 동안에 인플레이션은 소비재로 옮겨

갔고 많은 나라에서 물가는 지난 사십 년 동안 볼 수 없었던 속도로 상승했습니다.

인플레이션은 방향 변화에 대한 동기 또는 정당화를 제공했습니다. 상승하는 인플레이션은 실제로는 두 가지 전혀 다른 현상을 포괄합니다. 한편에서 그것은 순전히 화폐적인 현상입니다. 우리는 금융완화의 시대에 은행을 통해 화폐 팽창이 이루어졌고 그에 따라 자본가들에게 은행 대출이 이루어졌음을 보았습니다. 위기를 피하기 위해 필요한 "헬리콥터 화폐"는 무작위로 투하된 것이 아니라 특별히 자본가들로 하여금 계속 투자를 할 수 있도록 하기 위한 것이었습니다. 그 투자의 대부분이 순전히 투기적이었음에도 불구하고 말이죠. 그에 따른 자산 가격의 인플레이션은 정책 변경이 필요한 문제로 간주되지 않았습니다. 그렇지만 팬데믹 기간 동안 사회적 압력들을 가두는 데 필요한 화폐 팽창의 일부는 은행을 통해 전달된 것이 아니라 사람들에게 직접 주어졌습니다. 트럼프 정부와 바이든 정부가 사람들에게 직접 수표를 주려고 취했던 조치에서처럼 말입니다. 이것은 창출된 가치의 상응하는 증가 없이 소비재를 구매하는 데 더 많은 돈을 사용할 수 있음을 의미했습니다. 그 결과 해당 상품들의 가격도 상승했습니다. 이러한 조치들이 "인플레이션 요정이 … 병에서 나오도록" 만들었습니다(크리스 자일스, 『파이낸셜 타임스』, 2022년 4월 15일).

지금 진행 중인 인플레이션의 두 번째 요소는 단순히 특정 상품의 가치가 상승했다는 것입니다. 우크라이나 전쟁은, 말하자면, 일 톤의 곡물을 생산하는 데 필요한 사회적 필요 시간이 늘어났다는 것을 의미합니다. 팬데믹 기간과 그 이후에 공급망 중단이 발생했습니다. 이것은 미국과 중국 간의 긴장이 고조되면서 더욱 악화되었습니다. 이러한 변화로 인해 관련된 상품들의 가격이 상승했습니다. 이것은 화폐적 현상이 아닙니다. 그래서 통화 공급의 긴축으로 직접적인 영향을 받을 가능성이 낮습니다. 그런데도 이 요소가 인플레이션을 낮추기 위한 통화 긴축을 정당화하는 데 사용되고 있습니다.

인플레이션이 왜 문제가 됩니까? 화폐를 교환 수단으로 정상적으로 사용하는 경우에서는, 소득(예: 임금)의 인플레이션이 우리가 소비하는 물가의 인플레이션과 보조를 맞추는 한 인플레이션은 그다지 문제가 되지 않습니다. 인플레이션이 제거되어야 할 주요 위협이 되는 것은 오히려 가치 축장 수단으로서의 화폐의 기능에서입니다. 그것은 자본과 자본가들에게 결정적입니다. 왜냐하면 부자들로서는 [인플레이션으로 인한] 부의 침식이 중단되어야 하기 때문입니다. 게다가 인플레이션은 사회적 불안정을 증가시킬 위험이 있습니다. 물가가 오르면 노동자들이 이에 상응하는 임금 인상을 요구할 가능성이 높습니다. 이로 인해 자본가들은 가격을 더욱 인상하게 되고 임금-가격의 불안정한 악순환이 시작될 수 있습니다. 우려되는 점은 이것이 인플레이션과 저성장의 결합으로 이어질 수 있다는 것입니다. 그것은 흔히 "스태그플레이션"이라고 불립니다. 스태그플레이션은 1970년대와 연관되어 있습니다. 그래서 현재의 통화긴축 논의에서 끊임없이 반복되는 주문mantra은 매우 고통스러웠던 것으로 이해되는 시기인 1970년대로 돌아가는 것을 피해야 한다는 것입니다. "1970년대로 돌아가서는 안 된다."가 "또 다른 볼커가 필요하다."로 됩니다. 현 연준 의장인 제이 파월이 통화긴축을 중단하라는 사회적 압력을 버텨낼 용기를 갖고 있느냐 없느냐가 주요한 관심사가 되고 있습니다. 1970년대가 재앙의 십 년이었다는 생각은 이런 식의 논의 속에서 결코 의문에 붙여지지 않습니다. 많은 사람들에게 그 십 년이 저항, 파업, 노동조합의 힘, 혁명적 운동, 혁명적 희망의 십 년이었다는 사실은 전혀 언급되지 않습니다.

3. 금리 인상이 사람들에게 엄청난 영향을 미쳤고 또 계속해서 미치고 있는 대규모 공격이라는 점에는 의심의 여지가 없습니다. 금리의 급격한 상승은 장기(모기지)나 중기(예를 들어 자동차) 부채가 있는 모든 사람들에게는, 그리고 오직 생존을 위해 돈을 빌려야 하는 수많은 사람들에게도 생활 수준이 급격히 낮아진다는 것을 의미합니다. 금리가 실제로 상승하면서 세계 곳곳에서 파산이 엄청나게 증가했고 그에 따른 일자리 상실도 발생했습니다. 우크라이나와 팔레스타인 전쟁 때문에, 그리고 국가 간의 재정적·경제적 긴장이 커졌기 때문에 국가들 사이의 긴장이 고조되었고 이에 따라 모든 곳에서 국가 지출이 삭감되거나 지출이 복지에서 군대로 다시 집중되는 현상이 나타나고 있습니다. 2023년이 역사상 가장 더운 해였음에도 불구하고 세계 곳곳에서 녹색 정책에 대한 반발이 일어나고 있습니다.

이 모든 것은 풍요에 대한 화폐의 지배를 확고히 하려는 시도이며, 인간의 잠재력에 이윤이라는 파괴적인 논리를 부과하려는 시도입니다. "세계가 더 이상 견디지 못할 것이다."라는 케인스의 두려움은 완전히 옆으로 밀쳐지고 "세계는 반드시 견뎌야 한다. 그리고 우리는 그렇게 하도록 보장할 무장력을 갖고 있다."가 대신 들어선 것 같습니다. 이것은 "구세계 당"이 폭동을 일으키는 것입니다. 연준과 다른 중앙은행들에 의한 지금의 공격은 떼mob를 화폐로부터 축출하려는 시도입니다. 화폐는 의기양양하게 도전받지 않으면서 지배합니다. 아니, 그렇게 보입니다.

4. 중앙은행의 정책 변화는 확실히 중요한 방향 변화입니다. 하지만 그것의 급진적 성격이 과장되어서는 안 됩니다. 아마도, 얼핏 보기에 그런 것보다 더 많은 연속성이 있을 것입니다. 이것은 후버 대통령 휘하의 미국 재무장관인 앤드루 멜론이 위기에 대한 대응으로 옹호했던 '청산주의

적' 입장("노동을 청산하라, 주식을 청산하라, 농민을 청산하라, 부동산을 청산하라. 그렇게 하면 시스템에서 부패가 제거될 것이다."〔Coggan 2012, 96〕)으로의 회귀와는 여전히 거리가 멉니다. 중앙은행이 청산주의적 입장을 취하지 못하고 있다는 사실은 통화 공급 긴축에 수반되고 있는 다양한 대규모 구제금융들에서 가장 분명하게 입증됩니다. 지금까지 가장 주목할 만한 사례는 2022년 10월 영국은행이 영국보험산업을 구제한 것, 2023년 3월 실리콘 밸리 은행의 예금자들을 구제한 것, 같은 달에 크레디트 스위스(스위스의 글로벌 투자은행)를 구제한 것 등입니다. [투자가이자 펀드 매니저인] 루치르 샤르마는 다음과 같이 논평합니다. "최근의 은행 운영은 금융완화 시대가 끝나지 않았음을 보여준다. 인플레이션이 다시 돌아와서 중앙은행들이 긴축을 하고 있지만 구제 반사작용은 여전히 강력해지고 있다. 자본주의가 강해질수록 자본주의는 덜 역동적으로 된다. 1929년 이전 시대의 최소주의적 국가와는 완전히 대조적으로, 지금 미국은 새로운 최대주의적 극단으로 계속 나아가는 구제 문화를 선도하고 있다"(『파이낸셜 타임스』, 2023년 3월 26일).

구제금융은 자금 부족으로 인한 경제적, 사회적 결과를 제한하기 위해 통화 공급을 확대하려는 의식적인 결정을 반영합니다. 반면, 중앙은행 정책 변화의 효과를 제한하고 있는 것으로 보이는 다른 요인들도 있습니다. 한 가지 중요한 요소는, 이자율이 차입 조건에 영향을 미친다고 하더라도, 발생하는 차입액은 중앙은행들에 직접적으로 의존하지는 않는다는 것입니다. 불리한 조건에서조차 사람들로 하여금 돈을 빌리게 만드는 다른 고려 사항들이 있습니다. 주택담보대출 상환, 임대료 지불, 자동차 대금과 같은 중기 약정 지불을 위한 또는 단순히 생활필수품을 구입하기 위한 필사적인 시도로서 사람들은 더 높은 이자율로라도 돈을 빌려야만 할 수 있습니다. 가장 분명한 사례는 신용카드 사용입니다. 급격한 금리

인상에도 불구하고 "미국에는 여전히 신용 성장이 있습니다. 그것은 신용카드에서 나옵니다"(브렌던 그릴리, 『파이낸셜 타임스』, 2023년 7월 29일).

이 두 가지 요인(청산하고 또 청산하려는 정치적 의지의 부족, 차입 과정에 대한 직접적인 국가 통제의 부족)으로 미루어 보아, 화폐 확장의 반전(즉 금융긴축)은 겉으로 보이는 것보다 훨씬 덜 효과적이라고 주장할 수 있습니다. 마이클 하웰은 다음과 같이 주장합니다. "상승하는 세계 주식 시장은 글로벌 유동성(금융 시장에서 이동하는 현금 및 신용 풀pool)이 작년에 하락세를 보인 후에 다시 한번 확대되고 있음을 확인해 주는 것으로 보인다. 그러므로 중앙은행의 양적 긴축에 대한 이야기, 즉 시장과 경제를 지원하기 위한 대규모 경기 부양 프로그램의 해제에 대한 떠들썩했던 이야기는 여기까지다. 은행과 국채 시장의 무결성은 현대 금융에서는 신성불가침이다. 중앙은행들은 미국 연준의 지도에 따라 불량 은행들을 구제하는 데 도움을 주기 위해 최근 몇 달 동안 머니마켓에 상당한 현금을 투입했다. 그러나 앞으로 몇 년 안에 그들은 아마도 부채를 잔뜩 짊어진 정부도 구제해야 할 것이다. 간단히 말해서, 시장은 금융 안정을 위해 전보다 더 많은 중앙은행 유동성을 필요로 하며, 정부는 재정 안정을 위해 훨씬 더 많은 유동성을 필요로 할 것이다. 과도한 부채의 세계에서는 거대한 중앙은행 대차대조표가 필수적이다. 그러니 금융긴축QT에 대해서는 잊어 버려라. 양적 완화가 다시 돌아오고 있다. (우리가 약 170조 달러로 추산하는) 글로벌 유동성 풀은 조만간에 크게 줄어들지는 않을 것이다. … 롤러코스터처럼 요동친 지난 이십 년은 기업, 가계, 그리고 정부에 의해 쌓인 막대한 부채를 만회하기 위해 금융시장이 얼마나 큰 유동성을 필요로 하는지를 보여주었다. 우리는 현재 세계 금융 시장에서 거래되는 8달러 중 무려 7달러가 기존 부채를 재융자하는 데 사용되는 것으로 추산한다. '새로운' 자금 조달에서 남은 1달러의 증가 부분이 늘어난 정부 적자를 충당하는 데 사용된다"(마이클 하웰, 『파이낸셜 타임스』, 2023년 6월 27일).

긴축적 화폐 정책의 효과는 재정 정책의 변화에 의해서도 상당 정도로 상쇄되어 왔습니다. 국가들은 훨씬 더 많은 돈을 지출하기 시작했고 그중 많은 부분이 세금이 아닌 차입을 통해 조달되었습니다. 그래서 이제 재정 부채 위기의 위험에 대한 이야기가 늘어나고 있습니다. 재정 정책과 통화 정책은 서로 다른 방향으로 나아가고 있습니다. 중앙은행들이 부채 확대를 제한하려고 노력함에 따라, 국가는 인구 노령화, 덜 파괴적인 형태의 에너지 생산을 촉진하라는 압력, 그리고 군비 지출의 대폭적인 증가 등에 대응하여 [중앙은행들과는] 정반대 방향으로 나아가고 있습니다. "부유한 나라의 정부 부채는 이제 나폴레옹 전쟁 이후의 그 어느 때보다 GDP에서 차지하는 비중이 더 높습니다"(『이코노미스트』, 2023년 2월 11일).

금리의 급격한 상승이 전 세계의 엄청나게 많은 사람들의 생활 수준에 매우 실질적인 영향을 미쳤음에도 불구하고 그것이 자본주의의 부채 의존적 성격은 거의 바꾸지 못한 것으로 보입니다. 화폐 정책의 방향 변화는 확실히 인간의 삶(생활 수준, 창의성, 반항)에 대한 중대하고 매우 실제적인 공격이었지만, 풍요에 대한 화폐 지배의 부과는 결코 완벽하지 않습니다. 투쟁은 계속됩니다. 무리들의 쇠스랑은 그것의 모든 끔찍하고 소름 끼치는 모순들에도 불구하고 여전히 화폐의 심장에 두려움을 심어 줍니다.

우리가 자본의 위기입니다. 오늘날 자본의 끔찍한 위기는 자본의 잘못이라고, 즉 부자들의 탐욕의 결과이거나 체제의 내부 모순의 결과라고 말하는 것이 분명 훨씬 더 쉽습니다. 그러나 그렇게 말하는 것은 투쟁이나 적대가 아닌 지배의 이야기를 하는 것입니다. 자본주의를 단순히 지배로 보는 것은 우리의 투쟁, 저항, 반역, 인간성을 시야에서 제거하는 것입니다. 희망이 없는 시대에 희망을 찾으려면 우리는 우리의 힘을 보아야 하고, 우리의 투쟁을 존중해야 하며, 끔찍한 자본주의 지배 체제가 우리를 지배하는 데 큰 어려움을 겪고 있음을, 그리고 자본주의 지배 체제의 그 위기가 필사적 위기라는 것을 이해해야 합니다. 우리는 위기의 희생자가 아니라 위기의 주인공입니다. 우리의 저항과 반란, 반항과 비복종, 로봇이 되는 것에 대한 우리의 거부, 이런 것들이 항상 자본을 밀어붙이고 있는 것들입니다. 희망이 없는 시대에 바로 그것들이야말로 우리의 희망입니다.

2024년 1월 3일
촐룰라에서 존 홀러웨이

저 기차를 멈춰라

기차는 더 빠르게, 더 빠르게 밤을 향해 질주한다. 어디로 가는 걸까? 우리를 어디로 데려가는 걸까? 강제 수용소로? 핵전쟁으로? 팬데믹의 연속으로? 우리는 모른다.

그러나 코로나바이러스, 코로나 위기의 순간인 지금, 객차 끝에 있는 스크린에 하나의 메시지가 나타난다. 도착역 멸종Destination Extinction. 글자는 아직 조금씩 깜박이지만 점점 더 선명해진다: 도착역 멸종. 전 지구적 온난화, 생물 다양성의 파괴, 물 부족, 더 많은 팬데믹, 핵전쟁의 위험을 증가시키는 국가들 간의 긴장 고조, 점점 외설적으로 되고 있는 불평등의 수준, 도처에서 증가하고 있는 인종주의와 민족주의.

기차를 멈춰라, 기차를 멈춰라, 기차를 멈춰라!

그러나 우리가 그 기차를 운전하는 것이 아니다. 우리가 그것을 통제하지 않는다. 기차의 운전사를 자처하는 인물들이 있지만 그들의 뒤에는 그들이 통제할 수 없는 더 어두운 세력이 버티고 있다. 바로 화폐Money다. 기차는 화폐에 의해 움직인다. 화폐는 자기 확장을 위한, 이윤을 위한 불가항력적인 추진력이다.

비상 브레이크를 당겨라!

어두운 시대다. 희망은 우스꽝스러워진다. 더 나쁜 것은 그것의 맛이

나빠지고 무감각해진다는 것이다. 그렇지만 지난 세기에 많은 사람들이 희망에 불타는 삶을 살다가 죽었다. 지금도 거대한 목마름이 있다. 희망에 대한, 탈출구에 대한, 다른 세계에 대한 거대한 목마름이 있다.

나는 이 책을, 마치 나처럼, 우리가 여전히 죽음의 기차를 멈출 수 있고, 여전히 인간 존엄의 상호 인정에 기반을 둔 세상을 만들 수 있다고 생각할 만큼 충분히 어리석은 사람들에게 바친다.

기차를 부숴라!

1부

분노-희망-풍요

1. 오늘, 어느 날.
2. 다시 시작하자. 두려움이 아니라 희망에서.
   가둠에서가 아니라 넘쳐흐름에서.
3. 아니 오히려 적대에서, 투쟁에서 시작하자.
4. 괴로움에서, 야누스에서 시작하자. "모자라!"에서 시작하자!
   우리가 죽여야 할 히드라에서 시작하자.

1

오늘, 어느 날.

오늘 조간신문을 펴보라. 어느 아침. 당신이 이 글을 읽는 바로 그날의 당신. 내가 이 문단을 쓰던 그 아침의 나. 2017년 7월 25일. 나는 질식사한 열 명의 이민자들에 관해 읽는다. 그들의 시신은 텍사스주 샌안토니오의 월마트 주차장에 세워진 트레일러 안에 팔십여 명의 다른 사람들과 함께 무더기로 쌓여 있었다.

나는 직접적인 책임이 있는 인신매매범과 운전자에 대해서뿐만 아니라 그들을 이 끔찍하고 끔찍한 지경으로 이끈 모든 상황들에 대해 공포와 분노를 느낀다. 수 세기 동안 생활 수단을 제공한 소규모 농경이 더 이상 실행 가능하지 않게 되었다는 사실. 그들을 이주하게 만든 빈곤. 그들이 살아갈 수 있는 유일한 방법은 그들이 사랑하는 사람들로부터 수천 킬로미터 떨어진 곳에서 자신들의 노동력을 팔려고 아등바등하는 것이라는 사실. 모든 국가는 '외국인'으로 정의된 사람들에 대한 차별 위에 세워진다는 사실. 그리고 이 비극의 생존자들은 추방될 것이라는 사실. 인신매매를 다른 상품의 불법 거래와 동일하게 취급하도록 사람들을 끌어들이는 화폐의 지배, 이윤에 대한 탐욕. 그리고 기타 등등.

아무 날의 신문을 펴보라. 거기서 당신은 끔찍한 사건들에 대해서뿐만 아니라 끔찍한 체제의 일부로만 이해할 수 있는 끔찍한 사건들에 대해 읽게 될 것이다. 불과 이틀 후, 멕시코 베라끄루스의 한 주차장에 주차된 트레일러에서 170명의 이주민들이 풀려났다. 그들은 모두 탈수증을 겪고 있었다. 하지만 이 사례에서는 [다행히] 사망자가 없었다. 그리고 불과 2년 후인 2019년 10월 23일, 영국에서 훨씬 더 심각한 사건이 발생했다. 39명의 이민자들의 사체가 에식스의 대형트럭 뒤칸에서 발견된 것이다. 그리고 지금 2021년 12월에 치아빠스에서 트레일러가 전복되어 55명이 사망했다. 그리고 올해에만 지중해에서 얼마나 많은 이주민들이 익사했는가? 그리고 영국해협에서는? 그리고 얼마나 많은 사람들이 애리조나 사막에서 더위와 목마름으로 죽었는가? '따로따로 떨어진' 사례들은 너무나 많다. 그런데 그것들은 근본적으로 잘못된 체제의 수많은 표현들이다. 화폐의 지배에 기초한 사회 체제의 수많은 표현들이다. 그 체제에서는 화폐를 가졌는가 못 가졌는가가 당신의 삶, 당신의 죽음을 결정한다.

우리는 그것을 받아들일 수 없다. 그것이 진리일 수는 없다. 세상이 그래야 할 이유가 없다. 이것은 잘못된 세상, 거짓된 세상이다. 우리의 분노는 이미 우리를 희망의 문법 속으로 데려가고 있다.

그러나 그러한 희망은 공허하고 무의미한 것일까? 정말 우리가 화폐가 지배하지 못하는 다른 세상을 만들 수 있을까? 아니면 너무 늦었을까? 그것은 희망의 질문이고 희망의 고뇌이다. 정말 우리가 너무 늦은 것일까? 화폐의 지배에 기초하지 않은 사회를 건설할 기회가 있었는데 우리가 그 기회를 놓쳐버린 것일까?

분노에 의해 움직이는 희망, 희망이 불어넣어진 분노. 희망-분노, 분노-희망. 위험한 것은 분노와 희망이 서로 분리되는 것이다. 그렇게 되면 희망은 어떤 "어, 별로 좋지 않겠는데"로, 또는 "우리 눈을 감자, 그러면 모든 것이 잘될 것이다."로 희석되거나 텍사스의 이민자들처럼 그저 질식사할 것이다. 우리는 받아들일 수 없다. 그러나 무서운 것은 우리가 사실은 그것을 받아들인다는 것이다. 질식한 이민자들에 대해 읽고서 우리는 어깨를 으쓱한 후 곧장 다음 이야기로 넘어간다. 신호등에서 구걸하거나 길에서 잠을 자는 사람들을 보고 우리는 다른 곳을 쳐다본다. 우리의 분노는 도덕적 불편함으로, 죄를 지었다는 불편한 죄책감으로 된다. 우리는 자선 단체에 기부함으로써 그 죄책감을 누그러뜨릴 수 있다. 아마도 그것이 당면한 문제(예를 들어 노숙자 문제)를 보지 않으려고 눈을 감는 것은 아닐 것이다. 하지만 그것 역시, 우리가 알다시피, 그 문제를 야기하고 있고 오늘날의 사회의 다른 많은 끔찍한 양상들을 야기하는 체제적 힘을 보지 않으려고 우리의 눈을 감는 것을 의미한다. 희망은 "그래, 알고 있어. 그런데 우리가 무엇을 할 수 있을까?"라며 불편하게 어깨를 으쓱거리는 것이다.

그런데 분노는 희망이 아닌 그 밖의 다른 것이 될 수도 있다. 거리에 누워 있는 노숙자들을 볼 때 우리가 느끼는 불편함은 그들이 우리에게 바로 그 불유쾌한 죄책감을 불러일으켰다는 이유로 쉽사리 그들을 향한 노여움으로 전환될 수가 있다. 감히 그들이 어떻게! 뭔가 잘못되었다는 우리의 느낌이 그 잘못됨을 현시하는 사람들에게로 향하게 되는 것이다. 노숙자를 단속하고 거리를 청소하라. 이주민이 못 들어오게 막고 그들을 그들의 고국으로 돌려보내라. 늘 불평을 늘어놓고 더 많은 것을 요구하는 여자들의 입을 닫아라. 오늘날 고통-분노-좌절은 전 세계에서 이런 식으로 흐르고 있다. 쓰라림, 증오, 인종차별, 성차별, 민족주의, 그리고 두려움을 향해. 우리는 그 어느 때보다도 희망을 필요로 한다. 근본적으로 다른 사회에 대한 희망, 세상의 고통을 창의적으로 흐르게 할 수 있는 희망, 분노에서 솟아나 그 분노에 의미를 부여할 수 있는 희망, 문을 열 수 있는, 창문을 열 수 있는 희망을 필요로 한다.

2

다시 시작하자.
두려움이 아니라 희망에서.
가둠에서가 아니라 넘쳐흐름에서.[1]

희망이, 세상의 고통이 창의적으로 흐를 수 있게 할 희망이 우리의 주제다. 우리를 멸종으로 몰고 가는 기차가 우리의 주제인 것이 아니다. 뜨거운 태양 아래에서 우리를 질식시키는 트레일러가 우리의 주제가 아니다. 책을 다시 시작하자.

두려움이 아니라 희망에서 시작하자. 두려움은 우리를 안에 가두고 희망은 우리를 밖으로 밀쳐낸다.

절망적인 시대에서 시작하지 말고 희망에서 시작하자. 라울 바네겜처럼 시작하자. 그는 『내 아이들과 다가올 세상의 아이들에게 보내는 편지』라는 아름다운 제목의 책에서 다음과 같이 시작한다.

---

1. 이 장을 내 친구 도로떼아 핼린에게 바친다. 초기의 초고를 읽자마자 그녀는 내가 파괴의 기차에서 시작하는 것에 강력하게 반대했다. 나는 기차에서 출발하는 것을 유지하기로 결정했지만 나의 출발점에 의문을 품는다. 기차 은유 사용에 대한 비판은 Stoetzler 2022를 참조하라.

당신은 역사의 결정적 순간에 태어난 특권을 누렸다. 모든 것이 바뀌고 어느 것도 다시는 이전과 같지 않을 시대 … 하나의 문명이 무너지고 다른 문명이 탄생하고 있다. 폐허가 된 행성을 물려받은 불운은 역사가 결코 알지 못했던 사회의 점진적인 도래를 목격하는 비교할 수 없는 기쁨으로 상쇄된다. 단, 언젠가는 마침내 빈곤, 야만, 두려움에서 해방된 삶을 영위하게 될 것이라는, 수천 세대의 사람들이 품었던 미친 희망의 형태로 말이다. … 새로운 사회가 조금씩 안개 속에서 떠오르고 있다.(Vaneigem 2012/2018, 6)

저항과 반란의 춤에서 시작하자. 사빠띠스따들은 2020년 마지막 달에 발표한 일단의 특별 성명서에서 지구의 모든 대륙을 방문할 계획을 발표하면서 세계의 끔찍한 상황을 설명하는 것으로 시작한 후 다음과 같이 말한다. "그리고 우리는 이렇게 결의했다. 다시 우리의 마음이 춤출 시간이다. 그들의 음악도, 그들의 발걸음도 탄식과 체념의 그것이 아니어야 한다"(EZLN 2020).

다시 존엄에서 시작하자. 늘 영감을 주는 사빠띠스따들은 그들의 첫 번째 성명서들 중 하나에서 다음과 같이 말한 바 있다.

우리를 단결시키는 저 고통이 우리로 하여금 말하게 만들었다. 우리는 우리의 말 속에 진리가 있음을 알았다. 우리는 우리의 혀 속에 아픔과 고통이 살고 있을 뿐만 아니라 우리의 심장 속에 여전히 희망이 있다는 것을 알았다. 우리는 우리 자신과 이야기했다. 우리는 우리 자신의 내면을 들여다보았다. 그리고 우리는 우리의 역사를 살펴보았다. 우리는 우리의 가장 오래된 선조들이 고통을 겪고 투쟁을 했음을 알았다. 우리는 우리의 할아버지들이 투쟁을 하고 있음을 알았다. 우리는 우리의 아버지들이 손에 분노를 쥐고 있음을 알았다. 우리는 우리에게서 모든 것이 박탈된 것이 아님을 알았다. 우리는 우리가 가장 가치 있는 것을 갖고 있음을 알았다. 우리를 살게 한 것을, 우리의 발걸음이 식물과 동물보다 높이 치솟게 만든 것을, 돌을 우리 발 아래에 두게 한 것을 갖고 있음을 알았다. 형제들이여, 우리는 존엄이 우리가 가진 것 전부임을 알았다. 우리가 그 사실을 망각했던 것의 부끄러움이 아주 컸다는 것을 알았다. 우리는 인간이 다시 인간이 되는 데에는 존엄이 보약임을 알았다. 존엄이 우리 마음에 살기 위해 돌아왔음을 알았다. 그리고 죽은 자들, 우리의 죽은 자들은 우리가 다시 새롭게 되었음을 알았다. 그리고 우리는 그들 죽은 자들이 우리를 다시 존엄과 투쟁으로 불러들였음을 깨달았다.(EZLN 1994, 122)[2]

풍요에서 시작하자. 우리를 에워싼 울타리가 아니라 그 울타리를 부술 수 있는 힘, 즉 우리의 풍요에서 시작하자. 맑스의 『정치경제학 비판 요강』(이하 『요강』)에는 이 책 전체를 관통하며 울리는 한 구절이 있다. 그 구절에서 그는 부 또는 풍요가 무엇을 의미할 수 있는지에 대해 다음과 같이 쓴다.

제한된 부르주아적 형식이 벗겨질 때, 부[3]란 보편적 교환을 통해 창출된

---

2. 사빠띠스따 운동에서 존엄의 중요성에 대해서는 Holloway 1998/2019를 참조. 남아프리카공화국의 판잣집 거주자 그룹 〈아바흘랄리 바스음존돌로〉의 [대표인] 스부 지코떼의 글도 참조 : "존엄은 우리 운동의 정치학의 중심에 놓여 있다"(2021년 1월 27일 발표문). 이 발표문은 http://abahlali.org/node/17219/에서 이용할 수 있다.

3. * 맑스의 이 인용문에서 'wealth'는 '부'로 번역되었다. 하지만 이때의 '부'는 이 책에서 '풍요'로 번역된 홀러웨이의 'richness' 개념에 상응한다. 맑스 문구의 인용 외의 부분에서 저자는 'wealth'(부)라는 용어를 'richness'(풍요)와 대립되는 의미로 사용한다. 이에 관해서는 「옮긴이 후기」 419쪽 이하 참조.

인간적 필요, 능력, 쾌락, 생산력 등의 보편성 외의 다른 무엇일까?4…[부란] 이전의 역사적 발전 이외의 어떤 전제도 없는 상태에서 [이루어진] 발전의 총체성 [외의 다른 무엇일 수 있는가?]. 다시 말해, 모든 인간적 능력의 발전을 (사전에 결정된 잣대에 따라 측정되는 어떤 것이 아니라) 그 자체 목적으로 만드는 인간의 창조적 잠재력의 절대적인 전개 [외의 다른 무엇일 수 있는가?]. 인간이 자신을 하나의 특수성으로 생산하지 않으면서 자신의 총체성을 생산하는 곳은 어디인가? 자신이 이미 되어진 어떤 것으로 남아 있지 않고 절대적인 생성 운동 속에 있으려고 애쓰는 곳은 어디인가?5(Marx 1857/1973 [2007], 488)

그러므로 우리의 풍요에서, 우리의 **창조적 잠재력의 절대적인 전개**에서, 우리의 절대적인 생성 운동에서 시작하자. 그들에게서가 아니라 우리에게서 시작하자. 우리는 우리에게서만 시작할 수 있다. 삼인칭으로 시작하면 그 끔찍하고 살인적인 삼인칭이 이미 우리를 밀어내게 된다. 우리 자신으로부터, 우리가 있는 곳에서, 우리가 가는 곳에서, 우리를 가두는 것에 대한 우리의 넘쳐흐름에서 시작하자. 우리의 넘쳐흐르는 풍요에서 시작하자.

무엇을 시작할까? 이 책을 시작하자. 이 책을 두려움과 울타리 치기가 아닌 희망과 넘쳐흐름에서 시작하자. 이 책을 시작하자. 당신의 논문, 당

---

4. 내가 생략한 구절은 "흔히 말하는 자연력만이 아니라 인류 자신의 자연력에 대한 인간의 지배의 완전한 발전?"이다. 내가 이 구절을 생략한 것은, 풍요에 대한 나의 이해에 "자연력에 대한 지배"를 포함하고 싶지 않았기 때문이다.
5. 그 구절은 이렇게 계속된다. "부르주아 경제학에서 — 그리고 그것에 상응하는 생산의 시대에 — 인간적 내용의 이 완전한 전개는 완전한 소진으로 나타나고, 이 보편적인 대상화는 총체적 소외로 나타나고, 모든 제한되고 일면적인 목표의 해체는 완전히 외부적인 목적에 인간적 목적 자체를 희생하는 것으로 나타난다."

신의 에세이, 당신의 연설, 당신의 생각, 당신의 디자인, 당신의 정원 가꾸기, 당신의 건물, 당신의 노래, 당신의 춤을 두려움과 울타리 치기가 아니라 풍요에서 시작하자. 지금은 우리의 마음이 춤출 시간이다. 지금은 넘쳐 흐름의 시를 쓸 때이다.

3

아니 오히려 적대에서,
투쟁에서 시작하자.

우리의 풍요, 우리의 절대적 생성 운동은 어디에 있는가? 그것은 비명을 지르고 있다. 그것은 덫에 걸려들어 그 덫을 빠져나오려고 비명을 지르고 있다. 그것은 덫에 걸렸지만 그 덫에서 넘쳐흐르고 있다. 그것은 대항-풍요, 대항하고-넘어서는 풍요이다.

그러므로 순수한 풍요에서 시작하지 말자. 왜냐하면 그런 것이 존재하지 않기 때문이다. 대항-풍요에서, 투쟁하는 풍요에서, 적대에서 시작하자. 풍요와 그것을 빈곤하게 만드는 세상 사이의 적대에서, 풍요와 화폐 사이의 적대에서 시작하자. 희망과, 그 희망을 질식시키려는 절망적 시대 사이의 적대에서 시작하자. 존엄과, 그 존엄을 모욕하는 세상 사이의 적대에서 시작하자. 생성과 그 생성을 정의하고 울타리 치려는 정체성 사이의 대립에서 시작하자. 삶과, 그 삶을 파괴하고 있는 (우리가 받아들이기만 하면 그 삶을 파괴할) 자본 사이의 적대에서 시작하자.

지배에서 시작하지 말고 그 지배에 대한 거부-저항-반란에서 시작하자. "자본주의는 얼마나 끔찍한가, 하지만 언젠가는 혁명이 올 것이다."라고 우리에게 말하는 위대한 좌파 전통과 단절하자. 그 언젠가는 점점 멀어져만 간다. 그리하여 마침내 그 단어는 그 문장에서 완전히 사라지고 마침내 우리에게는 자본주의는 얼마나 끔찍한가라는 문장만 남게 된다. 남은 그 문장을 반복하면서 우리는 우리 자신을 가둔다. 우리의 희망을 두려움으로 바꾼다.

두려움에 떠는 비참함에서 시작하지 말고 투쟁의 기쁨에서 시작하자. 분노는 계속해서 기쁨으로 폭발한다. 우리의 비참한-시대의-분노는 세상을 어두운색으로 칠하지만 이 폭발은 밝은색의 세상을 밝힌다. 1968년은 한 세대 전체의 비전을 바꾸었다. 그리고 그 이후로 다양하고 많은 반란의 물결이 있었다. 2001/2002-년의 아르헨티나, 2006년의 와하까, 2008년 12월의 그리스, 2011년에 세계의 많은 부분에서 일어난 오큐파이 운동, 아랍의 봄, 그리고 인디그나도스1, 아르헨티나, 칠레, 멕시코에서의 여성 운동, 팬데믹의 개시로 인해 세계가 봉쇄되기 직전에 일어난 위대한 M8 연합 운동2, 프랑스의 황색조끼 운동, 1994년 이후 멕시코 치아빠스주에서 일어난 사빠띠스따 투쟁의 연이은 물결, 2019년 홍콩과 칠레에서의 창조적 투쟁, 쿠르디스탄의 심원한 투쟁 등등. 우리는 우리의 경험에 따라 서로 다른 장소와 날짜를 떠올릴 수 있을 것이다. 분노의 폭발은 매우 자주 기쁨의 폭발이 되었다. 감정의 강렬함은 사람들의 삶에 깊은 흔적을 남겼다. 거기에는 이해의 변화, 지각의 변화가 있다. 거기에는 우리가 사회적 변화의 단순한 수용자, 파괴로 향하는 기차의 단순한 승객 이상이며 이상일 수 있다는 깨달음이 있다. 단절이 있다. 가능성의 한계를 깨는 단절, 우리 마음속의 장벽을 깨는 단절, 이전에는 생각할 수 없었던 것

---

1. * Indignados. 이 운동은 우리말로는 '분노한 사람들'로 번역될 수 있다.
2. * M8 또는 8M. 3월 8일 여성의 날에 열리는 국제 여성파업. 2010년대 중반부터 전 세계의 여성들이 3·8 국제 여성파업 참여하고 있다. 2024년 한국의 3·8 여성 파업에 대해서는 다음을 참조. https://www.pressian.com/pages/articles/2024022313582155387

을 생각할 수 있게 만드는 단절이 있다.

"그건 있을 수 없어, 우리는 받아들일 수 없어"라고 말하면서 희망의 문법을 여는 것은 분노다. 그러나 이 분노-기쁨의 폭발은 현실의 장벽을 부수면서, 세상이 실제로 다를 수 있고 또 근본적으로 다를 수 있다는 확신을 우리에게 주면서 우리를 멀리로 데려간다.

그리고 그것은 반란의 거대한 물결일 뿐만 아니라 거부 및 다르게-행하기의 확산이기도 하다. 이 거부와 다르게-행하기는 가능성의 경계를 열고 지금 여기에서 다른 삶의 방식을 위한 기반을, 서로 관계 맺는 다른 방식을 위한 기반을 만든다. 그것은 지배의 조직 속에서 균열의 증식이고 공간들, 순간들, 활동 영역들의 확산이다. 거기에서 우리는 "아니요, 여기서 우리는 화폐의 지배를 따르지 않을 것이오. 여기서 우리는 우리가 필요하거나 바람직하다고 생각하는 것을 집단적으로 행할 것이오."라고 말한다. 지난 20~30년에 걸쳐 흔히 "자율주의"autonomist 정치라고 불리는 것의 폭발이 있었다. 그 정치는, 세상을 바꾸는 방법은 지금 여기에서 다름의 공간을, 우리의 활동이 이윤이나 화폐가 아니라 우리가 하고자 하는 것에 대한 집단적 결정에 의해 추진되는 공간을 만드는 것이라는 생각에 기초한다. 그러한 자율적 공간(혹은 그것들을 에워싼 자본주의에 대한 개방성, 이동성 및 적대성을 강조하기 위해 내가 "균열"cracks이라고 부르기를 좋아하는 공간)은 (사빠띠스따나 로자바Rojava처럼) 클 수도 있고 (마약 밀매상과 국가를 물리치기 위해 민중들이 단결했던 멕시코의 체란Cherán 마을에서처럼) 중간 크기일 수도 있고 또는 (공동체 정원처럼) 소규모일 수도 있다. 그것들은 자신을 에워싼 체제의 논리에 맞서 살아남기 위해 늘 모순적이다. 때때로 그것들은 오랜 기간 동안 번성하고 영감을 주기도 하고 때로는 원래 목적에서 점차 분리되어 타협점을 찾거나 멈추기도 한다. 어떤 것이 닫힐 때, 다른 것은 열린다. 최근 몇 년 동안 명확해진 모든 어려움에도 불구하고 그러한 균열의 인식, 창출, 확장, 증식 및 합류를 통하는 것 외에는 현재의 사회에서 벗어날 다른 방법은 없다.[3]

---

3. '균열'이라는 생각은 이 책의 어머니 책인 John Holloway, *Crack Capitalism*, Pluto Press, 2010 [존 홀러웨이, 『크랙 캐피털리즘: 균열혁명의 멜로디』, 조정환 옮김, 갈무리, 2013]에서 발전된다.

4

괴로움에서, 야누스에서 시작하자.
"모자라!"에서 시작하자!
우리가 죽여야 할 히드라에서 시작하자.

　희망에서, 괴로운 희망에서, 점점 괴로워지는 희망에서 시작하자. 실제로 기차의 끝에는 '도착지 멸종'*Destination Extinction*이라고 적힌 표지판이 있다. 이제 우리는 그 어느 때보다 더 명확하게 그것을 볼 수 있다. 우리는 두려움이 아니라 희망에서 시작하자고 말한다. 하지만 유의미한 유일한 희망은 두려움으로 물든 희망이다.

　오늘날 희망을 생각하는 것은 절망을 생각하는 것이다. 우리는 결국 모든 것이 잘될 것이라는 어떤 단순한 확신도 가질 수 없다. 핵전쟁에 의한 것이든[1] 인간 생존을 위한 자연적 전제조건의 파괴에 의한 것이든 인간의 총체적 자멸은 분명히 의제로 올라 있다. 코로나 팬데믹과 더불어 이 점은 전보다 훨씬 더 명백해졌다. 우리가 이윤 추구적 환경 파괴를 지금 당장 멈출 수 있다 할지라도 인간이 생존하는 데 필요한 조건을 구하

---

1. 우크라이나에서의 분쟁은 핵전쟁의 매우 실제적인 위험을 이전보다 훨씬 더 첨예하게 만든다.

기에는 이미 너무 늦었을 수 있다. 그뿐만이 아니다. 인종차별과 성차별, 끔찍한 폭력, 혐오의 이데올로기가 증가하면서 오늘날 세계에서 일어나고 있는 많은 일들은 우리가 점점 더 적대적이고 공격적인 사회에 직면하고 있음을 나타낸다. 희망을 생각한다는 것은 불가능해 보이는 것을 생각하는 것이다.

생각하는 희망은 1월-생각January-thinking이다. 1월January은 로마의 신 야누스Janus의 이름을 딴 것이다. 야누스는 서로 다른 방향을 바라보는 두 개의 얼굴을 가지고 있다. 하나의 얼굴은 뒤를, 또 하나의 얼굴은 앞을 바라본다. 오늘날 희망을 생각하는 것은 그 얼굴들 중 하나에 집중하는 것이다. 하지만 그 하나를 다른 하나와 분리하는 것은 상당히 잘못된 일일 것이다. 희망을 생각한다는 것은 파멸을 향한 오늘날의 흐름을 의식하는 것이다. 우리의 희망은 희망에-대항하는-희망이다. 그것이 낙관주의가 아님은 분명하다. 테리 이글턴이 희망에 관한 탁월한 저서에서 썼듯이, 희망은 "절대적 재앙의 가능성에 노출된 상태에서 자신의 회복력을 찾아내면서 항복하기를 거부하는 환원 불가능한 잔여물을 표현한다. 그러므로 그것은 흔히 생각될 수 있는 낙관주의와는 거리가 멀다"(Eagleton 2015, 114 [2016]). 희망을 생각한다는 것은 심연 아래를 내려다보는 것을 두려워하지 않으면서 그 위에서 줄타기를 하는 것이다.

그러므로 희망하자. 하지만 어떤 확실성도 없다. 행복한 결말에 대한 어떤 확신도 없다. 집에 도착하는 것이 전혀 확실치 않은 여행. 내가 글을 쓰는 지난 며칠 동안에, 남아프리카공화국 더번에 기반을 둔 판잣집 거주자 운동인 〈아바흐랄리 바스음존돌로〉Abahlali baseMjondolo는 「죽음의 그늘에서 조직하기」라는 제목의 성명서를 발표했다.[2] 그들의 경우에 그

---

2. https://abahlali.org/node/16663/

성명서는 매우 직접적으로 진리이다. 많은 활동가들이 도시에서 집을 구하기 위해 투쟁한다는 이유만으로 국가에 의해 살해당했기 때문이다. 그런데 거기에는 일반적으로 진리라는 의미도 담겨 있다. 교수직 의자에 편안하게 앉아 있는 우리들에게 그것이 직접적인 의미에서의 진리는 아니지만 인류 전체에 대해서 그것이 진리이기 때문이다. 우리는 죽음의 그늘에서 희망을 생각한다.

이 책은 괴로운 책이다. 그것은 아마도 어머니 책이나 할머니 책보다 더 괴로운 책일 것이다. 이 책은 [할머니 책인] 『권력으로 세상을 바꿀 수 있는가』[3]에서 시작하여 [어머니 책인] 『크랙 캐피털리즘』으로 이어지는 삼부작의 세 번째 작품이다. 전례 없던 재앙이 의제로 올라 있는 것으로 보인다. 이러한 맥락을 알지 못한 채 희망에 대해 이야기하는 것은 어리석은 일일 것이다. 어쩔 수 없이 이 책은 그것이 쓰여진 시간의 일부이다. 괴로운 시대의 괴로운 책이다. 이 책은 손녀 책이다 이 책은 손녀가 그렇듯이 안절부절못한다. 이 책은 어머니와 할머니를 사랑하지만 그 할머니는 '모자라! 모자라!'라고 계속 중얼거린다. 그렇다. 분명히 혁명에 대해 생각하는 유일한 방법은 국가 권력을 장악한다는 관념에 전적으로 반대하는 것이다. 분명히 혁명을 가져오는 유일한 방법은 반자본주의적 균열의 인식, 창출, 확장, 증식 및 합류를 통하는 것이다. 그렇다. 하지만 오늘 아침에 내가 깨어났을 때 그 괴물은 여전히 거기에 있었다.[4] 모자라! 우리는 그 괴물을 죽여야 한다. 그런데 그것이 불가능해 보인다. 그 괴물이 파괴 불가능

---

3. * John Holloway, *Change the World without Taking Power*, Pluto Press, 2002 [존 홀러웨이, 『권력으로 세상을 바꿀 수 있는가』, 조정환 옮김, 갈무리, 2002].

4. 아우구스또 몬떼로소의 단편 소설(Monterroso 1959) "El Dinosaurio"의 일곱 개의 어구 : "Cuando despertó, el dinosaurio todavía esteba allí"(그/녀가 깨어났을 때 공룡은 여전히 거기에 있었다)를 참조하라.

한 것처럼 보인다. 도처에서 반란이 일어나고 사람들이 대안을 만들고 있지만 여전히 화폐가 지배한다. 사빠띠스따가 말했듯이 자본주의는 히드라와 같다. 우리가 머리를 잘라낼 때마다 새로운 머리가 돋아나 우리를 공포에 떨게 한다. 우리는 어떻게 그것의 심장에, 그것의 비정한 심장에 다다를 수 있을까? 우리가 어떻게 화폐를 죽일 수 있을까? 희망에서, 풍요에서, 넘쳐흐름에서, 적대에서 시작하자. 하지만 **모자라!**라는 저 무시무시한 말에서도 시작하자.

2부

우리는 희망을
다시 배워야 한다

5

다시 희망을 배울 때다.

에른스트 블로흐는 2차 세계대전 후 미국 망명 생활을 마치고 독일로 돌아와 "희망을 배울 때이다."(It is time to learn hope.)라고 선언했다.[1] [본래의 독일어로 그것은] "Es kommt darauf an, das Hoffen zu lernen"(Bloch 1959/1985, 1 [2004])[이다].[2] 파시즘과 절멸의 경험 이후에 [블로흐가] 말하는 충격적인 이 선언은 테오도어 아도르노와 대조를 이룬다. 테오도어 아도르노 역시 미국에서 수년간 망명 생활을 한 후에 돌아온 독일계 유대인이다. 그는 아우슈비츠 이후에는 시를 쓰는 것이 불가능했으며 아우슈비츠를 가능하게 한 냉혹한 무관심 속으로 빠져들지 않고 계속 살아가는 것이 실제로 불가능했다고 말했다(Adorno 1966/1990, 363 [1999]). 이 두 가지 관점은 겉으로 보이는 것처럼 그렇게 모순되지 않는다. 현시대의 비참은 그 두 관점이 상호보완적인 것으로 간주되어야 함을 시사한다. 그러나 바

---

1. 에른스트 블로흐는 오랫동안 나에게 중요한 영감의 원천이었다. 여기서의 논변은 다른 방향으로 흐르지만 이 책은 블로흐에 대한 오마주로 이해될 수 있다.
2. [앞 문장의 괄호 속에 들어 있는] 나의 영어 번역은 느슨한 번역이다. 블로흐 책의 영어판 번역은 "It is a question of learning hope"(그것은 희망을 배우는 문제이다)로 되어 있다 (Bloch, 1959/1985, 3 [2004]).

로 그 비참이 또 블로흐의 입장이 더 대담하다는 것을 시사한다. 비참한 시대에는 희망에 대해 말하는 것보다 불행에 대해 말하는 것이 더 쉽기 때문이다.[3]

블로흐는 자신의 대작인 『희망의 원리』세 권을 동화에서 춤, 음악, 문학, 종교에 이르기까지 모든 종류의 인간 활동에서 희망의 중심성을 보여주는 것에 바쳤다. 다른 세상을 향한, 갈망하는 세상을 향한 끊임없는 추구가 그것이다. 그는 이 모든 갈망 속에서 아직 아님Not Yet의 현재적 실존을, 아직 존재하지 않는 세계의 현재적 힘을 보았다. 그는, 맑스처럼, 노동 계급이 지금 그러한 세상을 만들 수 있는 실질적인 잠재력을 가지고 있음을 이해하는 것에서 이 희망의 여정이 절정에 이르는 것으로 보았다.

거의 70년이 지난 오늘날 우리가 블로흐와 같은 자신감을 갖기는 어렵다. 세계는 파시즘에 의해 지배되고 있지는 않지만 세계 곳곳에서 파시즘이나 파시즘에 가까운 것이 대두되고 있다. 어떤 유의미한 혁명적 정당도 없고, 비자본주의적이라고 주장이나마 하려고 하는 국가조차 거의 없으며, 혁명 세력으로서의 노동계급의 존재도 전혀 분명하지 않다. 소련의 붕괴는 그것의 모든 공포에도 불구하고 전 세계의 혁명적 희망에 중요한 영향을 미쳤다. 소련은 오늘날 매력적이라고 생각하는 사람이 거의 없는 사회였다. 하지만 그것은 최소한 다른 형태의 사회 조직이 있을 수 있다는 생각이 살아 있게 만들었다. 그리고 소련의 붕괴는 많은 사람들에게 그러한 생각의 종결을 의미했다. 소련에서의 삶의 경험과 그것의 붕괴는 또 우리가 열망하는 사회를 묘사하기 위해 "공산주의"communism라는 단어를 유지하기 어렵게 만들었다.

---

3. 이 문구는 요하네스 아그놀리의 "Destruction as the Determination of the Scholar in Miserable Times"(Agnoli 1990/2005)에서 가져왔다.

오늘날 희망에 대해 말하는 것은 분명히 블로흐의 작품이 가장 큰 영향력을 미치고 있었던 1960년대 및 1970년대와는 같지 않다. 역사가 우리 편이라는 관념, 우리가 결국 승리할 것이라는 확신, 자본주의가 이러저러한 방식으로 필연적으로 무너질 것이고 공산주의적 사회 조직에 자리를 내줄 것이라는 확신은 사라졌다. 이러한 생각은 블로흐의 희망론의 배경이지만 오늘날 우리가 당연하게 여길 수 있는 것은 아니다. 자본주의가 더 나아졌다거나 오늘날 급진적인 사회 변화의 필요성이 이전보다 덜 긴급하다는 것이 아니다. 정반대다. 자본은 지금 우리를 인간적 자멸의 심연에 가까이 데려왔다. 그리고 인류사에서 모종의 행복한 결말(또는 블로흐가 표현한 귀향)을 기대할 수 있다는 관점을 유지하기가 어렵다. 희망은 당시보다 훨씬 더 힘겨운 투쟁 과제이며 바로 그런 이유로 더 필요하다. 가장 급진적인 문헌에서도 자본주의적 사회관계의 불변하는 현실이 뚜렷해지자, "혁명"을 "민주주의"로 점차로 대체하면서 그 현실과 타협을 하는 식의 기대 낮추기가 나타났다(González 2020). 자본의 완전한 폐지를 요구하는 것이 이치에 맞지 않기 때문에 우리가 최소한의 것으로서 더 민주적인 자본주의를 바랄 수 있는 것처럼 보이기도 한다.

그 결과 자본주의는 계속되고 그 어느 때보다 더 공격적이고 폭력적으로 된다. 인종주의와 민족주의의 증가, 국경의 강화, 노동자 권리의 폐지, 연금 삭감, 모든 형태의 노동 보장의 폐지, 노동시간과 스트레스의 증가, 실업의 동시적 증가, 국가 복지 체제의 축소, 경찰과 군대에 대한 지출 증가, 정치 체제의 점점 더 권위주의적인 성격, 부자와 빈자 사이의 불평등 심화, 여성에 대한 폭력의 증가. 이 모든 것이 세계적인 현상이다. 지금의 상황이 1930년대 상황과 유사하다고 말하는 것이 일반화되었는데, 이것은 우리가 직면한 전망이 파시즘과 전쟁일 수도 있음을 의미한다.

우울증에 빠지기는 너무 쉽다. 다시 희망을 배워야 할 때다.

6

희망을 배우는 것은
희망을 생각하기를 배우는 것이다 :
이성적 희망.

희망하는 것은 쉽지만 종종 실체가 거의 없다. 훨씬 더 어려운 것은 희망을 생각하는 것이다. 이것이 블로흐가 독타 스페스[1]라고 부르는 것이다. 그것은 이성적인 희망, 교육받은 희망 혹은 이해된 희망이다.[2]

독타 스페스의 이념은 소망적 사고에 반대한다. 소망적 사고는 어떤 성과도 낳지 못한다. 그것은 주체와 객체 사이의 모든 실제적 연결을 끊는다. "이주민들이 정어리처럼 트레일러의 뒤칸에 무더기처럼 쌓이지 않는 세상에 우리가 산다면 얼마나 좋을까!" 소망적 사고는 세상을 바꾸는 데 아무런 도움이 되지 않는다. 정반대로 그것은 질식사시킨다.

이 책은 희망에 관한 책이지 소망적 사고에 관한 책이 아니다. 그렇지

---

1. Bloch 1959/1985, 7 [2004]: "독타 스페스(Docta spes), 즉 이해된[이성적] 희망은 이 세계에서 원리의 개념을, 더 이상 세계를 그대로 두지 않을 개념을 조명한다."
2. Eagleton 2015, 61 [2016] 참조: "블로흐는 『희망의 원리』에서 희망 없는 이성이 존재할 수 없으며 희망은 이성 없는 번성할 수 없다고 쓴다." 그리고 이글턴은 다음처럼 직접적으로 말한다. "진정한 희망은…이성에 의해 뒷받침되어야 한다"(3).

만 소망적 사고는, 우리가 듣고 싶지 않은 것을 속삭이면서 우리가 보고 싶어 하지 않는 유령으로 우리의 어깨 위에 서 있다.

반자본주의에 대해 이 모든 것이 무엇을 의미하는가? 다른 세계, 상호 인정과 사랑의 세계가 가능하지 않은 것을 알면서 당신은 그것이 가능하다고 말하는가? 당신 주변을 둘러보라. 당신이 사용하는 컴퓨터를 보라. 당신이 입고 있는 옷을 보라. 당신이 넷플릭스에서 즐기는 시리즈들을 생각해 보라. 당신은 정말로 비자본주의적 세계가 만들어질 수 있다고 생각하는가? 당신은 비판이론에 대해, 자본주의 너머의 세계를 창조할 수 있는 가능성에서 그 타당성을 얻는 사고의 한 형태에 대해 생각하는 데 평생을 바쳤다. 하지만 당신은 정말로 그것이 가능하다고 생각하는가? 당신과 당신의 독자들은 그런 소망적 사고에 삶을 낭비하고 있지 않은가? 당신의 모든 이론적 세련됨과 당신의 모든 라틴어 문구에도 불구하고 당신은 '그렇게 되면 좋지 않을까'의 세계에서 길을 잃어버리지 않았나?

독타 스페스, 생각하는 희망은 우리로 하여금 항상 소망적 사고의 유령과 맞서라고 요구한다. "당신은 다른 세계, 비자본주의 세계를 만드는 것에 대해 이야기한다. '그러면 우리에게 보여달라, 그러면 우리에게 보여달라!' 아직-아님의 이 세계가 환상 이상이고 소망적 사고 이상이라는 것을 우리가 어떻게 보여줄 수 있을까?"

한 가지 대답은 그건 중요하지 않다고 말하는 것이다. 우리는 우리가 이길 것이라고 생각해서가 아니라 현존하는 것을 받아들일 수 없기 때문에 투쟁한다. 우리를 비인간화하는 체제에 맞서 절규하는 것은 어떤 정당화도 필요로 하지 않는다. 그것은 단지 우리가 우리의 인간성이라고 이해하는 것의 표현일 뿐이다. 우리의 반자본주의는 우리가 다른 어떤 것을 창조할 수 있다는 확신에 기반을 두고 있는 것이 아니라 자본주의 체제의 공포에 기반을 두고 있다. 우리의 투쟁은 목적을 위한 수단이 아니라 우리 존재의 깊은 곳에서 나오는 존엄, 거부이다.

우리를 죽이고 있는 체제에 대한 투쟁은 그것을 정당화할 희망을 전혀 필요로 하지 않는다. 만약 어떤 광산 회사가 어떤 농촌 지역에 노천 광산을 개광하겠다고 발표한다면 그리고 주민들이 그것이 그들의 농업의 기초인 물 공급을 고갈시키고 오염시킬 것이라는 것을 깨닫는다면, 그들은 그 분쟁에서 이기기를 희망하느냐 않느냐의 여부와 관계없이 그것에 저항할 것이다. 그러나 어떤 종류의 희망은 거의 언제나 존재한다.

블로흐는 『희망의 원리』의 도입부에서 "희망은 실패보다는 성공을 사랑한다."(Bloch 1959/1985, 1 [2004])고 말한다. 블로흐의 팬이 아닌 이글턴은 이것을 "불길한 주장"으로 규정한다(Eagleton 2015, 107 [2016]). 그것이 불길한 이유는 아마도 그러한 주장이, 성공에 도달하기 위해 사용되는 수단을 정당화하기 위해 성공의 희망을 사용하는 도구주의로 쉽게 이어질 수 있다는 점일 것이다. 또 그것은 성공에 대한 쉬운 정의가 있을 수 있음을 시사한다. 러시아 혁명은 성공했는가 실패했는가? 다른 세계를 갈망하던 사람들이 처음에는 그것을 성공으로 바라보았지만 그것은 끔찍한 실패로 판명되었다. 그럼에도 불구하고 블로흐는 옳다. 희망은 우리를 모종의 실현, 모종의 성공으로 향하게 한다. 우리는 존엄하게 죽는 것 이상을 행하기를 원한다. 우리는 이기고 싶다. 인간 멸종의 위협에 직면해서 우리는 단지 항의하기를 원하는 것이 아니라 파괴의 동역학을 깨뜨리기를 원한다. 우리는 죽음의 기차를 멈추고 비상 브레이크를 당기는 데 성공하기를 원한다.[3] 우리는 우리의 희망이 현실적이기를 바란다.

희망은 존엄에서 자라지만 그것을 넘어선다. 존엄은 더 나은 세상을 위한 투쟁의 중심에 있다. 존엄에 대한 사빠띠스따의 강조는 초기 혁명적 사유의 도구주의로부터의 결정적 전환을 분명히 보여준다. 우리는 이미 정의된 목표에 도달하기를 원해서가 아니라 인간으로서의 존엄이 요구하기 때문에 싸운다. 이것과 일관되게 사빠띠스따는 대문자 R의 혁명 Revolution을 거부하고 소문자 r의 혁명revolution을 선호하며, 오늘날에는 혁명보다는 "저항과 반란"을 강조한다. 존엄의 관념은 투쟁의 대상(자본주의)에서 투쟁의 주체(우리의 존엄)로 강조점을 전환하는 가장 중요하고 가장 환영할 만한 신호이다. 이러한 전환은 저항과 반란의 다른 많은 운동들 속에, 그리고 그것들에 대해 쓰여진 많은 글들 속에 표현되어 있다.

그러나 반란적인 딸인 이 책은 가만히 있질 못하고 "*그래, 그래, 존엄이다, 존엄! 하지만 우리는 더 나아가야 하고, 희망이 필요하고, 이기고 싶다! 우리는 이기고 싶다. 비록 이기는 것이 무엇인지는 그것을 달성하는 과정에서만 명확해질 수 있다는 것을 우리가 알지만 말이다.*"라고 말한다. 희망은 존엄에 기초하지만 더 많은 것을 요구한다. 희망은 자기 자신을 넘어서는 존엄이다.

---

3. 비상 브레이크는 혁명에 대한 발터 벤야민의 재정식화를 참조한 것인데 이것은 이후에 좀 더 발전될 것이다.

7

희망은 정체성을 넘어서 나아간다.

 이 책은 전작들인 『권력으로 세상을 바꿀 수 있는가』, 『크랙 캐피털리즘』과 함께 희망을 다시 생각하는 데 바쳐진다. 물론 이 책들 하나하나가 자신의 힘만으로 서 있는 것은 아니다. 반자본주의 사상 일반은, 혁명 정당이라는 배경context이 더 이상 존재하지 않는 지금 우리가 세상을 어떻게 변화시킬 것인가라는 질문을 중심 주제로 삼고 있다.

 『권력으로 세상을 바꿀 수 있는가』의 주장은 '국가 환상', 즉 국가를 통해 반자본주의적 변화가 일어날 수 있다는 생각을 극복해야 한다는 것이다. 20세기 혁명들의 국가 중심적 접근 방식은 그러한 운동들의 비극적인 결과에 기여했다. 우리는 남을 지배할 지배력power-over을 장악하는 것에 대해서가 아니라 다른 세상을 만들기 위한 우리의 지향력power-to을 구축하는 것에 대해 생각해야 한다. 『크랙 캐피털리즘』은 우리가 혁명을 생각할 수 있는 유일한 방법은 균열들을, 다시 말해 우리가 자본주의의 발전 논리와 단절하고 일을 다르게 할 수 있는 우리의 지향력을 발전시킬 순간들 또는 공간들을 인식하고 생성하고 확장하고 증식시키고 합류하는 것이라고 주장했다. 그 논의는 자본의 논리에 종속되는 [정관사적인] 그 행위the doing(맑스가 추상노동 또는 소외된 노동이라고 부르는 행위)

와 자기 결정을 향해 나아가는 [부정관사적인] 행위a doing 사이의 충돌에 집중되었다.

이 책은 논의를 약간 다른 방향으로 가져가서 이전의 책들에 이미 존재하는 주제를 좀 더 분명하게 만든다. 자본주의는 우리의 활동을 사회적 응집 속으로, 즉 자본의 논리 속으로 흐르게 하는 것으로 구성된다. 그것은 멸종으로 우리를 위협하는 가둠의 체제이다. 반면 반자본주의적 활동과 사유는 이러한 가둠으로부터의 넘쳐흐름이거나 그 넘쳐흐름의 다양성이다. 넘쳐흐름을 가두는 것, 그것이 세계를 형성하는 적대이다. 가둠에 대항하는 넘쳐흐름, 그것이 희망이다.

가둠에 대항하는 넘쳐흐름. 정체성에 대항하는 반정체성. 정체화란 우리가 행하는 것, 우리가 생각하는 것, 우리가 세상을 보는 방식에 제한을 가하는 것이다. 정체성은 가둔다. 반정체성은 넘쳐흐른다.

『권력으로 세상을 바꿀 수 있는가』가 중심적으로 다루었던 '국가 환상'은 더 넓은 정체성-사고의 한 요소에 불과한 것으로 간주될 수 있다. 지난 세기의 비극적 결과를 가져온 혁명적 사고와 행동은 국가 중심적일 뿐만 아니라 정체성주의적이었다. 고전적인 혁명 전통과 그것의 조직 형태를 형성하는 범주들은 매우 명확하게 정의를 내리는definitional 경향이 있다. 그러는 가운데 그 범주들은 국가 및 기타 자본주의 형태를 특징짓는 사고 및 행동의 도식을 재생산한다. 가장 첨예한 대립의 순간에 그것들은 자신들이 반대하는 것을 재생산한다.

예를 들어 당은 혁명적 전통의 중심에 놓여 있다. 이제는 당을 위계적 조직 형태로 비판하면서 그것을 수평주의 경향과 대비하는 것이 일반적이다. 이것은 옳다. 하지만 문제는 더 깊은 곳까지 뻗어 있다. 당은 조직의 명확하게 정의되고 정체성주의적인 형태이다. 당은 일반적으로 정의된 구성원, 정의된 영역, 정의된 강령, 그리고 강령과 조직을 바꾸는 방법을 결정하는 위계 구조를 갖는다. 구성원과 강령에 대한 정의는 필연적으로 구성원이 아닌 사람들의 배제, "그들"과 "우리", 외부인과 내부인의 구별을 수반한다. 이것은 분할, 분열 및 추방을 포함하는 행동 형태로 이어진다. 그것은 잘못된 의견을 주장하거나 잘못된 방식으로 행동하는 사람들을 분할하고 비난하고 실격시키는 언어 형태를 조장한다. 레닌은 그러한 언어의 대가였다. 하지만 그것은 당 전통 전체에 스며들어 있다.

계급 개념, 특히 노동계급이라는 개념은 이 전통의 중요한 부분이다. 노동계급을 어떻게 정의할 것인가? 노동계급은 잉여가치의 직접적인 생산과 착취에 의해 정의되는 집단인가? 아니면 노동력 판매에 의해 정의되는 집단인가? 우리는 어디에 끼워 맞춰지는가? 계급의 한계는 무엇인가? 우리는 계급 의식을 어떻게 정의할 수 있는가? 계급의 범주가 중요하지 않다는 것은 아니다. 그것은 매우 중요하다. 하지만 정통적 전통은 계급을 자본주의 발전의 동역학에 의해 부과되는 계급-화class-ification의 과정으로, 그래서 항상 쟁점이 되는 과정으로 받아들이기보다 하나의 정의된 집단으로 받아들인다. 우리는 노동계급이기 때문에 투쟁하는 것이 아니다. 오히려 우리는, 우리가 넘쳐흐르기 때문에 우리의 삶을 형성하는 바로 그 물질적 계급-화에 저항하고-반란한다. 우리의 투쟁은 정체성주의적이지 않고 반反정체성주의적이다. 계급화 또는 정체화는 자본주의에서 우리가 상품의 판매 및 구매를 통해 서로 관계 맺는다는 사실에 내재하는 그 분리적 정의로부터 발생하는 분리적 정의이다. 이것이 맑스가 "물신숭배"fetishism라고, 루카치가 "물화"reification라고 부른 것이다. 그것은 혁명적 전통의 사상뿐만 아니라 그것의 조직 형태와 행동 형태도 규정한다.

정체성주의적 사고에 대한 질문은 순전히 역사적인 관심사에 속하는 것이 아니다. 정체성주의의 부상은 현재 자본주의 발전의 핵심에 놓여 있다. 이것은 세계 전체에 걸쳐 우익이 부상하는 것에서 매우 분명히 드러난다. 우리가 "우파"라고 부르는 사람들의 생각과 행동은 매우 정의적 definitional이다. 민족주의, 인종주의, 성차별, 이 모두는 특정 범주에 속하는 사람, 특정 역할에 포함되는 사람에 대한 정의에 기반한다. 미리 정해진 정의에서 벗어나려고, 그 역할에서 벗어나려고 시도하는 사람을 대상으로 화를 내거나 매우 자주 폭력이 행사된다. 사회 질서는 사람들을 그러한 정의 안에 유지하고 그들을 자신들의 자리 안에 머물게 함으로써 지탱될 수 있다.

그렇지만 정체성주의는 단지 우파만의 특징이 아니다. 점점 더 그것은 항의하는 사람들의 생각, 조직 및 행동에도 스며들고 있다. 혁명 정당의 정체성주의적 사고, 행동, 조직과 당 형태를 거부하는 사람들의 사고, 행동, 조직 사이에는 일정한 연속성이 있다. 부과된 역할과 정의에 대한 격분은 반정의적인 것에서 시작하지만 쉽게 (그리고 점점 더) 역할이나 예상되는 행동 패턴을 다시 부과하는 새로운 정의 속으로 회로화된다. 거기에 루디네스코가 정체성주의를 향한 "표류"[1]라고 부르는 것이 있다. 그것은 우리를 항상 정체성주의적 사고와 행동 방식으로 끌어들이는 매우 강력한 저류이다. "우리는 흑인이다"는 흑인 피부를 가진 사람들이 무엇인지에 대한 백인의 정의에 대한 항의에서, 따라서 일종의 넘쳐흐름에서 출발한다. 하지만 그것은 흑인 피부를 가진 사람이 무엇인지에 대한 재정의에 쉽게 가두어질 수 있다. 이것은 원주민, 여성, 동성애자, 트랜스젠더, 피식민자에 대해서도 마찬가지로 이야기될 수 있다. 각각의 경우에 넘쳐흐름에서 새로운 정의, 새로운 가둠으로의 쉬운 전환이 있다. 따라서 예를 들어 젠더는 닫힌 범주로서 계급 옆에 자리를 잡게 된다. 계급이 계급화

---

1. 이것은 그녀의 책의 부제인 *Essai sur les dérives identitaires*에 표현되어 있다. 이 책에 관심을 갖게 해준 친구 페르난도 마타모로스와 실비 보세렐에게 진심으로 감사드린다.

에 대한 거부가 아니라 어떤 집단에 대한 긍정적 정의로 간주되듯이 젠더는 젠더-화gender-isation에 대한 거부에서 어떤 집단에 대한 긍정적 정의로 전환된다. 동일한 결과들이 계속 잇따른다. 도덕적 우월성에 대한 가정, 여성 또는 게이 또는 트랜스젠더가 어떻게 행동해야 하는지에 대한 가정, 다른 사람의 배제 또는 자격 박탈, 우리에-대항하는-그들의 창출, 그리고 이에 수반되는 모든 분열 및 비난 등이 그것이다. 원주민화에 대해서도 똑같이 이야기할 수 있다.[2] 그것은 사람들을 원주민으로 정의하며 사실상, 쿠르드족처럼 민족성nationality을 이유로 억압받는 사람들의 투쟁을 원주민적인 것이라고 정의한다. 이 모든 재정의는 어느 정도의 위선을 수반한다. 그것들은 사람들이 어떻게 행동해야 하는지에 대한 관념을 재생산하고 따라서 그렇게 정의된 사람들이 적어도 그 정의에 어울리는 체하는 경향을 재생산한다.

반정체성주의적 접근 방식은 정의된 집단들이 아니라 사회적 적대의 흐름(및 넘쳐흐름)을 기반으로 사람들을 이해하는 것을 의미한다. 이런 의미에서 그것은 사람들을 그들의 위치나 역할 또는 관심의 관점에서 보는 전통적인 사회학과는 대립하는 것으로, 반사회학적이다. 이러한 집단이나 역할이나 이해관계가 존재하지 않는다는 것이 아니라 그것들이 적대적 흐름을 방해하고 가둔다는 것이다. 이러한 가둠이 우리를 파괴하는 사회를 재생산한다.

우리는 처음부터 세계를 이해하는 데 있어서 적대의 중심성을 강조했다. 현재의 사회는 지배나 투쟁에만 기반을 두고 있는 것이 아니다. 그것은 이 둘 사이의 대립에도 기반을 두고 있다. 하지만 우리가 세계를 우리

---

2. 멕시코에서 원주민 개념에 대한 투쟁에 대해서는 이네스 두란 마뚜떼의 논문(Durán Matute 2022)을 참조하라.

에-대립하는-그들이라는 식의 정체성으로 나누지 않고 어떻게 적대에 집중할 수 있을까? 그 대답은 "적대는 외적인 것이 아니라 내적인 것, 즉 개인적으로나 집단적으로나 우리 모두를 관통하는 것이다."여야 한다. 루카치의 멋진 비유[3]에 따르면 우리는 서로 부딪쳐도 변함없이 계속 굴러가는 당구공과는 다르다. 우리의 경우 부딪침이 우리를 변형시키고 부딪침 안에서 부딪친 것은 부딪힌 것 속에서 재생산된다. 순수한 주체는 없다. 자본은 노동자 안에서 재생산되고 가부장제는 여성 안에서 재생산된다. 적대적인 사회에서 산다는 것은 필연적으로, 우리 모두가 우리 자신에 대해 분열되어 있다는 것, 즉 우리가 사람들이 널리 사용하는 의미에서 분열증적schizophrenic이라는 것을 의미한다. 이것은 우리 모두가 똑같은 방식으로 자기 분열되어 있다는 것을 의미하지는 않는다. 리차드 건(Gunn 1987)은 계급 적대가 우리 모두를 관통하는 적대로 이해되어야 한다고 제안한다. 하지만 그 방식은 사회에서 우리가 차지하는 위치에 따라, 적대적인 전체에 대한 우리의 특수한 관계에 따라 상당히 다를 수 있다.

모든 투쟁(그리고 실제로 모든 사람)은 가둠과 넘쳐흐름 사이, 정체성주의와 반정체성주의 경향 사이의 이 갈등에 의해 특징지어진다. 원주민(과 그 지지자들)의 투쟁은 그 투쟁을 원주민의 것으로 이해하는 사람들과 그것을 인간의 존엄성에 대한 상호 인정에 기초한 세상을 만들기 위한 더 광범위한 투쟁의 일부로 생각하는 사람들 사이의 긴장 또는 적대감을 포함한다. 여성, 흑인, 동성애자, 트랜스젠더, 광산 개방이나 공항 건설로

---

3. Lukács 1923/1971, 13[1999]. "만약 상호작용이 서로 다른 두 개의 변하지 않는 객체들의 상호 인과적 영향을 의미한다면, 우리는 사회를 이해하는 데 조금도 가깝게 접근할 수 없을 것이다. ⋯ 우리가 염두에 두고 있는 상호작용은 만약 상호작용이 없었다면 변하지 않았을 객체들의 상호작용 이상이어야 한다. ⋯ 모든 사회 현상의 객관적 형태는 서로의 끊임없는 변증법적 상호작용 과정에서 계속해서 변한다."

위협받는 공동체 주민들의 투쟁도 마찬가지다. 반정체성주의와 정체성주의의 관계는 외적 적대가 아니라 넘쳐흐름으로, 안에서-대항하고-넘어섬의 내적 관계로 이해하는 것이 가장 좋다. 그것을 외적인 것으로 보는 것은 반정체성주의적인 것을 새로운 정체성으로 구성하는 것이 될 것이다. 우리는 반정체성주의적이고 당신은 정체성주의적이다라는 식으로.

아마도 우리는 반反정체성주의적 사고를 당party 사고의 정체성주의적 성격에 반대되는 집회-사고assembly-thinking로 생각할 수 있을 것이다. 당The Party은 정의definition에 의해, 당 노선의 정립에 의해 특징지어진다. 집회-사고는 토론에의, 말하고 묻기에의 열림이다. 우리는 이렇게 생각한다, 당신은 어떻게 생각하는가? 이것은 넘쳐흐름에의 초대이기도 하다. 그래서 예컨대, 자본주의라는 히드라에 대항하는 비판적 사고를 주제로 한 2015년의 세미나에 사람들을 초대하면서 사빠띠스따는 사회적 폭풍이 다가오고 있다는 자신들의 생각을 소개할 때 이렇게 말한다. "우리 사빠띠스따가 보고 듣는 것은 모든 의미에서 재앙이, 폭풍이 다가오고 있다는 것이다. … 그래서 우리 사빠띠스따는 다른 달력을 가진 다른 사람들에게, 다른 지리학을 가진 다른 사람들에게 그들이 보는 것이 무엇인지 물어봐야 한다고 생각한다."[4] 이 말은 스스로에게 물음을 던지고 그 자신을 넘어선다. 나도 이 책이 이런 식으로, 즉 "나는 이렇게 생각합니다. 그런데 당신은 그것을 어떻게 보십니까?"로 이해되기를 바란다.

정체성과 정체성주의적 사고에 대한 비판은 새로운 것이 아니다. 그것

---

4. 스페인어 원문: " 'El asunto es que lo que nosotros, nosotras, zapatistas, miramos y es-cuchamos es que viene una catástrofe en todos los sentidos, una tormenta … Enton-ces nosotros, nosotras, zapatistas, pensamos que tenemos que preguntar a otros, a otras, a otroas, de otros calendarios, de geografías distintas, qué es lo que ven"(EZLN 2015, 26~29).

은 블로흐, 아도르노, 마르쿠제 등 비판이론의 전통 전체에 핵심적이다. 지금의 이 주장에 대한 이 저자들의 영향력은 막대하다. 그러나 내가 우려하는 것은, 그들의 반정체성주의적 주장들이 학술적이고 이론적인 논의에 국한되어 왔으며 점점 더 그것에 국한되어 가고 있다는 점이다. 여기서 나의 의도는 학술적 사고가 밀어 넣었던 장롱 안에서 그것들을 꺼내는 것이다. 예컨대 아도르노가 "모순은 정체성의 양상 아래에 놓인 비정체성이다."(Adorno 1966/1990, 5 [1999])라고 말할 때, 그것은 매우 정치적인 진술이라고 말하는 것이다. 그는 의식적이든 아니든 우리가 도대체 어떻게 이 끔찍한 사회적 재앙에서 벗어날 수 있느냐는 근본적인 질문을 다루고 있다. 비판이론을 비판이론 안에 가두는 것은 그것을 파괴하는 것이며, 그것을 연구의 대상으로, 학술적 게임으로 바꾸는 것이다.5

이 책은 넘쳐흐름의 시poetry에 기여할 수 있기를 바란다.6 그러나 점차 더 분명해지겠지만, 이 책은 가둠과 넘쳐흐름 사이, 정체성과 반정체성 사이의 적대의 한 측면에 초점을 맞추면서 그 방향으로 조심스러운 발걸음을 내디딜 뿐이다. 그러나 그 방향으로 움직이는 것만으로도 아무것도 붙잡지 않은 채 위험한 바다로 나아가는 것이다.

---

5. 아도르노에 대한 정치적 독해에 대해서는 Holloway, Matamoros and Tischler 2009를 참조하라.
6. "넘쳐흐름의 시"라는 아이디어가 이 책을 관통한다. 그것은 Al Faro Zapatista 시리즈의 일부인 라울 바네겜의 최근 소책자(Vaneigem 2021)에서 가져온 아이디어이다.

우리의 희망은 부재가 아니라
절규에서 시작된다.

태초에 절규가 있었다.[1] 말씀이 있었던 것이 아니다. 그렇다고 부재가 있었던 것도 아니다. 때때로 희망은 부재에 대한 응답으로, 잃어버린 것을 향해 손을 내뻗는 것으로 여겨진다.

블로흐의 훌륭한 철학 입문서, 『튀빙거 철학 입문』(Bloch 1963/1968) 은 "나는 존재한다. 그러나 나는 나 자신을 갖고 있지는 않다. 그래서 우리는 먼저 생성한다."에서 시작한다. 그러나 여기에는 한 가지 문제가 있다. 적어도 한 가지 모호함이 있다. 여기서 블로흐의 말은 인간 본성에 뿌리를 둔 존재론적 희망을 암시하는 것으로 읽힐 수 있다. 거기에는 인간 존재의 일부인, 앞으로 나아가려는 끊임없는 추진력이 있다. 이것은 삶의 순전한 불안정성이다. 인간성은 끊임없는 전진이다. 희망은 진보의 원동력이다.[2]

---

1. 이것은 『권력으로 세상을 바꿀 수 있는가』를 여는 문장이다.
2. 나는 블로흐가 진보 중심의 희망 개념을 가졌다고 비판하는 것이 아니다. 그것은 내 관심사가 아니다. 단도직입적으로 말해 그의 책의 「서론」을 여는 문장은 이 책에서 제안된 것과는 다른 출발점을 제시하고 있다.

이 책의 주장은 다르다. 어쩌면 인간임은 다른 동물의 경우에서 그러한 것과 같은 번식에 대한 단순한 욕구가 아니라 어떤 끊임없는 전진을 포함하는 것일지 모른다. 그러나 그것은 여기서 우리의 관심사가 아니다. 우리가 아는 바의 희망은 역사적으로 특정한 희망이며 지금 여기에서 우리를 억압하고 억제하는 세력에 대항하는 원동력이다. 우리는 공격을 받고 있으며 그 공격에 대응한다. "나는 공격을 받고 있다. 내가 나 자신을 갖고 있지 않은 이유가 바로 그것이다. 따라서 우리는 먼저 이 공격에 대응하는 것에 의해 생성한다. 그 공격은 모든 사회에 존재하는 것이 아니다. 그것은 특수한 형태의 사회 조직의 공격이다. 우리는 이러한 형태의 조직에 대응함으로써 생성한다."

첫 번째 [블로흐의] 경우에서, 우리는 부재로부터, 그 부재를 대체하고자 하는 욕망으로부터 생각한다. 이 부재를 극복하는 것은 진보하는 것이다. 희망은 진보의 어떤 관념과 연결되어 있다. 두 번째 [이 책의] 경우에서 우리는 절규로부터, 받아들이기를 거부하는 것으로부터 생각한다. 우리는 트레일러에서 질식사한 이주민들에서 출발한다. 우리는 절규한다. 우리는 그런 일이 불가능한 세상을 만들기를 희망한다. 희망은 그러므로 우리를 공격하는 사회적 응집을 깨뜨리려는 열망이다. 희망은 필연적으로 적대적이다. 그것은 대항-희망이다. 만약 진보가 우리에 대한 공격을 강화한다면 그것은 진보에 대항한다. 희망은 진보를 위한 추진력이 아니다. 그것은 오히려 파괴에 대한 맹렬한 추진력, 해방을 위한 추진력, 자본의 파괴적인 동역학으로부터 자유로워진 삶의 방식을 창조하려는 추진력이다.

우리는 존재하는 것에 맞서 생각하고 희망한다. 왜냐하면 존재하는 그것이 우리를 공격하기 때문이다. 우리는 장벽이 거기에 있기 때문이 아니라 그 장벽이 우리를 공격하기 때문에 그 장벽에 우리의 몸을 던져 부딪친다. 우리는 다른 편의 잔디가 늘 더 푸르기 때문이 아니라 이편에서 우리의 삶이 파괴되고 있기 때문에 그 장벽을 밀어붙인다. 장벽이 우리를 밀어붙이고 있기 때문에, 우리를 심연 속으로 밀어붙이고 있기 때문에 우리는 장벽을 밀어붙인다.

나는 다른 곳[3]에서 에드거 앨런 포의 이야기에서 영감을 얻은 비유를 사용한 적이 있다. 그 비유가 지금 그 어느 때보다 타당성이 높아 보인다. 우리가 어떤 방에 있다. 한 면에는 벽이 없고 단지 심연-멸종이 있을 뿐이다. 다른 삼면에는 창문도 문도 없는 벽들이 있다. 그 벽들이 우리를 파멸의 심연으로 몰아넣으며 우리를 향해 다가오고 있다. 우리는 주먹으로 필사적으로 벽을 두드리며 그것들을 부술 방법을 찾으려 하고 있다. 때때로 우리는 벽에 약간의 찌그러짐을 만들어 낸다. 그리고 그것이 우리에게 계속할 용기를 준다. 그러나 벽은 계속 다가온다. 우리는 주먹으로 두드리는 것을 벽 자체의 구조적 결함과 필사적으로 연결시켜야 한다. 그것이 우리의 희망이다.

두 출발점은 서로 다른 방향으로 이어진다. 부재의 극복으로서의 희망은 우리를 긍정적인 색채를 가진 방향으로, 즉 진보, 역사적 유물론, 구조주의적 사고를 향해 이끈다. 절규로서의-희망은 부정성을 가진 사고와 행동을 각인한다. 그것은 거울을 통해 우리를 안에서-대항하며-넘어서는 세계로, 과정으로서의 형태로, 잠재성latency으로, 불확실성으로 이끈다. 반反문법의 세상으로 이끈다.

---

3. 『크랙 캐피털리즘』: Holloway 2010, 8[2013]의 서두에서.

9

절규는 우리를 부정적 방향으로 이끈다.

희망-사고는 부정적 사고 전통의 일부이다.

희망은 장벽과 맞부딪친다. 그것은 닫힌 것을 열고 고정된 것을 뒤흔든다. 블로흐가 말했듯이 "생각한다는 것은 넘어서는 모험을 의미한다"(Bloch 1959/1985, 4 [2004]).

"존재하는 것이 [그대로] 진리일 수는 없다." 이것은 마르쿠제(Marcuse 1964/1968 [2009])가 『일차원적 인간』(1964/1968, 105 [2009])의 「부정적 사고: 패배한 항의의 논리」에 대한 장을 여는 말이다.[1] 이 말은 삶의 순전한 불안정을, 사고의 불안정성을 표현하기 위해 사용된다. 존재하는 것은 자신의 생성에 대립하기 때문에, 삶의 불안정에 대한 장벽으로 되기 때문에 진리일 수 없다. 그것은, 1960년대 후반 철학적 사고의 불안정성과 학생 반란 및 다른 사회적 반란의 불안정성을 결합한 문구 속에서 마르쿠제가 표현했듯이, "항의의 논리"에 대립한다. 마르쿠제 책의 그 장에 달린 비관

---

1. * 『일차원적 인간』 4장에서 마루쿠제는 이 말을 Ernst Bloch, *Philosophische Grundfragen I* (Frankfurt : Suhrkamp, 1961), p. 65에서 인용한 것으로 밝히고 있다.

주의적 제목에서 우리는 "패배한"을 제거한다. 부정적 생각은 항의의 논리이다. 하지만 그것은 분명히 패배하지 않았다.

아도르노(Adorno 1966/1990, 19[1999])는 그 점을 더욱 강력하게 지적한다. "모든 특수한 내용에 앞서, 사고 그 자체는 부정의 활동이며 그것에 강요되는 것에 대한 저항의 활동이다." 우리의 사고에 강요되는 것은 자본주의 사회이다. 자본주의 사회는 우리에게 자신이 존재한다is고, 자신은 변할 수 없다고 말한다. 생각하는 것은 부정하는 것이고, 자본주의 사회가 존재한다는 것에 저항하는 것이다.

하지만 존재한다는 것이 진리가 아닐 수 있다 하더라도 그 사회는 존재한다. 그것은 존재한다. 그것은 실존한다. 그리고 그것은 엄청난 힘을 발휘한다. 그것은 우리가 우리의 몸을 던져 부딪치는 벽돌 벽이며, 우리가 옮기고 싶어 하지만 아무래도 옮길 수 없는 것이다. 존재하는 것, 즉 정체성Identity은 진리가 아닐 뿐만 아니라 거대한 비진리Untruth이다. 그것은 끊임없이 우리 안으로 쏟아지고, 우리를 압도하고, 우리에게 구조 안에서만 생각하라고 말하고, 희망의 관념은 부조리하다고 말하는 거대한 힘을 가진 비진리이다.

그러므로 희망-사고는 필연적으로 반反정체성주의적이다. 이글턴이 말했듯이 "희망은 욕망 그 자체와 마찬가지로 인간 동물이 그 자신과 비동일화[비정체화]하는 방식이며, 영원한 아직-아님으로서의 실존이고 일종의 유예suspension로서의 실체이다"(Eagleton 2015, 44 [2016]). 혹은 좀 더 좋게 표현해서, 희망은 욕망 그 자체와 마찬가지로 인간이 그 자신과 비동일화[비정체화]하는 방식이며, 역사적으로 특유한 아직-아님으로서의 실존이고 일종의 유예로서의 실체이다.

희망-사고는 이 사회 내부의 반反정체성주의적인 것들의 힘, 즉 끼워 맞춰지지 않는 것의 힘, 다른 세상을 향해 밀어붙이는 것의 힘을 이해하려는 시도이다. 희망은 생각과 행동 속에서 정체성의 비진리에 맞서는 추진력이다. 이것이, 존재하는 것의 비진리에 대항하는 추진력으로서 진리가 실존하는 유일한 방식이다.

희망을 생각하는 것은 편을 드는 것이다. 존재하는-것에 맞서 아직은-아니지만-아마도-존재할-수-있을-것의 편을 드는 것, 정체성에 대항하여 반反정체성의 편을 드는 것, 우리를 파괴하고 있는 세계에 맞서 우리가 창조하고자 하는 세계의 편을 드는 것, 객체에 맞서 주체의 편을 드는 것이다. 우리는 냉정하고 객관적이 되려고 노력하는 것에서 시작하지 않는다. 만약 그렇게 한다면 그것은 거짓말에서, 전통적인 학술 담론의 기저에 깔린 거짓말에서 시작하는 것일 것이다.

희망을 생각한다는 것은, 많은 이주민들이 말 그대로 절망과 희망에 이끌려 경계에 몸을 던져 부딪치는 것과 다르지 않게, 장벽에 몸을 던져 부딪치는 것이다. 경계는, 우리가 그것에 우리의 몸을 던져 부딪친다고 해서 사라지는 것은 아니다. 그러나 이렇게 함으로써 우리는 그것을 다른 방식으로 보는 법을 배운다. 우리는 이제 구조를 정의하고 있는 것으로서의 경계를 바라보는 것이 아니라 취약성, 모순, 균열을 찾기 위해 그것을 바라본다.

부정적 사고는 변증법적인 사고, 존재하는 것의 고정성에 대항하는 사고이다.

희망을 생각한다는 것은 생각의 다른 문법 속으로 들어가는 것이다. 기존 사회는 기존 사회 조직 형태의 영속성을 가정하는 특정한 사고방식을 생산하고 또 그것에 의해 지탱된다. 우리는 화폐, 국가, 노동, 빈곤 등을 사회의 영구적인 특징인 것으로 생각한다. 희망을 생각하는 것은 이와는 정반대다. 우리의 관심을 끄는 것은 이러한 형태들의 영속성이 아니라 그것들의 일시성이다. 즉 역사적으로 특수한 사회관계의 형태로서의 그것들의 실존이다. 우리는 이러한 형태들에 붙들려 있지만 그것들에 대항하고-넘어서면서 사고하고 (또 행동하고) 있다. 다시 말해 우리는 우리를 둘러싸고 있는 사회에 대해 부정적으로 생각한다. 왜냐하면 우리는 아직 실존하지 않지만 잠재적으로 생성할 수 있는 세계를 향해 나아가고 있기 때문이다.

희망을 생각하는 이러한 방식을 "변증법"이라고 부르기도 하는데, 변증법은 논란의 여지가 있는 용어이다. 그것은 종종, 결국에는 종결이, 행복한 결말happy ending이 있다는 생각과 더불어 정-반-합의 공식으로 축소되곤 한다. 설상가상으로 많은 사람들에게 변증법은 소련의 어두운 역사와 연관되어 있다. 소비에트 맑스주의는 스스로를 변증법적 유물론DiaMat의 이론이라고 선언했다. 소비에트 맑스주의 또는 정통 맑스주의 전통에서 변증법은 긍정화되었다. 그것은 부정을 통한 운동의 이론에서 출발했지만 결과적으로는 종결의 이론으로, 소련이 취한 방향에 대한 긍정적 정당화로 되었다. 강조점이 정-반-합이라는 정형화된 운동에 두어졌고 모순의 긍정적 해결인 종합에 특별한 중요성이 부여되었다. 변증법은 자연과 사회에 동등하게 적용될 수 있는 것으로 여겨졌다.

비판적 맑스주의 전통에는 변증법에 대한 이 조야한 개념에서 벗어나는 두 가지 결정적인 단계가 있다. 첫 번째는 「정통 맑스주의란 무엇인가?」에 관한 획기적인 에세이에서 루카치가 행한 엥겔스 비판이다. "그[엥겔스]는 가장 활력적인 상호작용을, 다시 말해 역사적 과정에서 주체와 객체 사이의 변증법적 관계를 언급조차 하지 않는다. … 그러나 이 요소가 없으면 변증법은 더 이상 혁명적이지 않다. … 변증법적 방법의 핵심 문제는 현실을 바꾸는 것이다"(Lukács 1923/1971, 3[1999]). 변증법 이론은 세계에 대한 일반 이론이 아니다. 그것은 특별히 인간의 상호작용에 관심을 갖는다. 이러한 이유로 우리는 이 책에서 모순보다 적대에 대해 말하는 것을 더 선호한다. 우리는 적대적인 사회에 살고 있다. 변증법에 대한 이 조야한 개념과의 또 다른 중요한 단절은 변증법을 부정적 변증법으로 이해해야 한다는 주장이다. 이것은 아도르노가 『부정변증법』이라는 제목의 책에서 명확하게 표현했고 프랑크푸르트학파의 다른 사상가들도 어느 정도는 공유한 관념이다. 부정적 변증법이라는 관념은 종합적 종결의 관념이나, 아마도 블로흐의 최종적 귀향이라는 관념에도 여전히 존재한다고 볼 수 있는, 보증된 "행복한 결말"의 모든 관념들과 결별한다.[2] 희망과 낙관주의 사이에는 분명한 단절이 있다.[3] 아우슈비츠 이후에, 히로시마 이후에, 야만이 증가하는 현재의 세계에서 낙관주의는 정당화되기 어렵다. 하지만 사회관계의 부정적 흐름 속에는, 고정성과 정체성의 파괴과정 속에는 희망이 있다. 그래서 우리는 희망을 위해 비정체성의 운동을 응시한다. "변증법은 비정체성의 일관된 의미이다"(Adorno 1966/1990, 5 [1999]). 희망-사고를 부정적 사고로 이해하는 것의 중요성을 주장하는 것은 비정체성(아니 오히려 반정체성)의 현재적 힘, 존재하는 것의 고정성을 부식시키거나 용해시키는 힘을 응시하는 것이다. 자동적 과정은 존재하지 않는다. 변증법적 부정은 인간적 부정, 인간적 거부의 운동, 위대한 아니요NO이다. 그리고 이것은 이미 어떤 확실성도, 어떤 보증된 종합도, 예측 가능한 어떤 행복한 결말도 없음을 의미한다. 변증법은 부정의 불안

---

2. 그래서 아도르노는 자신의 책의 「서문」에서 "『부정변증법』이라는 제목은 전통을 비웃는 문구이다. 일찍이 플라톤 시대에 변증법은 부정을 통해 무언가를 달성하는 것을 의미했다. '부정의 부정'이라는 사고 형상이 나중에 간결한 용어로 정리되었다. 이 책은 변증법의 결정성을 감소시키지 않으면서 그러한 긍정적 특성으로부터 변증법을 해방하고자 한다."(Adorno 1966/1990, xix [1999])고 썼다.
3. 이글턴의 책의 제목 『희망 없는 낙관주의』(2015 [2016])는 이런 점에서 의미심장하다.

64 2부 우리는 희망을 다시 배워야 한다

정한 운동, 거부, 아니요No, 모자라, 모자라의 희망-절망의 운동이다.

희망-사고는 적대적 사고로서, 주체와 객체를 상호 구성적인 적대
와 상호 침투 속에서 결합하는 사고이다.

부정적 변증법은 이성적 희망docta spes에 새로운 도전을 제기한다. 잠
재적으로 좋은 결말을 생각할 수 있도록 만드는 것은 무엇일까? 블로흐
는 희망에 대한 그의 놀라운 탐구에서 이 질문을 한쪽으로 미뤄둘 수 있
었다. 왜냐하면 그는, 자신이 잘 알고 있는 모든 문제점들에도 불구하고,
공산당이 이끄는 노동계급이 공산주의 사회를 건설할 역량이 있다고 가
정했기 때문이다. 그런데 그러한 생각의 틀이 무너졌다.

희망-사고는, 그것의 덜 자신감 있는 형태인 부정변증법에서조차, 그
중심에 자본주의적 사회관계의 비영속성 또는 적어도 잠재적 비영속성에
대한 생각을 가지고 있다. 변증법은 (아직) 실존하지 않는 근본적으로 다
른 형태의 사회 조직의 관점에서 현재 사회를 이해하는 것이다. 희망-사
고는 우리가 만들고자 하는 사회의 관점에서 현재를 이해하는 것이다. 그
러나 우리는 더 이상 그것을 당연하게 여길 수 없다. 우리 주변의 모든 것
은 우리에게, 잠재적인 다른 사회는 없으며 자본, 화폐, 국가만이 여기에
머물 수 있다고 이야기한다. 이런 논리의 연장에서 애덤 투즈는 현재의 팬
데믹과 그것의 경제적 영향을 주제로 한 그의 주목할 만한 저서의 맺음
말에서 이렇게 강조한다. "더 이전의 역사적 시대에 〔재앙이 임박했다는〕 이
런 종류의 진단은 혁명에 대한 예측과 연결될 수 있었다. 오늘날 비현실적
인 어떤 것이 있다면 그것은 [재앙이 임박했다는 진단이] 혁명에 대한 예견
과 연결된다는 생각이다"(Tooze 2021, 301 [2022]).

만약 애덤 투즈의 이 말이 맞다면 비판이론은 무너질 것이다. 나는 비

판이론을 단순히 기존 사회를 비판하는 접근법으로 이해하는 것을 넘어서 자본주의를 그 역사성과 잠재적 극복으로부터 이해하고자 함으로써 우리를 다른 사유의 문법으로 인도하는 접근법으로도 이해한다. 이런 관점에서는, 불가능성에서부터 사고를 시작하는 것은 말이 되지 않는다. 비판이론이 전진하기 위해서는 최소한 자본주의를 깨뜨릴 가능성이 있어야 한다. 우리는 다음과 같은 무서운 질문과 대면해야 한다. "하지만 그것이 정말 가능할까? 정말로 우리가 자본의 힘, 화폐의 힘에 기반하지 않은 다른 세상을 만들 수 있다고 생각하는가?" 우리는 도전적이지만 편안한 비판이론의 세계에 우리 자신을 가두어 둘 수 없다. 우리는 우리 자신에게 끊임없이 "비판적 사고의 진정한 기반이 있는가? 성말 우리가 자본주의를 깨뜨리고 다른 세상을 만드는 것을 상상할 수 있는가?"라고 물어야한다. 이렇게 이성적 희망docta spes의 개념은 다른 사고방식을 배우도록 우리를 초대할 뿐만 아니라 우리로 하여금 혁명의 진정한 가능성과 의미에 대해 생각하도록 요구한다.

　투즈가 정식화한 도전은 심각한 것이다. [확실히] 이제 이전과 같은 확신을 가지고 혁명이나 급진적 변화의 가능성에 대해 말하기는·어렵다. 오늘날 좌파가 갖는 좀 더 흔한 태도는 아마도 "우리는 자본주의에 반대하지만 탈출구가 없다는 것을 압니다."일 것이다. 이 책이 탐구하고자 하는 것은 다음과 같은 세 번째 관점이다. "행복한 결말의 어떤 확실성도 없다. 역사는 우리 편이 아니다. 그러나 우리는 탈출구가 없다는 것을 받아들일 수 없다. 자본주의를 넘어서는 다른 사회를 만들 가능성은 아직도 틀림없이 있다." 그것이 궁리를 통해 찾아진reasoned 도전이다. 그것은 단순히 "자본주의를 없애고 합리적이고 인간적인 사회를 만들 수 있기를 희망한다."고 말하는 것이 아니라 그것을 실현할 가능성에 대해 생각하면서 그 희망의 힘을 보여주는 것이다.

이것은 주체와 객체에 대해 생각하는 것을 의미한다. 희망은 객체에 대항하는 주체의 운동이다. 적대는 변증법적 사유의 중심에 있다. 왜냐하면 그 사유가 적대적 세계를 사유하려 하기 때문이다. 이 적대는 앞에서 조금씩 잠식해 오는 벽들에 몸을 던져 부딪치는 "삶의 순수한 불안정"으로 제시되었다. "그것"에 대항하는 "우리." 그러나 이 "우리"는 누구 또는 무엇일까? 그리고 이 "그것"은 무엇이며, 이 잠식하는 벽들은 무엇일까?

그 질문의 두 측면은 모두 어렵다. 하지만 우리가 두 가지 모두를 동시에 생각하지 않으면 우리의 희망은 객체를 망각하는 소망적 사고로, 아니 어쩌면 객체를 망각하는 절망으로 돌아갈 것이다. 희망의 원동력은 필연적으로 주체에서 나온다. 하지만 그것은 대항-주체의 운동이다. 그리고 우리가 대항하는 것은 객체(독일어의 대상^{Gegenstad})이다. 우리는 우리가 반란하는 객체가 지배하는 세상에 살고 있다. 기존 세계는 "객체의 우선성"에 의해 특징지어진다.[4] 그 세계는 사회관계의 현존하는 총체성의 죽은 무게가 우리를 [특정한] 장소에 붙들어 가두고 있는 세계이다.

희망-사고의 핵심 과제는 주체와 객체를 적대와 상호 침투 속에서 함께 포착하는 것이다. 이 책의 할머니 책[『권력으로 세상을 바꿀 수 있는가』]은 "우리는 절규한다."고 말했다.[5] 우리는 현재 사회의 공포를 직간접적으로 경험할 때 절규한다. 우리는 대항하여-절규한다. 그리고 대항하여 절규하는 그 우리는 적대, 긴장의 한 극이다. 그 "우리"는 대항-절규로부터 분리될 수 없으며 그 적대의 한 극 외의 다른 것으로 존재하지 않는다. 그리고 이와 유사하게 적대의 다른 극인 '체제' 또는 자본은 적대적 극 외의 다른 것으로 존재하지 않는다. 우리는 적대적 사회에 살고 있다. 적대의 각

---

4. 이 문제에 대한 다른 관점으로는 García Vela 2020 및 Schäbel 2020을 참조하라.
5. "태초에 절규가 있었다. 우리는 절규한다." Holloway 2002/2019[2002]의 서두.

극은 적대에 의해 구성된다. 물론 우리는 그것들을 더 주의 깊게 연구하기 위해 그것들을 서로 분리할 수 있다. 하지만 그렇게 하면 그것들은 더 이상 그렇게 하기 전과 같지 않다. 그렇게 해서 분리된 우리는 더 이상 희망의 우리가 아니며, 그렇게 해서 분리된 자본은 더 이상 적대의 공격적 세력이 아니다. 그렇게 되면 저항과 반란은 적대적 관계 자체 속에 새겨지기보다는 선택적 여분이 될 것이다. 희망은 억압적인 사회에서의 인간 조건의 필수적인 구성 부분이기는커녕 낭만적인 몽상가들의 땅으로 날라가고 말 것이다.

혁명적 희망에 대한 사고를 더욱 어렵게 만드는 것은 주체와 객체가 상호 적대에 의해서만이 아니라 상호 침투에 의해서도 구성된다는 점이다. 그것들의 충돌은 두 개의 당구공이 서로에게 가하는 명백한 외부적인 충격이 아니다. 거기에는 상호 침투가 있다. 절규하는-우리는 우리가 대항하여 절규하는 자본에 의해 침투된다. 갈등하는 두 극 사이의 관계는 내적 관계이다. 우리는 우리가 그 안에 살고 있는 세상에 의해 손상된다. 우리는 손상된 주체이다[6] 우리는 순수한 혁명적 주체가 아니다. 이것이 혁명에 대해 생각하는 것을 그토록 어렵게 만드는 이유이다. 자본주의적 객체의 특유한 힘은 그것이 총체화한다는 것이다. 그것은 자본의 논리에 의해 지배되는 사회관계의 총체성으로 우리를 점점 더 깊이 빨아들인다.

그러나 그 반대도 마찬가지다. 자본이 우리에게 침투하여 우리를 약하게 만든다면 우리가 자본에 침투하여 그것을 약하게 만드는 것도 분명히 사실이다. 이것은 내재적 부정이라는 용어로 표현될 수 있다.[7] 체제에

---

6. 이런 의미에서 아도르노의 *Minima Moralia: Reflections from a Damaged Life* (Adorno 1951/ 2005[2005])을 참조하라.

7. 이 점에 주목하게 해준 알베르토 보네뜨에게 큰 감사를 드린다. Bonnet 2020도 참조하

내재하는 주체에 대해 생각하는 것이 가능한가? 체제 내부에서 나오면서 이것이 불가피하게 내포하는 모든 내적 모순에도 불구하고, 그 체제를 극복할 수 있는 방식으로 체제를 부정하는 힘을 생각하는 것이 가능한가? 우리는 그 내재적 부정인가? 아니면 그보다, 내부적으로 생성되는 넘쳐흐르는 부정인가?

맑스와 엥겔스가 『공산당 선언』에서 표현한 유명한 구절처럼, "부르주아지가 생산하는 것은 무엇보다도 그 자신의 무덤을 파는 사람들이다." 그들이 말하는 내재적 부정인 그 무덤을 파는 사람들은 노동계급이다. 그 계급은 체제에 의해 생성된 세력이면서 동시에 그 체제를 부정하고 또 그 자신의 실존을 위협하는 세력이다. 자신들이 쓰고 있었던 그 팸플릿에서 그들은 이 잠재적인 혁명 세력이 자신들이 부정하는 체제에 의해 손상된 주체라는 점을 고려하지 않았다. 주류 맑스주의 전통과 노동운동은 이 내재적 부정을 구성적 주체성으로, 전복될 대상에서 독립적인 영웅적 세력으로, 손상되지 않은 주체로 전환시키고 싶어 했다. 노동계급은 다른 극(자본)에 의해 필연적으로 침투되는 적대적 관계의 극이었다가 하나의 사회학적 집단으로 실증화positivisation되었다.

『일차원적 인간』(Marcuse 1964/1968[2009])에서 마르쿠제는 정반대 극단으로 나아간다. 노동계급이 자본에 의해 너무 손상되고 자본에 너무 통합되어 더 이상 내재적이거나 본래적인inherent 부정이 아니라고 주장하는 것이다.

사회에 대한 비판이론은 자신의 발생 시점에 기성 사회 안에 실재하는

라. 그리고 부정이, 내재적인 것 이상으로서, 넘쳐흐른다는 점을 지적해 준 루이스 메넨데스에게 감사드린다.

(객체적 및 주체적) 힘들의 현존을 대면했다. 그 힘들은 진보의 방해물이 되었던 기존의 제도를 폐지함으로써 좀 더 합리적이고 자유로운 제도를 향해 나아갔던 (또는 나아가도록 인도될 수 있었던) 힘들이었다. 이 힘들이 비판이론이 수립된 경험적 근거였다. 그리고 이 경험적 근거로부터 본 래적 가능성의 해방(물질적·지적 생산성의 발전, 능력 및 필요의 발전)의 개념이 도출되었다. 그 힘들에 대한 설명 없이도 사회에 대한 비판은 여전 히 타당하고 합리적일 것이다. 하지만 그 합리성을 역사적 실천의 용어로 번역할 수는 없을 것이다. 결론은 무엇인가? "본래적 가능성의 해방"은 더 이상 역사적 대안을 적절하게 표현하지 못한다는 것이다.(199)

마르쿠제에 따르면 본래적 해방의 가능성이 사라진 상태에서 유일한 희망은 외부에서 온다. "추방자와 국외자, 다른 인종, 다른 피부색의 착취 당하고 박해받는 자, 실업자와 고용될 수 없는 자"(200)가 그들이다.

이 책에서 나의 주장은 마르쿠제의 주장과는 상당히 다르다. 확실히 순수한 주체는 없다. 주체를 낭만화하거나 본질화하는 것, 주체를 그것 을 관통하는 객체와 분리하여 다루는 것은, 그 주체가 노동계급, 원주민, 여성, 흑인 등 그 어느 것으로 이해되든 상관없이 환멸을 불러일으킬 수 밖에 없다. 객체(사회적 관계의 총체성의 무게)는 항상 주체를 관통하지 만, 주체를 완전히 흡수할 정도로 관통하지는 못한다. 언제나 거기에는 초과, 분열적schizophrenic 이차원성, 자기모순적 넘쳐흐름이 있다. 우리는 손상되었지만 (아직) 파괴되지는 않았다. 희망을 생각한다는 것은 우리를 구원하기 위해 외부에서 오는 힘을 찾는 것이 아니라 내재적 부정을, 그 자신의 내재성을 넘쳐흐르는 부정의 힘을 찾는 것이다. 자신의 손상된 주 체성을 절규로, 저항과 반란으로 넘쳐흐르게 하는 부정. 그러면서도 자 신의 주체성을 넘쳐흘러, 인식되지 않는 모순으로서, 객체를 관통하는 부정. 우리는 무덤 파는 사람들을 찾고 있다. 하지만 우리가 찾고 있는 그 사람들은 정의된 일군의 사람들이 아니다. 오히려 그들은 화산처럼 표층을 부술 뿐만 아니라 객체 내부에 만성적이고 치명적일 수 있는 질병으로 존재하는 잠재적이고 전복적인 힘이다.

희망은 위험한 게임이다. 희망이 우리를 오도하거나 환멸에 빠지게 하는 것은 너무나 쉽다. 희망은 구성적 주체성으로의 초대로, 혹은 객체의 분쇄하고 압살하는 힘을, 사회적 관계의 총체성을 잊으라는 초대로 이해되기 쉽다.[8] 우리가 고개를 들어 아니요NO라고 말하는 데는 환상의 맹목성이 필요할지 모른다. 하지만 그것의 결과는 쉽게 실망하게 되는 것일 수 있고 또 받아들일 수 없는 것에 대한 체념적 수용일 수도 있다. 희망을 생각하는 것은 우리 자신을 더 멀리 밀어붙이는 것이다.

현대의 많은 반자본주의 사상은 명백히 반변증법적이다.

반자본주의적 논의에서도 변증법적, 부정적 사고의 중요성을 주장하는 것은 논란의 여지가 있다. 공산당과 소련이 몰락한 후 많은 이론가들은 변증법이라는 개념을 거부하는 선택을 했다. "변증법적 유물론"이 공산당과 소련의 공식 이데올로기였던 것이 그 이유의 일부다. 변증법의 거부는 그 전통의 끔찍한 유산에 대한 거부의 일부로 이해되었다.

이러한 반응이, 공산당이 정치적으로나 지적으로 특별히 영향력이

---

8. 이것의 매우 훌륭한 예는 존 포란이 쓴 소책자 *Cracks in the Concrete: Toward Radical Hope*이다. 여기에서 그는 희망에 대해 생각하는 실천적인 방법을 탐구하지만 자본의 개념을 탐구하지는 않는다. 나는 어떤 아이러니도 없이 "매우 훌륭한"이라고 말한다. 내가 보기에 그것은 매력적이고 효과적인 리플릿이다. 내게 사본을 보내준 존에게 따뜻한 감사를 드린다.

있었던 국가, 특히 프랑스와 이탈리아에서 특히 강했던 것은 놀라운 일이 아니다. 많은 사람들 중에서 알튀세르, 들뢰즈, 가타리, 푸코, 데리다, 네그리, 하트, 비르노 등처럼 변증법을 거부하는 입장을 취하는 저자들은 변증법적 사고에서 폐쇄의 과정을 본다. 마이클 하트와 〈상황 집단〉Colectivo Situaciones은 이러한 비판을 다음처럼 매우 명확하게 설명한다.

> 변증법적 조작은 어떤 결말도 없는 것에 결말을 내리고, 어떤 최종목적도 없는 것에 정의된 방향을 제시하고, 유용한 것을 구해냄으로써(보존) 이전의 계기들을 새로운 긍정에 봉사하도록 가져오고(극복), 환원할 수 없는 다양성에 대한, 회수되지 않는 초과에 대한 모든 의식consciousness을 금지한다. … 변증법의 이 관념은 열린 과정을 최종적 계기로서 종결짓고, 선험적으로 규정 가능한 관계들을 갖지 않는 복수성multiplicities을 최종적 통일성 속에 종합한다.(Hardt and Colectivo Situaciones, 2007)

변증법에 대한 이 비판에는 두 가지 핵심 논점이 있다. 첫째, 변증법적 사유가 "어떤 결말도 없는 것에 결말을 내린다."는 주장은 희망-사고의 부정적인 성격에 관한 이 장과 직접적으로 관련이 있다. 소련과 그것을 후원하는 공산당들에 의해 발전된 변증법적 유물론DiaMat에 대한 비판으로서 그것은 의심할 여지 없이 정당하다. 그러나 여기에는 아기를 목욕물과 함께 밖으로 던져버리는 식의 위험이 있다. 왜냐하면 그렇게 함으로써 잃어버리는 것이 있는데 그것은 부정을 통한 운동이라는 사고, 모든 고정성의 녹아내림, 사람들을 정체성(아니 실제로는 신체)에 의해서가 아니라 그들 사이의 유동적이고 적대적인 관계의 관점에서 이해하기 등이기 때문이다.

변증법적 유물론의 왜곡에 대해 여기서 내가 제안하는 대응은 [마이클 하트와 〈상황 집단〉의 비판과는¹ 상당히 다르다. 변증법의 실증화, 공식적인 정명제-반명제-종합명제로의 환원 또는 엥겔스가 제안한 바와 같은 상호작용 이론으로의 환원은 확실히 거부되어야 한다. 이것은 이미 말한 것들로부터 명백하게 드러나는 것이다. 이 책에서 변증법은 희망-사고, 적대, 단절, 개방을 중심으로 한 사고의 한 형태로 이해된다.

하트와 〈상황 집단〉이 제시하는 두 번째 논점은 변증법적 유물론이 환원할 수 없는 다양성의 복수성을 최종적 통일성으로 종합한다는 것이다. 그들은 세계가 복수적 차이, 즉 차이의 "환원할 수 없는 다양성"의 세계라고 말한다. 이러한 관점에서 보면 변증법적 사고는 이러한 차이들을 하나의 단일한 서사 속으로 가져와 그것들을 단일한 대립(규범적으로는 classically 당에 의해 표현되지만 반드시 그렇지는 않은 대립)으로 통합하려는 것으로서 이 차이들에 대한 폭력이다. 이러한 반론에 대한 대응은, 변증법적 사고가 단일한 적대를 강조하는 가운데 단지 실제로 존재하는 적대적 통일성을 추적하려 하고 있을 뿐이라는 것이다. 실제로 하나의 거대 서사가 있다. 하지만 그것은 변증법적 사고에 의해서가 아니라 화폐에 의해 짜여 있다. 차이들의 이러한 "환원할 수 없는 다양성"을 사회적 재생산의 단일 논리 속으로 점점 빠른 속도로 끌어들이는 것은 화폐의 운동이다. 그 "환원할 수 없는 다양성"은 변증법에 의해서가 아니라 화폐의 총체화하는 힘에 의해 부단히 환원되고 있다. 깊은 숲속에 있는 원주민 마을로 가서 오늘날 그곳에서의 삶을 이십 년 전의 삶과 비교해 보라. 그러면 당신은 화폐가 지금, 이전에 했던 역할보다 훨씬 더 큰 역할을 하고 있음을 발견하게 될 것이다. 그리고 이주에서도 화폐가 이전보다 더 큰 역할을 한다.

따라서 다양성에 대한 방어는 다양성에는 환원할 수 없는 것이 없다는 인식에서 시작해야 한다. 모든 복수적 다양성은 사회적 재생산(가장 기본적으로는 내일까지 살 수 있는 식량을 어떻게 구할 수 있을까?)이 화폐를 통해, 그리고 그것을 얻기 위한 끊임없는 압력을 통해 매개되는 세계로 끌려들어 간다는 단순한 사실에 의해 환원되고 있다. "환원할 수 없는 것"의 이러한 환원은 세계의 걷잡을 수 없는 도시화에 의해 확연하게 드러난다. 도시에서 당신은 화폐에 접근함이 없이 어떻게 살아남을 수 있는가? 그런데 시골에서도 물리적, 사회적 재생산의 일상적인 과정에 화폐가 점점 더 많이 침투하고 있다. 세상의 모든 다양성은 통합된다. 생각에 의해서가 아니라 공통의 적을 가짐으로써다. 그것은 화폐의 운동, 자본의 운동인 폭력적인 통합 혹은 폭력적인 총체화다. 세계의 적대적 통합을 구성하는 것, 점점 더 강렬하게 그렇게 하는 것은 화폐이다. 우리의 모든 다양성을 통합하는 우리 공동의 적은 화폐다.

변증법을 거부하는 것의 위험은 객체와 주체가 분리된다는 것이다. 이것은 쉽게 객체에 대한 일방적인 강조로 이어지거나 그것과는 정반대로, 실제로는 그것에 대한 보완물일 뿐인 주체에 대한 일방적 강조로 이어진다.

객체에 배타적으로 초점을 맞추는 경향은 맑스주의 전통 속에, 가장 명확하게는 "맑스주의 경제학"이라는 관념 속에 깊이 뿌리박혀 있다. 맑스주의 경제학은 자본의 운동과 그것의 운동 법칙의 작동에 초점을 맞추는 경향이 있다. 그것은 일반적으로 투쟁이 일어나는 객관적인 틀로 이해되는, 지배에 대한 연구가 된다. 이것은 맑스주의에 대한 구조주의적 접근에 좀 더 일반적으로 해당된다. 사회를 적대의 운동으로 보는 대신에 그들은 단순히 지배에 초점을 맞추는 것을 선호한다. 구조주의는 구조가 실재를 규정한다고 보는 경향이 있으며 그 구조 안에 무엇이 놓여 있는지를 이해하는 데 초점을 맞춘다. 구조적 사고는 큰 매력을 가지고 있다. 왜냐하면 그것이 우리로 하여금 상황을 자세히 서술할 수 있도록, 예컨대 자본주의 사회의 현대적 특징과 같은 것을 서술할 수 있도록 해주기 때문이다. 그렇지만 급진적 변화는 (이 관점 속에서 그러한 변화가 조금이라도 고려되고 있다면) 오직 외부 세력의 개입을 통해서만, 일반적으로 모종의 전위 정당으로 이해되는 기계신deus ex machina의 개입을 통해서만 가능하다. 이것의 한 가지 결과는 맑스주의 이론의 실천과 사회적 투쟁의 운동 사이의 점증하는 단절이었다.

이 단절의 다른 측면은 투쟁하고 있는 것(즉 투쟁 대상)에 대한 분석에 거의 관심을 기울이지 않는 투쟁 이론의 성장이다. [덕분에] 특수한 투쟁들을 연구하는 쪽으로 점점 더 많은 변화가 있긴 했다. 하지만 그러한 변화는 자본의 논리에 대해서는 거의 또는 전혀 언급하지 않는 방식으로 나타났다. '사회 운동'이라는 개념은 이것의 뚜렷한 예이다. 특수한 운동들에 대한 초점 맞춤은 종종 그 운동들을 야기하는 자본주의 동역학을 이해하려는 어떤 시도로부터도 분리된다. 그래서 그것들은 특수한 불의에 대한 투쟁으로 간주된다. 근본적으로 다른 사회에 대한 희망은 기존의 사회적 틀 안에서의 변화에 대한 희망의 다양성 속으로 파편화된다.

이와 유사한 것이 '대안'에 대한 강조에서도, 즉 다른 삶의 방식을 구성하거나 자본의 논리에 결코 통합된 적이 없는 관행적 실천들을 구축하려는 수백만 번의 시도들에서도 발견될 수 있다. 이러한 운동과 연구는 인간적 풍요의 깊이와 힘에 대한 인식을 발전시키는 데서 중요하다. 위험은 그것들이 자본, 특히 화폐의 총체화하는 힘으로부터의 추상[분리]으로 쉽게 이어질 수 있다는 것이다. 이 사회에서 풍요는 대항-풍요로, 사회를 죽음의 논리 속으로 끌어들이는 상품화나 화폐화에 반대하는 풍요로 존재한다. 풍요를 찬양하는 것은 좋은 일이다. 하지만 화폐의 거대한 총체화하는 힘으로부터의 추상[분리]은 그 힘에 대한 저항을 약화시킬 수 있다.

우리는 이 두 가지 상보적 접근법을 감옥이라는 상황에 빗대서 생각해 볼 수 있다. 이 책의 접근 방식은 탈출하려는 우리의 투쟁과 우리를 가두려는 간수의 시도 사이의 끊임없는 적대에 초점을 맞추고 있다. 구조주의적 접근 방식은 감옥 분석에 관심을 집중하고 필요한 탈출의 문제를 가능한 미래에 남겨 둔다. '대안들'alternatives의 접근 방식은 수감자의 꿈과 같다. 감옥에 갇힌 수감자들은 들판을 걷는 꿈을 꾼다. 화폐의 침투로 매일 다양성이 파괴되는 세계에 갇힌 이론가들은 자신들이 환원 불가능한 다양성의 세계에 살고 있기를 꿈꾼다. 환원 불가능한 다양성은, 존재하지 않는 자유에 대한 매력적이고 유혹적인 꿈이다.[9] 다양성을 위한 투쟁, 차이와 대안을 위한 투쟁은 오직 대항-투쟁, 화폐의 총체화하는 효과에 대항하는 투쟁으로만 이해될 수 있다. 우리는, 사빠띠스따가 자신들의 멋진 관용구로 표현하듯이 "많은 세계들의 세계"를 위해 투쟁한다. 하지만 그 투쟁은 화폐라는 총체화하는 운동에 대한 투쟁일 뿐이다. 변증법적 사고는 중심적 적대에서 출발한다. 이에 반해, 차이의 환원 불가능한 다양성이라는 관념은 세계를 정의를 위한 투쟁의 무한한 다양성으로 보는 관점을 촉진한다.[10]

수감자의 꿈은 효과적인 투쟁 방법이라고 주장할 수 있다. 자본주의는 우리 모두를 그 동역학 속으로 빨아들이는 총체화하는 체제이며, 자본주의에 대한 투쟁은 그 동역학에서 벗어나 탈총체화하려는 투쟁이

---

9. 이 책의 초고에 대한 매우 유용한 논평에서 이네스 두란은, 대안들 또는 "복수적인 것" (the pluriverse)을 강조하는 접근 방식도 희망을 생각하는 방식이 아니냐고 물었다. 내 대답은 그것들이 실제로 그러하지만 그럼에도 불구하고 비판에 열려 있다는 것이다. 내 비판은 종파주의적으로 되거나 무례하지 않으면서 다른 세상을 만드는 데 필요한 부분이라고 생각되는 논쟁의 일부가 되고자 한다.
10. 이에 대해서는 차이와 모순에 대한 알베르또 보네뜨의 탁월한 논의(Bonnet 2009)를 참조하라.

다.[11] 투쟁의 한 형태는 분명히 우리가 만들고자 하는 세상을 살아냄으로써 탈총체화하는 것이다. 자주 인용되는 사례는 로자 파크스의 사례다. 그는 버스에 올라타 백인석에 앉았다. 이런 식으로 그는 인종차별이라는 투쟁의 대상이 존재하지 않는 것처럼 행동했다. 이것이 바로 『크랙 캐피털리즘』의 중심 주제이다. 자본에 대항하는 투쟁의 수단으로서 상이한 사회적 관계를 가진 틈새 공간을 창출하는 것이 그것이다. 그러나 이것은, 자본이 더 이상 지배의 형태로 존재하지 않는다고 단순히 가정할 수 있다는 것을 의미하지는 않는다. 인종차별법이 존재하지 않는 것처럼 행동한 로자 파크스의 행동의 유효성은 그러한 법이 존재했다는 사실에 대한 확고한 이해에 근거를 두고 있다. 이처럼 투쟁의 수단으로 반자본주의적 공간이나 균열을 만드는 데 있어서, 우리의 투쟁 대상인 자본이 계속해서 우리를 공격하고 있다는 사실을 깨닫는 것이 여전히 중요하다.

운동의 긍정화는 급진적 희망에 대한 끊임없는 위협이다. 20세기 혁명은 그 과정에서 싸우다 죽은 사람들의 기대에 부응하지 못했다. 이것이 혁명의 포기나 후경화background를 가져왔다. 페미니스트 투쟁, 인종차별에 반대하는 투쟁, 지구 온난화에 반대하는 투쟁, 다른 종의 파괴에 반대하는 투쟁, 광산과 댐 건설에 반대하는 투쟁, 공통장commons의 확장과 사회적 재생산을 위한 투쟁 등 모든 종류의 투쟁에 대한 인식과 분석은 성장했다. 그러나 그와 동시에 사회적 총체성의 파괴와 근본적으로 다른 사회의 건설이라는 관점은 포기되거나 단순히 망각된다. 일련의 적들enemies이 언급될 뿐 그 적the enemy은 거의 언급되지 않는다.

그러나 적이 중요하다. 그것은 더 나은 세상에 대한 희망을 질식시키고, 흡수하고, 통합하고, 억누르고, 억압하고, 목 졸라 죽인다. 적과 맞서기

---

11. 이에 대해서는 Tischler 2013을 참조.

위해서 우리는 희망을 긍정적인 위한-희망hope-for이 아니라 부정적인 대항하여-넘어서는-희망hope-against-and-beyond으로 보아야 한다. 그것은 단지 대안을 구축하는 문제만이 아니다. 그것은 동시에 이 대안들이 필연적으로 대항-대안이라는 것, 즉 차이라기보다 부정이라는 점을 이해하는 문제이기도 하다.

부정적인 사고를 넘어서 :
안에서-대항하고-넘어서 사고하기.

희망은 부정적이다. 하지만 그것은 반대 이상의 것이다. 그것은 생각과 행동에서의 넘쳐흐름이다. 그것은 안에 있음에서 시작하지만 대항하고 넘어선다.

안에서-대항하고-넘어서in-against-and-beyond는 희망의 핵심적인 반정체성주의적 전치사이며 넘쳐흐름의 문법의 중심이다. 하이픈은 '안, 대항, 넘어'라는 세 가지 계기의 분리에 대한 비판이다.

우리는 자본주의 안에 살고 있다. 그리고 바로 그 이유 때문에 우리는 자본주의에 대항한다. 자본주의가 일종의 침략인 이상, 우리가 그 안에 존재한다는 사실 자체가 우리가 자본주의에 반작용한다는 것을 의미한다. 좋든 싫든 우리는 적대 속에서 태어나고 계급투쟁 속에서 태어난다. 이것은 선택의 문제가 아니다. 희망은 부재가 아닌 절규에서 생기며, 그 절규는 우리가 태어난 적대적 사회에 내재되어 있다. 이것은 안에서in와 대항하고against 사이의 하이픈으로 표현된다.[1] 하이픈은 대항하고against

---

1. 국가와 관련하여 "안에서-대항하고"의 주제를 발전시키는 것에 대해서는, London-

로부터 안에서in를 분리시키는 관점, 즉 외적 관계를 암시하면서 자본에 대한 반대는 의식적인 선택이지 우리가 자본이라는 적대적 관계 안에 존재한다는 사실에 내재되어 있지 않음을 시사하는 관점에 대한 비판이다. 안에서와 대항하고 사이에 하이픈을 붙인다는 것은 반란의 평범함을 주장하는 것이다. 우리는 평범한 사람들이다. 그래서 반란적이다. 저기 있는 저 사람을 보라. 겉보기에는 사회에 아주 잘 통합되어 있는 것 같다. 그런데 그의 안 어딘가에, 그의 안에 잠재되어 있는 어떤 어긋남misfitting, 넘쳐흐름, 존엄이 있음이 틀림없다. 아마도 그것은 그의 개인적인 자질 때문이라기보다는 자본이 어긋남을 강제한다는 사실 때문일 것이다. 자본은 일정한 모양을 갖고 있지 않고 또 그 모양을 가질 수도 없는 사람들에게 그 모양을 강제하는 프로크루스테스의 침대이다.[2] 자본은 결코 완전히 성공할 수 없는 프로크루스테스이다. 거기에는 항상 초과가 있고 딱 끼워 맞춰지지 않는 어떤 잔여가 있다.

'대항하고'로부터 '안에서'를 분리하는 것은 정체성을 부여하는 것, 넘쳐흐르는 것에 한계를 부여하는 것이다. 그것은 '좌파' 사상의 공통된 특징이다. 이들은 '그들은 체제 안에 포함된 평범한 사람들이고 우리는 비판적 급진주의자들 또는 혁명가들이다'라고 생각한다. 이들은 '그들은 "안에"in 있고 우리는 "대항한다"'라고 생각한다. 정체화는 이중 운동이다. 체제 안에 있는 사람들을 정의하는 것은 동시에 체제 바깥에 서 있는 사람들인 혁명가를 정의한다. 이것은 전위주의적 사고와 실천에, 지도해야 할

Edinburgh Weekend Return Group 1979/2021을 참조하라. 콜롬비아 그룹 〈라 밍가 후베닐 나리뇨〉는 그들과 콜롬비아 국가의 관계에서 게임(el juego)이라는 연관 개념을 발전시킨다. Rodríguez 2021 참조.

2. 프로크루스테스주의와 자본주의라는 주제에 대한 설명으로는 Perelman 2011 [2014]을 참조하라.

대중과 지도해야 할 투사를 구별하는 모든 생각이나 실천에 전형적이다. 그것은 노동자들의 노동조합적 의식과 당에 간직된 혁명적 의식을 구별하는 레닌의 생각과 실천에서 분명하게 표현된다.[3]

'대항하고'와 '넘어서' 사이의 하이픈도 마찬가지이다. 이 둘을 분리하는 것은 우리를 도구적 방향이나 유토피아적 방향 중에서 어느 한 방향으로 이끈다. 도구적 방향은 혁명 정당이나 급진 정당의 공통된 특징이었다. "우리는 먼저 권력을 장악하고 그다음에 다른 세상을 만들 것이다."라거나 "우리는 먼저 대항하고, 그러고 나서 그 너머에 대해 걱정할 것이다."라고 말이다. 대항성against-ness은 효율성의 측면에서 이해된다. 군대든 의회든 간에 적을 물리치는 가장 효과적인 방법이라는 측면에서 이해된다. 이것은, 어떤 군대가 다른 군대를 물리칠 때 그러하듯이, 적군과 대칭적으로 되는 경향이 있다. 이것의 문제점은 미래에 올 것으로 예상되는 단절, 즉 '대항하고'에서 '넘어서'로의 변형이 결코 오지 않는다는 것이다. '대항하고'의 힘이 갖는 이러한 대칭적 성격 때문에 그것은 원래 자신이 대항했던 체제를 재생산하면서 단순히 자신을 재생산하는 데 머문다. 이전에 있었던 것과 같은, 혹은 더 나쁜 억압으로 이어진 수많은 혁명들이 그러했다. '대항하고'와 '넘어서'를 함께 유지하는 것의 중요성은 최근 몇 년 동안에 이루어진 예시적prefigurative 정치로의 전환, 즉 현재의 대항 조직이 우리가 만들고자 하는 종류의 사회, 즉 그 너머를 예시해야 한다는 생각에 의해 강조되었다.

'대항하고'와 '넘어서'의 분리는 또 유토피아주의적 방향으로 귀결될 수도 있다. 그러한 방향 속에서 유토피아는 그것을 달성하기 위한 투쟁과

---

3. 자신의 재앙적 견해에 대한 레닌 자신의 탁월한 설명으로는 그의 *What is to be Done* (1902/1977[2014])을 참조하라. 『무엇을 할 것인가?』 출판 100주년 기념 행사에서 이루어진 그 책에 대한 성찰에 대해서는 Bonefeld and Tischler 2002[2004]를 참조하라.

분리된다. 리차드 건이 주장한 것처럼, 급진적 사상의 역사에서 이것은, 묵시록적 사상에서 유토피아주의적 사상으로의 이동, 시간에서 공간으로의 이동 속에서 볼 수 있다. 묵시록적 사상은 원하는 사회를 미래에 위치시킨다. 그것은 결코 사전에 명확하게 정의되지는 않았지만 싸워 쟁취해야 할 어떤 것이다. 반면 유토피아주의적 사상은 원하는 사회를 다른 공간 속에 위치시킨다. 그것은 꿈꾸거나 찾아야 할 어떤 것이며, 적어도 우리의 상상 속에서 우리가 미리 보고 정의할 수 있는 어떤 것이다. 묵시록적 사고에서 유토피아주의적 사고로(말하자면 피오레의 요아킴에서 토마스 모어로)의 이동은 다른 세계에 대한 추구를 탈급진화하는 경찰 행동이라고 건(Gunn 1985)은 주장한다. 따라서 토마스 모어의 『유토피아』가 갖는 모든 아름다움에도 불구하고, 책의 첫 부분에 나오는 기존 사회에 대한 날카로운 비판과 바다 건너 어딘가의 섬에 존재하는 이상사회에 대한 두 번째 부분의 묘사 사이에는 실제로 괴리가 있다. 대서양이 '대항하고'와 '넘어서'를 문자 그대로 갈라놓는 것이다.

'대항하고'로부터 '넘어서'를 분리하는 것은 종합적 사고의 한 형태이며, 반명제를 그 뒤에 남기곤 하는 하나의 종합의 창조이다. 분명히, 사회가 어떠할 수 있는지에 대한 유토피아주의적 이미지, 아직 존재하지 않는 사회에 대한 유토피아주의적 이미지는 블로흐가 주장하듯이 존재하는 사회에 대한 투쟁의 필수적이고 중요한 측면이었다. 그러나 이러한 유토피아주의적 이미지가 미래에 대한 모종의 청사진이 되면 그것들은 억압적이 되고 자기 결정의 추진력으로부터 분리된다. 유토피아주의적 꿈은 중요하다. 하지만 그것은 항상 역사적으로 특수한 대항-투쟁의 일부이며 또 그렇게 이해되어야 한다. 아직-아님은 단순한 꿈으로서가 아니라 실존하는 것에 대한 투쟁으로서 현재에 존재한다.[4] 그 자체로, 아직-아님은 끊임없이 변하고 있다. 그럼에도 불구하고 그것은 우리가 만들어 가는 길을 비추고 또 우리를 다른 세상으로 이끌 수 있는 일종의 유토피아적 별을 생성하고 있다.

더 일반적으로 '안에서', '대항하고', '넘어서'의 분리는 다양한 형태의 정체성주의적 사고와 정체성주의적 정치로 귀결된다. 이 책에서 되풀이되는 주제는 반反정체성주의적 사고의 중요성이다. 하지만 이 주장은 정체성주의적 구별로, 심지어 종파주의적인 구별로 변형될 가능성을 수반한다. '안에서-대항하고-넘어서'에서의 하이픈을 원심적 충동과 구심적 충동 사이, 정체성주의적 동인과 반정체성주의적 동인 사이의 끊임없는 긴장을 표현하는 것으로 생각하는 것이 더 도움이 될 것 같다. 우리는 자본 안에서-대항하고-넘어서 산다. 우리의 순응-반란-그리고-꿈은 집단적 연속체이다. 그 연속체 속에서 (아직도 탐구되어야 할) 상품 관계의 정체화하는 힘은 연결 하이픈들을 약화시키고 제거하면서 '안에서', '대항하고', '넘어서'를 분리시키는 원심력이다. 그러나 하이픈을 강화하면서, '안에서-대항하고-넘어서'를 결집시키는, 이 분리에 대한 구심적 저항도 있다. 분리는 정체성주의적이며 분리된 정체성을 만든다. 결집은 반反정체성주의적이다. 그것은 존엄과 상호 침투에 대한 상호인식이고[5],

---

4. Dinerstein 2015, 2020에 실려 있는 희망에 관한 자신의 중요한 글에서 아나 디너스타인은 "구체적인 유토피아"의 중요성에 대해 주장하는데, 나는 그것을 이런 의미로 이해한다.

5. 이것은 1996년 사빠띠스따가 조직한 〈은하 간 회의〉(Intergalactic Meeting)에서 아나-마리아 소령이 발표한 개회사의 한 구절에서 가장 잘 표현된다. "Detrás de nosotros estamos ustedes."가 그것인데, 그것을 우리는 딱 맞다고 할 수는 없겠지만 "우리 뒤에는 당신인 우리가 있다."라고 번역할 수 있다. 그리고 그녀는 이렇게 계속해서 말한다. "우리의 방풍 투구 뒤에는 모든 배제된 여성들의 얼굴이 있다. 잊혀진 모든 원주민들의 얼굴, 박해받는 모든 동성애자들의 얼굴, 멸시받는 모든 젊은이들의 얼굴, 구타당한 모든 이민자들의 얼굴, 말과 생각 때문에 투옥된 모든 사람들의 얼굴, 모욕당한 모든 노동자들의 얼굴, 잊혀진 채 죽은 모든 사람들의 얼굴, 중요하지 않고 보이지 않고 이름도 없고 내일도 없는 모든 소박하고 평범한 남녀들의 얼굴이 있다." EZLN 1995, 103.

가두어진 것으로부터의 넘쳐흐름에 대한 비판적 탐구이다. 반反정체성주의적 이론과 정치는 정체성주의적 이론과 정치의 밖에 서 있는 것이 아니다. 반정체성주의적 이론과 정치는 정체성주의적 이론과 정치를 비판적으로 바라보면서도 그것을 반정체성주의적 이론 및 정치와 연결시키고 다시 끌어들일 넘쳐흐름을 인식하려고 노력한다. 이것은 분명히 여성운동에서, 인종적 정의와 LGBT[레즈비언, 게이, 바이섹슈얼, 트랜스젠더] 권리 및 원주민 권리를 위한 운동에서, 그리고 기타 많은 운동에서 똑같이 중요한 문제이다.

정체성주의적 사고와 반정체성주의적 사고 사이의 이러한 구분은 단지 추상적인 이론적 논점만이 아니라, 조직화의 실제적인 문제이기도 하다. 반자본주의 투쟁의 전통에는 두 가지 다른 경향이 있다. 한 가지 경향은 조직화를 당의 건설로, 일반적으로 강령에 구체화된 정의된 목표와 정의된 당원을 가진 명확하게 정의된 조직의 건설로 이해한다. 당은 차이를 표시하고 우리와 함께하는 사람과 그렇지 않은 사람을 구분한다. 올바른 사람과 잘못된 사람 사이에 사상의 측면에서 명확한 선이 그어진다. 비판은 잘못된 사상의 그릇됨을 지적하기 위한 비난으로, 자격 박탈로 이해된다. 실천과 이론은 정체성주의적 용어로 이해된다.

다른 전통은 코뮌의 전통, 즉 공통화communising의 전통이다. 파리 코뮌, 소비에트, 노동자 평의회, 사빠띠스따의 마을 총회, 쿠르드 운동의 코뮌6 등이 이러한 전통에 속한다. 그리고 이 외에도 사람들이 반위계적이고 상호 인정적인 기반 위에서 조직하려고 하고 있는 수많은 균열들이나 넘쳐흐름이 있다. 여기서의 조직은 선택-과-배제에 기초한 것이 아니라, 마을에 있든 이웃에 있든 공장에 있든, 그들의 모든 차이점, 말다툼, 광

---

6. 제도라기보다 실천인 쿠르드족 코뮌 운동의 중요성에 대해서는 Aslan 2021을 참조하라.

기, 공유된 이해관계와 공동의 관심사 등을 불문하고 거기에 있는 사람들의 회-집coming-together을 기초로 한다. 조직은 도구적이지 않다. 그것은 목표에 도달하는 최선의 방법으로 설계되지 않았다. 왜냐하면 조직은 그 자체가 자신의 목표이기 때문이다. 그것의 목적은 끌어들이는 것이지 배제하는 것이 아니기 때문에 조직은 정의된 구성원을 갖지 않는다. 그것의 논의는 올바른 노선을 정의하는 것을 목표로 하지 않는다. 오히려 그것은 차이를 명확히 하고 그 차이를 수용하는 것, 자본주의에 의해 부정되는 상호 인정을 지금 여기에서 구축하는 것을 목표로 한다. 이것은 (지금 너무나 흔한 것처럼) 논쟁의 억압을 의미하지 않는다.[7] 반대로 이것은 상대를 제거하거나 비난하는 것이 아니라 서로 결합하는 창조적 긴장을 유지하는 것을 목표로 삼는 끊임없는 토론과 비판의 과정이다. 따라서 하이픈은 그것의 원심적 요소들을, 즉 자신의 '안에서', '대항하고', '넘어서'를 억압하는 것을 목표로 삼지 않고 그것들을 지속적으로 움직이는 '안에서-대항하고-넘어서' 속에서 결합하는 것을 목표로 한다. 그것은 서로 다른 방향으로 끌어당기는 존엄들의 언제나 어려운 상호 인정이다.

공통화하는 전통은 당 전통과는 다른 문법을 가지고 있다. 당은 국가의 정체성주의적 문법을 재생산하고 그러한 문법적 맥락을 통해 변화를 추구하는 조직 형태인 반면, 공통화는 반反정체성주의적 넘쳐흐름, '안에서-대항하고-넘어서'로의 움직임moving으로 더 잘 이해된다. 그것은 능동적이고 개방적인 창조의 움직임이기 때문에 명사라기보다 동사다. 이글턴은 블로흐에 대해 언급하면서 이 점을 다음처럼 아름답게 표현한다. "모든

---

7. 최근의 *Quinta Parte*에서 갈레아노 부사령관의 다음과 같은 아이러니한 질문은 중요하다. "논쟁할 것 더 있습니까?"(EZLN 2020).

현재는 근본적으로 그 자신의 초과 속에 있다"(Eagleton 2015, 52 [2016]). 넘쳐흐름은 그 초과의 쏟아짐이다.

3부

역사성

11. 대항-희망은 역사성에 뿌리를 두고 있다.
12. 역사성은 역사적 유물론을 의미하지 않는다.
13. 파멸을 향해 우리를 데려가는 기차라는 거대서사.
    이것은 깨져야 할 서사다.

11

대항-희망은 역사성에 뿌리를 두고 있다.

우리는 취약함을 찾고 있다. 우리를 망각의 심연으로 밀어 넣겠다고 위협하면서 우리에게로 다가오던 그 벽들의 악몽-현실로 돌아가 보자. 우리는 이 벽에 우리 자신의 몸을 던져서 균열을 만들기 위해 그 벽의 취약함을 찾으려고 노력하고 있다. 우리는 그것들이 그저 변경 불가능한 실재가 아니라는 것을 알고 싶어 한다. 우리는 그 벽들이 영구적이지 않고 그것을 돌파하는 것이 가능하다는 것을 알고 싶어 한다. 우리 주변의 모든 것은 그것들이 영구적이라고 말한다. 하지만 우리는 그것들의 역사성을 찾는다.

희망은 영구성에 대항하는 운동이다. 현재의 사회 조직은 영구적인 것처럼 보인다. 아니 적어도 어떤 고정된 매개변수 안에서 움직이는 것처럼 보인다. 현재의 사회에는 끊임없는 동역학이 있다. 그러나 거기에는 영구적인 것으로 가정되는 핵심적인 특징들이 있다. 그것들이 너무나 영구적인 것으로 보이기 때문에 그것들에 대해 의문을 제기하는 것조차 어리석어 보인다. 가장 명백한 것은 화폐와 국가의 존재이다. 그것들은 단순히 거기에 있다. 현재의 사회 조직 형태가 인류를 위험에 빠뜨리고 있음을 팬데믹이 우리에게 너무나 분명하게 알려주고 있는 지금조차도 화폐나 국가에 대해서는 어떤 의문도 제기되지 않는다.

이 특징들의 영구성에 의문을 제기하는 첫 번째 단계는 단순히 "하지만 그것들이 항상 거기에 있었던 것은 아니오."라고 말하는 것이다. 화폐가 항상 존재한 것은 아니다. 화폐가 사회관계에 깊이 침투한 것은 비교적 새로운 일이다. 국가도 항상 존재해 온 것이 아니다. 그것이 사회로부터 명백히 분리된 심급이 된 것도 비교적 새로운 일이다.

화폐, 국가, 자본이 항상 거기에 있었던 것은 아니라고 말하는 것이 반드시 그것들이 앞으로도 언제나 거기에 있지는 않을 것임을 의미하지는 않는다. 우리는 이전의 역사를 이제 더 이상의 어떤 변화도 불필요하게 만들거나 실제로 불가능하게 만드는 어떤 성취에 도달한 전사前史로 볼 수 있다. 그런 관점에서 보면 우리는 역사의 종말에 도달했다. 즉 삶은 계속될 것이지만 그 사회 조직에는 더 이상 어떤 근본적인 변화도 없을 것이다.

기존 사회의 영구성에 대한 생각은 흔히 명시적으로 주장되기보다 단순히 당연한 것으로 여겨진다. 이것은 대학의 사회과학들에 만연해 있는 견해이다. (화폐나 국가와 같은) 서로 다른 형태의 사회 조직이 기원을 가지고 있다는 것을 인정함에도 불구하고, 그것들의 역사적 특유성을 문제로 삼지는 않으며, 그것들의 영구성을 그냥 가정한다. 맑스는 이런 점을 기준으로 부르주아적 사고와 과학적 사고를 구분했다. 애덤 스미스와 데이비드 리카도(이들은 맑스가 비판했지만 대단히 존중했던 정치경제학자들이다)의 가치 개념에 대한 논의에서 그는, 그들이 가치 형태나 화폐 형태 같은 [역사적] 형태 개념을 갖고 있지 않았음을 지적한다.

고전 경제학의 주요한 결점 중의 하나는, 그것이 상품 분석에 의해, 특히 그 가치에 대한 분석에 의해 가치가 교환가치로 되는 형태를 결코 발견하지 못했다는 것이다. 그 학파의 최고 대표자인 애덤 스미스와 리카도조차 가치 형태를 중요하지 않은 것으로, 상품의 내재적 성질과는 아무런 관련이 없는 것으로 취급한다. 그 이유는 그들의 관심이 가치의 크기 분석에 전적으로 몰두하고 있었기 때문만은 아니다. 그 이유는 더 깊은 곳에 놓여 있다. 생산물의 가치 형태는 가장 추상적일 뿐만 아니라 부르주아적 생산에서 생산물이 취하는 가장 보편적인 형태이기도 하다. 그리고 그것은 그 생산을 사회적 생산의 특수한 종으로 각인하며 그럼으로써 그 생산물에 특별한 역사적 성격을 부여한다. 그러므로 만약 우리가 이 생산양식을 사회의 모든 상태에 타당할 수 있도록 자연Nature에 의해 영원히 고정된 것으로 취급한다면, 우리는 필연적으로 가치 형태의, 결과적으로 상품 형태의, 그리고 그것의 추가적 발전인 화폐-형태, 자본-형태의 특유한 차이를 간과하게 될 것이다.(Marx 1867/1965, 81 [2015] ; 1867/1990,174 [2015])

"형태"라는 범주가 희망의 핵심 범주로 등장한다. 그것은 기존 사회의 내구성과 취약성을 모두 지적한다. 기존의 사고 범주와 사회 조직 양식은 그것들에 역사적 기원이 있다는 의미에서뿐만 아니라 적어도 잠재적으로는 그것들이 지양止揚될 수 있다는 의미에서 역사적으로 특유하다. 그것들은 역사적으로 특유한 사고 형태이자 사회 조직 형태이다. 화폐는 사람들 간의 관계를 조직하는 역사적으로 특유한 형태이다. 멕시코, 아일랜드, 독일은 사회 조직의 역사적으로 특유한 형태이다. 그것들은 늘 존재했던 것은 아니며 그것들이 앞으로 늘 존재할 것이라고 생각할 이유도 없다. 형태의 범주는 영구성을 해체하고 희망을 사유할 길을 열어준다. 희망을 사유한다는 것은 세상을 변화시키려는 우리의 모든 노력이 직면하는 벽돌 벽의 영구적 견고함이라는 모습을 해체하는 것이다.

형태라는 범주는 우리가 자본주의 사회관계의 영구성의 모습을 이해하는 데 도움이 되기도 한다. 이러한 모습이 "지배계급의 이익"을 위해 복무한다는 것(분명히 그렇긴 하지만)이 요점은 아니다. 오히려 그것이 좀더 심오하고 극복하기 어려운 어떤 것이라는 것이 요점이다. 사회 조직의 역사적으로 특유한 형태는 자신의 내부에 불변성의 모습을 새기고 있다. 다시 말해 그것의 역사적으로 특유한 구성constitution의 일부가 그것의 역사적 특유성에 대한 부정으로 나타난다.

역사의 탈역사화는 맑스가 물신화fetishisation라고 부르는 것, 또는 그와 같은 생각을 가졌던 루카치가 물화reification라고 부르는 것이다. 사회적 관계가 물신화되거나 사물화되는 것이 자본주의의 특징이다. 사람들 사이의 상호작용이 사물들 사이의 관계로 보이게 된다. 내가 지금 사용하고 있는 노트북을 샀을 때, 나는 교수로서의 나의 활동과 이 컴퓨터를 설계하고 제작한 사람들의 행동 사이에 어떤 관계를 수립한다. 하지만 그 관계는 그 자체로서 나타나지 않는다. 그것은 두 가지 사물 사이의 관계로 나타난다. 요컨대 그것은 나의 화폐와 내가 구매한 기계 사이의 관계로 나타난다. 상품 교환은(이 경우에는 내 노트북의 판매와 구매는) 제작이나 행위의 활동을 시야에서 가린다. 한편에서 나는 구매자로만 나타난다. 거기에는 가르치기나 연구하기 같은 활동의 표식이 전혀 없다. 내가 그것들을 대가로 봉급을 받았고 그 봉급이 나로 하여금 기계를 살 수 있게 했는데도 말이다. 그리고 다른 한편에 나타나는 유일한 사람은 상점의 판매자이다. 디자이너나 그것을 제조한 사람들의 표식은 없다. 그들은 어디에 있는가? 그들은 누구인가? 그들은 어떤 언어를 사용하는가? 이런 것들을 누가 아는가? 관련된 모든 사람들의 활동은 단순히 사물들의 교환이라는 형태 속에만 존재한다. 주체성은 사라지고 주체는 객체로 대체된다.

우리가 희망에 대해 이야기하고 있다면 이것이 근본적이다. 활동적 주체가 배제되면 희망하는 사람도 희망되는 사물에서 제거된다. 그것은 세상을 바꾸기 위한 능동적인 노력의 일부가 아니라 수동적인 소망이 된다. 나는 토요일에 비가 내리지 않기를 바란다. 나는 미국 정부와 중국 정부 사이의 현재적 긴장이 세계대전으로 이어지지 않기를 바란다. 희망은 ('나는 이 책의 집필을 마무리 지을 수 있기를 희망한다', '나는 우리가 대학에서 비판적 사고를 강화할 수 있기를 희망한다'에서처럼) 활동적 범주이기는커녕 정반대의 것이 된다. 물신화나 물화의 힘 중 일부는 주체를 탈주체화하고 능동적 희망을 수동적인 소망의 사고로 전환시킨다. 이것은 많은 사람들이 희망에 관한 책을 쓰려고 노력하는 것의 타당성조차 의심하는 이유를 명백히 설명해 준다. 능동적 희망, 과학적 희망, 이성적 희망은 필연적으로 자신의 물신화에, 그것의 소망적 사고로의 변형에 반대한다. 희망한다는 것은 주체를 순수한 주체로서가 아니라 그 자신의 탈주체화에 잠재되어 있는 주체로서 탈물신화하고 회복하는 것이다.

희망을 사고하는 것은 중요하다. 왜냐하면 희망-사고는 반대로 사고하는 방법이기 때문이다. 자본주의 사회에서 우리가 상품 교환과 화폐를 통해 상호작용하는 방식은 행위와 행위자를 억압하는 범주를 중심으로 하는 사고방식을 생산한다. 화폐, 독일, 국가 등은 모두 창조자나 창조 활동으로부터 (창조 과정이 있었다고 생각하는 것조차 놀라울 정도로) 창조된 것의 독립성을 천명하는 범주들이다. 이 사회에서 사고의 범주들이 구성되는 방식은 급진적 변화를 사고하는 것에 걸림돌이 되거나 희망을 소망적 사고로 변형시킨다. 다르게 말해 희망-사고를 진지한 사고에서 배제한다.

우리는 물신주의를 응고라고 생각할 수 있다. 그것은 자본주의의 사회적 응집의 특징이고 사람들이 결집하는 방식의 특징이며 우리의 상호

작용이 응고되는 방식의 특징이다. 헤겔이 "삶의 순전한 불안정"(Hegel 1807/1977, 27 [2022])이라고 부르는 것은 사회관계의 특정한 형태(헤겔은 이것을 "정신적 덩어리masses"라고 부른다)로 응고된다. 이것은 전체와의 관계 속에서 하나의 특수성을 획득한다. 앞서 인용한 구절에서 맑스는 화폐 형태와 가치 형태에 대해 말한다. 그는 또한 이자-형태, 지대-형태, 국가-형태, 가족-형태, 멕시코-형태 등등에 대해서도 말할 수 있었을 것이다. 사회관계의 형태에 대해 말하는 것은 그것들의 역사적 특유성을 인식하는 것이며 이 역사적 특유성의 한 측면이 이러한 형태의 특수화, 전체로부터 이러한 형태의 상대적 분리임을 인식하는 것이다. 예를 들어, 화폐는 사물처럼 보이며 국가로부터 분리되어 있다. 화폐를 사회관계의 형태로 취급하는 것은 이러한 특수화 또는 상대적 분리가 사회적 응집의 총체에 의해 생산된다고 말하는 것이다. 화폐와 국가는 이러한 형태로의 끊임없는 특수화를 통해 존속하고 재생산되는 동일하게 총체적인 사회적 응집의 특수한 형태이다. 화폐와 국가의 끊임없는 재생산은 전체의 재생산에 필수적이다. 희망한다는 것은 생각과 행동에서 이러한 응고를 녹이는 것이며, 자신의 부정 속에 잠재되어 있는 삶의 순전한 불안정을 해방하는 것이다.

여기에서의 핵심 질문은 이러한 응고의 세기, 이 형태의 힘에 관한 것이다. 삶의 순전한 불안정이 어느 정도까지 이러한 형태 안에 가두어져 있으며, 끊임없는 넘쳐흐름은 어느 정도나 될까? 전통적인 관점은 이러한 형태가 인간 활동을 실질적으로 가두었기 때문에 그것은 오직 혁명에 의해서만 극복될 수 있다는 것이다. 이러한 관점에서는 혁명이 미래에 확고하게 자리 잡을…때까지는 가치가 지배하고 화폐가 지배하며 자본이 지배한다. 이 책에서 발전된 관점, 즉 대안적 관점은 형태가 항상 쟁점이 되고 있다는 것이다. 형태는 형태-과정, 즉 항상 반대에 부딪히는 형성-과정

이다. 화폐, 국가, 자본은 우리의 활동을 특정한 논리 안에 담으려는 서로
맞물리는 일련의 과정의 일부이지만, 이 가두려는-투쟁은 삶의 흐름을
완전히 가두는 데 결코 성공하지 못했다(또는 아직 성공하지 못했다).

역사성은 역사적 유물론을 의미하지 않는다.

역사성을 역사적 유물론과 혼동해서는 안 된다.[1] 역사성은 기존의 사회 조직을 넘어서 사유할 수 있는 가능성을 열어준다. 역사적 유물론 전통은 확실성의 비전을, 공산주의로 끝날 역사의 궤적을 제공한다. 역사유물론은 역사가 우리 편이라고 주장하지만 열린 역사성이라는 관념은 그러한 주장을 부정한다.

역사적 유물론의 관념은 진보의 관념과 밀접하게 연결되어 있다. 자본주의가 연속적인 역사적 국면들 중의 하나라는 생각은, 우리가 반대편으로 나오기 위해 통과해야 하는 일종의 터널로서의 진보라는 이미지로 이어졌다. 자본주의는 끔찍하지만 그것은 공산주의에 도달하기 위해 우리가 거쳐야 할 '필연적 국면'이다. 이것은 우리가 사용하는 용어로는 다음처럼 표현된다. 우리는 진보적인 것과 반동적인 것을 구분하고, 미래지향적인 것과 퇴행적인 것을 구분한다. 우리는 마치 진보가 우리로 하여금 목표를 향해 앞으로 나아가도록 하기라도 하는 것처럼, 진보적 정치, 진보

---

1. 역사적 유물론에 대한 탁월한 비판으로는 리차드 건의 "Against Historical Materialism"(Gunn 1992)을 참조하라.

적 정부, 진보적 조치에 대해 말한다.

　진보의 시간은 1분이 다른 1분과 같은 시간이고 기찻길 위나 터널을 통과하듯 우리가 직선으로 나아가는 시간인 동질적인 시간이다. 공산주의는 (또는 우리가 희망하는 사회라고 부르고 싶은 것은 무엇이든) 터널 끝에 있는 빛이다. 그러므로 터널 끝에 있는 약속의 땅에 도달하기 위해 우리가 해야 할 일은 무엇이든 그 목표에 의해 정당화될 수 있다. 진보적 정치는 '진보'라는 이름으로 농민을 삭제하거나 도시 노동자를 엄격한 공장 규율에 종속시키는 것을 정당화할 수 있는 수단과 목적의 정치이다. 최근 몇 년 동안, 특히 라틴아메리카에서, 소위 진보적 정부는 모두 진보라는 이름으로 석유 및 가스 추출, 노천 채광, 그리고 프래킹[수압 파쇄] fracking과 같은 추출주의적 산업과 강하게 연관되어 있다.

　진보에 대한, 그리고 역사적 유물론에 대한 전통적 관념은 실제로 혁명을 확고하게 미래에 두었다. 조건이 되면 우리는 터널 끝에 도달할 것이다. 그동안 우리는 자본주의 체제를 감내하며 사회를 변형시킬 수 있는 조직을 구축하는 것 외에 다른 선택 대안이 없다. 그동안 우리는 체제 안에서의 진보를, 좀 더 인간적인 자본주의를 만들려고 노력할 수도 있다.

　소련의 몰락 이후에 특히 반진보적 저항, 즉 반자본주의를 진보와 동일시하지 않고 그와 정반대의 것으로 보는 저항이 성장해 왔다. 이러한 관점은 원주민 운동, 광산 댐 고속도로 고속열차에 대한 저항 운동, 탈성장(끊임없는 경제 성장 추구의 포기)의 중요성을 강조하는 기후 정의 운동, 그리고 사회적 재생산의 전통적인 형태의 중요성과 이러한 과정에서 여성의 역할을 강조하는 운동 등과의 연관 속에서 성장했다. 이 모든 운동들을 통해 '진보'(그리고 이와 밀접하게 연결된 '발전'이라는 관념)는 인류를 파괴하는 힘으로 이해되기에 이른다.

그러나 '반진보'라는 관념에는, 그리고 실제로 '진보'라는 관념에도 모호성이 있다. 진보에 대한 거부는 이윤 추구에 의해 형성된 진보에 대한 거부이지 인간 창조성의 전개에 대한 거부는 아니다. 여기에는 피할 수 없는 언어적 또는 문법적 문제가 있다. 우리는 이 점에 대해서 곧 설명할 것이다. 이윤 추구가 지배하는 사회에서 인간의 창조성은 이윤 확대를 위한 활동 및 생산과정으로 흘러 들어간다. 진보의 거부에서 거부되는 것이 바로 이것이다. 이러한 유형의 진보는 우리를 자본주의라는 터널의 끝을 향해 앞으로 데려가지 않는다. 오히려 그것은 자본주의라는 수렁 속으로 우리를 더 깊이 끌어들인다. 우리는 앞으로 또 앞으로 나아가지만 우리는 [그럴수록] 우리 자신이 화폐의 논리적 동역학 속으로 점점 더 깊이 빠져드는 것을 발견한다. 희망 그 자체는 점차 진창 속으로 가라앉고 있으며, 늪으로 빠져드는 다양한 경로에 대한 논의로 축소되고 있다. 진보의 길은 우리를 파국으로 이끈다. 지구 온난화나 핵전쟁, 점차 무차별적으로 되어가는 폭력의 증가 등 무엇에 의해서건 말이다. 모든 진보 정부는 "현실적으로 되자"고 호소한다. 하지만 (어떤 면에서는 현실적일 수 있는) 단기적인 성과가 무엇이든 간에 이러한 현실주의는 우리를 더 깊은 수렁 속으로 끌어들인다.[2]

그러나 창조성이 이윤에 종속됨으로써 우리가 재앙으로 이끌려 가고 있다는 사실이 그 창조성의 엄청난 힘을 외면할 이유는 못 된다. 내가 사용하고 있는 노트북은 분명히 회사의 이윤 추구에 의해 만들어졌다. 그럼에도 불구하고 그것은 매우 고도로 발달되고 매우 고도로 사회화된 인간 창조성의 산물이다. 문제는 그 창조성을 거부하는 것이 아니라 그것을

---

2. 멕시코의 진보 정부가 시행한 진보 메가프로젝트에 대한 훌륭한 비판으로는 Durán Matute and Moreno 2021를 참조하라.

상품화된 형태로부터 해방시키는 것이다. 미래에도 그렇겠지만 현재에도 모든 형태의 창조성이 그렇듯이 계산적 창조성의 개발은 상품화된 형태 안에 존재할 뿐 아니라 그 형태에 대항하고-넘어서 존재한다. 사실 상품은 우리의 창조성을 뒤따르는 끊임없는 달리기이며, 그것을 포착하여 자본의 논리 내에서 활용하려는 끊임없는 시도이다. 진보에 대한 비판은 창조성에 대한 비판과 혼동되어서는 안 되며 오히려 그 창조성을 자본주의적 결정 요인으로부터 해방하려는 시도로 이해해야 한다. 우리의 투쟁은 자본에 대항하는 풍요의 투쟁이다.

이것은 문법의 맥락에서 이해될 수 있다. 우리가 주장한 바와 같이 희망은 대항하고-넘어서 밀어붙이는 것이다. 그것은 앞으로 밀어붙이는 것이 아니다. 그것의 문법은 밖에-서는ec-static, 반-정체성적인anti-identical 것이다. 그것은 가정법 속에 존재하지 직설법 속에 존재하지 않는다. 그것은 터널 끝에 도달하기 위한 앞으로 달리기가 아니다. 왜냐하면 터널 끝에는 어떤 빛도 없기 때문이다. 자본주의는 점점 더 어두워져서 아마도 총체적 파괴로만 이어질 점점 좁아지는 통로이다. 지젝(Žižek 2018, 11 [2020])은 "진정한 용기는 터널 끝에서 보이는 빛이 아마도 반대 방향에서 우리에게 다가오는 또 다른 기차의 전조등일 것임을 인정하는 것"이라고 우리에게 도발적으로 말했는데 이것은 옳다. 그러나 그는, 그러므로 우리는 "희망 없음의 용기"를 가져야 한다고 결론지었는데 이것은 잘못이다. 그와는 정반대로, 반대 방향에서 우리에게 다가오는 다른 기차가 있다면 우리는 지금 여기에서 그 터널의 옆면을 허물어야 한다. 우리는 재난이 다가올 때 우리를 제자리에서 꼼짝 못 하게 묶는 논리적, 사회적 쇠사슬을 끊어야 한다.[3]

---

3. Zizek 2018[2020]에 대한 비판적 언급으로서 우리는, 부르주아 사상의 변별적 특징이 "희망 없음의 용기"를 보여주는 것이라고 말할 수 있을 것이다.

자본은 우리를 향해 다가오는 기차이자 우리를 가두어 놓는 터널이다. 그것은 우리가 다른 사람과 관계를 맺는 방식에 대한, 우리가 행동하는 방식에 대한, 그리고 우리가 관계를 맺고 행동하고자 하는 방식에 대한 끊임없는 공격이다. 우리는 그것에 대항해 반응하고, 관계하고-행동하기의 다른 방식을 만들어 내기 위해 싸운다. 희망은 그 투쟁의 일부이다. 우리가 하는 모든 것에는, 우리의 삶, 행위, 창조에는 언제나 대항하여-밀침이 있다. 거기에는 적어도 자본의 논리가 우리를 밀어붙이는 방향과의 긴장이 있다. 거기에는 우리의 창조적 역량과 생산력의 발전이 있는데 그것은 언제나 자본의 논리와의 긴장 속에서 움직인다. 희망의 근간은 진보의 앞으로-향함이 아니다. 그것은 오히려 점점 좁아지는 터널의 벽에 대항해서 반복해서 몸을 던지는, 경사면을 타는, 야누스-같은, 밖에-서는 ec-static, 그리고 적대적으로 대항하고-넘어서는 풍요이다.

13

파멸을 향해
우리를 데려가는 기차라는 거대서사.
이것은 깨져야 할 서사다.

에른스트 블로흐는 인간 해방이라는 거대 서사의 대가였다. 파시즘과 망명의 가장 어두운 밤에도 그는 인간 활동의 모든 순간에 존재하는 희망, 대항하고-넘어서의 의욕pushing, 아직 아님Not Yet의 현재적 힘을 표현하는 것으로서의 아직-아님not-yet에 대한 갈망 등을 주제로 한 강력한 서사를 전개했다. 그것은 고향Home에 도달할 가능성으로 가득 찬 희망함hoping에 관한 것이었다. (심지어 현재보다 더 어두운) 가장 어두운 시대에 글을 쓴 것, 세상을 열어젖히고 1960년대와 1970년대의 모든 세대의 항의에 영감을 준 (그리고 계속해서 이 책에도 영감을 주고 있는) 사상과 문화에 대한 이해를 생산한 것은 그의 비범한 업적이었다.

서사는 장편소설처럼, 사회 현상의 방대한 다양성을 (그 서사의 작가이자 독자인) 우리에게 의미에 대한 모종의 감각을 주는 특정한 내적 관계 속으로 집어넣으려는 시도이다. 그것은 세계 속의 사회적 관계에 모종의 직조 과정이 있다는 생각에 기반한다. 이때 그 세계는 우리 모두를 함께 묶으며 또 우리가 이해할 수 있거나 적어도 인식할 수 있는 하나의 패턴 또는 다양한 패턴을 갖는 세계이다.

거대 서사, 특히 해방으로 이끄는 서사라는 관념은 최근 몇 년 동안 많은 비판을 받아 왔다. 거대 서사의 관념에 대한 공격은 이 직조의 통일성을 부정하고 우리를 의미 없는 파편화된 세계에 또는 파편화된 의미를 갖는 세계에 남겨둔다. 예를 들어, 모두가 서로 다른 투쟁을 벌이는 다수의 사회 운동이라는 생각이 여기에 들어맞는다. 그것이 서로 협력해야 할 다른 부문별 투쟁(여성, 흑인, LGBT, 원주민 등등의 투쟁)이 있음을 시사하는 한에서, 나는 '교차성'이라는 관념도 마찬가지로 문제가 있다고 생각한다. 이 관념에서 사라지는 것은, 파괴되어야 하는 것은 억압의 체제적 동역학, 즉 자본주의라는 생각이다. 체제적 적의 관념은 배경으로 떨어지고 강조점은 흔히 체제적 적을 파괴하지 않고도 실현할 수 있는 것으로 여겨지는 수많은 희망들의 실현에 두어진다.

희망들은 희망의 적이 된다. 그 특수한 투쟁들은 존엄의 상호 인정에 기초한 자주적 사회를 만들려는 옛꿈을 희미하게 만든다. 그렇게 함으로써 그것들은, 아마도 우리를 멸종의 벼랑에 더 가까이 데려가고 있는 체제적 동역학에 의문을 제기하지 않고 그것을 그냥 내버려둔다.

희망을 단일한 것the singular 속에 놓고 중시하는 것은 이러한 추세에 맞서 거대 서사의 중요성을 주장하는 것이다. 실제로 여기에는 단일한 서사에 또는 세계사라는 관념에 실체를 부여하는 사회적 관계의 보편적 직조가 있다. 우리 모두를 하나로 묶는 실은 화폐다. 그러나 화폐의 서사는 해방의 서사가 아니다. 정반대로, 그것은 우리를 멸종으로, 행복과는 거리가 먼 결말로 이끄는 것처럼 보이는 서사다. 그래서 아도르노는 이렇게 말한다. "야만에서 인도주의로 이어지는 역사는 전혀 없지만 새총에서 메가톤급 폭탄으로 이어지는 역사는 있다"(Adorno 1966/1990, 320[1999]). 그렇다면 우리의 문제는 전통적 맑스주의에서와 같이 서사를 어떻게 완수할 것인가가 아니라 그것을 깨뜨리는 방법이 무엇인가이다. 희망은 우리의 역사적 사명을 완수하는 문제가 아니라 벤야민이 지적한 것처럼 비상 브레이크를 당겨 기차를 멈추는 문제이다. "맑스는 혁명을 세계사의 기관차라고 불렀다. 그러나 아마도 사실은 완전히 다를 것이다. 아마도 비상 브레이크에 손을 뻗는 것은 이 열차에 탄 사람들일 것이다"(Benjamin 1974, 1232[2008]).[1] 그것은 엄청나게 중요한 인식이다. 왜냐하면 그것이 혁명의 모든 문제를 거꾸로 뒤집기 때문이다. 이 반전이 이 책의 주장의 핵심이다.

그래서 희망은 우리를 거대 서사의 관념으로 데려간다. 하지만 그것은 블로흐나 역사적 유물론의 의미에서의 거대 서사는 아니다. 그것은 깨져야 할 서사이다. 현재 화폐에 의해 직조되고 있는 사회적 관계는 파멸의 직조이다. 그러나 화폐의 논리에 도전하고 다른 방식으로 사회적 연관을 구축하고 있는 대항-직조들이 있다. 이것들은, 오늘날 지배적인 화폐-자본-죽음Money-Capital-Death의 총체화하는 거대 서사를 깨고자 하는 대항-서사들counter-narratives이다. 그것들은 수많은 서사의 세계, 많은 세계들의 세계를 창조할 가능성을 여는 대항-서사들이다. 이러한 대항-서사들이 희망의 실체이다.

---

1. 이 특수한 정식화는 에이드리언 와일딩(Wilding 1995, 146)에 의해 인용되었다. 동일한 의미에서 이루어진 안젤름 야페(Jappe 2011, 21)의 성찰을 참조하라.

4부

주체

14

희망은 희생자를 위한 것도,
영웅을 위한 것도 아니다.

『희망의 원리』의 첫 페이지에서 블로흐는 "희망은 실패보다는 성공을 사랑한다."(Bloch 1959/1985, 1 [2004])고 말한다. 우리는 이기고 싶다. 우리는 지금 돌아가고 있는 파멸의 동역학을 깨고 싶다. 우리는 인간의 존엄을 상호 인정하는 사회를 만들고 싶다.

우리는 블로흐의 그 인용문을 반복한다. 왜냐하면 그것이 이 책의 주장에 중요하기 때문이다. 무엇이 현실적이고 무엇이 비현실적인가를 재는 저울은 시간이 지남에 따라 어떤 식으로든 기울어져 뒤집힌다. 지난 세기의 대부분 동안 자본주의의 전복은 원하든 원하지 않든 매우 많은 사람들에게 실질적인 가능성으로 보였다. 오늘날에는 아마도 현실적인 것에 대한 정반대의 평가가 우세한 것으로 보인다. 자본주의는 끔찍하지만 현실적인 대안이 없으며 우리는 가능한 최대한 그것의 나쁜 효과를 완화해야 한다고 말이다. 매우 가능성이 높아 보이는 것처럼, 만약 자본주의의 동역학이 우리를 멸종의 심연에 더 가깝게 데려간다면, 그 저울이 어떻게 기울어져 뒤집힐 것인가의 중요성은 앞으로 수년 동안에 더 커질 것으로 보인다. 대체 어느 지점에서 상식이, "두렵지만 대안이 없다."에서 "두렵다,

앞으로 나아가는 유일한 현실적인 방법은 다른 삶의 방식을 만드는 것이다!"라고 말하는 것으로 바뀔까? 그에 대한 대답은 아마도 종으로서 우리의 생존 가능성에 영향을 미칠 것이다. 팬데믹이 저울을 그 방향으로 기울였을까? 어쩌면 그럴 것이다.

성공은 모종의 주체를 전제로 한다. 자동적으로 행복한 결말은 없다. 우리는 그것이 이루어지도록 만들어야 한다. 그러나 그 주체는 어디에 있는가?

희망은 희생자들을 위한 것이 아니다. 우리는 다른 세상을 희망한다. 왜냐하면 우리는 억압의 희생자들이기 때문이다. 자본주의는 우리를 희생양으로 만든다. 그것은 우리를 우리가 통제하지 못하는 체제의 희생자로 만든다. 그것은 우리를 역사의 대상으로 만든다.

우리가 희생자들이라면 어떻게 감히 희망할 수 있겠는가? 세상을 바꾸려면 역사의 대상이 아니라 주체여야 한다. 희생자들의 희망은 종교적이다. 그것은, 구세주가 당이든, 레닌이든, 체 게바라든, 피델 카스트로든, 외잘란[1]이든, 마르꼬스/갈레아노[2]든, '언젠가는 우리의 구세주가 오실 것이다'의 희망이다. 또는 아마도 더 흥미로운 것일 텐데, 희생자들의 희망은 벌레의 변신에 기반한다. 우리는 모두 주인에게 짓밟힌 벌레이지만 언젠가는 변신하여 주인을 전복시킬 것이다. 그러나 이러한 희망이 성취되려면 벌레가 벌레 이상이어야 하고, 희생자 이상이어야 하고, 대상 이상이어야 한다.

많은 좌파 담론은 지배-와-희생의 서사이다. 그것은 우리에게 체제가 얼마나 끔찍한지, 국가가 얼마나 억압적인지, 자본주의의 발전이 얼마

---

1. * 알둘라 외잘란. 전투적 〈쿠르디스탄 노동자당〉의 창립 멤버.
2. * 사빠띠스따 부사령관 마르꼬스는 지금은 갈레아노라는 이름을 사용하고 있다.

나 재앙적인지 반복해서 설명한다. 현재의 코로나 위기에서 국가가 더 권위주의적으로 되고 마음대로 휘두를 수 있는 사회적 통제 수단을 크게 강화한 방식에 대한 많은 분석이 있다. 이 모든 것은 의심할 여지 없이 사실이다. 하지만 우리의 희생자화victimisation에 대한 이야기는 결국 그것이 비판하고 있는 그 희생자화를 강화하는 것으로 끝날 위험이 크다. 우리의 주인이 너무 강력하고 전능해져서 혁명을, 혹은 반란조차 점점 더 생각할 수 없게 된다. 아마도 여기에서 '지렁이도 밟으면 꿈틀한다'는 생각이 나올 수 있을 것이다. 만약 우리가 희생자나 지렁이에게 상황이 얼마나 끔찍한지를 분명히 밝힐 수 있다면 언젠가는 그들이 꿈틀하며 일어설 지점에 도달할 것이라고 말이다. 그러나 그러한 생각은 지렁이/희생자/대상이 억압되고 자기 분열된 주체이면서 동시에 그 주체성이 그것의 잠재성에도 불구하고 실제적이고 현재적인 힘을 가진 잠재적 주체로 인식될 때에만 의미가 있을 것이다. 사실 지배-희생 담론에서 희생자의 가능한 혹은 잠재적인 주체성은 어떠한 역할도 하지 않는다. 그런 다음 비판은 우리를 냉소주의로 몰고 간다. 체제는 끔찍하다. 우리는 혁명이 필요하다는 것을 알고 있다. 하지만 할 수 있는 일이 없다. 아무도 우리의 말을 듣지 않을 것임을 알면서 파멸을 예고하는 카산드라로서의 우리의 역할을 받아들이는 것이 더 낫다. 우리는 파멸을 향한 기차를 타고 있다. 그것을 인식하는 것은 좋은 일이지만, 우리가 그것에 대해 뭔가를 할 수 있다고 생각하는 것은 우스꽝스럽다. 예를 들어 대학에서 비판적 사고는 흔히, 우리가 살고 있는 사회는 자유주의 이론이 전파하는 자유와 정의의 이미지에서 멀리 떨어진 불공정하고 억압적인 체제다라는 인식 이상으로 더 나아가지 않는다. 그러면 비판이론은 희생자 이론이 된다.

지배에서 출발하는 세계에 대한 분석은 그것이 비판하는 지배 속에 자신을 가둔다. 이것은 맑스에 대한 전통적 독법에서 분명하게 드러나는 사실이다. 맑스의 『자본』에 대한 독해가 특히 그렇다. 『자본』이 자본주의의 작동에 대한 분석으로 이해되는 것이다. 『자본』이 상품에서 출발하여이 출발점에서 발생하는 착취와 지배의 전 체계를 분석한다고 말이다. 가장 훌륭하고 가장 엄격한 맑스주의적 분석의 대부분[3]은 체제가 바뀌어야 하고 혁명이 필요하다는 결론으로 우리를 이끈다. 혁명의 필요성은 분명하다. 하지만 그 가능성은 여전히 오리무중이다. 그러한 접근법들에서계급투쟁은 자본 분석과 분리된 것으로 보인다. 이러한 독해에서 빠진것은 내재적인 (또는 넘쳐흐르는) 부정, 지배 자체에 의해 생성되는 부정하는 힘이다. 그렇지만 이러한 독해와는 반대로 우리는 이 부정하는 힘이 『자본』에 매우 많이 존재한다는 것을, 그리고 맑스의 분석이 실제로는 상품에서 출발하는 것이 아니라 풍요에서 출발한다는 것을 보게 될것이다.

지배를 강조하면서 우리를 구속하는 이러한 독해에 대한 반작용은다른 극단으로 가서 투쟁에 초점을 맞추는 것이었다. 맑스주의 논쟁 속에서 이것의 가장 충격적이고 효과적인 표현은 1960년대와 1970년대 이탈리아의 이른바 오뻬라이스모[4](혹은 자율주의) 운동에 의해 실현된 "코페르니쿠스적 전도"(Moulier 1989, 19 [2012])였다. 이것은 1963년에 뜨론띠가쓴 「영국의 레닌」이라는 논문에서 매우 간결하게 표현되었다. "우리도 자

---

3. 나는 가치 비판과 연관된 작업, 예를 들어 모이쉬 포스톤, 안젤름 야페, 〈위기〉 그룹, 로스비타 숄츠를 중심으로 하는 작업인 '새로운 맑스 독해'를 생각하고 있다. 우리의 맥락에서 특히 중요한 것은 Jappe 2011와 Lohoff and Trenkle 2012이다.

4. * operaismo. 일, 노동, 노력을 뜻하는 라틴어 opera에서 기원한 이탈리아어 operaismo는 '노동자주의'로 번역되기도 하지만 많은 경우에 '노동자주의'가 노동에 대한 긍정을함축함에 반해 operaismo는 노동을 우선시하면서도 노동에 대한 거부를 지향하기 때문에 이 책에서는 원어를 음역하여 '오뻬라이스모'로 표기한다. 같은 이유로 operaista도'노동자주의자'가 아니라 '오뻬라이스따'로 음역한다.

본주의 발전을 첫째로 놓고 노동자를 둘째로 놓는 개념을 가지고 작업해왔다. 이것은 실수이다. 그리고 이제 우리는 문제를 거꾸로 뒤집어야 한다. 그 두 극을 뒤집어 처음부터 다시 시작해야 한다. 출발점은 노동계급의 계급투쟁이다"(Tronti 1963/1979, 1). 이 접근법에서 노동계급은 역사의 추동력이다. 자본은 노동계급의 공격에 대응하면서 끊임없이 발전하고 있다. 전통적인 맑스주의 이론에 전형적인 희생자화가 전복된다.

전통적 맑스주의 관점의 이러한 역전은 희망을 생각하는 데 중요하다. 대문자 '우리'We는 (우리가 대문자 우리를 어떻게 생각하든지 간에) 주체이다. 우리we는 객체인 체제를 전복할 것이다. 우리는 구세주나 기계신에 의존하지 않는다. 급진적인 희망의 관점에서 세상을 바라보는 것은 처음부터 희생자임을 거부하고 자기 해방적 주체의 관점에서 세상을 사유하려고 노력하는 것이다.

그러나 정반대의 위험이 우리 앞에 어른거리고 있다는 것은 이미 분명하다. 주관적 의지주의의 위험, 즉 우리가 세상의 기존 구조를 인식함이 없이 단순히 우리의 의지에 따라 세상을 구부릴 수 있다는 생각이 그것이다. 이것은 수감자의 꿈 또는 아도르노(Adorno 1966/1990, XX[1999])가 말한 바와 같은, "구성적 주관성의 오류"이다. 우리가 우리를 고정시키고 있는 사회관계의 총체성을 대수롭지 않게 무시할 수 있다는 생각이 그것이다. 이것은 현실을 자신의 의지대로 구부릴 수 있는 주인공의 주관성, 할리우드 영화의 전형적인 주관성이다. 희망은 희생자를 위한 것이 아니다. 하지만 영웅을 위한 것도 아니다. 왜냐하면 영웅적 주체라는 관념은 우리를 묶는 사회적 총체성의 힘을 과소평가하기 때문이다. 구성적 주체는 객체의 우선성을 보지 못한다. 더 나쁜 것은, 구성적 주체가 객체의 우선성의 맞짝이라는 것이다. 객체의 힘에 대한 맹목은 객체의 물신화 효과의 산물이며 객체의 재생산에 기여한다. 희생자 의식과 영웅주의는 서로를 강화한다.

희생자는 가두어진 자이다. 거기에는 희망이 없다. 영웅은 가두어지지 않은 자이다. 그는 어떻게든 모든 가두어진 자들 위에 있는 인물, 외부에서 오는 인물이다. 그러한 영웅은 실존하지 않기 때문에 그곳에도 희망은 없다. 급진적인 사회 변화의 가능성을 생각하려면 주체가 그런 것과는 다른 것이어야 한다. 그것은 가두어짐 속에서 넘쳐흐르고 터져 나오는 자여야만 한다. 우리는 내재적인 부정, 내재적으로-넘쳐흐르는 부정을 찾고 있다.

"부르주아지가 … 생산하는 것은 무엇보다 자신의 무덤을 파는 사람들이다." 혁명적 희망은 대안을 구축하기 위해 외부로 나가는 것에 초점을 맞추는 것이 아니라 지배 체제 자체가 생성하는 부정적인 힘을 강화하는 것에 초점을 맞춘다. 그것은 내재적이기도 하지만 화산처럼 넘쳐흐르기도 한다. 체제 내부에서 발생하여 체제에 대항하고-넘어서 나아가는 힘이기 때문이다. 무덤을 파는 사람들은, 부르주아지의 무덤을 파는 가운데, 무덤을 파는 사람들인 그들 자신의 무덤도 파고 있는 사람들이다.

내재적 부정 : 자본은 자신의 무덤을 파는 사람, 자신의 암살자를 생산한다. 자본은 자신의 내부에 가두어지는 힘을 생성한다. 그래서 계급화되는 계급은 동시에 계급화를 거부하며 자신의 계급화를 넘쳐흐른다. 내재적인 : 안에서. 부정 : 대항하고. 그리고 더 나아가 넘쳐흐름 : 넘어서. 안에서-대항하고-넘어서. 탈주, 속박의 파괴, 총체화하는 논리의 파괴. 끼워 맞춰지지 않는 계급. 자신의 계급화에 끼워 맞춰지지 않는 계급. 정의되지 않은 무리가 될 찰나에 있는 노동계급. 상품을 넘쳐흐르는 풍요. 시간의 균질화 안에서-대항하고-넘어서 폭발하는 아직-아님. 시계의 똑딱거리는 소리를 깨뜨리는 호랑이의 도약. 동사는 자신들을 가두는 명사를 깨뜨린다. 공통장을 넘어서는 공통화하기. 표면 아래에서 뚫고 나오겠다고

위협하며 우르릉거리는 잠재성. 잘도 팠구나, 늙은 두더지여! 존엄을 넘어서고, 분노도 넘어서는 존엄한 분노. 모든 답을 깨뜨리는 질문. 그것이 희망의 주체다.

그 모든 것. 아직-아님은 시간의 균질화에 대항하고-넘어서 폭발하며, 호랑이의 도약은 시계의 똑딱거리는 소리를 깨뜨린다. 동사는 명사 안에서 자신의 갇힘을 깨뜨린다. 그렇다. 물론이다. 그러나 그것의 물질적 힘은 어디에 있는가? "말, 말, 말, 나는 말이 너무 지겨워!"[5]

맑스주의 전통에서 혁명적 희망의 물질성[실질성]materiality의 중심에는 두 가지 개념이 놓여 있다. 하나는 노동계급이라는 개념이다. 우리는 이미 그 용어가 모호하다는 것에 대해 살펴보았다. 그것이 성제성으로 이해되는 한 그것은 단지 정체성의 체계를 재생산할 수 있을 뿐이다. 노동계급의 구성원이 효과적으로 계급화되는 한, 그들은 자신을 계급으로만 재생산할 수 있다. 노동계급을 혁명적 희망을 여는 존재로 생각하기 위해서 우리는 그것을 반反노동으로, 반反계급으로, 어긋남으로, 넘쳐흐름으로, 가두어지지 않는 자들로, 정복되지 않는 자들로 보아야 한다. [그것은] 좌절[시키는 자들이다]. 일종의 무리rabble [6]?

무덤 파는 사람의 물질성에 대한 다른 접근 방식은 생산력이라는 개념에 집중되어 있다. 자본주의의 발전은 생산력의 확장으로 이어진다. 이것들이 생산관계와 충돌하는 지점이 온다. 자본주의적 사회관계는 더 이상 적합하지 않으며 더 이상 생산력의 발전을 가둘 수 없다. 그 결과 자본주의적 "외피는 산산이 부서진다"(Marx 1867/1965, 763 [2015]; 1867/1990, 929 [2015]).[7] "생산력"은 이 접근 방식에서 일반적으로 더 많이 생산할 수

---

5. *My Fair Lady*에서 일라이자 둘리틀이 노래하는 것처럼.
6. * rabble의 번역에 관해서는 이 책 「옮긴이 후기」의 419~420쪽 참조.
7. 『자본』을 인용할 때 나는 일반적으로 두 가지 문헌을 참조한다. 하나는 내가 주로 사용

있는 능력, 우리의 기술 발전을 나타내는 것으로 이해된다.

이러한 생각은 매우 문제적이다. 그것은 종종 경제적 또는 기술적 결정론을 암시한다. 사회는 우리가 개발하는 기술에 의해 형성된다. "풍차는 봉건 영주와 함께하는 사회를 제공한다. 증기기관은 산업자본가와 함께하는 사회를 제공한다"(『철학의 빈곤』〔Marx 1847/1976 (2016)〕에서의 맑스). 이것은 기술 발전과 생산관계 사이의 외부성을 암시한다. 마치 기술이 사고와 행동을 형성하는 사회적 제약 밖에서 발전된 것처럼 말이다. 맑스는 『자본』에서 이것보다 좀 더 나은 자신의 견해를 명백히 밝힌다.[8] 관계는 내부적인 것이며 기술의 발전은 사회적 재생산의 일부라는 견해가 그것이다. 우리의 창조적 능력을 체제의 논리 내부에 가두는 것은 우리가 무엇을 창조할 것인가를, 그리고 심지어 그 창조가 어디에서 체제에 대항하고-넘어서는 운동이 될 것인가를 규정한다. 창조가 체제를 넘어서는 운동인 경우에도 가둠과 넘쳐흐름 사이의 갈등을 벗어나는 창조적 발전은 어디에도 없다.

생산력과 생산관계의 외부성에 대한 가정은 전자에, 즉 생산력에 실증성[긍정성]positivity을 부여한다. 그 결과 생산력은 사회적 적대와 무관하게 전진한다. 우리는 반대편으로 빠져나올 수 있으리라는 약속을 부여잡고 자본주의의 터널을 통과한다. 혁명적 변혁은 분명히 일어날 것이다. 역사는 우리 편이다. 자본주의적 생산양식은 공산주의에 자리를 내줄 것이다. 과거에 사람들이 자본주의에 맞서 투쟁하게 된 그토록 중요한

하는 새뮤얼 무어와 에드워드 에이블링의 초기 번역이고, 다른 하나는 최근에 번역되어 더 쉽게 구할 수 있는 벤 파우크스의 번역이다.

8. "1830년 이후에 이루어진 발명의 역사를 오직 자본에게 노동계급의 반란에 맞서는 무기를 공급할 목적을 가진 것으로 서술하는 것이 가능할 것이다"(Marx 1867/1965, 436 [2015]; 1867/1990, 563 [2015]).

동기였던 이 생각은 이제 공허하게 들린다. 아니 심지어는 조롱이 되어 되돌아온다.

기술 발전이 변화의 원동력이자 혁명적 희망의 담지자라는 생각이 갖는 또 다른 문제는 기술 발전이 우리가 싸우는 대상이 아니라는 점이다. 확실히 우리는 물질적 빈곤과 굶주림이 제거되기를 원한다. 하지만 이제 우리는 더 많은 기술 발전이 가져오는 파괴적 영향을 훨씬 더 잘 알고 있다. 탈성장 운동은 이를 극명하게 표현한다. 그러나 우리가 많거나 적은 성장이나 발전을 원하는가 원하지 않는가가 문제가 아니다. 오히려 그 성장이 어떻게 이루어지는지가 문제이다. 갈등은 자기 결정과 외부적 결정 사이에 있다. 넘쳐흐름과 가둠 사이에 있다.

그러므로 급진적 변화의 주체는 일반적으로 이해되는 바의 노동계급도 아니고 일반적으로 이해되는 바의 생산력도 아니다. 그것은 반反노동의 반反계급이며 우리의 창조성을 주형하는 제약으로부터 그 창조성을 해방하는 것이다. 다시 말해…

15

풍요가 혁명적 주체다.

이 책의 시작 페이지에서 우리는 출발점은 희망, 분노, 풍요, 존엄이라고 말했다. 이제 우리는 풍요에 집중한다. 다른 것들을 밀어내기 위해서가 아니라 우리 자신의 힘에 집중하기 위해서다.

우리는 『요강』의 인용문으로 되돌아간다.

제한된 부르주아적 형식이 벗겨질 때, 부란 보편적 교환을 통해 창출된 인간적 필요, 능력, 쾌락, 생산력 등의 보편성 외의 다른 무엇일까? … 1 [부란] 이전의 역사적 발전 이외의 어떤 전제도 없는 상태에서 [이루어진] 발전의 총체성 [외의 다른 무엇일 수 있는가?]. 다시 말해, 모든 인간적 능력의 발전을 (사전에 결정된 잣대에 따라 측정되는 어떤 것이 아니라) 그 자체 목적으로 만드는 인간의 창조적 잠재력의 절대적인 전개 [외의 다른 무엇일 수 있는가?]. 인간이 자신을 하나의 특수성으로 생산하지 않으면서 자

---

1. 내가 생략한 구절은 다음과 같다. "흔히 말하는 자연력만이 아니라 인류 자신의 자연력에 대한 인간의 지배의 안전한 발전?" 앞의 각주에서 언급했듯이, 나는 풍요에 대한 개념에서 "자연력에 대한 지배"를 빼는 것을 선호한다. "~에 대한 지배"를 "~와의 연회 (conviviality)"로 바꾸는 것이 더 나을 것이다.

신의 총체성을 생산하는 곳은 어디인가? 자신이 이미 되어진 어떤 것으로 남아 있지 않고 절대적인 생성 운동 속에 있으려고 애쓰는 곳은 어디인가?(Marx 1857/1973[2007], 488)

영어 인용문은 "부"wealth에 대해 말하지만 본래의 독일어 단어인 Reichtum은 풍요richness로 쉽게 번역될 수 있었던 것이다. 나는 이 "인간의 필요, 능력, 기쁨, 생산력 등의 보편성"에 대해, 이 "절대적 생성 운동"에 대해 말하기 위해 풍요[라는 말]를 사용하는 것을 더 좋아한다. 나는 "부"라는 용어는 풍요의 상품화된 형태를 지시하는 말로 사용할 것이다.

혁명적 주체는 풍요, 즉 "우리의 창조적 잠재력의 절대적인 발휘"이다. 그것은 왜곡되고 상품화된 형태로이기는 하지만 우리 주변에서 널리 볼 수 있는 것이다. 그것은 학생들의 목마름, 배우고 이해하고 변화하는 것에 대한 갈구이다. 그것은 모든 유형의 노동자들의 솜씨이다. 그것은 다른 생명 형태들과의 상호 작용을 통해 얻은 소작농의 축적된 지식이다. 그것은 합창단의 노래이고 드럼이나 바이올린을 연주하기이다. 그것은 가족에서, 친우 관계에서, 병원에서, 학교에서 제공되는 타인에 대한 보살핌이다. 그것은 블로흐가 희망에 대한 그의 위대한 찬가에서 분석한 모든 영역들이다. 동화를 통해, 문학, 그림, 춤, 건축, 음악을 통해, 유토피아를 발명하고 책을 쓰고 읽는 것을 통해 더 나은 세상을 향해 나아가는 모든 인간적 노력이다. 그것은 자신들의 꿈이 묻히는 것을 거부하는 자들의 분노의 포효다. 풍요의 세계는 색채와 강렬함의 세계이며 무엇보다도 자기 결정권을 향해 나아가는 세계이다. 절대적 생성의 운동은 우리로부터 밀쳐 나가는 운동이다. 그 우리가 집단적으로 이해되거나 개인적으로 이해되거나 간에 말이다.

그리고 나서 [앞에서 인용한] 그 단락의 마지막 몇 줄에서는 현실의 다른 측면이 서술된다.

> 부르주아 경제학에서, 그리고 그에 상응하는 생산 시기에, 그 인간적 내용의 이 완전한 발휘는 [그것의] 완전한 고갈로 나타난다. 이 보편적 객관화는 완전한 소외로 나타난다. 그리고 모든 제한된 일면적 목표의 해체는 인간의 목적 자체가 완전히 외부적인 목적에 희생되는 것으로 나타난다.

자본주의 사회에서 지배적인 것은 자기 결정적인 생성 운동이 아니라 "완전히 외부적인 목적"의 부과인데 그 외부적 목적이란 가치와 화폐의 확장이고 자본의 축적이다.

단락의 첫 부분에서 결말부로의 이행은 끔찍하고 끔찍하다. 인간적 내용의 완전한 발휘는 완전한 고갈로 변형되고 번역된다. 이러한 이행은 풍요의 상품화를 통해 이루어진다. 가장 중요하지만 많이 간과되는 『자본』의 첫 번째 문장이 말하듯이 (그리고 나는 이제 여기서 Reichtum을 '풍요'로 번역한다) "자본주의적 생산양식이 지배하는 사회의 풍요는 '상품의 거대한 축적'으로 나타난다…." 풍요의 상품화는 인간적 내용의 완전한 발휘를 그것의 완전한 고갈로 변형시킨다. 풍요는 그것의 상품화된 형태인 부로 변형된다.

결말부는 이렇다. 풍요는 열려 있다. 그것은 절대적인 생성 운동이다. 하지만 이제 그것은 사고팔 수 있는 상품들의, 사물들의 거대한 축적 속으로 폐쇄된다. 우리가 생성된 상태로 남아 있지 않으려고 노력함에 따라 풍요는 정체성에 대항하여 움직인다. 상품화된 부는 상품의 거대한 축적 속에 우리를 가둔다. 그것은 풍요 위로 거대한 벽이 무너져 내리는 것과 같다. 풍요는 부의 잔해 속에 묻힌다. 거기에서 절규 소리가 새어 나온다.

그것은 자본주의의 잔해 속에 파묻힌 어린아이의 절규이며 살아야 할 생명의 절규이다. 그것은 부에 맞서, 풍요의 상품화된 형태인 부에 맞서 자신의 길을 찾아내려 몸부림치는 풍요의 절규이다. 그 절규는 화폐와 싸우는 풍요의 분노이다. 그 싸움에 세계의 미래가 달려 있다.

그러나 그 절규가 실제로 거기에 있는 것일까? 아니면 우리가 그것을 상상하고 있는 것일까? 우리가 듣는 것은 단지 우리의 소망일 뿐일까? 그 어린아이는 죽었는가 살아 있는가? 그 어린아이는 상품화의 무게에 맞서 스스로를 밀어붙일 힘을 갖고 있는가?

풍요는 상품화된 형태로 변형된다. 우리 모두는 우리 삶의 풍요가 점점 더 상품화되고 점점 더 화폐의 논리에 종속되는 방식에 대해 서로 다른 경험을 가지고 있다. 교육, 보건, 우리가 먹는 음식, 우리의 시각적 환경의 질, 선택이 이루어지는 방식, 삶에서 우리가 무엇을 할 것인지에 대한 결정 등등이 상품화되는 방식에 관한 우리의 경험이 다르다. 상품화는 물리적 사물에 표현된 물질적 풍요와 관계하는 것에 멈추지 않는다. 그것은 삶의 풍요의 모든 측면을 침범한다.

풍요는 "절대적 생성 운동"을 향해 밀쳐 나간다. 하지만 이제 그것은 언급하기조차 우스꽝스러울 정도로 지하로 밀려난다. 부의 잔해 속에 파묻힌 풍요의 절규, 상품화 안에서-대항하며-넘어서는 풍요의 추진력은 우리의 귀에서, 우리의 눈에서 사라진다. 장막이 내려와 우리의 지각을 제한한다. 여기에는 변형뿐만 아니라 번역도 있다. 풍요의 발전이 화폐의 논리에 의해 결정될 뿐만 아니라, 이 결정에 대한 풍요의 투쟁도 시야에서 사라진다. 풍요가 우리의 모든 삶에 깊숙이 박혀 있음에도 불구하고 말이다. 따라서 예를 들어, 맑스가 [자본주의적 생산양식이 지배하는 사회에서는] 풍요가 상품의 거대한 축적으로 나타난다고 말했음에도, (주류 맑스주의 전통에서는 분명히) [상품으로의] 그러한 자기현시가 당연한 것으로 간주된다. 그리고 매일매일의 불가피한 투쟁은 시야에서 사라진다. 풍요와 상품-부 사이의 구분 자체가 사라진다. 세상은 자본이 성취했거나 성취하기 위해 투쟁하고 있는 렌즈를 통해 거꾸로 읽힌다. 범주는 폐쇄되며 그것들의 역사와 계속되는 폭력은 그것들에 대한 개념적 정의 뒤에 가려진다. 그것에 함축된 의미는 예를 들면 러시아 혁명과 중국 혁명의 비극적 역사 속에서 보여질 수 있다. 그 혁명이 만든 체제는 자기 결정하는 풍요를 희생하여 부를 증진시키는 데 초점을 맞추었다.

그러므로 풍요는 혁명적인 주체이다. 우리는 가난한 자가 아니라 풍요로운 자이다. 우리는 가난해서가 아니라 우리의 풍요, 창조할 수 있는 능력, 행위할 수 있는 힘이 상품 형태에, 화폐에 사로잡혀 있기 때문에 다른 세상을 위해 투쟁한다. 우리는 풍요로운 자인데 우리의 풍요는 우리와 대립하는 부 속으로 끌려들어 가면 궁핍해진다. 우리는 강력한 자인데 우리의 행위력power-to-do, 우리의 창조력power-to-create은 우리의 창조성을 부정하는, 그리고 그 창조성을 우리를 억압하는 낯선 논리에 종속시키는 우리에 대한 지배력power-over으로 변형된다. 아니 오히려 우리는 부에 맞서 반란하는 풍요로운 자들이고, 노동에 맞서 반란하는 행위자들이며, 유일의 가치Value에 맞서 반란하는 사회적 가치들values이다. 우리는 화폐 안에서-대항하며-넘어서는 **풍요**Richness이다.

부에 대항하는 풍요. 우리는 여기에서 자본주의에 대항하는 모든 시도의 핵심에 놓여 있는 언어 문제를 겪는다. 비정체적인 것은 리처드 건의 고전적인 표현을 빌리자면 "부인되는 양식 속에" 존재한다(Gunn, 1992, 14). 사회형태들은 그 형태들을 구성하는 적대의 운동이 있다는 사실을 부인한다. 비정체적인 것은 정체적인 형태 속에 존재하며 아도르노(Adorno 1990, 5)의 정식("모순은 정체성의 양상 아래에 있는 비정체성이다.")을 반복하자면, 정체적인 것은 명명을 통해 자신의 입장을 강화한다. 이것은 부인된 것, 지하에 존재하는 것에 대해 말하기 어렵게 만든다. 그 이유는 단적으로 말해 우리에게 필요한 단어가 부족하기 때문이다. 모든 개념은 그 자신 안에서-대항하며-넘어서는 운동을 자신 안에 갇힌 상태로 포함하고 있다. 이 운동을 찾으려면 우리는 개념에 균열을 내고 그것을 열어서 개념이 숨기는 것을 찾으려고 노력해야 한다.[2] 언어적 서투름을 피할 방법은 없다.『자본』에서 맑스는 자신의 정치경제학 비판의 핵심인 추상노동과 구체노동을 구별한다. 하지만 그 정식화는 만족스럽지 못하다. 그 이유는 부분적으로는 사용된 용어 때문이고 또 부분적으로는 구체노동과 추상노동 사이에서 안에서-대항하고-넘어서기의 관계가 길을 잃었기 때문이다. 이것은 아마도 어떤 적실한 해결책도 없는 문제일 것이다. 왜냐하면 그것이 지배의 성격 속에 주어져 있기 때문이다. 그럼에도 그것은 우리의 저항과-반란을 표현하기 위해서 우리가 어떻게든 다루지 않을 수 없는 문제이다.

영어에서 우리는 유용할 수 있는 사실을 갖고 있다. 우리가 앵글로색슨 또는 게르만 기원의 원래 어휘와, 노르만 정복 및 교회의 영향 그리고 스콜라적이고 아카데믹한 사고와 관련된 라틴어 기원의 어휘라는 두 가지 어휘 세트를 갖고 있다는 것이 그것이다. 엥겔스는『자본』1장의 각주에서 라틴어 **노동***labour*에 앵글로색슨어 **일***work*을 대립시킨다.

영어는 유익하게도 여기에서 고려된 노동의 두 측면에 해당하는 각기 다른 단어를 갖고 있다. 사용가치Use value를 창출하고 질적으로 간주되는 노동은 노동Labour과 구별되는 일Work이다. 가치를 창출하고 양적으로 계

---

2. 그것에 대해 생각하는 한 가지 방법은 명사와 동사의 맥락에서 생각하는 것이다. 우리는 명사를 열어서 그것이 에워싸고 있는 동사를 찾아야 한다.

산되는 것은 일Work과 구별되는 노동Labour이다.(Marx 1867/1965, 47 [2015])

풍요가 혁명적 주체라고 주장하면서 나는 그와는 반대되는 방향으로 가기로 결정했다. 나는 어긋나는 것을 말하기 위해 라틴어에서 유래한 단어[풍요, richness]를 선택했고, 그것이 상품 세계로 변형되고 번역되는 것에 대해 앵글로색슨어에서 유래한 단어[부, wealth]를 선택했다. '풍요'Richness는 창조성, 열정, 삶의 색깔 등을 말하는 데 더 많이 사용되는 단어인 반면 부wealth는 화폐-부의 의미로 더 많이 사용되는 단어라는 생각이 든다. 이에 대한 의견이 다를 수 있지만 어쨌든 두 단어를 구분하여 주장을 명확하게 하는 것은 도움이 된다. 그것은 우리가 잔해 아래에 숨겨져 있는 것, 그 자신에 대한 부인 안에서-대항하며-넘어서 투쟁하는 것의 절규를 듣는 데 도움이 된다.

화폐에 대항하는 풍요. 부에 대항하는 풍요. 그리고 가장 중요하게는, 정체성에 대항하는 풍요. 풍요와 정체성을 혼동하는 것은 쉽지만 비극적이다. 아마도 우리 모두는 개별적 경험으로서뿐만 아니라 집단적 전통에 대한 소속으로서 풍요에 대한 감각을 갖고 있을 것이다. 우리는 아일랜드 음악의 풍요, 멕시코 요리의 풍요, 사회적 재생산 과정에서 여성의 상호작용의 풍요, 동성애의 지하 역사의 풍요, 노동계급 문화의 풍요 등을 생각할 수 있다. 우리의 집단 경험에서 그런 종류의 자부심은 인간의 풍요라는 개념과 분리할 수 없다. 그러나 그 모든 풍요는 생성 과정, 창조의 과정이다. 일단 그것들이 닫혀 있는 것으로 이해되면, 일단 그것들이 정체성으로, 배제로 전환되면 그것들은 쉽사리 문자 그대로 살인적으로 된다. 그것이 전 세계에서 일어나고 있는 일이다. 자본은 풍요에 대한 공격이며, 풍요를 화폐의 논리에 종속시켜 동질화하는 것이다. 이에 대한 반응은 종종 그러한 풍요를 방어적으로 정의하는 형태를, 즉 정체화의 형태를 취한다. 우리가 우리의 아일랜드성, 유대인성, 우리의 여성 문화, 우리의 흑인 문화를 옹호하는 것이다. 우리는 브렉싯Brexit에 지지투표를 함으로써 우리의 영국성을 방어한다. 우리는 무슬림 침략자들로부터 우리의 프랑스성을 수호한다. 우리는 라틴아메리카인으로서의 우리의 독특한 성격을 옹호한다. 너무 쉽게, 풍요에서 정체화로의 표류가 있고(Roudinesco 2021) 그것이 끔찍한 결과를 낳는다. 정체화는 파멸로 이어지는 철로이다. 풍요는 우리의 창조적 생성에 대한 상호 인정을 바탕으로 세상을 창조하는 우리의 역량이다.

정체성에 대항하는 풍요. 그러니까 리처드 건과 에이드리언 와일딩이 헤겔에서 도출하여 자신들의 최근의 저서(Gunn and Wilding 2020)에서 발전시킨 "위험한 생각"인, "상호 인정" 운동으로서의 풍요.『정신현상학』의 헤겔인 청년 헤겔은 자신이 프랑스 혁명에서의 군중crowd을 이해한 방식에 의해 고무되었다. 헤겔에게 이것은 "우리인 나, 나인 우리"(Hegel 1807/1977, 110[2022])였다. 혁명적 순간에는 한계나 경계에 의해 방해받지 않는 인정의 흐름, 즉 우리 고유의 사회성, 상호 침투에 대한 인정의 흐름이 있다.

풍요와 마찬가지로 상호 인정은 잠재적이고 부정하는 힘이며 어긋나는 힘, 공통화하는 힘이다. 그것은 우리의 상호 침투의 흐름을, 우리인-나와 나인-우리의 흐름을, 비정체성의 흐름을 파괴하는 인정, 즉 잘못된-인정misrecognition에, 아니 오히려, 나쁜-인정malrecognition에 대립시킨다. 상호 인정하는 풍요는 희망의 실체이다. 그것들은 우리가 정치경제학의 대상을 구성하는 상품, 화폐, 가치, 추상노동 및 사회관계의 다른 형태들을 비판하는 관점이다. 이러한 형태들은 우리의 사회적 생성의 흐름 속에 있는 너무 많은 방해물이며, 너무 많은 경직화, 응고, 덩어리이다. 우리가 그것을 사회가 결속되는 방식 속에서, 사회적 응집의 관점에서 생각해 보면,

헤겔의 "위험한 생각"은 우리가 상호 인정에 기초한 사회를 만들 수 있다는 것을 긍정한다. 그뿐만 아니라, 그 생각은 자신의 모순되거나 막히거나 왜곡된 형태에 대항하여 자신을 실현하려는 상호 인정의 경향 때문에 그러한 사회를 만드는 것이 가능하다는 점도 긍정한다. 상호 인정은 안에서-대항하고-넘어서의 운동이다. 그것은 모순되거나 왜곡된 형태로 존재한다. 그것은 이 형태에 대항하면서 그 형태 너머로 밀어붙인다. 존엄은 이와 매우 유사한 이념이다. 그것은 지금 부인되는 방식으로 존재한다. 그것은 자신의 부인에 대항하여 반란하며, 존엄의 상호 인정에 기반을 둔 세상을 향해 나아간다.

풍요, 상호 인정, 존엄은 잠재적으로 존재할 뿐만 아니라 폭발적으로도 존재한다. 억압된 상호 인정적 풍요는 종종 거의 비가시적이다. 그것이 도대체 거기에 전복적 힘으로 존재한다는 것이 믿기 어렵다. 하지만 바로 그때 우리인-나 그리고 나인-우리가 표면을 뚫고 나온다. 헤겔 시대의 혁명적 파리(및 아이티)의 거리에서처럼[3], 2001/2002년의 아르헨티나, 2008년의 그리스, 2011년의 월스트리트 오큐파이, 2019년의 칠레 등에서처럼 말이다.[4] 정체성은 인정의 흐름에서 나쁜-인정, 막힘 또는 응고이다. 지난 세기에 그러한 나쁜-인정은 헤아릴 수 없는 사람들을 대량 학살하는 결과를 가져왔다. 여성, 흑인, 멕시코인, 동성애자, 무슬림, 유대인 등에게 나쁜-인정이 부과됨으로써 수많은 사람들이 매일매일 살해당했다. 이러한 역할-정의적 인정에 대한 반란은 종종 유사한 정체성 형태를 취한다. 나는 여성인 것이, 흑인인 것이, 멕시코인인 것이, 유대인인 것이 자랑스럽다는 식으로 말이다. 대부분의 경우에 그러한 긍정의 효과가 매우 중요한

---

3. 헤겔의 사상과 아이티 혁명 사이의 연관성에 대해서는 수전 벅-모스(Buck-Moss 2009[2012])를 참조하라.
4. * 2008, 2016년의 한국도 이 목록에 포함될 것이다.

방식으로 인정의 흐름을 뚫어내는 것이었음은 분명하다. 그러나 그렇게 명백히 정체성주의적인 진술에는 길을 잃을 수 있는 위험이 있다. 그렇게 되면 동일하게 파괴적인 나쁜-인정의 재생산을 초래할 수 있다.

그렇다면 풍요, 화폐에 대항하는 풍요, 부에 대항하는 풍요, 정체성에 대항하는 풍요, 나쁜-인정에 대항하는 풍요, 그것은 어디에 있는가?

잠재된 풍요에 귀를 기울여라.

"다른 세계는 가능할 뿐만 아니라 진행 중이다. 조용한 날에 나는 그녀의 숨소리를 들을 수 있다."[1]

이 다른 세계는 잠재성의 세계이다. 우리는 부 아래 묻힌 풍요를 찾고 있다. 우리는 내재하며 넘쳐흐르는 부정을 찾고 있다. 우리는 이미 존재하는 아직-아님을 찾고 있다. 우리는 그들의 실존뿐만 아니라 그들의 힘을 찾고 있다. 희망은 성공과의 사랑에 빠져 있다.

우리가 바라는 그 다른 세계는 때때로 폭동과 시위로 화산처럼 폭발한다. 하지만 대부분의 경우 그것은 폭발할 수 있는 가능성으로, 억압된 불만, 분노, 희망의 보이지 않고 들리지 않는 으르렁거림으로 존재한다. (사랑하는 독자 여러분, 당신이 이 책을 읽고 있다면 그 세계는 바로 이 순간 당신이 있는 곳에 있을 수 있다. 고요한 분노-희망으로 가득 찬 조용한 순간이 그것일 수 있다.)

희망하는 것은 귀 기울여 듣는 것이다. 저류에 흐르는 존엄을 귀 기울

---

1. 아룬다티 로이에게서 가져온 이 아름다운 인용문은 엄밀한 출처 없이도 생명을 얻은 것으로 보인다.

여 듣는 것이다. 표면 아래로 흐르는 정의로운 분노digna rabia를 귀 기울여 듣는 것이다. 내일 폭발할 수 있는 화산의 힘을 귀 기울여 듣는 것이다. 어젯밤(나는 2020년 6월 초인 지금 이 글을 쓰고 있다) 미국 전역에서 폭동이 일어났다. 미니애폴리스에서 경찰이 조지 플로이드를 살해한 후 분노가 폭발했다. 일주일 전, 인종적 만행의 오랜 전통 때문에 솟구쳐 오르는 정의로운 분노가 수면 아래에서 끓고 있었다. 희망하기 위해서 우리는 그 숨은 끓어오름에 귀를 기울여야 한다. 분노와 분노한 타자성. 여기 저기서 조금씩 조금씩 새로운 삶의 방식을 만들어 가는 행위들. 지배의 직물에 아주 많은 균열이 있다. 자본의 논리와 어긋나는 아주 많은 풍요가 있다.

이 존엄은 다양한 형태를 취한다. 나는 이 책의 어머니 격인 『크랙 캐피털리즘』에서 그중의 많은 부분을 살펴보았다. 그 핵심은 우리 자신의 삶에 대한 부정적 되찾기이다. 그것이 왜 부정적인가? 왜냐하면 그것은 우리의 삶을 압류하는 것에 대한 아니요NO에서 시작하기 때문이다. 남성이 여성의 몸을 통제하는 것에 대한 아니요. 흑인에 대한 백인의 잔인함에 대한 아니요. 환경을 파괴하는 사람들이 젊은이들의 미래를 죽이는 것에 대한 아니요. 그러니까 그것은 우리의 몸, 우리의 삶, 우리의 미래에 대한 우리 자신의 통제에 대한 예YES이다. 우리 자신의 풍요의 아주 많은 재생. 우리를 파괴하고 있는 세상의 논리에 대항하여 그것과 어긋나는 방향으로의 아주 많은 걷기.

들리지 않는 것에 귀를 기울이는 것은 존재하지 않는 것을 듣는 것으로 이어질 수 있다. 우리가 다가오고 있는 세상의 숨소리를 들으려고 할 때 거기에는 분명히 위험이 따른다. 우리가 그저 희망의 소리를 상상할 수도 있을 것이기 때문이다. 그러나 훨씬 더 해로운 것은 정반대의 것이다. 억압된 항의의 외침이 거대한 합창이 될 때까지는 그것을 듣지 않는 것이 그것이다. 여성 운동, LGBT 운동, 시민권 운동, 원주민 권리 운동 등을 생각해 보라. 억압에 대항하며 나아가고 있는 너무나 많은 억압된 풍요. 종종 우리가 들을 수 없는 아주 많은 아직-아님들. 각각의 운동은 새로운 감성과 들을 수 있는 새로운 능력을 창출한다. 하지만 들리지 않는 절규가 항상 더 많다. 고통의 절규, 거부의 절규, 반란의 절규.

　최근 몇 년 동안 투쟁의 가시성과 가청성에 대한 질문에 큰 변화가 있었다. 조직된 노동계급 투쟁에 대한 예전의 강조는 파업, 시위, 당 회합 등과 같이 명백하게 가시적인 투쟁에 초점을 맞추었다. 무엇보다 여성 운동의 부상이, 그뿐만 아니라 LGBT 권리 운동, 인종적 정의 운동, 그리고 다른 운동들의 부상이 흔히 눈에 띄지 않는 분노와 저항의 존재를 부각시켰다. 급진적인 역사가들의 작업은 사회의 적대에 대한, 그리고 우리의 사회적 삶의 모든 측면을 채우는 투쟁에 대한 훨씬 더 깊고 폭넓은 이해를 가져왔다. 비가시성의 특권적 장소인 가정은 온갖 종류의 지배와 저항이 부단히 일어나고 있는 현장임이 드러났다. 작업장도 노동조합의 관점을 넘어서는 갈등들, 예컨대 비가시적 사보타주와 결근 등을 포함하여 끊임없는 갈등이 전개되는 현장임이 드러났다. 잠재성은, 그리고 잠재하고 있는 것의 힘은 다른 세계를 위한 투쟁을 이해하는 데 핵심적인 문제가 되었다.[2]

　변화의 주체와 급진적인 사회변화의 가능성에 대한 이해가 크게 확장되었다. 반항이 전면으로 대두된다. "아니요, 우리는 받아들이지 않을 것이오. 우리는 다른 방향으로 갈 것이오."라고 말하는 수많은 방식들을 우리는 갖게 되었다.

---

2. 예를 들어, 페르난도 마타모로스와 그 밖의 다른 사람들의 최근 저서인 *Las luchas de l@s Invisibles en tiempos de pandemia de COVID-19*(Matamoros et al. 2022)을 참조.

우리가 직면한 지배의 벽은 종종 숨겨진 균열로 가득 차 있다. 저항과-반란, 다른-창조, 어긋남 등으로 찢겨 있다. 혁명은 이러한 균열들의 인식, 창조, 확장, 증식 및 합류이다. 그것이 『크랙 캐피털리즘』의 주장이었고 지금 이 책의 주장이기도 하다. 이 책에서 그 주장이 이전 책에서만큼 중심 공간을 차지하지 않는다면 그것은 우리가 다른 귀 기울여 듣기를 향해 계속해서 나아가고 싶기 때문이다.

17

다시 귀를 기울여라 :
거기에 더 깊은 수준의 잠재성이 있다.

변증법적 불안정의 무서운 선동은 "모자라, 모자라!"이다. 도처에 균열이 있고 그녀가 향하고 있는 다른 세계를 향한 열림이 있다. 하지만 괴물은 거기에도 여전히 있다. 자본은 여전히 지배한다. 자본은 여전히 우리를 멸종으로 몰아가고 있다.

우리는 더 깊이 들어가야 한다. 끓어오르는 분노의 꼭대기에 올라탄 열린 저항과-반란. 바로 거기에 다른 세계의 희망이 있다. 그러나 우리는 더 많은 것을 원한다. 우리는 시끄러운 절규와 조용한 절규를 뒤로하고 다른 수준의 잠재성으로 더 깊이 밀고 들어가 그것이 우리의 탐구에 도움이 될 수 있는지 살펴본다. 우리는 주체를 객체 속으로 이끈다.

아이는 아니요No라고 말하며 어머니에게 순종하기를 거부한다. 어머니는 화를 내거나 부드럽게 반응하지만 자신의 권위가 약해졌다고 느낀다.

여성이 남성의 폭력에 맞서 일어난다. 그러면 남성은 더 폭력적으로 변하여 난순히 여성이라는 이유로 더 많은 여성을 죽이는 식으로 반응하거나 자신들의 태도를 재고하고 자신들의 남성성을 자문하면서 덜 폭력적으로 반응한다.

공장의 노동자들은 생산과정을 방해하는 보이지 않는 방법을 개발한다. 공장주들은 공장을 폐쇄하고 자금을 금융시장에 투자한다. 혹은 그들은 노동자를 통제하기 위해 더 많은 카메라를 도입한다. 혹은 그들은 공장 조직을 개혁하고 차 마시는 시간을 더 많이 도입한다. 그들의 권위는 도전을 받았고 아마도 약해졌을 것이다.

이 각각의 경우에 저항과 반항의 투쟁은 표면에 드러난 것이건 잠재된 것이건 지배 과정의 외부에 남아 있지 않다. 그들은 어떤 식으로든 자신을 지배 자체 내부의 반향으로 재생산한다. 그 반향이 분명할 때도 있지만 그렇지 않은 경우도 많다. 그러한 경우에 우리는 고요하게-잠재하는 투쟁뿐만 아니라 훨씬 더 소리 없는 그것들의 반향에도 귀를 기울이고 있다.

지배자와 피지배자의 관계는 결코 외적인 것이 아니다. 그것은 각 극이 다른 극에 침투하는 내부적 관계다. 이 침투의 한쪽은 노골적이고 너무 자주 반복되어 마비를 일으킨다. 이것이 피지배자 내부의 지배자의 재생산이다. 우리는 자본주의적 사상과 자본주의적 관계 방식을 우리의 일상적 실천에서 너무나 많이 재생산한다. 그런 만큼 탈출구가 전혀 없는 것처럼 보인다. 이것이 혁명이 불가능해 보이는 이유에 대한 고전적인 설명 방식이다.

여기서 우리의 관심을 끄는 것은 오히려 반대 방향의 침투 과정이다. 피지배자의 저항과 반란이 지배 과정 내부에 반향을 일으키는 방식이 그것이다. 두 가지 유형의 반향이 있을 수 있다. 가장 분명한 것은 폭력적인 거부이다. 이 글을 쓰는 때(2020년 6월)에 미니애폴리스에서 조지 플로이드 살해로 촉발된 반란은 미국 대통령[도널드 트럼프]의 지원을 받는 폭력적인 경찰 탄압에 의해 반격되고 있다. 라틴아메리카에서는 최근 몇 년간 여성 반란의 엄청난 급증이 여성에 대한 폭력의 증가와 확실히 일치했다. 노동자 운동의 전체 역사는 폭력적 억압에 직면했던 항의의 역사였다.

그러나 민감화나 가능한 제도화와 같은 또 다른 유형의 반향도 있다. 바로 앞의 몇 단락에서 언급된 모든 주요 운동은 그런 식으로 이해될 수 있다. 흑인 운동, LGBT 운동, 여성 운동, 원주민 운동, 생태 운동은 모두 관련 문제에 대한 폭넓은 민감성을 낳았다. 그것들은 또 이러한 문제를 제도화하는 수많은 다양한 형태를 만들어냈다. 예를 들어, 다양성 문제는 이제 대기업 이사회에서 중요한 문제가 되었다. 이러한 제도화는 위험한 넘쳐흐름을 가두기 위해 그것들의 해방적 추진력을 실증화하려고 positivise 한다. 그것들이 위험한 넘쳐흐름을 가두는 데 성공할지 여부는 관련된 투쟁에 달려 있다. 넘쳐흐름이나 그것에 대한 두려움이 예상치 못한 결과를 낳을 수도 있다. 제도화가, 넘쳐흐름이 지배 과정 속에 가식으로, 가상으로, 위선으로 재생산되는 것일 수도 있다. 이와 달리 제도화가, 반란들이 지배 내부에 취약성으로, 만성적 약점으로, 쇠약하게 만드는 위기로 재생산되는 것일 수도 있다.

폭력적인 반응과 회유적인 반응, 이 두 가지 반응 유형의 공통점은 두려움이다. 모든 지배자는 피지배자의 저항을 두려워하면서 산다. 그 저항이 공공연한 반란이든 조용한 중얼거림이든, 노골적 불복종[1]이든 은밀한 불복종이든, 그것들을 지배할 수 없을지도 모른다는 두려움은 만성 질환처럼 지배 행위 속으로 스며든다. 통치자의 두려움이 결코 과소평가되어서는 안 된다. 어쩌면 지배자의 그 두려움이 피지배자의 희망일지도 모른다.

---

1. * disobedience. 이 책에서는 저자의 용례를 고려하여 insubordination을 반항, non-subordination을 비복종, disobedience를 불복종으로 옮겼다.

이것은 우리로 하여금 희망을 중요하고 문제적인 것으로 간주하도록 이끈다. 우리의 잠재성이 지배적 형태를 극복할 수 있다는 생각을 진지하게 사유하기 위해서 우리는 끝없는 항구적 투쟁을 넘어서야 한다. 우리의 투쟁들을 찬양하는 노래를 부르고, 그것들에 귀를 기울이고 그것들의 편재성을 인식하는 것은 중요하다. 하지만 우리는 그 이상을 원한다. 우리는 이기고 싶다. 우리는 자본이 우리를 완전히 파괴하기 전에 그것을 패배시키고 싶다. 그러므로 우리는 잠재적이거나 명시적인 우리의 투쟁이 지배 내부에서 반향을 발견할 어떤 방법이 있는지를 물어야 한다. 지배를 취약하게 만들고 지배의 만성 질환을 구성하며 우리에게 지배의 필멸성에 대한 가능한 약속을 해주는 반향 말이다.

이것이 이 책의 핵심 관심사이다. 이 책의 어머니 격인 『크랙 캐피털리즘』은 투쟁의 편재성에 초점을 맞췄다. 다시 말해 그 책은 세계가 자본의 논리에 대한 수많은 거부로, 그리고 다른 관계 방식을 만들려는 수많은 시도로 구성되는 방식에 초점을 맞췄다. 이 책은 그 고민을 좀 더 멀리까지 가져간다. 온갖 투쟁에도 불구하고 자본이라는 괴물은 여전히 거기에 있다. 하지만 아마도 우리가 탐구해야 할 더 깊은 잠재성이 있을 것이다. 아마도 우리의 투쟁은 자본 내부에, 지배자들 내부에 만성적인, 그리고 잠재적으로 치명적인 질병을 생산하고 있을 것이다. 아마도 이것은 우리의 희망이 직접적으로 명백하지는 않은 힘을 가지고 있음을 이해하는 데 도움이 될 것이다. 아마도.

가만히 있지 못하는 딸인 이 책은 날이 넓은 벌채용 칼을 꺼내 희망의 새로운 길을 열고 싶어 한다. 희망을 완전히 질식시키겠다고 위협하는 저 침습적인 덤불을 뚫고 나갈 길을 말이다. 그것은 아무 곳에도 이르지 못할 수 있는 위험한 길이다. 그것은 희망의 이야기와 아주 명백하게 연결되어 있는 공공연한 투쟁이나 잠재적인 투쟁에서 잠시 몸을 돌려[2] 그 투쟁의 반향에 귀 기울이기 위해 적진 속으로 들어가는 것을 의미한다. 그것은 주체가 객체 속으로 따라 들어가는 것을 의미하는데, 그것은 우리의 주체적 투쟁을 뒷받침하는 객관적 모순을 찾기 위해서(고전적 맑스주의의 관점)가 아니라, 우리가 겉보기에 객관적인 그 모순 속에서 우리의 희망–투쟁의 왜곡된 반영을 찾을 수 있을지 알아보기 위해서다. 이 책은 다른 방향으로 치고 들어가서 객체 속으로 들어갈 길을 파헤쳐낸다. 그것은 그 객체에 경의를 표하기 위해서가 아니라 그 객체의 핵심인 주님 화폐 Lord Money 자체에 주체의 힘을 끌어들이기 위해서다. 주님 화폐는 만성적으로, 어쩌면 심지어 치명적으로 병들어 있다.

변화의 주역에 약간의 변동이 있다. 『크랙 캐피털리즘』은 반항적인 사람들에게, 아마도 의식적으로 "아니요, 우리는 받아들이지 않을 것이오. 우리는 다른 방향으로 걸어갈 것이오."라고 말하는 사람들에게 초점을 맞췄다. "모자라, 모자라!"라고 말하는 이 책은 한 걸음 더 나아가 비복종 non-subordination의 문제를 열어젖히고자 한다. 비복종적인 사람들이 반드시 반항적인 사람들은 아니다. 그들이 반드시 투사이거나 활동가인 것은 아니다. 그들은 자본주의에 대한 의식적인 비판조차 하지 않을 수 있다. 그럼에도 불구하고 그들은 끼워 맞춰지지 않는다. 그들은 어긋난다. 아마도 자본에 충분히 끼워 맞춰지지 않는다는 바로 그 의미에서 그렇다. 자본의 동학은 자본을 점점 더 급박하게 만든다. 자본으로 하여금 더 큰 복종을 요구하게 만든다. 요구되는 복종의 정도는 많은 사람들에게 용납될 수 없거나 그야말로 불가능한 수준으로 된다. 아니요, 나는 내 자녀를 한

---

2. 이 "잠시 몸 돌림"은 결코 내가 "희망을 조직하는 것"의 중요성을 과소평가하거나 저항과 반란의 운동에서 희망의 역할을 연구하는 것을 과소평가함을 의미하지 않는다. 그저 다른 길을 열어젖히고 싶을 뿐이다. 희망, 조직화, 그리고 블로흐의 얽힘에 대해서는 특히 아나 디너스타인의 작업(Dinerstein 2015 ; 2020)을 참조하라.

번도 보지 못하는 삶을 받아들일 수 없소. 아니요, 내게 요구되는 작업 속도는 나를 글자 그대로 미치게 만들고 있고 나를 진통마취제와 항우울제로 몰아가고 있소. 아니요, 나는 내게 요구되는 컴퓨팅 기술을 배울 능력이 없소. 소진, 대규모 퇴직[3], 진통마취제 위기, 정신 건강 팬데믹, 이 모든 것들은 자본이 우리가 수긍하지 않거나 수긍할 수 없는 수준의 복종을 요구하고 있다는 것을 가리키는 여러 형태들이다. 자본의 관점에서 보면 우리는 "저조한 성능의 로봇"[4]이지만, 우리의 저조한 성능은 우리의 전투성에서(만) 기인하는 것이 아니라 우리의 인간성에서도 기인한다. 복종의 이러한 부족은 공공연한 반항과 합세하여 자본의 약점, 자본의 위기로서 자본 속으로 진입한다. 우리가 반항insubordination과 투쟁에만 초점을 맞추면 종종 비복종non-subordination의 힘을 놓치게 된다.

우리는 '보통 사람들'이다. 그렇기 때문에 우리는 자본의 요구에 끼워 맞춰지지 않는다. 자본의 침략은 우리를 어긋나게 만든다. 우리는 사빠띠스따의 도전을 상기한다. 그들이, "우리는 보통의 여자와 남자, 어린이와 노인이다. 말하자면 반란자, 비순응주의자, 몽상가다."(『라 호르나다』, 1999년 8월 4일)라고 말한 때를 상기한다. 우리는 반자본주의가 특별한 것이라는 관점을 넘어서야 한다. 그리고 그것이 일상생활에 깊이 뿌리내리고 있음을 이해해야 한다. 우리 모두가 자본의 요구조건에 어긋나며 우리 모두가 어떤 식으로든 자본의 논리를 넘쳐흐른다는 것을 이해해야 한다. 그뿐만 아니라 이 어긋남이 힘을 갖고 있으며 자본의 위기를 구성한다는 것을 이해해야 한다.

---

3. * Great Resignation. 2020년과 2021년 미국 고용 시장에서 평소보다 훨씬 더 많은 사람이 퇴사한 것.
4. 『파이낸셜 타임스』의 2021년 12월 28일 자 사설 참조. https://www.ft.com/content/88b8 9565-1de9-4579-bb39-b1ee2502acb7.

이러한 어긋남의 힘을 이해하는 가장 좋은 방법은 그것이 자본 내부에 미치는 영향의 거울을 통해서일 수 있다. 그 어긋남은 풍요가 화폐를 넘쳐흐르는 것이다. 그것은, 자본이 우리를 강제적으로 빠뜨리는 로봇적 조건 속에 인류가 가두어질 수 없는 것처럼 풍요가 화폐 안에 가두어질 수 없다는 사실이다. 자본에-대한-우리의-부적당함inadequacy의 힘을 이해하는 것은, 아래로부터의 운동을 연구하는 문제가 아니라 자본 자체에 대한 우리의 부적당함을 추적하는 문제이다. 투쟁의 관점은 아래로부터 사물을 바라보는 문제에 그치지 않는다. 그 관점은 우리를 압제자의 무자비한 마음으로 곧장 데리고 간다.

18

모든 것을 뒤집어라,
자본가들을 불쌍하게 생각하라.

희망은 사회적 관계이다. 압제당하는 자의 희망은 압제자의 두려움이다. 압제자의 두려움은 압제당하는 자의 희망을 반영할 수도 있고 그렇지 않을 수도 있다.

우리는 전혀 명백하지 않은 것을 찾고 있다. 희망이 없는 시대의 희망이 그것이다. 우리는 공공연한 투쟁들 너머의 잠재성에로 눈을 돌리고 있다. 어떤 극악한 사회에 대항하는 모든 조용한 분투들을 찾고 있다. 그것들이 급진적 희망의 기초이기 때문이다. 이제 우리는 한 걸음을 더 내디딘다. 그리하여 이 숨겨진 투쟁들을 직접적으로 찾는 것이 아니라 더 깊은 잠재성을, 압제자 내부에 나타나는 그 투쟁들의 투영을 찾고 있다.

그 모든 것을 뒤집어엎어라. 주인을 불쌍하게 생각하라. 자본가를 불쌍하게 생각하라. 당신 자신을 자본가의 입장에 놓고서 그의 두려움을 이해하라. 우리는 희망을 찾고 있다. 그의 두려움은 우리의 희망의 힘을 나타내는 좋은 지표일 수 있다. 노예가 주인을 바라볼 때 그는 주인을 전능한 자로 간주한다. 주인이 그의 종들을 바라볼 때 그는 자신이 그들에게 의존하고 있으며 그들이 도망칠까 봐 두려워한다는 것을 안다. 만약 노예가 주인의 두려움을 볼 수 있다면 그들은 자신의 힘을 더 잘 이해할 것이다.

의존성이 핵심이다. 모든 지배 관계는 의존관계이다. 지배자는 항상 피지배자에게 의존한다. 음식을 위해, 이윤을 위해, 집 청소를 위해, 인정을 위해. 이러한 의존성은 그 관계에서 불안정과 두려움을 가져오는 불가피한 원인이다. 노예나 하인이 "아니요"라고 말하고 떠나 버리면 어쩌지?

『자본』1권의 끝에서 맑스는 웨이크필드의 보고서를 인용하면서 필 Peel 씨의 슬픈 이야기를 들려준다.

> 그[웨이크필드]는 이렇게 탄식한다. 필 씨는 영국에서 서부 호주의 스완강으로 5만 파운드어치의 생계수단과 생산수단을 가져갔다. 필 씨는 그 외에도 3천 명의 노동계급 남성, 여성, 어린이를 데려올 수 있는 선견지명이 있었다. 그런데 일단 목적지에 도착하자 "필 씨에게는 침대를 정리하거나 강에서 물을 길어줄 하인이 없었다." 스완강으로 영국의 생산양식을 수출하는 것 외에는 모든 것을 가져온 불행한 필 씨!(Marx 1867/1965, 766[2015]; 1867/1990, 932[2015])

하인들은 떠나 버렸다. 왜냐하면 그들은 [더 이상] 생산수단에서 분리되어 있지 않기 때문이다. 그들은 빈 땅을 점유했고 자신들의 노동력을 필 씨에게 팔 필요가 없었다. 모든 주인들의 악몽이 이것이다. 하인들이 떠나 버리고 자신의 침대를 정리할 사람이 아무도 남지 않는 것이다. 불쌍한 필 씨가 하인들이 떠나기 시작하는 것을 바라볼 때 그의 눈에 드리워진 공포 속에 틀림없이 하인들의 반란의 힘이 반영되었다. 사유 재산과 경찰이 [더 이상] 가둘 능력을 갖고 있지 않다는 것을 깨달은 노동계급 3천 명도 바로 떠나 버렸다. 이제 필 씨는 자신의 모든 야망이 그 3천 명의 활동을 자신을 위한 노동으로 속박하는 것에 의존했다는 것을 이해했다. 끔찍한 일이었다.

맑스는 자본주의에 대한 그의 분석의 중심에 이 의존관계를 위치시킨다. 흔히 말하는 노동가치론이 그것이다. 가치는 노동에 의해, 즉 노동으로 알려진 인간 활동의 특유한 형태에 의해, 추상적인 노동 또는 가치를 생산하는 노동에 의해 생성된다. 하지만 노동자들이 떠나 버리고 필요한 양의 가치를 생산하지 않으면 어떻게 될까?

맑스는, 노동자들의 노동력을 사서 그들로 하여금 노동하게 하였으나 그들이 단지 그들 자신의 노동력 가치만을 생산한다는 것을 발견하는 초기 자본가의 공포에 대해 우리에게 이야기한다. 그 결과 그에게는 잉여가치도 이윤도 없었다.

> 우리 자본가는 놀라서 쳐다본다. 생산물의 가치는 선불된 자본의 가치와 똑같다. 이렇게 선불된 가치는 확대되지 않았고, 어떤 잉여가치도 창출되지 않았으며, 결과적으로 화폐가 자본으로 전환되지도 않았다. … 자신의 세속 경제에 안주하고 있던 우리의 자본가가 외친다. "오! 그러나 나는 더 많은 화폐를 벌겠다는 분명한 목적을 위해 내 화폐를 선불했다." 지옥Hell으로 가는 길은 좋은 의도로 포장되어 있다. 그는 아무것도 생산하지 않으면서 쉽게 화폐를 벌려고 의도했을지 모른다. 그는 무슨 짓이든 할 태세다.(Marx 1867/1965, 190~193 [2015] ; 1867/1990, 298~301 [2015])

잉여가치의 비밀은 노동자들이 자신의 노동력 가치의 등가물을 생산한 후에도 더 노동하게 하는 것에 있다. 자본가가 이 점을 깨닫게 되자 모든 것이 자본가에게 행복한 것으로 끝난다. 노동자들이 자본가를 위한 잉여가치와 이윤을 생산하는 것이 바로 노동력 가치의 등가물을 생산한 후의 노동시간에서다. "쾌활한 웃음을 지은 후에 그는 평소의 표정으로 다시 돌아간다. 그는 우리에게 경제학자들의 신조 전체를 읊조렸지만, 실제로 그는 그 신조에는 한 푼의 가치도 두지 않는다고 말한다."

자본가에게는 모든 것이 좋게 끝난다. 하지만 공포의 순간에 그는 자신이 그의 노동자들에게 의존하고 있음을 깨닫는다. 공포 문제는 해결된다. 하지만 바로 그 의존성은 위협, 두려움, 불안정으로 미해결의 상태에 놓여 있다. 가치를, 그러므로 자본을 창출하는 것이 "노동"이라고 알려진 특유한 활동이라는 사실을 간과하면 이 점은 완전히 잊혀진다. 최근에 유행한 "강탈에 의한 축적"[1] 이론에서는 이 의존관계가 사라진다. 희망의 관점에서 생각하기 위해서는 이 의존성이 매우 중요하다. 그것은 자본에게 불안정성과 두려움을 야기한다. 자본가가 사람들에게 노동을 강제하는 데 성공하지 못한다면, 그리고 그들로 하여금 충분히 오래 그리고 충분히 생산적으로 노동하도록 하는 데 성공할 수 없다면 체제 재생산에 필요한 잉여가치와 이윤은 생산되지 않을 것이다.

이 두 가지 예(필 씨와 초기 자본가)가 시사하듯이, 노동자의 복종과 충분한 양의 잉여가치 생산은 당연한 것으로 받아들일 수 없다. 자본은 우리가 그것을 생산하고 또 매일 재생산하기 때문에 존재한다. 우리가 '아니요'라고 말하고 생산과 재생산을 중단할 가능성은 언제나 존재한다. 16세기경 『자원봉사론』(La Boétie 1546/2002)의 한 구절에서 프랑스 철학자 에티엔 드 라 보에티는 지배의 취약성을 다음과 같이 아름답게 묘사한다.

---

1. 이 접근 방식은 특히 데이비드 하비의 영향력 있는 작업과 관련이 있다. Harvey 2003 [2016]을 참조하라.

그[주인]가 농작물을 약탈할 수 있도록 당신은 농작물의 씨를 뿌린다. 당신은 집을 짓고 가구를 갖추어 그에게 약탈할 물건을 제공한다. 당신은 그가 그의 정욕을 만족시킬 수 있도록 당신의 딸을 양육한다. 당신은 자녀들을 양육하여 주인이 아는 바의 가장 큰 특권을 그들에게 수여할 수 있도록 한다. 그 특권이란 주인의 전투에 투입되고, 도살장에 넘겨지고, 그의 탐욕의 종이 되고 그의 복수의 도구가 되는 것이다. 당신은 그가 즐거움에 빠지고 더러운 쾌락에 빠져들 수 있도록 당신의 몸을 고된 노동에 바친다. 당신은 그를 당신을 견제할 수 있는 더 강하고 더 힘센 자로 만들기 위해 당신 자신을 약화시킨다. 들짐승도 견디지 못할 이 모든 모욕으로부터, 당신이 시도하기만 하면 당신 자신을 구할 수 있다. 행동을 취함으로써가 아니라 단지 자유로워지고자 의지함으로써 말이다. 더 이상 봉사하지 않겠다고 결심하라. 그러면 당신은 즉시 해방된다. 나는 당신이 그 압제자를 넘어뜨리기 위해 그 압제자에게 손을 대라고 요구하는 것이 아니다. 나는 단지 당신이 그를 더 이상 지지하지 말라고 요구하는 것뿐이다. 그러면 당신은 그가 받침대가 뽑힌 거대한 조각상처럼 자신의 무게로 떨어져 산산조각 나는 것을 보게 될 것이다.(La Boétie 1546/2002, 139~140)

피지배자들이 "더 이상 봉사하지 않겠다고 결심"할 수 있다는 것. 그것이 모든 지배의 핵심에 놓여 있는 두려움이다. 자본주의에서 지배자는 피지배자가 봉사할 것을 요구할 뿐만 아니라 그 봉사의 정도가 지속적으로 강화되어야 한다고 요구한다. 그래서 자본은 피지배자가 "더 이상 봉사하지 않겠다고 결심"하는 것만이 아니라 그들이 충분히 봉사하지 않기로 결심한다거나 또는 실제로 그렇게 충분히 봉사할 수 없게 되는 것까지도 두려워하게 된다.

모든 지배의 핵심에는 반항이나 비복종에 대한 두려움이 있다. 지배자는 이 두려움을 다루는 방법, 지배 체계를 재생산하는 방법을 갖고 있다. 자본주의에서 가장 분명한 두 가지 방법은 폭력과 화폐다. 그 둘은 밀접하게 연결되어 있다. 화폐의 힘은, 우리가 살기 위해 필요로 하는 풍요에의 대안적 접근법을 갖고 있지 않다는 사실 속에 놓여 있다. 우리는 생산수단과 생존수단으로부터 폭력적으로 분리되어 왔으며 앞으로도 그럴 것이다. 우리가 창출한 풍요에 접근하기 위해서는 화폐가 필요하다. 이것은 우리가 노동력을 팔아야 한다는 것을 의미한다. 일반적으로 자본의 지배에 종속되는 것이 물질적 생존수단에 접근하기 위한 조건이다. 예컨대 우리가 상점에서 본 것을 누려 보려고 다른 방식의 접근을 시도하게 되면 우리는 우리를 강제로 순응시키기 위한 물리적 폭력을 당하게 될 것이다. 화폐의 지배는 폭력에 의해 만들어지고 폭력에 의해 강화된다. 지속 가능한 기초 위에서 그 지배를 깨뜨리려면 생활에 필요한 것에 접근할 수 있는 다른 수단이 필요하다.

자본이 인간 활동을 자신의 논리에 종속시키는 수단을 가지고 있다는 사실이 이러한 종속이 간단하게 당연시될 수 있음을 의미하지는 않는다. 맑스주의 분석의 주류(특히 소위 "맑스주의 경제학")는 1960년대부터 이탈리아의 이른바 오뻬라이스따의 해석에 의해 도전을 받았다. 자본의 논리를 부과하는 것이 끊임없는 투쟁을 수반한다는 인식을 명시적으로 도입한 것은 바로 그들이다. 당시 북부 이탈리아 자동차 공장의 투쟁 물결에서 영감을 받은 그들은 자본주의에 대한 우리의 이해를 거꾸로 뒤집어 자본의 논리에서부터 그것을 고찰하는 것이 아니라 노동계급의 투쟁에서부터 그것을 고찰할 필요가 있다고 주장했다.

노동계급 투쟁의 관점에서 자본주의를 고찰하는 것은 역설적으로 자본의 문제를 고찰하는 것을 의미하기도 하며 자본을 사동적인 과성이 아닌 투쟁으로 이해하는 것을 의미하기도 한다. 맑스의 『자본』의 노동과

정에 관한 장을 다시 읽음으로써 오뻬라이스따들은 맑스가 매뉴팩처에서 근대 산업으로의 발전을 어떻게 투쟁으로 이해했는지, 그리고 특히 그가 기술을 어떻게 투쟁의 과정으로 이해했는지를 이해했다. "1830년 이후에 이루어진 발명의 역사를 오직 자본에게 노동계급의 반란에 맞서는 무기를 공급할 목적을 가진 것으로 서술하는 것이 가능할 것이다"(Marx 1867/1965, 436 [2015]; 1867/1990, 563 [2015]). 기계화 이전에는 "자본은 끊임없이 노동자의 반항과 씨름해야 했다"(367; 490). 문제는 노동자들에게 질서를 부여하는 것이었다. 맑스는 앤드루 유어가 방적기와 소면기梳綿機의 발명가인 리처드 아크라이트에 대해 언급하면서 "아크라이트는 질서를 창출했다."고 말한 것을 인용한다(368; 490). 노동계급의 투쟁에 초점을 맞추면, 자본의 실존 자체가 "노동의 다루기 힘든 손"을 가두기 위한 끊임없는 투쟁이라는 것이 분명해진다(437; 564). 이 투쟁이 아크라이트의 발명으로 끝나지 않았다는 것은 분명하다. 다루기 힘든 그 손의 계속되는 위협은 파업과 모든 다른 형태의 사보타주에서뿐만 아니라 그것들의 반향에서도, 즉 경영 연구, 인적 자원 관리, 감독, 보안 카메라 등 노동 통제에 투자된 시간과 화폐의 양에서도 분명히 나타난다.

우리의 용어로 말하면 "노동의 다루기 힘든 손"이란 노동자가 상품 노동력의 단순한 소유자라는 조건을 넘쳐흐르는 것이고, 행위(또는 구체노동)가 추상노동의 범주와 어긋난다는 것이다. 다시 말해, 노동자를 노동자의 역할 안에 가두기 위한 자본의 끊임없는 투쟁은 그들/우리가 상품 형태 안에 있을 뿐만 아니라 상품 형태에 대항하며-넘어서 존재한다는 사실을 반영한다. 인간 활동을 노동의 형태 안에 가두려는 투쟁과 그 노동 형태에 대항하며-넘어서는 대립 투쟁은 자본주의로의 이행의 특징일 뿐만 아니라 자본주의적 생산과 재생산의 끊임없는 특징이기도 하다.

맑스는 그가 자본주의의 기원, 이른바 원시적 혹은 시초적 축적을 논하는 장에서 정반대의 것을 주장한다. 그곳에서 그는 이렇게 말한다.

> 자본주의적 생산의 진전은 교육, 전통, 습관에 의해 생산양식의 조건을
> 자명한 자연법칙으로 여기는 노동계급을 발전시킨다. 자본주의적 생산과
> 정의 조직화는 일단 완전히 발전하면 모든 저항을 무너뜨린다. … 경제적
> 관계의 무미건조한 강제는 자본가에 대한 노동자의 예속을 완성한다. 물
> 론 경제적 조건을 벗어나서 여전히 직접적인 힘이 사용되기도 하지만 오
> 직 예외적으로만 사용된다. 보통의 상황에서 노동자는 "생산의 자연법
> 칙"에, 즉 자본에 대한 의존에 내맡겨질 수 있다. 그 의존은 생산 조건 자
> 체에서 발생하고 그 조건에 의해 영구적으로 보장되는 의존이다.(Marx
> 1867/1965, 737 [2015]; 1867/1990, 899 [2015])

이것은 지금까지 우리가 주장한 모든 것과 대립한다. 왜냐하면 이 주
장은 형태가 그 내용을 효과적으로 가둔다고 가정하기 때문이다. 이 주
장이 예컨대 아도르노의 주장과는 반대로 개념이 실제로 "개념되는 사물
을 망라한다."(Adorno 1966/1990, 5 [1999])고 주장하기 때문이다. 그것은 노
동자들이 노동계급이라는 그들의 계급화[분류] 내부에 효과적으로 가두
어진다고 주장한다. 그런데 지금까지 이 책에서의 주장은 그 반대였다. 이
것은 커다란 정치적 문제를 야기한다. 만약 노동자들이 "생산의 자연법
칙" 안에 가두어진다면, 혁명을 구상하는 유일한 방법은 외부에서 오는
힘의 개입을 통하는 것이 될 것이다. 이것은 다른 곳에서 맑스와 엥겔스
가 명백하게 거부한 것이다. 역사는 그 구별이 얼마나 중요한지를 우리에
게 보여주었다. 레닌이 『무엇을 할 것인가』에서 제기한 주장은 그것[외부
개입을 통한 혁명의 구상]과 매우 유사한 토대 위에 놓여 있다. 거기에서 그
는 노동자들이 오직 "노동조합적 의식", 즉 상품 노동력의 판매자로서의

그들 자신의 이해관계에 대한 자각에 도달할 수 있을 뿐이라고 주장한다. 다시 말해, 그것은 "개념된 것"이 그 개념 안에 가두어져 있다는 것과 같은 생각이며 노동자들이 그들의 계급 안에 가두어져 있다는 것과 같은 생각이다. 이것이, 혁명은 오직 외부 세력인 전위 정당의 개입을 통해서만 이루어질 수 있다는 취지의 레닌 주장의 핵심이다. 이 사상은 우리가 소련으로 알고 있는 인간적 비극에서 중요한 역할을 했다. 이것은 더 좋은 세상을 만들기 위해 싸우다 죽었지만 실제로는 그 세상이 더 나쁜 세상으로 드러나고 만 그 사람들에게만 비극인 것이 아니었다. 그 사상은 그들이 만들어 낸 그 세상을 직접 겪은 사람들에게도, 그리고 모든 인류에게도 비극이었다. 왜냐하면 이것은 우리가 살고 있는 살인적인 세상 너머에 [다른] 세상이 있을 수 있다는 생각을 불신하게 만들었기 때문이다.

"경제적 관계의 무미건조한 강제"라는 압도적 힘과 유사한 개념은 좀 더 자유주의적이고 흥미로운 맑스주의 버전에도 존재한다. 가장 분명한 예는 1960년대 학생 반란에 큰 영향을 미쳤던 마르쿠제의 『일차원적 인간』이라는 제목에 표현되어 있다. 본질적으로 "경제적 관계의 무미건조한 강제"에 의해 일차원성으로 축소된 노동계급에게서는 희망을 찾을 수 없다는 것이 그의 주장이다. 결과적으로 희망은 사회의 주변 집단에서만 찾을 수 있다. 학생들처럼 그 무미건조한 강제에 그다지 직접적으로 종속되지 않는 사람들 말이다. 이른바 '사회 운동'에 관한 많은 문헌들의 배후에는 아마도 유사한 가정이 포함되어 있을 것이다.

이 책에는 레닌주의적 일차원성도 마르쿠제주의적 일차원성도 없다. 오히려 자본의 존재 자체가 이차원성을 강제한다. 그것은 모든 활동을 추상노동이라는 논리적 형태 속으로 밀어 넣지만, 이 밀어 넣음이 결코 완전히 성공할 수는 없다. 그것은 언제나 전혀 의식적이지 않을 수 있는 저항을 유발하며 반란이나 정신질환 또는 한바탕의 성마른 기질일 수도 있는 어떤 어긋남을 유발한다. 우리는, 일차원적이기는커녕 자본주의적 공격에 의해 자기 적대적인 이차원성 속으로 떠밀린다. 그 결과 우리의 일부는 경제적 관계의 무미건조한 강제에 굴복하는 반면 우리의 일부는 어긋난다. 그것이 비록 우리의 악몽이나 신경증 속에서만 나타난다 할지라도 말이다. 때때로 우리는 넘쳐흐르고 화산처럼 폭발한다. 세상은 한편의 넘쳐흐르는 사람과 다른 한편의 가두어진 사람으로 나눌 수 없다. 두 요소가 우리 모두 안에 있기 때문이다. 안에서in와 대항하며-넘어서against-and-beyond 사이의 불연속성, 일상적인 것과 비상한 것 사이의 불연속성, 가두어진 것과 넘쳐흐르는 것 사이의 불연속성 아래에는 연속성이 놓여 있다.

이 연속성이야말로 자본의 취약성, 자본의 질병, 자본의 두려움이다. 자본의 위기이다.

5부

객체 : 화폐

19

희망은
객체에 대항하는 주체의 운동이며
속박에 대항하는 파열이다.

　희망은 대항-운동이다. 만약 우리가 대항하는 것이 무엇인지 우리가 알지 못한다면 희망은 산만한 일반성으로 해소되어 버릴 것이다. 역설적이게도 적이 희망을 생각하는 데 중요하다. 언뜻 보면 지배에 대한 서술인 자본의 개념이 희망을 생각하는 데 핵심적이다. 좀 더 강하게 표현하면 자본의 개념 없이는 희망을 생각할 방법이 없다.[1]

　우리는 사빠띠스따가 자본주의적 히드라를 적이라고 말한다는 것에 대해 이미 살펴보았다. 이것은 자본을 물리치고 인간 존엄성의 상호 인정에 기초한 사회를 만드는 것의 어려움에 대해 설명하는 훌륭한 방법이다. 그리스 신화에 나오는 히드라는 유독한 입김을 내뿜는 머리가 여러 개 달린 괴물로, 머리가 하나 잘릴 때마다 그 자리에서 두세 개의 새로운 머리가 돋아난다. 자본도 마찬가지다. 자본에 대한 투쟁이 성공할 때마다

---

1. 이것이 Eagleton 2015[2016] 또는 Solnit 2004[2017]와 같은 매우 고무적인 책들에 대한 나의 중심적 비판이다. 그들은 자본 개념을 갖고 있지 않다.

괴물은 새로운 형태로 다시 나타난다. 예를 들어 어떤 마을이 자신의 지역에서 광산 개발을 중단시키기 위한 전투에서 승리하면 그 광업 회사는 다른 곳에서 투자처를 찾아낸다. 투쟁은 끝이 없고, 이길 수 없고, 가망이 없어 보인다. 우리가 괴물을 죽이고 다른 세상을 만들 희망을 어떻게 실현할 수 있을까?

아마도 끝없이 자기 재생하는 자본의 본성은 화폐에서 가장 잘 표현될 것이다. 화폐는 우리 삶의 구석구석에 스며드는 악취 나고 유독한 입김이다. 그것은 무한히 유연한 것으로 보인다. 우리는 화폐의 지배를 깨려고 노력한다. 그러면 화폐는 우리 속으로 그리고 우리 주변으로 흘러 들어와 우리의 반란이 만들어 낸 모든 균열을 채운다. 아니 그것이 그렇게 하는 것처럼 보인다. 하지만 좀 더 자세히 살펴보자.

적은 속박이다. 희망은 그 속박을 끊어내는 데 있다.

적이 객체[대상]라고 말하는 것은 적이 정태적인 어떤 것임을 암시한다. 그러나 희망의 절박함은 적, 즉 자본이 하나의 공격이며 파괴의 동역학이라는 사실 속에 있다. 적은 그 자신을 명사로 나타내는 동사이다.

적을 우리의 활동에 대한 속박으로, 나아가 모든 인간 활동에 대한 속박으로 생각하자. 우리 인간들은 우리가 행하는 것을 조형하는 방식으로 서로 관계를 맺는다. 우리는 서로 관계를 맺는 무한한 수의 방법을 갖고 있는 것처럼 보인다. 사랑하기, 미워하기, 경멸하기, 지지하기, 공유하기, 협력하기, 착취하기, 욕망하기, 죽이기, 짝짓기 … 등등. 겉보기에는 무한하지만 실제로는 유한하다. 이 목록에 끝이 있다는 의미에서 유한한 것이 아니다. 특정 논리 내부에 우리의 관계를 속박하는 제한이 있다는 의미에서 유한하다. 그 논리는 화폐의 논리이고 그 속박은 화폐-속박이다. 화폐는 우리의 행동과 관계에 대한 속박이다. 그것은 우리의 행동과 관계를 특정한 패턴 속으로, 살인적이고-자살적인 패턴 속으로, 우리를 죽이는 패턴 속으로 밀어 넣는다.

우리는 이 화폐에-의한-속박을 특정한 (그리고 살인적인) 사회적 응집의 형태로 생각할 수 있다. 모든 사회는 사회적 응집에, 인간적 생존에 필요한 사회적 응집 또는 사회적 종합[2]의 확립에, 엄청나게 풍요로운 인간 활동성의 사회적 직조에 기초한다. 우리는 인간 활동성의 가장 놀라운 표현들에 둘러싸여 있다. 아름다운 그림, 창조적인 건물, 공동체 나눔의 전통, 이야기하기, 춤, 분주한 거리의 화려한 소란, 개를 데리고 다니는 양치기의 눈부신 고요, 맛있는 요리 등등. 어떤 사회에서든 이 모든 풍요는 느슨하게든 촘촘하게든 어떤 식으로 함께 짜여 있다.

이 특정한 방식의 결집, 이 응집은 풍요가 발전하는 데 있어서 매우 중요하다. 예컨대 노예제에 기초한 체제에서 인간적 활동성의 풍요를 결집하는 것은 풍요의 운동을 조형할 것이다. [노예인] 사람들 대부분에게서 "절대적 생성 운동"은 그들의 소유자의 명령에 의해 제한될 것이다. 많은 일상적인 활동에서 창조성은 그 소유자들을 위해 분출하겠지만 사회적 맥락은 그 창조성이 발휘되는 방식에 영향을 미칠 것이다. 예를 들어 이집트 피라미드나 고대 그리스 철학이나 그리스 조각의 경이로움을 생각해 보라. 사회적 직조의 맥락이 풍요를 죽이는 것이 아니다. 오히려 그것은 불가피하게 풍요에 특정한 형태, 발전의 특정한 문법을 부여한다. 노예 제도에 기초한 사회에서 명백히 그렇듯이 사회적 직조가 적대적인 것이라면 부는 이 적대를 통해 이동하고 또 영향을 받을 것이다. 전통적인 가부장

---

2. "사회적 종합"으로서의 사회적 응집력에 대해서는 Sohn-Rethel 1978, 5를 참조하라. 또 『크랙 캐피털리즘』(Holloway 2010[2013]), 특히 명제 9도 참조하라.

적 농촌 공동체도 마찬가지일 것이다. 그곳에도 사회적 직조를 통한 그리고 그것에 반대하는 생성의 끊임없는 움직임이 있을 것이다.

우리는 아마도 서로 다른 두 가지 유형의 사회적 응집을, 즉 공통하기 communising와 속박하기binding를 구분할 수 있을 것이다. 공통하기(또는 공통화commoning)는 풍요를 자유롭고 자발적으로 풍부하게 하기일 것이다. 우리는 우리들의 서로 다른 풍요(나의 요리 기술, 당신의 야채 재배 기술, 그녀의 컴퓨터 프로그래밍 기술)를 자발적으로 결합하여 우리 활동의 생산물을 공유할 것이다. 이런 종류의 사회적 응집은 이 사회에서도 우리 삶의 중요한 일부이다. 우리는 가족 구성원과, 친구와, 직장 동료 또는 이웃과 사물들을 공유한다. 그리고 우리는 풍요의 이 비강제적 공유에 대한 각종의 이름을 가지고 있다. 사랑, 우정, 공동체, 공통장, 동지애 등이 그것이다. 그리고 공통하기의 핵심은 자발적인 성격이기 때문에 우리는 참여할지 말지를, 혹은 다른 일단의 공통적 관계로 이동할 것인지 말 것인지를 선택할 수 있다.

공통하기의 개념은 공통하기들의 다채색 쪽매붙임patchwork을, 사빠띠스따가 "많은 세계들의 세계"라고 부르는 것을, 다양한 집단들이 자신들의 필요와 욕망에 가장 잘 적응되었다고 생각하는 사회적 응집의 방식을 결정하는 거대한 다양성의 세계를 가리킨다.

문제는 현재 사회에서 이러한 공통하기 혹은 자발적인 사회적 직조 위에 다른 유형의 사회적 응집이, 즉 우리가 통제할 수 없는 그래서 속박 또는 구속이라고 부를 수 있는 강압적인 사회적 응집이 중첩되어 있다는 것이다. 우리는 명백히 외적인 힘에 의해 결속되어 있다. 이 속박은 우리의 사회적 상호관계에 특정한 성격과 특정한 동역학을 부여한다. 이 속박을 우리는 화폐라고 부른다. 화폐가 우리 삶에 엄청난 힘을 발휘하고 또 너무나 편재하기 때문에 종종 우리는 그것을 알아채지조차 못한다.

화폐는 점점 더 우리의 모든 응집들에 침범하여 모든 사회적 관계를 화폐화한다. 화폐는 인간 활동의 생산물에 대한 우리의 접근이나 접근 결여를 규정하지만, 그 이상으로 무엇이 생산되고 어떤 방식으로 생산되는지도 규정한다. 화폐는 우리가 아침에 일어나는 방식을, 그날, 다음날, 그 다음 날 우리가 무엇을 할지를 규정한다. 우리에게 더 이상의 날이 없을 때까지 말이다. 화폐는 우리가 자녀를 교육하고 우리 자신을 교육하는 방식을 결정한다. 화폐는 우리의 건강을, 보건에 대한 우리의 접근을, 우리가 보건을 생각하는 방식을 형성한다. 화폐는 음란한 사회적 불평등과 폭력을 형성한다. 그리고 이 목록은 계속될 수 있다. 우리 모두는 화폐가 우리의 삶을 형성하는 방식을 알고 있다. 여기에는 어떤 탈출구도, 손을 뗄 방법도 없는 것처럼 보인다. 화폐는 우리 모두를 사회적 관계의 총체 속으로 점점 더 깊이 끌어들이는 총체화하는 힘이다.[3] 지난 30~40년 동안 세계 곳곳에서 사회적 존재의 모든 측면에 대한 이러한 총체화와 화폐화의 엄청난 발전이 있었다.

화폐는 복잡한 사회 형태의 가장 공적인 얼굴이다.

전통적으로 희망의 적을 말하는 가장 일반적인 방법은 자본에 대해 말하는 것이다. 우리는 이미 자본은 적이라고, 그리고 자본의 개념 없이는 희망을 생각할 수 없다고 말했다. 그러나 희망에 정면으로 대립하는 도전의 성질을 이해하기 위해서, 그리고 적이 우리를 관통하는 깊이를 이해하기 위해서 나는 화폐에서 시작하고 싶다. '자본'이라는 말은 쉽사리

---

3. 총체화에 대한 나의 모든 언급에서 나는 내 친구인 쎄르지오 띠쉴러의 영향을 받았다. 특히 Tischler 2013을 참조하라.

외부 관계를, 패배해야 하는 사람들(자본가계급)의 집단을 암시한다. 자본가계급은 정말로 패배해야 한다. 하지만 중심 문제는 우리의 사회적 관계가 현재 어떻게 조직되어 있는가, 자본을 창출하고 자본가계급을 실존하게 하는 행동 패턴 속으로 우리를 몰아넣는 속박이 어떠한가 하는 것이다.

적을 자본으로 규정하는 것에서 출발하기보다 우리는, 맑스가 그랬던 것처럼, 상품-가치-추상노동-화폐에 의한 우리 활동의 속박을 살펴보는 것에서 시작한다. 맑스는 『자본』에서 자본이 아니라 상품에서 출발했다. 아니 오히려 그는, 우리가 이미 살펴본 것처럼, 자본주의 사회에서 풍요가 상품의 형태로 존재한다는 것을 지적하는 것에서 시작했다. 다음의 것이 맑스의 주장의 핵심이다 : "풍요의 잠재적으로 자유로운 사회적 응집은 속박으로 존재한다. 즉 그것은 상품의 형태로 존재한다." 이 단순하지만 끔찍한 출발점으로부터 맑스는 지금 우리에게 절멸의 위협을 가하는 파괴적 동역학을 도출한다.

우리 활동에 대한 살인적인 속박은 상품 교환에, 우리의 생산물이 자유롭게 공유하기 위해 생산되는 것이 아니라 시장에서 사고팔기 위해 생산된다는 사실에 뿌리를 두고 있다. 우리의 풍요의 자유로운 흐름은, 실존 가능한 풍요의 풍요는 상품, 즉 사고팔릴 것들의 생산 속에 묶여 가두어지고 굴레가 씌워지고 마구가 채워진다. 인간적 활동성의 이 단순하고 외관상 명백하며 무해해 보이는 이 굴레로부터 파괴의 전체 사슬이 뒤따른다. 맑스는 일련의 도출 과정을 통해 그 사슬을 추적한다. 상품이 있으면 가치가, 가치가 있으면 노동이, 가치와 노동이 있으면 화폐가, 화폐가 있으면 자본이, 자본이 있으면 착취가, 착취가 있으면 축적을 향한 끊임없고 통제할 수 없는 추동력이 있게 된다. "축적하라! 축적하라! 그것이 바로 모세요, 예언자들Moses and the Prophets이다!" 그리고 생명의 파괴, 공동체의 파괴, 자연환경의 파괴를 가져오고 인간 생명 전체의 파괴로 이끄는 것은 자본주의 체제 내의 이 멈출 수 없는 축적의 광적 추동력이다.

제발 좀 천천히. 왜냐하면 이것은 저주의 논리니까.

자본은 저주의 논리이다. 희망은 이 논리를 깨는 것에 놓여 있다.

그 논리는 죽음의 열차의 구조이다. 그것은, 이익 추구가 인간 사회의 발전을 형성하도록 보장하는 기계의 동역학이다. 자본은 우리의 행동과 생각을 특정한 패턴으로 강제하는 가둠의 사슬이다. 그 패턴은 거대한 파괴를 야기하고 우리를 멸종으로 이끌 가능성이 매우 높다. 이 가둠은 점점 더 모든 인간 활동을 동일한 논리로 빨아들이는 총체화하는 힘이다. 맑스가 제기하는 급진적이고 놀라운 도전은, 우리가 이 파괴의 사슬의 동역학을 끊을 수 있는 유일한 방법은 그것의 근원을 끊어내는 것이라고 말하는 점이다. 그가 말하는 그 근원은 상품 형태 내부에 풍요를 가두는 것이다.

맑스는 계속적인 도출 과정을 통해 이 논리를 발전시킨다. x가 있으면 y가 있다. y가 있으면 z가 있다. x와 y와 z는 사회적 관계의 형태이며, 우리의 활동, 우리의 풍요가 끼워 맞춰지는 프로크루스테스적 형태이다. 그것은 개념적 사슬, 정체성의 사슬이다. 그러나 각각의 형태/개념/정체성/가둠은 그 자신의 내재적 부정에 의해, 그 자신의 어긋남이나 넘쳐흐름에 의해, 안에서-대항하며-넘어서로의 운동에 의해 도전을 받는다.

다음에서 우리는 먼저 이 논리를, 죽음의 논리, 절망의 논리를 따라가 볼 것이다. 이어서 우리는 그 논리가 어떻게 깨질 수 있을 것인지를 논할 것이다. 그리고 그 어긋남, 그 내재적 부정에 대해 살펴볼 것이다.

맑스의 논리적 도출 과정은 임의로 선택된 방법이 아니다. 그것은 세계의 실재적인 사회적 응집을 따라가려는 시도이다. 그것은 우리가 상품교환을 통해 서로 관계를 맺는다는 사실에서 따라 나오는 사회관계의 조밀하고 총체화하는 동역학을 반영한다. 도출은 우리가 '많은 세계들의 세계'를 이해하는 데에 도움이 되지 않을 것이며 이보다 훨씬 더 느슨하게 응집되었던 전^前자본주의 세계를 이해하는 데도 도움이 되지 않을 것이다. 그것은 상품교환이, 따라서 화폐가 피하기 어려운 총체화의 동역학을 창출하는 방식이다. 만약 x가 있으면 y가 있다라는 무미건조한 언어 속에서 이 동역학을 이해하려고 노력하는 것이 가능하고 또 필요하도록 만드는 것이 바로 이 점이다.

논의의 이 부분에서 맑스의 작업, 특히 『자본』에서 맑스의 작업은 중요한 역할을 한다. 그것은, 맑스가 말하는 것이 반드시 옳기 때문이 아니라 독타 스페스 또는 이성적 희망이 우리를 다음과 같은 결론으로, 즉 우리가 희망에 대해 진지하게 이야기하려면 우리가 그것을 대항하는–희망으로, 우리를 절멸로 몰아가는 파괴의 논리에 대항하는–희망으로 보아야 한다는 결론으로 이끌었기 때문이다. 자본의 논리에 대한 맑스의 비판(『자본』에서의 그의 정치경제학 비판)은 우리가 그것을 깨뜨릴 수 있는 방법에 대해 생각하는 데 필수적인 부분이다.

다음에 이어지는 것은 자본주의적 논리, 화폐의 논리에 대한 추상적 설명이다. 무엇보다도 우리를 파괴의 기차의 의자에 묶어 놓는 것은 이 논리이기 때문이다. 물론 그것은 경찰의 잔인성과 국가폭력에 대한 우리의 두려움과 연관되어 있다. 하지만 우리를 우리의 위치에 가두어 일상적인 공포의 재생산에 가담하게 만드는 것은 그 무엇보다도 화폐의 논리이다. 우리의 희망이 대항하는 절망적인 시대를 구성하는 것은 이 동역학의 수집력gathering force이다.

a) 상품이 있으면 가치가 있다.

상품은 순진한 얼굴을 하고 있다. 내게는 암탉이 있다. 그들은 알을 낳는다. 나는 사료를 사야 한다. 그래서 나는 알을 팔아 받은 화폐로 사료를 산다. 모두가 이러한 배치에 만족하는 것처럼 보인다.

그러나 맑스는 상품 관계를 자본의 동역학의 핵심으로 본다. 물론 그는 내 암탉들과 그들의 알에 관해서보다는 사회적 관계의 일반적인 상품화에 관심을 갖고 있다. 이것은 노동력 자체가 상품화될 때에만 발생한다. 사람들이 임금을 대가로 노동력을 팔고 또 그 판매가 강제하는 노동을 하면서 사는 때는 오직 노동력 자체가 상품일 때이다. 그때 그들은 자신의 음식과 의복을 생산할 시간이 없기 때문에 생존에 필요한 모든 것을 상품으로 사야만 한다. 상품의 일반화는 생산수단 및 생존수단으로부터 사람들의 폭력적이고 유혈적인 분리를 전제로 한다. 그러나 우리는 맑스가 그랬던 것처럼 그 점을 잠시 제쳐두고 상품의 외관상의 순진성에서 출발한다.

상품의 순진성은 그것이 하나의 동역학을 갖고 있다는 사실로 인해 파괴된다. 그것의 동역학은 가치의 개념으로 표현된다.

이 사회에서 사회적으로 유효한 것으로 받아들여지기 위해서 풍요는 상품으로 존재해야 한다. 내가 친구들을 위해 훌륭한 식사를 요리한다면 그것은 나의 사적인 일이다. 내가 판매를 위해 그다지-훌륭하지-않은 음식을 요리했다 하더라도 만약 내가 그것을 판매하는 데 성공하면 내 요리는 사회적 검증을 받은 것이고 사회적 가치를 생산한다. 사실 여기에는 가치들의 충돌이 있다. 첫 번째의 내가 요리한 훌륭한 음식의 경우에, 내 친구들은 "너 정말 훌륭한 요리사구나!"라고 말함으로써 나의 노력을 인정한다. (그들은 결국 내 친구이다.) 두 번째 경우에 인정은 나의 음식-상품에 대한 대가로 내가 받는 화폐량에 의해 표현된다. 첫 번째 경우에 우리는 음식이 사용가치를 가지고 있다고, 그것이 내 친구들을 먹일 유용성을 갖고 있고 또 그들을 행복하게 할 유용성을 갖고 있다고 말하는 것으로 가치들의 이러한 충돌을 표현할 수 있다. 두 번째 경우에도, 그 음식은 누군가를 먹일 수 있기 때문에 여전히 사용가치를 가지고 있다. 하지만 그 사용가치는 교환을 통한 인정에 종속된다. 그것의 가치나 사회적 인정은 교환가치로서 교환을 통해 표현되어야 한다. 음식이 그 인정을 받지 못하면 그것은 문자 그대로 쓰레기로 버려질 것이다. 우리가 살고 있는 사회의 관점에서 볼 때 중요한 것은 오직 두 번째 인정, 두 번째의 가치 개념이다. 이것이 정치경제학자들이 연구하고 맑스가 비판한 가치이다. 이것이 우리의 사회적 삶을 지배하는 가치이다. 이것이 우리를 파멸로 몰아가는 가치이다.

상품 교환으로 표현되는 가치는 정량화되고 측정된다. 나는 내가 준비한 음식을 일정량의 다른 상품, 가령 20킬로그램의 밀가루(지금은 화폐로 표현될 가능성이 훨씬 높지만 당분간 그 점을 한쪽으로 치워 둔다)와 교환한다. 두 상품이 교환되는 비율은 다른 것이 같다면 각각을 생산하는 데 필요한 노동량, 더 정확하게는 각 상품을 생산하는 데 사회적으로 필요한 노동량에 의해 결정될 것이다. 우리의 창조 능력이 지속적으로 발전하고 있다는 점을 염두에 둔다면 이것은 밀가루를 생산하는 데 필요한 시간과 음식을 생산하는 데 필요한 시간이 지속적으로 줄어들 것임을 의미할 것이다. 상품들 사이의 상호작용, 상품들 사이의 교환 관계는 더욱더 빨리 생산하라는 압력 속에서 표현된다. 밀가루 생산자가 이전보다 훨씬 더 빨리 생산하는데 내가 평소와 같은 속도로 음식을 생산한다면 내 음식의 가치는 떨어질 것이다. 20킬로그램의 밀가루 가치를 가졌다가 10킬로그램의 밀가루로, 다시 5킬로그램의 밀가루로 가치가 떨어질 것이고 결국 나는 더 이상 나의 요리에 필요한 재료를 살 수 없을 것이다. 내

생산물의 가치를 유지할 수 있기 위해서 나는 더 빠르게, 더 빠르게, 더 빠르게 노동해야 한다.

이것은 나의 친구를-위한-요리에는 적용되지 않는다. 그 경우에 나는 항상 같은 리듬으로 요리하고 나의 친절한 친구들은 계속해서 "너는 정말 훌륭한 요리사야!"라고 말한다. 상품 관계는 이와 정반대이다. 내가 계속해서 언제나와 같은 리듬으로 요리를 하면 시장은 내가 만든 음식이 가치가 없다고 말할 것이다. 나는 나의 노동에 대한 사회적 인정을 받을 수 없을 것이고 그것을 팔 수 없을 것이다.

풍요가 상품으로 존재한다고 말하는 것은, 그리고 상품이 가치가 있다고 말하는 것은 우리가 사는 방식의 모든 측면을 형성하는 끊임없는 공격과-저항에 기초한 사회에 우리가 살고 있다고 말하는 것이다. 그것은 풍요가 상품 형태로 회로화될 뿐만 아니라 상품이 더 빨리 생산하라는 끊임없는 압력을 받고 있고, 더 빠르게-빠르게-빠르게의 동역학을 갖고 있다는 의미이다. 자본의 맥락에서 이 끊임없는 압력은 자본가의 끊임없는 이윤 추구와 노동자에 대한 더 큰 착취로 번역된다. 하지만 그것은 가치 형태 자체 속에, 즉 풍요가 현상하는 상품이라는 외관상 순진한 실존 속에 이미 현존한다.

b) 상품-가치가 있으면 노동이 있다

우리가 일을 하는 방식, 우리가 어떤 것을 행하는 방식, 그것이 모든 것의 중심이다. 상품은 풍요를 가두고-회로화한다. 가치는 사용가치를 가두고-회로화한다. 그러나 그 핵심에는 상품-가치와 풍요-사용가치가 생산되는 과정이 있다. 노동의 이중성은 "정치경제학에 대한 명확한 이해의 중심축이다."라고 맑스는 말한다(Marx 1867/1965, 41 [2015]; 1867/1990, 132 [2015]).

노동의 이중성이란 맑스가 추상노동과 구체노동(또는 유용노동)을 구분하는 것을 가리킨다. "구체노동"은 어떤 사회에서나 있을 수 있는 활동의 종류들을 의미한다. 나는 식탁을 만들고 음식을 요리한다. 이것들은 사회적 맥락이나 역사적 맥락을 참조하지 않고도 고려될 수 있는 특수한 활동들이다. 그것들은 풍요를 생산하고 사용가치를 생산한다. "추상노동"은 상품 생산 속에서 또는 자본주의적 맥락에서 볼 수 있는 이러한 활동들을 의미한다. 식탁은 상품으로 판매되어 화폐로 바뀔 것이다. 그리고 그것은 판매되지 않으면 가치를 갖지 않을 것이다. 그리고 식탁의 상품적 성격은 그것을 만드는 과정에 반향할 것이고 노동자로 하여금 더 빨리 작업하도록, 그리고 아마도 그 과정의 작은 측면 중 하나에 전문화하도록 강제할 것이다. 우리가 살펴본 것처럼 음식도 마찬가지이다. 각각의 경우에 구체노동 배후의 특수한 의도나 즐거움 또는 기술로부터의 어떤 추상이 있다. 중요한 것은 그 활동이 일반적인 상품생산 과정 속으로, 그것이 수반하는 모든 것과의 상품 교환에 기초하여 사회의 일반적 응집 속으로 통합되는 방식이다. 우리의 활동은 그것의 특수성에서 벗어나 정량화된 세계로 추상화된다. 그 세계에서 중요한 것은 그것이 얼마나 많은 화폐를 끌어들일 것인가 하는 것이다.

노동의 추상은 우리를 파괴하고 있는 속박의 바로 그 핵심이다. 맑스가 "구체노동"이라고 부르는 활동, 그리고 내가 다른 곳에서[4] 우리가 단순히 "행위"라고 생각해야 마땅하다고 제안한 활동은 사회적 응집의 다른 형태, 아마도 매우 느슨한 형태의 일부일 수 있다. 내가 식탁을 만들 때, 나는 그 행위를 단지 나의 사용을 위해 할 수도 있고, 내 친구들의 사용을 위해 할 수도 있고, 그냥 지나가다가 식탁을 원하는 누군가를 위해 할

---

4. 이 주장은 『크랙 캐피털리즘』(Holloway 2010[2013])에서 발전되었다.

수도 있다. 그 식탁은 같은 거리에 사는 누군가에 의해 사용될 수도 있고 세계의 다른 지역에 사는 누군가에 의해 사용될 수도 있다. 그 식탁은 나 혼자서 만들 수도 있고 친구나 동료 목공 애호가와 함께 만들 수도 있다. 거기에도 사회적 응집은 있지만 속박은 없으며 특정한 방식으로 혹은 특정한 속도로 생산하도록 하는 강요도 존재하지 않는다. 그러나 나의 활동이 추상노동(또는 간단하게 흔히 불리는 바의 "노동")이 되면 중요한 것은 생산된 가치이고 나의 식탁-상품의 판매 가능성이다. 식탁이 팔리지 않으면 나는 더 빨리 생산하거나 다른 재료를 사용하도록 혹은 식탁 대신 의자를 생산하도록 강제될 것이다. 혹은 나는 목공에서 완전히 밀려나 택시를 운전하거나 신호등에서 구걸하도록 강제될 것이다. 우리의 활동은 우리가 통제할 수 없는 방식으로 구속되거나 묶이거나 규정된다. 그것은 시장의 힘, 판매 및 구매의 흐름에 의해 규정되며 그 흐름에 대해 우리나 그 밖의 누구도 의식적으로 통제할 수 없게 된다. 우리의 인간성이 우리 활동에 대한 의식적 결정과 관련이 있는 한에서(이것이 맑스의 관점의 근본적 요소이다), 우리의 활동 흐름을 우리가 의식적으로 통제할 수 없게 된다면 노동은 비인간화된다. 그리고 이와 동시에 사회를 구성하는 사회적 속박을 초래하는 것은 이러한 탈인간화 혹은 추상의 과정이다. 속박-추상은 우리의 활동을 매일 특정한 패턴 속으로, 즉 우리를 탈인간화하고 우리를 파괴하는 사회를 구성하는 패턴 속으로 회로화한다. (자유롭게 규정되는 활동이 아니라 가치와 이윤 추구에 의해 움직이는 추상적이고 소외된 노동으로 이해된) 노동은 파괴의 열차 속의 우리 자리에 우리를 묶어놓는 속박의 핵심이다.

c) 상품-가치-노동이 있으면 화폐가 있다.

　　우리들 대부분이 우리가 통제할 수 없는 활동을 하도록 강제당하는 것은 화폐에 대한 우리의 필요 때문이다. 화폐는 상품-가치-노동-화폐라는 속박 복합체의 가장 명백한 형태이다. 화폐는 우리를 밤낮으로 일하게 하고 또 더 빨리 일하도록 몰아세우는 노예 주인의 채찍이다.

『자본』 제1장에서 맑스는 상품 형태로부터 화폐를 도출하는 데 상당한 시간을 할애한다.[5] 상품의 통상적 교환이 일단 사회의 특징이 되면 하나의 특수한 상품(금)이 다른 모든 상품과 교환할 수 있는 보편적 등가물로 된다. 화폐는 상품 형태에서 특수화된 별개의 사회적 형태로 발전한다. 그것은 상품의 교환에 의해 발생되지만, 그것이 사회적 관계의 특수한 형태로 존재한다는 것은 그것이 그 자신의 동역학을 발전시킨다는 것을 의미한다. "그러므로 우리는 상품들이 화폐와 사랑에 빠졌지만 '진정한 사랑의 과정은 결코 순조롭게 진행되지 않았다'는 것을 알수 있다"(Marx 1867/1965, 107 [2015]). 특히 상품의 교환(C-C)이 화폐를 통해 매개된다는 사실(따라서 C-M-C가 되고 있다는 사실)은 거래를 판매(C-M)와 구매(M-C)의 두 부분으로 나누는 것을 가능하게 한다.[6] 이제 화폐는 교환 수단 이상이 되면서 별개의 분리된 실존을 획득할 수 있(고 또 획득한)다. 화폐는 단순히 빌이 톰에게서 토마토를 구입하고 톰이 그것을 사용하여 사라에게서 계란을 사는 문제가 아니다. 화폐가 토마토와 계란에서 분리된다는 사실 자체가 화폐에 자율성을 부여한다. 사라가 그녀의 화폐를 치즈를 사는 데 사용하지 않고 더 많은 화폐를 벌기 위해 사용할 수 있다는 것이 이미 화폐의 존재에 새겨져 있다. 화폐는

---

5. "그렇지만 여기에 부르주아 경제학이 전혀 시도한 적이 없는 과제, 즉 이 화폐 형태의 발생을 추적하는 과제가 우리에게 주어져 있다"(Marx 1867/1965, 47 [2015]). 또는 펭귄 판에서 : "그러나 이제 우리는 부르주아 경제하이 시도조차 하지 않은 과제를 수행해야 한다. 즉, 우리는 이 화폐 형태의 기원을 보여주어야 한다"(Marx 1867/1990, 139 [2015]).

6. * C는 commodity, 즉 상품의 기호이고 M은 money, 즉 화폐의 기호이다.

상품을 팔기 위해 상품을 사거나(M-C-M) 혹은 사실상 상품을 생략하고 화폐를 회수하기 위해 화폐를 빌려주는(M-M) 새로운 동역학의 출발점이 된다. 그러나 이 마지막 두 거래(M-C-M 및 M-M)는 그 과정 끝의 화폐가 처음의 화폐보다 양적으로 더 큰 경우(M-C-M' 및 M-M')에만 의미가 있다. 상품 형태와 구별되는 형태로서의 화폐의 특수한 존재는 새로운 동역학을, 즉 자기 확장의 동역학을 발생시킨다. 화폐의 추동력은 자기 확장이다. 달리 말하면 상품과 화폐는 추상노동의 생산물이고 별개의 가치 형태이지만 사회 발전의 추동력으로서 가치의 자기 확장을 드러내는 것은 화폐 형태이다. 화폐의 자기 확장이 자본이다.

화폐에서 자본으로의 이행과 더불어 지배가 근본적으로 다른 사회에 대한 희망에 대립하는 사회형태들의 단단한 그물 짜기로서 직조되는 방식에 대해 우리가 이야기하고 있다는 점이 분명해진다. 이 직조의 다음 단계도 마찬가지로 중요하지만 그것은 거의 강조되지 않는다.

d) 상품-가치-노동-화폐가 있으면 정체성이 있다.

상품, 노동, 가치, 화폐에 대한 비판은 일반적으로 정치경제학 비판에 중심적인 것으로 이해된다. 정체성에 대한 비판은 일반적으로 이 문맥 속에 포함되지 않는다. 그것이 맑스의 『자본』의 매우 중요한 주제임에도 불구하고 말이다.

교환은 교환하는 사람을 형성한다. 교환 행위는 거래의 양 당사자를 정의한다. 그것은 관계를 맺는 바로 그 과정에서 서로를 분리시킨다. 교환하는 사람은 독립적인 개인으로 정립된다.

이러한 양도[소외]가 호혜적일 수 있기 위해 사람들에게 필요한 것은, 사람들이 서로를 양도할 수 있는 것들의 사적 소유자로, 그리고 바로 그 때문에 서로 독립적인 사람으로 대하기로 암묵적으로 동의하는 것만이 필요하다. 그러나 이러한 상호 고립과 낯섦의 관계는 자연적 기원을 가진 원시 공동체의 구성원들에게는 존재하지 않는다 ….(Marx 1867/1990, 182[2015]; 1867/1965, 87[2015])

달리 말해 교환은 공통적인 것을 파괴한다.

교환 행위에서 교환하는 사람 각각은 교환되는 상품의 대표자가 된다.

여기서 사람들은 단지 상품의 대표자로서, 따라서 소유자로서만 서로를 위해 존재한다. 우리가 연구를 발전시켜 나감에 따라 우리는 경제 무대에 등장하는 등장인물들이 일반적으로 경제적 관계의 의인화에 불과하다는 것을 알게 될 것이다. 그들이 서로 접촉하는 것은 이러한 경제적 관계의 담지자로서이다.(Marx 1867/1990, 179; 1867/1965, 85[2015])

약간 더 정확하지만 덜 우아한 원본 번역은 다음과 같다. "그 인물들의 경제적 성격 가면은 단지 경제적 관계의 의인화에 불과하며, 그들은 그 관계의 담지자로서 서로 접촉한다는 것."[7] 교환 관계는 사람들에게 성격 가면을 부과하고, 그들을 경제적 관계의 의인화로 또는 그 관계의 담지자로 변형시킨다.

상품 교환 행위(및 그로부터 도출되는 모든 것)를 통해 우리는 [주어진] 역할들 속으로 떠밀리고 성격 가면이 우리의 얼굴에 씌워진다. 가면은 우리를 특정한 역할에 가두는 감옥이다. (이때 한 사람 한 사람은 뒤마

---

7. 독일어 원문 : "Dass die ökonomischen Charaktermasken der Personen nur die Personifikationen der ökonomischen Verhältnissen sind, als deren Träger sie sich gegenübertreten"(Marx 1867/1985, 100[2015]).

의 『철가면 인간』을 상기시킨다.) 교환하는 사람은 더 이상 사랑과 기억과 열정을 가진 사람이 아니라 단순히 하나의 역할로, 상품의 판매자 또는 구매자로 간주된다. 우리의 잠재적 생성은 고정된 정체성에 종속된다. 사회적 정체성이 역할들로, 임들[존재들]is-nesses 속에 가두어진 생성의 흐름으로 구축되는 것은 바로 이러한 토대 위에서다. 나는 자동차 판매원이다, 나는 교수다, 나는 멕시코 사람이다. 우리는 노동계급이다. 우리는 여성이다. 우리는 원주민이다. 이 모든 확언들은 진리를 말한다고 주장한다. 이 모두는 사회 속의 역할이나 위치를 투사한다. 이 모두는 우리의 넘쳐흐름을, 내부에서-대항하며-넘어서는 우리의 사회적 존재를 부정한다. 모든 정체성 진술은 부정성을, 우리를 인간으로 구성하는 대항-운동을 부인하는 긍정명제를 제시한다. 정체화는 정의하고, 울타리 치고, 속박한다.

e) 화폐가 있으면 자본과 착취가 있다.

이것은 맑스의 주장에서 가장 급진적인 연결 고리 중 하나이다. 때때로 사람들은 자본으로부터 화폐를 분리하는 것이 가능하다고 생각한다. 다시 말해 화폐를 C-M-C 즉 상품-화폐-상품이라는 공식으로 표현되는 교환 수단으로서의 화폐 기능에 제한하는 것이 가능하다고 생각한다. 이러한 가정은 오늘날 많은 급진적 운동들에도 널리 퍼져 있다. 맑스의 주장은 반대다. 화폐가 일단 다른 상품들과 구별되는 형태로 존재하고, 또 상품의 교환이 일단 화폐를 통해 매개 되면(C-M-C) 그와 반대 방향의 운동인 M-C-M이 발생하는 것은 필연적이다. 즉 화폐의 소유자들은 동일한 양의 화폐가 아니라 더 많은 양의 화폐로 끝나는 것을 목표로 교환 과정에 들어갈 것이다. 그것이 M-C-M'다. 사회적 차원에서 이 증가는 화폐 소유자가 시장에서 그 자신의 가치 이상의 초과 또는 잉여를 생산할 수 있는 능력을 가진 특별한 상품을 발견한다는 사실에 의해서만 설명될 수 있다. 이 특별한 상품이 노동자들의 노동력이다. 화폐 소유자가 받는 증가분의 가치는 노동자들을 착취한 결과물이다.

따라서 상품과 화폐의 존재는 착취와 불가분의 관계에 있다.[8] 상품 관계는 노동력의 상품화가 확립되고 임금 노동이 추상노동의 지배적 형태가 될 때만 사회에서 일반화된다. 노동력이 상품으로 전환되지 않으면 화폐는 그리고 실제로 상품 교환은 사람들의 삶에서 주변적인 역할만을 할 것이다. 우리가 지금까지 분석해 온 논리적 연결 고리는 상품 관계와 임금 노동의 일반화에 달려 있다.

화폐의 소유자가, 자신의 노동력을 팔지 않으면 안 되는 노동자를 시장에서 발견하는 것은 분명히 우연의 산물도 아니고 자연의 산물도 아니다.

> 자연이 한편에 화폐나 상품의 소유자를, 다른 한편에 자신의 노동력 외에는 아무것도 소유하지 않는 인간을 생산하는 것이 아니다. 그 관계는 자연적 기반을 갖지 않는다. 그것의 사회적 기반도 모든 역사적 시대들에 공통적인 것이 아니다. 그것은 분명히 과거의 역사적 발전의 결과이며, 많은 경제 혁명의 산물이고, 일련의 낡은 사회적 생산 형태 전체가 소멸한 것의 결과이다.(Marx 1867/1965, 169[2015] ; 1867/1990, 273[2015])

거부巨富, Moneybags들의 (두 가지 의미 모두에서의) 행운의 기초는 노동자들이 생산수단에서, 일반적으로는 폭력에 의해 분리되었다는 것이다.

화폐가 자본화되면 (일단 상품생산과 임노동이 일반화되면) 가치 증

---

8. 화폐와 자본에 대해서는 Bonefeld 2020을 참조하라.

가(M') 추구가 사회의 원동력이 된다. 자본은 가치의 자기 확장이다. 그것은 피상적으로만 자기 확장인 자기 확장이다. 왜냐하면 가치의 실제적 확장은 노동자 착취를 통해 "생산이라는 숨겨진 거처"에서 일어나기 때문이다(Marx 1867/1965, 176 [2015]; 1867/1990, 279 [2015]). 자본의 확장은 사회의 지배적인 힘이 된다. "축적하라! 축적하라! 그것이 바로 모세요, 예언자들이다!"(595; 742). 자본의 축적은 모세요, 예언자이면서 자본주의 사회를 형성하는 법칙이다.

축적하라, 축적하라. 가치의 '자기 확장'에 대한 광적인 추구는 자연을 파괴하고 인간 실존의 조건을 파괴한다. 그러나 우선:

f) 자본이 있으면 국가가 있다.

맑스는 『자본』에서 국가를 다루지 않았다. 그는 자본주의의 다른 사회적 관계로부터 국가를 '도출'하지 않았다. 이 도출은 1920년대 초에 파슈카니스에 의해 처음 행해졌으며 1960년대와 1970년대의 소위 "국가도출 논쟁"에서 이 주제가 다시 다루어졌다.

이 논쟁에는 아마도 두 개의 가지가 있는 것 같다. 첫 번째는 자본은 국가 없이는 존재할 수 없다는 것이다. 보다 정확하게 말하면 자본의 존재는 사회적인 것과 경제적인 것으로부터 국가의 특수화를 필요로 한다는 것이다. 자본은 직접적인 착취 과정과는 별개로 물리적 강제를 행사하기 위한 심급의 구성을 필요로 한다. 왜 그럴까? 이 질문에 대해 주어진 답변에는 두 가지 상이한 강조점이 있다. 첫 번째는 상품 교환이 교환 과정 외부에 있는 일부 심급에 의한 도량형의 확립과 규제 과정을 포함한다는 것이다. 이와 다른 접근 방식은 오히려 착취 과정을 강조한다. 착취는 계약, 노동력의 매매를 통해 매개된다. 이 계약을 실행하려면 계약 당사자와는 별도의 심급인 국가가 있어야 한다. 예를 들어 이것은 봉건제와는 다르다. 봉건제에서는 착취가 외관상 동등한 당사자들 사이의 계약에 기반하지 않고 단순히 지배의 위계의 일부이다. 봉건제에는 정치적인 것과 경제적인 것의 분리, 국가의 특수화, 개인으로서의 왕과 통치자로서의 왕 사이의 명확한 분리 등이 없다. 국가의 이 특수화는 정치적으로 매우 중요하다. 왜냐하면 그것은 자본의 이익과 관련하여 국가에 중립성 또는 잠재적 중립성의 외관을 부여하기 때문이다. 이 외관상의 잠재적 중립성은 진보적인 또는 개혁주의적인 정치(학)의 핵심이다.

그러나 특수화는 그 이상의 것이 아니다. 그것은 특수화일 뿐, 분리가 아니다. 국가는 자본 관계의 특수한 형태로 존재하며 그것의 존재는 자본 관계의 재생산에 달려 있다. 국가가 착취의 직접적 과정과 분리된 특수한 심급으로서 존재한다는 것은 그것이 자신의 수입을 자본가들이 수행하는 착취에 의존한다는 것을 의미한다. 국가는 자신을 재생산하기 위해 자신이 자본 축적을 촉진하기 위해 할 수 있는 모든 것을 해야 한다. 이 점에서 국가의 중립적인 외관은 단순한 외관일 뿐이다. 국가는 특수한 자본가들의 이익에 반하거나 실제로 자본가 조직들의 소망들에 반할 수 있지만, 전체로서의 자본 축적을 촉진한다는 이해관계 속에서만 그렇게 할 것이다. 요즘 많이 논의되고 있는 루스벨트의 뉴딜이 좋은 예이다. 루스벨트는 전체로서의 자본의 재생산을 확보하기 위해 많은 자본가들과 자본가 조직들의 반대를 견뎌냈다. 또 다른 예는 맑스가 『자본』에서 논의한 〈공장법〉에서, 국가가 노동일을 단축한 사례일 것이다. 국가가 자본의 이익에 심각한 피해를 입히면 자본은 다른 지역으로 도망칠 것이고, 지지자들은 대개 그 정부를 실패한 것으로 간주할 것이며 그러면 정부는 수입원을 잃게 될 것이다. 좌파 정부가 자신의 약속을 이행하는 데 거듭 실패하는 사태는 개인적인 배신들(비록 그것들이 일정한 역할을 할 수도 있지만)이 아니라 이러한 구조적 제약을 통해 설명될 수 있다.

그러므로 국가를 급진적인 희망을 위한 수단으로 보는 것은 터무니없다. 정부는 자본주의적 틀 내에서 사람들의 삶을 개선할 수 있을지 모른다. 하지만 가장 '좌파적인' 정부조차도 자본 운동의 힘에 크게 압도되어 종종 그들이 약속한 것과 정확히 정반대되는 일을 하고 만다는 것도 사실이다. (그리스의 시리자 정부가 분명한 예이다). 어쨌든 그들의 의도가 아무리 급진적일지라도 국가는 자본의 논리를 깨뜨릴 수 없다. 구조적으로 국가는 그 논리를 수행할 수밖에 없다.

희망에 대한 논의의 맥락에서 이 점을 강조하는 것은 중요하다. 왜냐하면 국가가 자본으로부터 특수화된다는 점 때문에 종종 그것이 희망의 소재지로 간주되곤 하기 때문이다. 특히 민주적 선거를 치르는 국가의 경우에 희망은 국가의 존재와 거의 불가분의 관계에 있다. 희망은 선거의 기초이다. 다음번에는 더 나아질 것이라는 희망 말이다. 그러나 국가가 자본 관계의 한 형태로서 실존하며 국가가 자본주의적 사회관계의 총체성으로서 외피의 역할을 맡는다는 사실은 국가가 다른 형태의 사회로 가는 길을 열 수 없다는 것을 의미한다. 그렇기 때문에 다른 사회를 위한 투쟁을 민주주의를 위한 투쟁으로 보는 것은 어리석다. 이해할 수 있는 어리석음이지만 그럼에도 불구하고 어리석다.[9]

이 모든 것은, 각각의 국가가 많은 국가들 중 하나인 반면 자본의 이동은 단일하다는 사실에 의해 더욱 강렬해진다. 자본은 이윤을 끌어들이기 위한 최상의 조건을 추구하기 위해 전 세계를 흐르는 반면, 국가는 영토적으로 묶여 있다(물론 국가들이 공식적으로나 비공식적으로 다른 국가의 영토를 침범할 수는 있지만 말이다). 이것은 각각의 국가가 '국민 자

---

9. 최근 급진 좌파의 토론에서 '혁명'이라는 단어를 '민주주의'라는 단어로 대체하는 경향에 대해서는 González 2018 ; 2020을 참조하라.

본'이라고 부를 수 있는 것의 축적을 위한 좋은 조건을 제공해야 할 뿐만 아니라 자본을 자국 영토로 끌어들이기 위해 다른 모든 국가와 경쟁하고 있음을 의미한다. 국가는 자본 축적을 위해 가능한 가장 매력적인 조건을 제공하기 위해 경쟁하고 있다. 만약 이것이 성공하지 못한다면 자본은 그냥 다른 곳으로 갈 것이다. 자본이 어떤 '국적'에 속한다는 개념은 거의 아무런 의미도 없다.[10]

g) 상품-가치-노동-화폐-정체성-자본-국가가 있으면 자연파괴-팬데믹-지구온난화-멸종이 있다.

또는 축약형으로, 상품이 있으면 멸종이 있다.

이것이 바로 지금 우리가 직면하고 있는 무서운 논리다. 사회적 관계가 상품 교환을 중심으로 구축되면 우리를 멸종으로 몰아가는 전체적인 동역학이 발전한다. 그것의 중심은 자본 축적이다. 규제되지 않은 이윤 추구는 자본으로 하여금 인간 존재의 자연적 전제 조건을 파괴하도록 충동질한다. 이것은 최근 몇 년 동안 두 가지 측면에서 특히 분명해졌다. 한편으로 이윤 추구는 농업의 산업화, 생물다양성의 제거, 모든 생명 형태의 수익을 위한 도구화, 요컨대 모든 생태학적 파괴로 이어진다. 이러한 파괴가 코로나19와 같은 팬데믹의 기반을 창출한다. 다른 한편 (혹은 실제로는 동일한 것이지만) 이윤 추구는 화석 연료의 사용, 교통량이 많은 대도시의 성장, 기후 변화와 지구의 온도 상승을 일으키는 온갖 조건들로 이

---

10. 국가가 많은 국가들로 존재하는 것에 대해서는 내가 솔 피치오토와 함께 출판한 논문 모음집(Holloway and Picciotto 1978)에 실린 클라우디아 폰 브라운뮐(von Braunmühl 1974/1978)의 중요한 논문을, 그리고 나의 논문(Holloway 1995a [1999])을 참조하라. 또 요아힘 히르쉬(Hirsch 1995)도 참조하라. 그리고 폰 브라운뮐의 논문에 대한 로드리고 빠스꾸알의 최근 비평인 Pascual 2022도 참조하라.

어진다. 이 두 경우 모두에서 환경이 입는 피해의 정도를 제한하기 위한 국가 조치가 있었다. 하지만 모든 국가가 자본 축적에 가장 유리한 조건을 촉진하기 위해 경쟁하고 있다는 사실은 국가가 취한 조치가 그다지 효과적이지 않았다는 것을 의미한다.

상품이 사람들의 활동과 관련된 지배적인 형태로 남아 있는 한, 세계는 계속해서 자본 축적의 법칙에 의해 지배될 것이다 : 축적하라! 축적하라! 그것이 바로 모세요, 예언자들이다! 그리고 자본 축적이 지구를 지배하는 한 우리는 멸종의 위협을 받는다. 이것이 팬데믹의 명백한 교훈이다.

자본은 파괴의 기차의 이름이다.

우리를 붙들어 놓고 파멸로 몰아가는 속박은 하나의 논리적 직조, 즉 우리가 '자본'이라고 부를 수 있는 그물망이다. 저주의 기차에는 '자본'이라는 이름이 새겨져 있다. 엔진 쪽에는 굵은 글씨로 "축적하라, 축적하라! 그것이 바로 모세요, 예언자들이다!"라고 쓰여 있다.

2020년에 가장 눈에 띄는 두 가지 투쟁은 3월 8일의 대규모 시위 속에서 가장 분명하게 드러난 여성투쟁8M과, 특히 조지 플로이드 살해 이후 미국에서의 '흑인 생명은 중요하다'Black Lives Matter 운동이었다. 자본의 개념은 이 두 가지 투쟁 모두에서 중요한 역할을 하지 않는다. 자본주의가 언급되는 경우에도 그것은 '자본주의적 가부장제'라거나 '자본주의적 인종주의'에서처럼 다소 모호한 통합적 참조점으로 남아 있다. 그렇다면 우리는 왜 인종이나 가부장제가 아니라 자본(또는 화폐)이 우리가 직면한 파괴의 이름이라고 주장하는가?

세 가지 이유가 있다. 첫 번째는 우리가 살고 있는 상황의 무시무시한 긴급성을 강조하는 것이다. 자본의 개념에 기입된 동역학은 상품에서 출발하여 저 무시무시한 "축적하라! 축적하라! 그것이 모세요, 예언자들이다!"로 치닫는다. 그리고 거기로부터 사람에 대한 강도 높은 착취와 자연에 대한 파괴로 치닫는다. [그런데] 예를 들어, 가부장제의 개념에는 눈덩이처럼 불어나는 이러한 동역학이 분명하게 드러나지 않는다.

두 번째 이유는 자본의 개념이 위기의 개념과, 즉 그 자체의 취약성이라는 개념과 불가분의 관계에 있기 때문이다. 우리는 곧 이 주제로 돌아올 것이다.

세 번째 이유는 우리가, 어떤 종류의 억압도 기반으로 하지 않은 사회를 만들 수 있다는 급진적 희망의 기초를 제공하는 통합적인 억압의 개념을 찾고 있기 때문이다. 우리는 수많은 억압을, 우리가 겪는 억압을, 우리의 삶을 망치는 억압을, 우리가 저항하는 억압을 경험한다. 여성에 대한, 흑인에 대한, LGBT에 대한, 외국인에 대한, 어린이에 대한, 정신적 또는 신체적으로 다른 사람들에 대한 억압을 경험한다. 이 목록에는 끝이 없는 것 같다. 마치 우리가 외관상 끝이 없어 보이는 일련의 억압의 거미줄에 걸린 파리인 것처럼 말이다. 우리는 우리의 칼을 꺼내서 하나를 자르고, 또 하나를 자르고, 다시 또 하나를 자른다. 때때로 우리는 한 가닥 또 한 가닥을 자르고 돌파하는 데 성공한다. 때로는 그렇지 못하며 때로는 우리를 붙들어 매는 새로운 그물망을 발견할 뿐이다. 그러므로 자본의 중요성을 주장하는 것은 서로 다른 억압 사이에 통일성이 있다는 것을 주장하는 것이다. 다시 말해 그것은, 흑인의 투쟁과 여성의 투쟁 사이의 연결은 선택적 친화성의 연결이 아니라 그 둘 모두가 사회관계의 동일한 총체성에 대항하는 투쟁이라는 것을 주장하는 것이다.

우리는 자본이라는 히드라에 관한 사빠띠스따의 은유로 돌아가서 인종주의와 성차별주의가 자본이라는 머리가 많은 히드라의 두 개의 머리일 뿐이라고 주장한다. 그것의 몸은 안개에 휩싸여 있다. 그것은 오직 성찰을 통해서만 식별될 수 있다. 그리고 심지어 그럴 때도 우리는 그것이 단일한 몸체인지 아니면 몸들의 느슨한 별자리로 더 잘 이해될 수 있는지를 확신할 수 없다. 긴급한 동역학과 위기의 전망에 대한 질문은 차치하고라도, 그 머리들을 하나로 묶는 몸이 자본이라는 주장을 정당화하는 것이 무엇인가?

이 물음에 대한 답이 존재한다면 그것은 정체성의 개념과, 상품이 정체성을 생성하는 방식에서 찾아져야 한다. 우리가 앞서 언급한 모든 억압들은 특수한 정체성에 대한 차별에 기반한다. 사람들은 특정한 특성에 따라 정체화되고 바로 그 이유로 학대를 받거나 심지어 죽임을 당한다. 여성, LGBT, 외국인 등을 단지 그렇게 정체화된다는 이유로 살해하는 것은 일상적 사건이자 일상적 공포이다.

누군가를 정체화한다는 것은 그들에게 딱지를 붙이고, 그들을 분류하고, 그들을 특정한 상자 속에 집어넣는 것이다. 당신은 여자다. 그러므로 남자인 내가 말하는 대로 해야 한다. 당신은 여자다. 그러므로 당신이 할 수 있는 것과 할 수 없는 것이 있다는 것을 깨달아야 한다. 당신은 흑인이다. 그러므로… 당신은 외국인이다. 그러므로… 각각의 경우에 존재가 행위를 이긴다. 당신이 누구인지에 대한 정의가 당신이 할 수 있는 일을 규정한다. 정체성은 당신을 상자에 가둔다. 정체화는 우리를 인간으로 만드는 넘쳐흐름의 부정이다.

확실히, 정체성의 언어는 그러한 정체화에 이의를 제기하는 데 사용될 수 있고 또 사용되고 있다. 나는 게이야, 그래서 뭐? 나는 여성이고 다른 여성들과 함께 남성이 우리에게 부과하는 한계에 도전할 것이다. 나는 흑인이다. 나는 버스에서 내가 선택하는 곳 아무 데나 앉을 것이다. 이 모든 경우에 억압에 대한 정체성주의적 반응이 있다. 그것은 억압의 한계에 도전한다. 역설적이게도 그것은 정체성의 한계를 넘쳐흐르는 정체성주의적 반응이다. 각각의 경우에 위험은 그 반응이 더 이상 넘쳐흐르지 않고 새로운 정체성에 정착하거나 그러한 정체성을 부과하는 것이다. 나는 여자다. 그리고 나는 50년 전의 그 여자처럼 행동하지 않는다. 나는 다른 행동 규칙을 따르는 새롭고 해방된 여성이다. 어떤 넘쳐흐름에건 거기에는 항상 가능한 새로운 인클로저의 씨앗이 있다.

여기서의 요점은 끼워맞추기fitting라는 말로 서술될 수 있다. 정체화는 프로크루스테스적 끼워맞추기이다. 정체화된 인격은 어떤 상자에 억지로 끼워 맞춰진다. 정체성주의적 대응은 상자를 재정의하는 것으로, 예를 들어 여성이라는 것이 무엇을 의미하는지를 재정의하는 것으로 쉽게 끝날 수 있다. 반정체성주의적 반응은 어긋남이며 넘쳐흐름이다. 우리는 여성, 게이, 원주민일 수도 있고 아닐 수도 있다. 하지만 우리는 그 이상이다. 우리는 생성의 운동이기 때문에 그 어떤 범주에도 끼워 맞춰지지 않는다.

히드라의 서로 다른 머리는 정체화의 다수성으로, 생성들becomings을 존재들beings로 밀어 넣기의 다수성으로 이해될 수 있다. 자본이 머리들의 이 다수성의 중심에 있다고 주장하는 것은 상품이 정체성을 생성하는 방식을 가리키는 것이다. 교환 행위 자체는 교환자를 교환되는 두 가지 상품의 체현으로 분리시킨다. 그것은 두 사람이 공동체의 상호 침투하는 부분들이라는 이해 방식과 결별한다. 상품과 그 생산의 분리(맑스가 상품 물신주의라고 부르는 것)는 사회적 생산자–행위자를 개별 소유자–존재로 전환시킨다. 행위자들이 존재들로 재정의되면 행위의 정의되지 않은 필요불가결한 사회성을 상실하고 행위에서 추상된 다양한 존재들의 집합으로, 다양한 정체성들의 집합으로 분류될 수 있다.

거칠게 말하면 히드라의 여러 머리들은 인종주의, 성차별주의, 민족주의 등을 정체화하는 과정이다. 이러한 정체화 프로세스는 중심적 발생기에 의해 발생된다. 그 중심 발생기는 안개에 가려져 있지만, 상품 교환으로 식별될 수 있다. 풍요를, 즉 저 절대적인 생성 운동을 상품 형태 속으로 포획하는 것은 정체성주의적 세계를 발생시킨다. 풍요는 상품에 끼워 맞춰지도록 강제되고 우리의 생성들은 존재들 내부에 제약된다. 투쟁은 필연적으로 그리고 적절하게 히드라의 정체화하는 머리에 대항한다. 하지만 그 투쟁들이 넘쳐흐르지 못하고 정체성을 생성하고 있는 바로 그 과정만을 공격한다면, 하나의 정체성-머리를 죽이는 것이 다른 정체성-머리가 생겨나도록 만들 것이다.

이것은 투쟁의 위계가 있어야 한다고, 자본에 대한 투쟁이 성차별주의나 인종주의에 대한 투쟁보다 어떤 식으로든 선행한다고 주장하는 것이 아니다. 아니 오히려 우리를 가장 직접적으로 공격하는 것은 히드라의 머리들이다. 특수한 억압에 대한 투쟁은 사람들의 삶에 중대한 변화를 가져올 수 있다. 예를 들어 현재 매우 많은 게이들의 삶을 불과 50년 전과 비교해서 생각해 보라. 그러나 그러한 투쟁에는 언제나 공격에 의해 부과된 정의에 갇힐 위험이 있다. 이 경우 우리는 단지 변경된 정체화를 재생산하는 데 머무를 수 있다. 하지만 히드라의 몸을 직접 공격할 수 있는 방법은 없다. 아마도 유일한 방법은 정체성주의적 투쟁에 대항하고-넘어서면서 넘쳐흐르는 것뿐일지 모른다. 아마도 혁명적 투쟁에 대해 생각하는 유일한 방법은 더 제한적인 투쟁으로부터의 넘쳐흐름일지 모른다. 아마도 모든 투쟁에는 정체성주의적 경향과 반정체성주의적 경향 사이에, 확립된 범주 내부에로의 가둠과 넘쳐흐름의 경향 사이에 긴장이 있을 수 있고 열린 갈등이 있을 수도 있다. 예를 들어, 사빠띠스따 지지자들 사이에는 그것을 원주민 투쟁으로 보는 사람들과 세상을 새롭게 만들기 위한 투쟁으로 보는 사람들 사이에 차이가 있다. 쿠르드족 운동에서도 그것을 민족주의 투쟁으로 이해하는 사람들과 사회 재창조의 경향을 강조하는

사람들 사이에 긴장이 있다.[11]

자본(또는 상품 또는 화폐)을 통합적 식별자identifier로, 서로 다른 투쟁을 통합하는 열쇠인 히드라의 몸체로 보아야 한다는 주장은 논란의 여지가 없지 않다. 전前자본주의 사회에서 가부장적 지배에 종속되었던 여성의 정체화는 어떤가? 상품 교환이 사회적 관계에서 매우 제한적인 역할을 하던 시기에 특정 역할에 갇혀 있던 저 모든 여성들은 어떤가? 그 사회에서 기능하는 다른 식별자, 다른 역할-정의자가 있을까? 압둘라 외잘란, 머레이 북친 또는 데이비드 그레이버 같은 훌륭한 작가들이 제안한 것처럼, 자본주의는 가부장적 발전의 한 단계로서 가장 잘 이해되는가? 아니면 어떠한 내적 연결도 없는 다양한 종류의 억압이 있다는 것을 받아들여야 하는가? 만약 우리가 상품이라는 히드라를 죽인다면, 그때 우리는 (가부장제, 인종주의 등의) 다른 수많은 히드라에 직면하게 될까? 아니면 상품의 살해가 모든 형태의 동일화에 치명상을 입히게 될까? 상품 형태로부터 풍요의 해방은 생성의 절대적 운동의 완전한 해방이 될까? 아니면 풍요가 갇히는 또 다른 방법이 있게 될까?

그 답은 우리가 히드라를 또는 히드라들을 죽이는 데 성공했을 때 더 명확해질 것이다. 이것은 어떤 형태의 억압이 다른 형태의 억압보다 더 해롭다고 말하는 것이 아니다. 우리가 말할 수 있는 것은 상품 교환이 정체성의 발생기이며 더 눈에 띄는 억압 형태들은 정체성주의적 분화differentiations에 기반을 두고 있다는 것이다. 우리는 또 상품 관계의 보편화가 다른 억압 형태들의 변형을 초래했다고 주장할 수 있다. 예를 들어 만약 자본이 가부장제의 특수한 국면으로 이해된다면, 이 "특수한 국면"의 힘은 그것이 가부장적 지배의 의미를 그리고 특히 그것의 동역학을 재정의하

---

11. 이에 대한 탁월한 분석으로는 Aslan 2021을 참조하라.

는 만큼일 것이다.[12] 가부장제와 인종주의는 상품-화폐-자본이 발생시키는 파괴의 동역학에 붙들리게 된다.

다음에서 우리는 억압의 다양한 머리들의 동역학을 정의하는 몸체로서의 상품-화폐-자본에 계속 초점을 맞출 것이다. 사빠띠스따는 최근에 내놓은 일련의 성명서들의 '첫 번째 부분'First Part에서[13] 그들이 보여준 통상의 단순함과 심오함으로 그 점을 표현한다. 우리들의 모든 차이에도 불구하고 우리를 통합하는 것이 있다.

> 여성에 대한 폭력, 정동적·정서적·성적 정체성이 다른 사람들에 대한 박해와 경멸, 유년기의 소멸, 원주민에 대한 대량 학살, 인종주의, 군국주의, 착취, 강탈, 자연파괴 등등과 같은 이 세상의 고통들을 우리가 우리 자신의 것으로 만드는 것이다.
>
> [그리고] 이러한 고통들에 책임이 있는 것이 체제임을 우리가 이해하는 것이다. 이 고통들의 집행인은 착취적이고 가부장적이며 피라미드적이고 인종주의적이며 도둑 같고 범죄적인 체제인 자본주의임을 이해하는 것이다.

---

12. 이와 유사한 주장으로는 예컨대 로스비타 숄츠(Scholz 2000)를 참조하라.

13. http://enlacezapatista.ezln.org.mx/2021/01/01/part-one-a-declaration-for-life/에서 이용 가능하다.

20

파괴 사슬의 연결고리들은 끊기 어렵다.

우리가 살고 있는 세상의 사회적 관계들이 직조된 방식은, 현재에는 엄청난 고통을 야기하고 있고 또 미래에는 점점 더 큰 재앙을 향해 우리를 끌고 갈 것으로 보인다. 이 직조에 내재하는 동역학은 깨지기 어렵다. 세상을 그토록 뒤흔든 팬데믹조차도 화폐의 재앙적 지배를 흔들지는 못했다. 우리가 그것을 어떻게 깨뜨릴 수 있을까?

화폐는 사회적 관계의 총체성을 직조하는 역사적 과정이다. 아마도 지금은 여태까지의 그 어느 때보다 훨씬 더 조밀한 전 지구적 직조가 있을 것이다. 예컨대 전前자본주의 사회에서는 멕시코의 한 마을에서 일어난 사회 조직의 변화가 중국인의 생활 조건에 영향을 미치는 일은 거의 없었거나 전혀 없었을 것이다. 맑스의 시대에도 사회적 관계로서의 화폐가 지구의 대부분에 침투하는 일은 아마도 미미했을 것이다. 오늘날 그 직조의 조밀함은 코로나19 팬데믹에 의해 극적으로 설명되었다. 질병의 확산이라는 측면에서도 물론 그랬지만 워싱턴의 금리 결정이나 홍콩 증권거래소의 주식 운동에 그것이 미친 직접적이고 전 지구적인 충격의 측면에서도 그러했다. 이동 추적 앱의 영향은 말할 것도 없다. 자본의 논리, 화폐의 논리는 우리 삶 속으로 점점 더 깊숙이 파고든다.

사회관계의 총체성은 결코 존재하지 않는다. 하지만 사회관계의 총체화는 확실히 증가하고 있다. 속박은 점점 더 단단해지고 있고 포괄적으로 되고 있다. 우리가 깨뜨려야 할 것은 바로 이 조여 오는 속박이다. 이것은 지난 세기 공산주의의 지배적인 관념이 하나의 속박을 다른 속박으로, 하나의 총체성을 다른 총체성으로 대체하는 것에 의존하고 있었기 때문에 중요한 문제이다. 루카치는 총체성의 개념을 비판적 개념만이 아니라 긍정적 개념으로 발전시켰는데 루카치의 그러한 개념적 발전 속에 이러한 문제점이 분명히 존재한다.[1] 이른바 '공산주의' 사회에서 다른 총체성을 창조한다는 이러한 관념은 그 사회에 대한 비판가들이 그 사회를 '전체주의' 사회로 규정하는 것에 반영되어 있다. 여기에서 우리가 총체화하는 속박을 파괴하는 것으로서의 희망을 강조하는 것은 정반대의 방향을, 즉 사회관계의 좀 더 느슨한 구조화의 방향을 가리킨다.

총체화는 하나의 과정, 즉 때로는 반항적이고 때로는 저항하는 다른 사회관계에 자본의 논리를 부과하는 과정이다. 그 논리는 투쟁의 과정이다. 그것은 자동적이고 수학적인 논리가 아니다. 그것은 오히려 내적 일관성의 논리, 경향의 논리이지만 그럼에도 불구하고 매우 효과적인 논리이다.

우리가 상품-가치-노동-화폐-정체성-자본-국가-자연파괴-팬데믹-지구온난화-멸종이라는 일련의 연결된 범주들로 설명한 이 파괴의 논리 사슬을 어떻게 끊을 것인가를 생각하는 두 가지 방법이 있을 수 있다. 더욱 분명한 방법은 그 사슬 속의 연결 대시들을 끊는 데 초점을 맞추는 것이다. 그 계열이 만약 x면, 그러면 y이다 ; 만약 y면, 그러면 z이다일 경

---

1. 지금 읽어도 훌륭한 루카치의 『역사와 계급 의식』(Lukács 1923/1971 [1999])을 참조하라. 이 점에 대한 비판은 Tischler 2013을 참조하라.

우, 우리는 각 단계에서 그 그러면을 절단해야 한다. 다음 절에서 발전될 다른 접근 방식은 그 그러면이 각 경우에 너무 강하기 때문에 이런 접근법이 작동하지 않을 것이라고 보는 것이다. 이때 우리가 모색해야 하는 것은 오히려 만약 x면, 만약 y면 등등을 타격하여 조각조각 분리시키는 것이다. 이 두 가지 접근 방식은 서로 다른 유형의 반자본주의 정치로 이어진다. 먼저 그러면을 절단하려는 접근 방식부터 살펴보자.

우리의 논리 사슬의 각 단계는 경쟁할 뿐만 아니라 때로는 매우 의식적으로 경쟁한다. 물물교환 운동이 한 예다. 2002년 아르헨티나에는 매우 강력한 물물교환 운동이 있었다. 그 운동에는 수백만 명의 사람이 참가했는데 부분적으로는 화폐가 없었기 때문이기도 했지만 또 부분적으로는 화폐의 힘에 대한 항의이자 대안적인 사회관계를 발전시키려는 시도이기도 했다. 이것은 한편의 상품-가치, 다른 한편의 화폐 사이의 논리 사슬을 끊으려는 시도로 볼 수 있다. '만약 상품이라면, 그러면 화폐다'라는 계열이 반드시 성립되지는 않게 하는 것이다. 화폐는 적으로 간주된다. 하지만 그것은 상품과 분리된다. 물물교환은 금융 위기의 순간에 그리고 화폐의 지배에 대한 극적인 항의로서 분명히 중요할 수 있다. 하지만 그것은 상품 교환과 가치의 틀 안에 남아 있다.[2] 그리고 시간이 흘러도 화폐의 발전 없이 물물교환이 효과적으로 기능할 수 있으리라고 생각하기는 어렵다.

한편으로 상품-가치-노동-화폐와 다른 한편으로 자본 사이의 연결에 대해서도 매우 자주 의문이 제기된다. 소상품 생산자 사회는 자본, 특

---

2. 그러나 물물 교환을 기반으로 조직된 특정 상황에서 지배적인 것은 상대적 가치에 대한 엄격한 평가가 아니라 공동체 연대의 정신일 수 있다. 이네스 두란 마뚜뻬는 그녀가 뿌레뻬차(purépecha) 사람들 사이에서 관찰한 것이 이것이라고 내게 말했다. Durán Matute 2021에 실린 그녀의 논의를 참조하라.

히 대자본의 침입으로부터 방어되어야 하는 이상으로 간주된다. "월마트 반대. 우리는 우리들의 작은 상점들을 지키고 싶다." 또는 "대공장 반대. 우리는 작고 친근한 생산 단위를 유지하고 싶다." 이것은 자본주의적 발전에서 끊임없이 되풀이되는 주제. 하지만 그것은 가치법칙의 작동과 대립하며 이윤을 끌어들이기 위해 점점 더 싸게 생산하고 분배하려는 자본의 끊임없는 충동과 대립한다. 일반적으로 소규모 단위는 대규모 자본만큼 저렴하게 생산할 수 없으며 소규모 상점은 슈퍼마켓 체인만큼 저렴하게 판매할 수 없다. 그 논리가 자동적으로 부과되는 것은 아니지만 자본주의 사회가 구조화되는 방식의 내적 일관성으로부터 그러한 경향이 강하게 발생한다.

그 논리 사슬을 끊자는 제안의 또 다른 예는 자본이 이익을 극대화하기보다는 투자 결정에서 도덕적 규범을 따라야 한다는 것이다. 이러한 생각은 생태학과 탈성장을 둘러싼 많은 담론의 배후에 깔려 있는 것으로 보인다. 아마도 자본을 폐지한다거나 화폐를 폐지한다는 생각이 금기이기 때문에 혹은 그런 생각이 상상이나 문명화된 대화의 범위 너머에 놓여 있기 때문에, 생태운동에서 나오는 많은 개혁 제안들이 자본주의적 파괴의 맥락에서, 그리고 이윤 극대화의 추구를 통해 축적하려는 자본의 충동에서 분리된 사유를 하는 것으로 보인다. 이윤 극대화가 발생하는 조건이 특정한 관행[실천]을 억제하기 위한 입법의 영향을 받을 수 있다는 것도 분명한 사실이지만 축적하려는 충동은 자본의 존재와 불가분하다. 환경 파괴를 멈추기 위한 긴급한 변화를 옹호하는 사람들 중에서 일부는 환경 파괴를 멈추는 것과 자본주의 비판 사이에 연관성이 없다고 생각하며[3] 실제로 축적하려는 충동으로부터 자본을 상당히 비현실적인 방식으

---

3. 예를 들어, 『파이낸셜 타임스』는 2021년 4월 그레타 툰베리와 인터뷰를 가졌는데 거기

로 분리시키고 있다.

아마도 그 논리 사슬이 공격받는 주요한 경로는 국가와 자본 사이의 연결에 있을 것이다. 민주주의에 대한 모든 반복적 강조는 이 둘 사이의 연결이 존재하지 않는다는 혹은 존재해서는 안 된다는 진술이며 민주주의에 대한 모든 환멸은 그것이 실제로 존재한다는 것의 재확인이다. 이것들이 끝없이 반복된다. 치프라스에게 투표하세요, 안드레스 마누엘 로페스 오브라도르에게 투표하세요, 샌더스에게 투표하세요, 코빈에게 투표하세요. 상황이 달라질 수 있으리라는 끊임없는 희망, 그리고 그것에 뒤따르는 반복되는 실망. 국가는 자본이 초래한 파괴에 대한 균형추로 또는 적어도 잠재적인 균형추로 계속해서 제시된다. 그러나 경험은 그렇지 않음을 암시한다. 자신을 "좌파"라고 또는 "진보적"이라고 선언하는 정부는 경우에 따라(그러나 분명히 전부 그런 것은 아니다) 어느 정도 소득 재분배를 달성하거나 자본 약탈에 대해 어느 정도 제한을 가할 수 있다. 그러나 그들은 자신들의 약속을 결코 이행하지 않으며 화폐의 지배에 진지하게 반대하는 어떤 일도 하지 않는다. 우리가 살펴본 바와 같이 이것은 개별 정치인이 특수하게 대의를 '배신'하기 때문이 아니라(이러한 일이 분명히 발생하긴 한다) 국가가 자본 축적을 촉진하는 것에 자신의 실존을 의존하기 때문이다.

그 논리 사슬의 각 단계에는 물신화가 있다. 사회적 관계의 각 형태는 특수화된다. 실제로는 그렇지 않은데도 그것은 서로 분리된 것으로 나타난다. 그것은 단지 총체성totality의 특수한 형식일 뿐이다. 따라서 노동은 전체whole와 분리된 것처럼 보이고(여기에서 노동의 인간화 또는 민주화

에서 그녀는 긴급한 변화를 위한 캠페인을 자본주의 비판과 연결하는 것을 명시적으로 거부했다. https://www.ft.com/video/69bca16a-8be6-448c-b097-c2b73f8b2010.

에 대한 이야기가 끊임없이 따라 나온다), 화폐도 전체와 분리된 것처럼 보인다(여기에서 화폐는 단지 교환 수단일 수 있을 뿐이라는 생각이 따라 나온다). 국가는 사회적 관계의 총체성으로부터 분리되어 있지 않음에도 마치 그런 것처럼 보인다. 환멸의 너무 많은 발생기들, 너무나 많은 희망들이 이 외관상의 분리에 맡겨졌다가 이내 땅바닥에 내동댕이쳐졌다. 그리고 그것의 결과로 너무나 많은 피로와 냉소주의, 받아들일 수 없는 것에 대한 너무나 많은 수용이 나타났다.

따라서 자본의 논리는 투쟁의 논리이며, 반복해서 부과되고 다시 부과되어야 하는 논리이다. 하지만 그것은 매우 강력하고 내부적으로 응집력 있는 논리이다. 아마도 그것은 결코 완전히 부과될 수 없을 것이며 완전히 받아들여지지도 않을 것이다. 왜냐하면 그것은 항상 힘과 잔인한 폭력에 의해 뒷받침되기 때문이다. 그럼에도 불구하고 그것은 반대를 반복적으로 패퇴시키며 우리를 파괴를 향해 밀어붙이는 매우 강력한 논리이다. 그것은 응집cohesion이라는 내적 힘에서 자신의 힘을 끌어내는 논리이다.

개혁주의는 자본 논리의 존재나 힘을 부인하려는 시도이다. 개혁주의는 환멸로, 그리고 죽음의 동역학의 재생산으로 이어진다. 일반적으로 자유주의적 사고는 그 논리 사슬의 연결을 이해하거나 중시하는 것을 거부한다. 사회적 관계의 각 형태(화폐, 국가 등등)는 총체성에서 추상된다. 그리고 그것이 갖는 형태로서의 성격은 부정된다. 그것은 그 역사적 특유성으로부터의 추상 속에서 이해될 뿐만 아니라 사회관계의 총체화하는 동역학에서 차지하는 그 위치로부터의 추상 속에서 이해된다. 그래서, 예를 들어, 우리는 국가가 지구 온난화를 통제할 수 있을 것이라고 확신하게 되는데 이 확신에는 한편으로는 국가와 자본 축적 사이, 다른 한편으로는 자본 축적과 지구 온난화 사이의 연결에 대한 고려가 전혀 없다.

논리적인 (그리고 실제적인) 연결을 보는 것에 대한 이러한 거부, 그리고 우리 모두가 연루되어 있는 사회적 응집의 힘을 보는 것에 대한 이러한 거부는 더 나은 정부에 대한 선거적 희망에 국한되지 않는다. 그것은 더 나은 세상을 위한 투쟁에서도 반복되는 주제이다. 예를 들어 그것은 탈성장과 공통장에 관한 논쟁들에서도 나타난다.[4] 자본의 총체화하는 힘을 보거나 실제로 언급하는 것을 꺼리는 경우가 종종 있다. '자본'은 거의 금기시되는 단어가 되었다. '자본'을 언급하면 사회관계를 총체화하는 실재적 힘에 주의를 기울이는 것이 아니라 오래되고 공허한 만트라를 반복하고 있는 것으로 여겨진다. 우리가 화폐를 폐지할 필요가 있다고 주장해 보라. 그러면 당신은 미친 것으로 간주될 것이다.

자본의 논리는 현존하는 사회적 응집 패턴의 힘으로 이해될 수 있다. 이 사회에서는 사랑하고 행위하고 나누고 노래하고 춤추는 것의 자유로운 흐름을 통해 사회적 응집이 이루어지지 않는다. 그 응집은 마치 딴 세상에 있는 것처럼 말이다. 자본주의 사회에서 사회관계의 흐름은 엉겨 붙어서 맑스가 사회관계의 형태들이라고 비판한 것으로 응고된다. 자본의 논리는 이러한 형태들 사이의 역동적 응집이다. 그것은 착취에 기반한 사회적 응집이고 세계 인구의 매우 많은 부분을 비참한 생활 조건에 처하게 하는 응집이며 우리 모두를 파멸로 몰아가고 있는 응집이다. 그것은 끊임없는 공격을 통해, 저항이나 반란, 다른 삶의 방식의 추구에 대한 공격을 통해 스스로를 재생산하는 논리이다.

---

4. '공통장'(commons)의 상이한 해석들에 대한 탁월한 검토로는 Clare and Habermehl 2016을 참조하라.

21

속박의 약점은 형태들 간의 연결이 아니라
그것들의 내적 적대에 있다.

'만약 x라면 그러면 y다'가 자본의 논리라면, 그러면 우리는 '만약 x
라면'을 열어야 한다.

자본의 논리 구조는 우리를 각자의 자리에 묶어 파괴로 향하는 기차
에 단단히 고정된 채 앉아 있게 한다. 이 논리는 우리에 대한 끊임없는 공
격이며 끊임없이 문제가 된다. 바로 앞의 절에서 우리는 자본의 지배에 대
한 저항이 다양한 형태의 사회관계들 사이의, 즉 상품과 화폐, 화폐와 자
본, 자본과 국가 사이의 연결을 끊으려고 시도하는 방식들 중의 몇 가지
에 대해 살펴보았다. 각각의 경우에서 우리는 이 각 시도들이 거대하고 응
집적이며 체계화된 자본의 논리에 어떻게 맞서는지를 살펴보았다.

그 속박을 깨뜨리는 것에 대해 우리가 생각할 수 있는 또 다른 방식
은 형태들 사이의 연결이 아니라 각 형태 내부의 적대에 초점을 맞추는
것이다. 제시된 논리는, 정체성주의적 논리로 간주될 수 있는 순차적 논
리였다. 그것은 만약 x라면, 그러면 y이다의 형식을 취한다. 만약 상품이라
면, 그러면 가치이다 식으로 말이다. 그것은 하나의 형태가 다른 형태에서

파생되는 파생[도출]의 논리이다. 그 논리는 우리가 순차적 연결을, 그러니까 그러면을 공격하도록 유도한다. 만약 x라면, 그러면 y이다가 제시되면 우리는 그 그러면을 공격하고 x라 할지라도, 반드시 y이지는 않다고 말함으로써 출구를 찾으려고 애쓴다. 그러나 아마도 우리는 그러면 y이다가 아니라 그 진술의 첫 부분인 만약 x라면에 초점을 맞춰야 할 것이다. 만약 x라면은 닫힌 정체성을 우리에게 제시한다. 그것은 순차의 출발점으로 당연하게 여겨지는 어떤 것이다. 그러나 만약 x라면, 그러면 y이다가 제시될 때 우리가 "만약 x라면이 뭘 의미하는지요? x는 우리가 받아들이지 않는 일종의 폐쇄이며, 우리는 그것을 열어젖혀서 그 정체성주의적 폐쇄인 만약 x라면이 은폐하고 있는 적대를 볼 필요가 있습니다."라고 말하는 것으로 응답한다면 어떨까?

그리고 나서 우리는 만약 상품이라면, 그러면 가치이다로 다시 돌아간다. 그리고 우리는 "예, 그 계열은 맞습니다. 하지만 만약 상품이라면이 감추고 있는 적대를 보려면 그것을 열어야 합니다. 아마도 그곳에서 희망을 찾을 수 있을 것입니다."라고 말한다. 그리고 아마도 우리는 다른 모든 형태의 사회관계를 열어서 그것이 우리에게 도움이 되는지 어떤지를 살펴볼 필요가 있을 것이다.

우리가 상품을 어떻게 열 수 있을까? 맑스는 이에 대한 대답을 제시하지만, 우리가 살펴본 것처럼 그가 제시한 그 대답에는 문제가 있다. 『자본』의 첫 문장에서 그는 "자본주의적 생산양식이 지배하는 사회의 부는 상품의 거대한 축적으로 나타나며 그것의 단위는 개개의 상품이다."라고 말한다(Marx 1867/1965, 35 [2015]; 1867/1990, 125 [2015]). 문제는 그에 바로 뒤따르는 문장에서 발생한다. "그러므로 우리의 연구는 상품 분석에서 시작해야 한다"(35; 125). 그런 다음에 그는 우리가 이미 살펴본 가치, 추상노동, 화폐 등등의 다른 형태를 도출해 내기 위해 계속 나아간다. 맑스주의적 분석은 거의 예외 없이 맑스의 두 번째 문장을 따라 상품을 출발점으로 삼는다.

이것[맑스의 이 대답]이 문제적인 이유는 두 번째 문장에서 맑스가 만약 x라면, 그러면 … 이라고 말하면서 만약 상품이라면, 그러면 … 이라는 식으로 뒤따라올 모든 것에 길을 열어주기 때문이다. 그러나 이것은 이미, 첫 번째 문장에서 열린 것의 폐쇄를 가져온다. 첫 번째 문장은 맑스의 『자본』에 관한 방대한 문헌[1]에서 거의 완전히 무시된다. 이것은 중요한 이론적, 정치적 함의를 가지고 있다. 첫 번째 문장을 무시하는 것은 맑스주의 이론을 반자본주의 투쟁과 분리시킨 이론적-정치적 별자리의 일부이다.

두 번째 문장은 분명히 사실이 아니다. 맑스는 자신의 분석을 상품에서 시작하고 있다고 말하지만 사실상 그는 이미 다른 범주인 부 또는 풍요에서 분석을 시작했다. "자본주의적 생산양식이 지배하는 사회의 부는 상품의 거대한 축적으로 나타난다." 두 번째 문장은, 적어도 자본주의 사회에서는 부/풍요와 상품 사이에 동일성이 있음을 시사하는 반면, 첫 번째 문장은 이것이 동일성이 아님을 분명히 한다. 부는 상품으로 나타난다는 것이 그것이다. 이것은 비동일성에 대한, 거리에 대한 명확한 진술이다. 첫 번째 문장은 부/풍요에서 출발하여 그것이 상품과 동일하지 않지만 상품 형태로 존재하거나 혹은 상품으로 나타난다는 것을 분명히 한다.

맑스가 『요강』에서 주장한 것처럼, 만약 우리가 상품 형태 너머에 존재하거나 존재할 수 있는 풍요를 생성의 절대적 운동을 의미하는 것으로 취할 수 있다면, 상품 형태를 벗어버린 풍요richness와 상품 형태로 존재하는 부wealth 사이에 맹렬한 적대가 있을 것임이 분명하다.

---

1. 첫 번째 문장과 그 해석에 대한 자세한 논의는 Holloway 2015를 참조하라. 더 나아가, 『자본』에 대한 반정체성주의적 독해에 대해서는 Holloway 2018 및 Holloway 2019를 참조하라.

우리는 이 적대를 어떻게 이해할 수 있을까? 그것은 오, 풍요/부가 생성의 절대적 운동이 될 수 있다면 좋지 않을까?라고 생각하는 맑스의 백일몽일 뿐일까? 아니면 그가 지나간 과거의 어떤 상상의 황금기를 언급하고 있는 것일까? 아니면 죽어 묻힌 어떤 것을 가리키고 있는 것일까? 맑스가 이와 같은 풍요의 개념을 갖기 위해서는 모종의 누출, 모종의 넘쳐흐름이 있어야 한다. 어떤 면에서 풍요는 상품 형태에 완전히 포섭되지 않는다. 거기에는 어떤 넘쳐흐름, 어떤 어긋남이 있다. 객체는 잔여 없이는 개념에 끼워 맞춰지지 않는다. 첫 번째 문장에서 맑스는 우리로 하여금 풍요를 상품 형태에 대한 내재적으로-넘쳐흐르는 부정으로 생각하도록 초대하는 반면, 두 번째 문장에서 그는 만약 x라면, 그러면…, 만약 상품이라면, 그러면…이라는 식으로 계속함으로써 그 초대를 접는 것으로 보인다. 아니 다시 말해, 첫 번째 문장은 풍요가 상품 형태 안에서-대항하며-넘어서 존재한다고 암시하는 반면, 두 번째 문장은 그것이 (적어도 지금은) 상품 형태로만 존재한다고 가정한다.

만약 x라면 그러면 y이다의 논리 계열이 틀린 것은 아니다. 그것은 실제로 자본주의 사회에서의 사회적 응집이나 사회적 종합의 힘을 포착한다. 그러나 사회적 응집의 논리는 억압이다. 그것은 이론적이고 실제적인 억압이다. 아도르노(Adorno, 1966/1990, 39)는 그것을 다음처럼 아름답게 표현한다. "논리과학은 가장 단순한 의미의 말로 표현해 추상적이다. 일반적 개념들로의 환원은 그 개념들에 대한 대항-행위소를, 요컨대 관념 변증법이 자랑스럽게 품고 펼치는 저 구체적 요소를 선제적으로 제거하는 것이다." 이 경우에 만약 x라면, 그러면 y이다 : 만약 상품이라면, 그러면 가치이다는 이 개념에 대한 대항-행위소를 선제적으로 제거하는 것이다. 만약 상품이라면, 그러면 가치이다의 논리에 의해 제거되는 대항-행위소는 풍요이다. 맑스주의 전통이 첫 번째 문장을 무시하고 두 번째 문장과 그로부터 이어지는 일련의 논리적 도출에 기반을 두는 한, 맑스주의 전통은 이러한 대항-행위소의 제거에 참여하는 것이다. 우리에게서 도전은, 투쟁의 운동에 의해 열리고 있는 그 도전은 만일 x라면 그러면 y이다 : 만약 상품이라면, 그러면 가치이다 등등에서 축적하라! 축적하라! 그것이 모세요, 예언자다로 이어지는 (멸종 가능성을 수반하는) 그 논리의 압도적인 힘에 대항하는 투쟁에서 이 대항-행위소의 힘을 회복하는 것이다.

풍요는 상품 안에서-대항하고-넘어서 나아간다.

그것은 단순히 개념적 넘쳐흐름, 개념적 대항-행위소인가? 사실 모든 부는 상품 형태로 존재하지만 맑스가 어떤 이유 때문에 그것이 다를 수 있다고 상상했을 수도 있을 것이다. 그런데 그럴 것 같지는 않다. 오히려 가능성이 더 높은 것은 상품 형태에 완전히 끼워 맞춰지지 않는 풍요의 개념이 경험적이거나 물질적인 기반을 가지고 있을 가능성이다. 다시 말해, 맑스는 영리하거나 매우 상상력이 풍부한 사람이었을 뿐만 아니라 상품 형태에 완전히 포섭되지 않는 풍요에 대한 생각으로 그를 이끈 무언가가 그의 사회적 경험 속에 있었다. 일단 우리의 논의가 이 지점에 이르면 우리 모두가 상품 형태를 넘어서는 풍요를 경험한 바 있다는 점이 분명해진다. 지난주에 내가 친구들을 위해 요리한 저녁 식사가 그렇고, 내가 길가에서 딴 꽃이 그러하며 오늘 아침 내가 샤워하면서 불렀던 노래가 그렇다. 그리고 그 외에 그런 것이 많다. 모든 풍요가 상품 형태에 포섭되는 것이 아님이 분명하다. 맑스가 자신은 상품에서 시작하고 있다고 주장할 때 그것을 정당화해 주는 것은, 그리고 (우리가 논의한) 지배의 논리적 사슬의 기초를 제공하는 것은 상품 형태가 부의 지배적 형태이며 점점 더 지배적으로 되고 있다는 사실이다. 내가 지금 쓰고 있는 이 문단은 상품 교환을 목적으로 써진 것이 아니지만 (그것이 책이 되어 당신 손에 있게 되면 그것이 상품의 일부가 될 것이라 할지라도 말이다) 내 책상은 상품으로 가득 차 있다. 내가 글을 쓰는 컴퓨터, 나의 차＊를 담는 컵, 차 그 자체, 나의 휴대폰, 내가 가진 『자본』, 공책 등 이 모든 것이 상품이다. 나 자신의 재생산은 내가 내 노동력을 상품으로 대학에 판매한다는 사실에 달려 있다는 점은 말할 필요조차 없다. 모든 풍요가 상품 형태에 끼워 맞춰지는 것은 아니지만, 상품은 풍요의 지배적 실존 형태이다. 그것은 풍요의 지배적 형태일 뿐만 아니라 점점 더 지배적으로 되어 가고 있다. 말하자면 풍요는 이십 년 전 또는 오십 년 전보다 훨씬 더 상품화되었다. 단 두 가지만 예로 들면, 교육이나 우리가 먹는 음식이 그렇다. 상품은 사실상 상품화의 과정이며 풍요를 상품화하는 과정이다.

풍요가 상품 형태 밖에 있다고 말하는 것이 아니다. 현대 자본주의에서 상품 형태는 너무나 널리 퍼져 있어서 상품 형태를 완전히 벗어나 있는 풍요를 상상하기는 어렵다. 어떠한 순수성도 없다. 풍요는 상품 형태 안에 존재하지만 상품 형태에 대항하고-넘어서 존재한다. 여기에 적대가 있다. 풍요는 상품 형태에 의해 포획되지만 동시에 상품 형태에 대항해 밀치고 나아가며 상품 형태를 넘어서 나아간다. 상품 형태는 모든 형태와 마찬가지로 하나의 과정, 하나의 형태-과정 또는 형성 과정이고, 풍요에 형태를 부여하는 과정, 풍요를 자신의 제약에 종속시키는 과정이다. 상품은 풍요를 가두기 위한 투쟁인 반면, 풍요는 상품 형태로부터 자신을 해방시키려고 노력하는 저항-반란이다.

풍요는 흐름이며 생성의 절대적 운동이다. 생성의 흐름은 상품 형태로 동결되거나 경직되지만 완전히 그렇지는 않다. 상품 형태에 대항하고-넘어서 나아가는 잠재적 저류가 언제나 있다. 그 저류는 어떤 순간에는 눈에 보이고 다른 순간에는 아주 숨겨져 있지만, 항상 대항하고-넘어서의 이 전복적인 추진력과 함께 존재한다. 풍요의 흐름은 희망의 운동이다.

그것은 풍요를 존재론화하는 것, 그것에 일종의 초역사적 성격을 부여하는 것의 문제가 아니다. 그것은 언제나 대항-풍요, 아니 더 정확하게는 안에서-대항하고-넘어서의-풍요이다. 지난 수백 년 동안 그것은 상품화 안에서-대항하고-넘어서의-풍요였고 그전에는 봉건제 사회나 노예제 사회의 경직성에 의해 생성에 부과된 한계 안에서-대항하고-넘어서의-풍요였다.

풍요는 부정적이고 적대적인 안에서-대항하고-넘어서의-풍요이다. 생성의 절대적인 운동은 긍정적으로 존재하는 것이 아니라 자신을 부정하는 물신화되고 제도화되고 경직된 임들[존재들]isnesses 안에서-대항하고 넘어서는 추진력으로만 존재한다. 그것은 그 자신의 부정이라는 양식 속에서, 그리고 따라서 그 자신의 부정에 대항하는 운동으로 존재한다. 『요강』에서 맑스가 부르주아적 형태가 벗겨진 것으로 묘사한 풍요는 블로흐의 용어를 사용하면 아직-아님이다. 하지만 그것은 지금은 약속으로서, 우리가 추구하는 어떤 것으로서 존재할 뿐만 아니라 적대의 현재적 극으로 존재하는 아직-아님이다. 우리가 우리 자신의 생성의 풍요를 추구하는 것은 그것이 부재하기 때문이 아니라 그것이, 상품 형태에 의해 부정되는 부정의 형태로 존재하기 때문이다. 우리의 희망은 지향하는-희망 hope-towards이 아니라 안에서-대항하고-넘어서의 희망이다. 우리는 우리를 파멸로 이끄는 기차 안에 앉아 있다. 우리의 희망이 아니요NO라고 말하는 때는, 우리가 창문을 부수고 비상 브레이크를 발견하여 문을 열고 뛰어내리려 할 때, 다시 말해 우리가 이 세상에 분노하여 그 너머로 나아갈 때다.

풍요는 잠재성으로, 부정적이고 적대적인 잠재성으로, 지하적이고 파괴적인 화산 활동으로 존재한다. 맑스가 『요강』의 그 문단에서 있을 수 있는 풍요(우리의 창조적 잠재력의 절대적인 작동)와 자본주의 사회에서 그것의 현존(완전한 공동화空洞化) 사이에 설정한 대비는 애도가 아니라 생생한 적대감으로 이해될 때에만 제대로 이해될 수 있다. 이와 마찬가지로, 자본주의 사회에서 풍요는 상품의 거대한 축적으로 나타난다고 말하는 『자본』의 첫 번째 문장은 우리가 풍요와 상품 사이의 관계를 정체성주의적 폐쇄로서가 아니라 살아 있는 적대로 이해할 때에만 제대로 이해될 수 있다. 그 문장은 풍요가 상품에 끼워 맞춰짐과 동시에 적극적으로 그것에 어긋나지 않는다면 써질 수 없었을 것이다.

'만약 x라면'을 깨뜨려라 : 상품 형태에 대항하는 풍요. 부에 대항하는 풍요.

상품은 풍요에 대한 속박이며 수많은 매듭과 마디를 통한 고정이고 사회관계의 물신화된 형태이다. 속박의 매 지점에는 묶음줄을 잡아당김, 안에서-대항하며-넘어서의 밀침, 저항 같은 것이 있고 그런 것이 아니라도 최소한 주저함 같은 것은 있다. 자본의 과제는 쟁기를 위로 아래로, 다시 위로 아래로 끌어당기는 두 마리의 말이나 소에게 마구馬具를 채워 활용하는 것 같은 조화로운 마구-채우기harnessing를 달성하는 것이다. 여러 면에서 자본이 인간 노동에 마구를 채워 극히 효과적으로 활용한다는 것은 의심의 여지가 없다. 마구-채우기가 노동자와 인간의 삶 및 지구에 재앙적이지만 그것이 효과적이라는 것을 부인하기는 어렵다. 그러나 마구-채우기의 각 매듭에는 눈에 보이든 보이지 않든 항상적인 긴장이 있다. 공공연한 반란, 잠재적 반란, 또는 속박을 점차로 약화시키는 저항의 마모 작용 등이 그것이다.

효과적인 마구-채우기와 묶음줄에 가해지는 지속적인 긴장, 이 둘 모두가 중요하다. 전통적 맑스주의는 효과적인 마구-채우기를 강조했다. 이러한 마구-채우기는 생산력의 엄청난 증가와 더불어 마구-채워진 노동계급의 형성으로 이어진다. 아마도 마구-채워진 노동계급은 자본의 도착적이고 파괴적인 성격을 돌파해서 마구-채우기를 자본주의적 도착으로부터 해방시킬 힘을 갖게 될 것이다. 만약 x라면 그러면 y이다 ; 만약 y라면 그러면 z이다 : 만약 상품이라면 그러면 '축적하라! 축적하라!'이다 ; 만약 (그것이 야기하는 끔찍한 파괴와 더불어서) '축적하라, 축적하라!'라면, 그러면 혁명적 노동계급의 형성이다. 만약 x라면, 그러면 y이다는 끔찍하다. 하지만 희망은 그러면 z이다에, 즉 '혁명적 노동계급의 형성이다'에 있다. 『자본』이 써진 지 150년이 지난 지금, 만약 x라면, 그러면 y이다는 계속해서 끔찍하며 맑스가 상상할 수 있었던 것보다 훨씬 더 나빠 보인다. 그런데 우리는 그러면 z이다를 잃어버렸다. 분명히 우리는 노동계급을 잃어버리지는 않았다. 우리는 마구-채우기가 혁명으로 이어질 것이라는 생각에 대한 확신을 잃어버렸다. 우리가 잃어버린 것은 체제의 논리가 우리를 다른 쪽으로 인도할 것이라는 생각에 대한 확신이다. 체제의 논리는 오히려 우리를 심연으로 데려가는 것 같다. [그런데] 역사 자체가 우리의 주의를 마구-채우기에서 묶음줄에 가해지는 긴장 쪽으로 돌리도록 밀친다. 이것은 마구-채우기의 효과를 부인하는 것이 아니다. 하지만 희망은 반대 방향에, 즉 마구를 풀기, 속박에서 벗어나기, 탈총체화에 놓여 있다.[2]

맑스 자신은 이 점에서 명확하지 않다. 『자본』 10장(영어 이외의 언어로 된 판본에서는 8장)에서 그는 노동력의 상품화를 완전히 수용하고 그 기초 위에서 자신의 권리를 위해 투쟁하는 계급이라는 관점에서 노동계급의 출현에 대해 논한다.[3] 매뉴팩처와 근대적 공업으로의 이행에 대한

---

2. 총체화와 탈총체화의 중요성에 대해서는 Tischler 2013을 참조하라.

그 뒤의 논의에서는 주도적인 역할을 하는 것이 오히려 노동자들의 반항이다.

우리의 논의에서 더 중요한 것은, 풍요, 사용가치, 구체노동, 협력, 사회적 노동의 생산력 등과 같은 (『자본』에서 발전된) 대항-범주들의 저류이다. 하지만 이 저류는 이후의 맑스주의적 논의에서는 상대적으로 거의 아무런 역할도 하지 않는다. 이 범주들은 다음 두 가지 방식으로 이해될 수 있다. 하나는 그것들이 상품, 가치, 추상노동, 산업, 자본주의 발전 등 지배적 형태에 효과적으로 마구-채워졌거나 포섭되어 있다는 것이고 또 하나는 그것들이 이 지배적 형태에 대항하는 끊임없는 긴장이나 저항 또는 반란 속에 존재한다는 것이다. 첫 번째 경우에서 강조점은 종속에 두어져 있다. 그 대항-범주들은 실제적으로 종속되어 있다. 그것들은 혁명을 사유하는 것에 정치적 관심을 갖지 않는다. 그리고 그것들은 변별적인 문법을 갖지 않는다. 이 책의 주장을 조형하는 두 번째 관점에서는, 외관상 종속되어 보이는 이 범주들이 중요성을 갖는다. 왜냐하면 그것들이 지배의 형태 속으로 깔끔하게 끼워 맞춰지지 않기 때문이다. 풍요는 지배적 상품 형태에 대항해서 넘쳐흐르거나 그것과 어긋나거나 긴장 관계를 이룬다. 사용가치는 가치와 긴장 관계에 들어간다. 구체노동(또는 내가 이 책의 어머니 격인 책과 할머니 격인 책에서 행위doing라고 부르는 것)은 추상노동과 긴장 관계에 들어간다. 협력은 산업 규율을 넘쳐흐른다. 창조성의 추진력은 결코 자본주의적 생산력의 발전에 완전히 가두어지지 않는다. 이 두 번째 접근 방식에서 대항-범주들의 문법은 본질적으로 부정적

---

3. 그래서 노동자가 자본가에 맞서 목소리를 높일 때, 그는 노동력이라는 자신의 상품을 판매할 조건을 방어하기 위해 그렇게 한다. "당신과 나는 시장에서 오직 하나의 법만을 알고 있다. 상품 교환의 법이 그것이다"(Marx 1867/1965, 233[2015] ; 또한 1867/1990, 342~343[2015] 참조).

이며, 내용이 그것의 형식을 넘어서는 반^反정체성주의적 문법이다. 정치적
으로나 이론적으로 이것은 거부의 문법이고 반란의 문법이다. 희망은 마
구-채우기에 있는 것이 아니라 그 마구-채우기를 부수거나 혹은 끊임없
는 마모를 통해 그 마구-채우기가 점점 더 취약해질 지점까지 마구-채우
기의 약화를 이끄는 반항과 비복종에 있다.

부에 대항하는 풍요. 풍요는 상품에 대항하는 데 머물지 않는다. 그것
은 부에, 자신의 형태, 자신의 또 다른 자아에 대항한다. 더 정확하게 말하
면 풍요는 부 안에서-대항하며-넘어선다. 풍요의 상품화는 풍요의 양적
재정의(사물들은 상품으로서 팔릴 수 있는 경우에만 생산될 것이라는
사실)에 그치는 것이 아니다. 더 중요한 것은 풍요의 질적 변형이다. 상품
화 과정 속으로 들어간 풍요는 다른 것, 즉 부가 되어 나온다. 생성의 절대
적 움직임인 풍요가 부로, 사물의 물질적이고 정량화할 수 있는 부로 변
형된다. 부는 풍요의 빈곤화, 정의할 수 있는 어떤 것으로의 축소이다. 부
는 풍요의 부정적 문법의 긍정화이며, 생성의 절대적 운동에 대한 억압이
다. 풍요의 부-화^{wealth-ification}는 막대한 결과를 가져온다. 그것의 위험은
상품화가 우리로 하여금 고유의 특색^{distinction}을 보지 못하도록 만든다
는 것이다. 우리는 상품화에 종속된 풍요, 상품화의 렌즈를 통과한 풍요
를 읽고 거기서 오직 부만을 본다. 풍요가 시야에서 사라진다. 풍요와 상
품 사이의 적대는 부와 상품 사이의 적대로 변형된다. 그 투쟁은 풍요의
해방을 위한 투쟁이라기보다 가치 생산의 제약들에서 벗어난 물질적 풍
부함^{plenty}의 세계를 위한 투쟁으로 된다. 자기결정은 풍요의 양상이지 부
의 양상이 아니다.

맑스는 정체성주의적 접근법과 반정체성주의적 접근법이라는 두 가
지 방식으로 읽을 수 있다. 맑스 자신이 어떤 독해법을 선호했을지는 이
차적으로 중요하다. 그는 다른 역사적 경험을 가지고 있었고 자신의 생각

이 '공산주의적' 억압을 정당화하기 위해 어떻게 사용될지 알지 못했다. 아마도 우리는 맑스(그리고 실제로 모든 저자)를 그 자신 안에서-대항하며-넘어서 읽을 필요가 있을 것이다.

우리가 맑스를 읽는 방법의 정확성에 대한 질문 너머에, 정확성에 대한 또 다른 보다 실질적인 질문이 있다. 우리가 살펴본 바 있는 좀 더 전통적인 관점은 인간 노동이 효율적으로 마구-채워지고 자본주의적 이윤 확대라는 목표에 효율적으로 종속된다고 가정한다. 이와 달리, 여기에서 제안되는 관점은 이 효율성이 항상 문제가 되고 언제나 그 묶음줄에는 노동에 대한 효율적 명령을 의문시하는 긴장이 있다는 것이다. 이것은 어느 정도까지는 분명히 경험적인 질문이다. 노동자의 반항이 매우 명백한 때가 분명히 있다. 1960년대와 1970년대에 이탈리아 오뻬라이스모 운동에 영감을 준 이탈리아 북부의 자동차 공장이 분명히 하나의 적절한 사례이다.[4] 그러나 반항의 표현이 이에 가담한 노동자에게 재앙적인 결과를 초래할 수 있는 다른 상황도 분명히 있다. 그러나 노동에 대한 자본의 명령 속에 반항 또는 비복종이 필연적으로 출현하도록 만드는 그와 다른 상황도 있다. 우리가 가치를 인간 노동에 마구를 채워 자본을 위해 이용하는 것으로 생각한다면 거기에는 앞에서 언급한 것, 즉 말이나 소에게 마구를 채워 쟁기질을 하게 하는 것과는 다른 중요한 요소가 있다. 그 차이는 명령 관계로서의 가치의 동역학에 있다. 가치가 사회적 필요노동시간에 의해 측정된다는 사실은, 가치가 가치 생산이 의미하는 것의 부단한 강화 또는 가속에 기반한다는 것을 의미한다. 필연적으로 가치는 더-빨리-더-빨리-더-빨리이다. 이것은 언제나처럼 평화로운 리듬으로 밭을

---

4. 나의 글 「닛산의 붉은 장미」(Holloway 1987/2019a)에서 논의한 영국의 브리티쉬 레이랜드 사례도 참조하라.

갈며 오르락내리락하는 마구-채워진 말이나 소의 목가적 이미지와는 사뭇 다르다. 가치법칙에 새겨진 더-빨리-더-빨리-더-빨리는 필연적으로 인간 활동을 속박하는 마구-채우기의 긴장을 의미한다. 이 긴장은 노골적이거나 은밀한 반항으로 표현될 수도 있고, 그저 비복종으로 표현될 수도 있으며, 때로는 노동자가 자본의 강화하는 긴급성을 만족시킬 정신적 또는 육체적 능력을 가지고 있지 않다는 사실로만 표현될 수도 있다.

노동이 이러한 논변의 중심에 놓여 있다. 노동은 인간의 활동을 자본을 위해 복무하도록 마구-채우기에 우리가 붙이는 이름이다. 이러한 마구-채우기 때문에 노동계급이 형성되고 노동운동이 건설된다. 노동운동은 마구-채워진 노동자들의 이익을 위해 투쟁한다. 그래서 혁녕석 변혁의 희망이 노동운동에 귀속된다. "만약 x라면 그러면 y이고 그러면 z이다 ; 만약 자본이라면 그러면 노동이고 그러면 혁명이다." 혁명적 희망은 자본에 대항하는 노동의 투쟁에 놓여 있다. [그런데] 이 논변은 지금까지 실패해 왔다. 그 이유는 지금까지 노동계급이 자신의 임무나 z를 달성하는 능력에서 실패했기 때문이 아니다. 그 이유는 만약 x라면, 그러면 y이다에 결함이 있기 때문이다. "만약 상품이라면 노동이다." 그것은 폐쇄이다. 실제로 필요한 것은 다음과 같은 것이다. "만약 상품이라면 그러면 인간 활동을 노동으로 변형시키기 위한 자본의 끊임없는 투쟁과 이 과정에 대항하는 끊임없는 저항과-반란이다."가 필요하다. 필요한 투쟁은 자본에 대항하는 노동의 투쟁(비록 이 투쟁이, 인간 활동이 노동에 갇히는 정도만큼 존재하지도 않지만 말이다)이 아니다. 그 투쟁은 노동-자본에 대항하는 인간 행위의 투쟁, 노동으로부터 우리의 활동을 해방하려는 투쟁이다.

오뻬라이스모적 또는 자율주의적 전통은 노동에 대한 자본주의적 명령 문제에 초점을 맞춤으로써 자본주의적 지배가 언제나 쟁점이 되고 있음을 강조한다.[5] 이것은 매우 유용한 주장이다. 하지만 이에 대해서는 두 가지 논평을 덧붙여야 한다. 첫째, "노동에 대한 명령"이라는 말은 동어반복이다. 왜냐하면 효과적으로 명령된 활동만이 노동이기 때문이다. 명령을 받지 않는 노동은 노동으로 성공적으로 전환되지 않은 활동이기 때문이다. 다른 논평은, 노동에 대한 명령이라는 생각이 가치 생산이라는 선행적 질문보다 그에 뒤따르는 잉여가치 생산 문제에 우리의 주의를 기울이게 한다는 것이다. 우리가 노동력을 판매할 때 우리는 노동력의 구매자인 고용주의 명령 아래에 놓인다. 그런데 그 명령은 우리가 따를 수도 있고 따르지 않을 수도 있는 것이다. 그러나 거기에는 선행 단계가, 즉 우리로 하여금 노동력을 팔게 만드는 힘이 있다. 그리고 이것은 오직 풍요의 상품화라는 관점에서만 이해될 수 있다. 달리 말하면, "노동에 대한 명령"이라는 문제는 모든 사회적 활동, 모든 풍요, 모든 생성을 상품 형태 속에 속박하는 더 폭넓은 문제의 중심축이다. 그러므로 도전은 노동자들이 자본가의 명령에 대항하여 반란하는 것일 뿐만 아니라(이것은 늘 일어나는 일이다) 우리 모두가 화폐를 통해 풍요를 상품으로 속박하는 것을 파괴하는 것이기도 하다(이것 또한 늘 일어나는 일이다).

  자본주의적 속박의 기본 요소들에 대한 반란은 비록 종종 모순적인 방식으로지만 최근 몇 년 동안에 증가되어 왔다. 이것은 결정적으로 노동거부를 포함한다. 노동거부는 투쟁에 참여한 수많은 다양한 그룹들에 의해 표현되어 왔는데 자율주의 전통의 작업, 독일의 〈위기〉Krisis 그룹 및 〈탈주〉Exit 그룹과 연관된 사람들의 작업, 그리고 캐나다의 모이쉬 포스톤의 작업 등이 그것이다. 그 외에도 '게임의 규칙'에 따라 게임을 하기를 거부하는 많은 경우들이 있다. 이것들은 (맑스의 〈공장법〉 분석에서의 노동자들처럼) "우리는 정의된 사회적 응집의 규칙 안에서 우리가 얼마나

---

5. 해리 클리버의 작업(Cleaver 2015)은 이러한 관점을 발전시키는 데 항상 큰 도움이 된다.

강력한 힘일 수 있는지를 보여줄 것이다."라는 어떤 관념에서 출발하는 운동이 아니라 "우리는 당신의 규칙에 따라, 당신의 사회적 응집 화학에 따라 게임을 하지 않을 것이다."라는 관념에서 출발하는 운동이다. 그리고 아마도 이것들은 "우리는 당신의 논리, 당신의 문법을 받아들이지 않을 것이다. 우리는 다른 게임을 하고 있다. 우리는 우리 자신의 반논리, 반문법에 따라 사회적으로 응집하는 다른 방식을 가지고 있다. 우리 게임은 당신의 부와 맞서는 풍요이다."에서 출발하는 운동일 것이다. 사회적 응집의 지배적 문법 전체에 대한 이러한 거부는 무엇보다도 여성 운동, 원주민 운동, 인종주의 반대 운동의 주요 요소였다. 만약 x라면의 기본 규칙에 대한 이러한 거부는 수많은 다양한 투쟁에서 자신감과 창조성이 급증하도록 만들었다.

22

속박을 풀기 : 혁명을 혁명하기.

희망은 혁명적이다. 우리는 가치를 확장하려는 충동에 의해 형성되는 사회가 아니라 공통화하는 자기결정에 기반을 두고 서로의 존엄성을 인정하기 위해 노력하는 사회를 만들기를 희망한다.

그러나 혁명은 상상하기가 어렵고 또 무섭다. 20세기의 위대한 공산주의 혁명들(특히 러시아와 중국의 혁명)은 우리들 중 많은 사람들이 살고 싶어 하는 사회를 만들지 못했다. 그 혁명들의 온갖 아픔과 열정과 고통은 그만한 가치가 있었을까? 분명히 아니다. 그리고 어떻든, 오늘날 우리가 혁명을 꿈꿀 수 있다고 하더라도 그것을 실현할 수 있는 혁명 세력이 어디에 있는가? 그렇다면 왜 그것에 대해 계속 이야기하는가? 그냥 그런 생각 전체를 잊어버리는 것이 낫지 않을까?

혁명적 희망을 계속 주장하는 두 가지 이유가 있다. 첫 번째는 우리가 지금 엄청난 어려움과 파괴를 야기하고 우리를 재앙적 미래로 혹은 그저 어떤 미래도 없는 멸종으로 몰아가는 것처럼 보이는 사회적 동역학에 붙들려 있다는 것이다. 그리고 우리를 둘러싸고 있는 폐허[1]에서 발생하고

---

1. 이 폐허에 대한 벤야민의 설명은 잘 알려져 있지만 언제든 다시 반복할 만한 가치가 있

있는 다른 하나의 이유는 있을 수 있는 세계, 즉 상호 부조와 상호 인정에 기반한 사회적 관계의 세계를 창조하려는 채울 수 없는 갈증, 채울 수 없는 허기이다. 우리를 앞으로 밀어붙이는 폭풍, 우리 내면 깊은 곳에서 울려 퍼지고 우리를 계속 끌어당기는 아직-아님이다.

우리가 혁명적 희망에 대해 생각하는 방식은 우리가 적을 이해하는 방식과 큰 상관이 있다. 자본은 여기에서 속박으로, 즉 화폐의 형태 속에서 가장 눈에 띄는 속박으로 제시되었다. 화폐는 우리를 하나의 논리로, 이윤의 논리, 가치 확장의 논리로 속박한다. 자본주의는 착취에 기초한 계급사회이다. 하지만 우리가 이 논의에서 강조한 것은 그것이 아니다. 자본주의적 착취는 상품으로서의 노동력의 판매 및 구매를 통해 매개된다. 그것은 화폐를 통해 매개된다는 것을 의미한다. 살아남기 위해서는 그리고 인간 활동의 산물을 즐기기 위해서는 화폐가 필요하다는 사실이 우리로 하여금 우리의 활동을 노동으로 전환하도록 강제한다. 일단 우리의 활동이 노동으로 변형되면 그것을 착취하는 것이 가능해지고 그것으로 하여금 자본에 의해 전유되는 잉여를 생산하도록 강요하는 것이 가능해진다.

여기에는 두 가지 적대적 과정이 포함되어 있다. 첫째는 우리의 일상

다. "〈새로운 천사〉라고 이름 붙은 클레의 그림은, 마치 그가 시선을 고정하고서 사색을 하고 있는 어떤 것으로부터 막 떠나려 하듯이 그것을 쳐다보고 있는 천사를 보여준다. 그의 눈은 응시하고, 그의 입은 열려 있고, 그의 날개는 펼쳐져 있다. 이것이 한 작가가 역사의 천사를 묘사하는 방법이다. 그의 얼굴은 과거를 향하고 있다. 우리가 일련의 사건을 인지하는 곳에서 그는 잔해 위에 잔해를 계속 쌓으면서 그것을 그의 발 앞에 던지는 단 하나의 파국을 본다. 천사는 머물고 싶어 한다. 그리고 죽은 자를 깨우고 부서진 것을 온전하게 만들고 싶어 한다. 그러나 천국(Paradise)에서 폭풍이 불어오고 있다. 폭풍이 너무나 거칠게 그의 날개를 휘감아 천사가 더 이상 날개를 접을 수 없을 정도다. 이 폭풍은 그가 등을 돌리고 있는 미래로 그를 저항할 수 없게 밀어붙이고 그 앞의 잔해 더미는 하늘로 치솟는다. 이 폭풍은 우리가 진보라고 부르는 것이다"(「역사철학에 관한 테제」9 : Benjamin 1940/1969[2008]).

활동이나 행위를 노동(추상노동 또는 소외된 노동)으로, 즉 가치를 생산할 (또는 가치 생산을 지원할) 필요에 따라 규정되는 훈육된 활동으로 전환하는 것이다. 둘째는 자본으로 축적할 수 있는 잉여가치를 극대화하기 위해 이 노동을 착취하는 것이다.

전통적인 맑스주의 분석은 잉여가치 생산을 강조하고 가치 생산을 무시했다. 노동은 이미 존재하는 범주로 가정되며 노동의 이중적 성격의 중심성에 대한 맑스의 주장에 어떤 주의도 기울이지 않았다. 가시화된 유일한 적대는 노동과 자본 사이에 있다. 그것이 계급투쟁으로 이해되는 것이다. 혁명은 자본을 전복하기 위한 노동의 투쟁으로 간주되며, 그 주체는 노동운동, 즉 노동에 기초하여 조직된 운동이다.

여기서 나의 주장은 강조점을 가치 생산으로, 따라서 인간 활동의 노동으로의 변형으로 옮긴다. 잉여가치 생산의 경우에서보다 덜 명백하긴 하지만 이것도 적대적인 과정이다. 잉여가치 생산의 적대는 임금 투쟁, 노동조건 및 노동일의 길이에 대한 투쟁에서 가시화된다. 인간 활동을 노동으로 전환시키는 것의 적대는 이보다는 덜 가시적이다. 그것은 아침에 자명종과 싸우기, 아이들로 하여금 시계 시간을 받아들이도록 만들고 그들의 놀이를 숙제 의무에 종속시키도록 만들기 위한 수년 동안의 교육, 화폐 부족에서 유래하는 빈곤 등으로 나타난다. 이 적대는 쉽게 지각되지 않기 때문에 그만큼 덜 실재적인 것으로 느껴진다.

여기에 계급투쟁의 두 가지 수준이 있다. 잉여가치 생산의 적대는 계급투쟁, 즉 자본가계급에 대한 노동계급의 투쟁, 자본에 대한 노동의 투쟁이다. 가치 생산의 과정도 계급투쟁이다. 하지만 그것은 계급화의 투쟁, 우리를 계급 속으로 밀어 넣는 투쟁이다. 여기서 계급투쟁은 계급화하는 classify 투쟁이며 계급화되는 것에 대항하는 투쟁이다. 자본이라는 동역학은 우리의 활동을 노동 속으로 몰아넣는다. 이에 반해 우리의 투쟁은 노동에 대항한다. 첫 번째의 잉여가치 생산의 수준에서 자본에 대한 노동의 투쟁은 이미 노동으로 구성된 세계 안에서의 투쟁이다. 가치 생산의 수준에서 노동에 대항하는 투쟁은 그 세계의 구성constitution에 대한 투쟁이다. 잉여가치 생산에 초점을 맞추는 전통적인 접근 방식은 노동-자본의 세계가 자본주의의 시원(시초축적)에서 구성되었다고 가정하는 반면, 투쟁으로서의-가치-생산으로의 전환은 그 세계의 구성 및 재구성을 끊임없이 문제가 되는 것으로, 요컨대 계속적 과정으로 이해한다.

속박 과정으로서의 자본에 초점을 맞추는 것은 잉여가치에서 가치로 강조점을 옮기고 혁명의 의미를 다시 생각하게 한다. 전통적인 접근 방식은 계급에 대항하는 계급, 자본에 대항하는 노동, 권력을 위한 투쟁의 관점에서 혁명에 대해 서술한다. 이 접근법의 가장 큰 문제는 노동이 스스로 도전해야 할 체제 내에서 구성된다는 점이다. 이 난제에 대한 해결책으로서 제시되는 전위 정당은 결코 해결책이 아니다. 우리가 가치 생산으로 강조점을 이동할 때, 혁명적 사고의 중심은 계급에-대항하는-계급이 아니라 계급에 대항하는 투쟁, 계급-화에 대항하는 투쟁, 노동으로의 전환에 대항하는 행위/활동의 투쟁이라는 좀 더 깊은 의미에서의 계급투쟁이된다. 그것은 속박에서 벗어나기 위한 투쟁, 즉 속박을 풀고 탈총체화하려는 투쟁이다.

한 유형의 계급투쟁에서 다른 유형의 계급투쟁으로의 끊임없는 넘쳐흐름이 있다. 예를 들어, 파업은 계급에-대항하는-계급의 고전적인 예이다. 이 예에서 노동계급은 자본이 자신의 요구에 응하도록 강제하는 힘을 보여준다. 그것은 또 일반적으로 노동 그 자체에 대한 거부, 노동에 대항하는 의미 있는 활동에 대한 찬양이기도 하다. 가치에 대항하는against 투쟁과 잉여가치에 대한over 투쟁 사이의 구분은 인격적 구분이 아니다. 예를 들어 노동운동 안에서의 공장 노동자의 투쟁은 사보타주, 결근, 질질

끌기 등으로, 그리고 노동 자체에 대항하는 온갖 일상적 투쟁들로 끊임없이 넘쳐흐를 것이다. 그 경계가 항상 명확한 것은 아니지만 노동의 문맥에 속하는 투쟁과 노동에 대항하는 투쟁 사이의 구분은 여전히 중요한 것으로 남아 있다.

속박으로서의 자본을 강조하는가 아니면 탈속박 또는 탈총체화의 추동력으로서의 반자본주의를 강조하는가는 맑스주의 논쟁 내의 여러 이론적 경향과 관련이 있다. 자본을 끊임없는 투쟁으로서 이해하는 관점이 자율주의적 또는 오뻬라이모스적 역전[2]의 영향을 받았다는 점은 이미 우리가 살펴본 바의 것이다. 여기서 내가 하는 주장은 후자가 계급에-대항하는-계급의 틀 안에 남아 있다고 보는 점에서 전통적 관점과 다르다. 그것이 계급에-대항하는-계급의 틀을 그 극한으로까지 밀어붙이긴 하지만 말이다. 이 경향에 의해 발전된 자기가치화의 개념은 여기에서 발전된 풍요의 개념에 가깝다. 하지만 모든 범주들을 열어서 그것들의 내적 적대를 발견하는 것은 그 접근 방식이 발전시키는 것이 아니다.

잉여가치에 대한 강조에서 가치에 대한 강조로의 전환은 가치 비판에 대한 좀 더 폭넓은 논의와, 특히 소위 새로운 맑스 독해Neue Marx-Lektüre와 관련된다. 그러나 이들의 논의는 일반적으로 자신들의 독해의 정치적인 함의에 대해서는 숙고하지 않았다.

이 책의 첫 몇 줄에서부터 맺어져 온 또 다른 연결이 있다. 그것은 혁명의 임무는 역사의 기차에서 비상 브레이크를 당기는 것이라는 벤야민의 생각과의 연결이다. 이 매우 암시적인 은유는 역사적 유물론의 전통과 완전히 단절하면서 우리로 하여금 혁명적 변화를 재앙적인 감금으로부터

---

2. * 해리 클리버, 「마르크스주의 이론에 있어서의 계급관점의 역전」, 『사빠띠스따』, 이원영 옮김, 갈무리, 1998, 319~378쪽 참조.

의 탈출로 생각하도록 이끈다. 만약 우리가 비상 브레이크에 손이 가 닿을 수 없다면, 기차가 충돌하기 전에 우리가 기차에서 뛰어내릴 수 있는 어떤 방법이라도 있는 것일까?

그러니까 자본을 속박으로 제시하고 혁명을 탈속박으로 생각해야 한다는 주장은 자본이 무엇을 의미하고 우리가 혁명적 변화를 어떻게 상상할 수 있는지에 대해 최근 몇 년 동안 이루어진 훨씬 더 일반적인 재고 rethinking의 일부이다. 그리고 이러한 재고는 직접적으로든 간접적으로든, 소비에트 연방의 몰락과 혁명적이라고 자임하는 정당들의 쇠퇴 이후 반자본주의 투쟁의 성격 변화의 일부이다. 추측건대 여기에는 권력을 위한 투쟁에서 권력으로부터 단절을 추구하는 투쟁으로의, 자본주의적 권력의 행사에 방해물을 놓는 투쟁으로의 전환이 있었다. 다시 말해 자본주의적 의미에서의 가치 지배에 대립하면서 다른 가치를 주장하는 투쟁으로의 전환이 있었다. 공산당들의 붕괴와 소멸로 인해 투쟁은 구심적이기보다는 원심적으로 되었다. 우리는 벗어나고 싶다. 세상을 멈춰라. 우리는 내리고 싶다.

그러나 여기에는 엄청난 위험이 도사리고 있다. "우리는 벗어나고 싶다."는 것은 화폐의 지배에 전혀 도전하지 못하는 정체성주의적 파편화로 쉽게 귀결될 수 있다. 브렉시트Brexit는 이렇게 말한다. "우리는 거대 자본에 묶인 이 권위주의적인 관료주의에서 벗어나고 싶다. 우리는 우리 영국의 정체성을 회복하기를 원한다." "미국을 다시 위대하게"에서 자본으로부터의 도피는 1930년대 파시즘에서 그랬던 것처럼 가장 추악하고 가장 권위적인 형태의 자본으로의 도피가 된다. 탈속박이 우리에게 도움이 되려면 정체성주의적 탈속박이 아니라 반反정체성주의적 탈속박으로 이해되어야 한다.

탈속박으로서의 혁명. 그것은 혁명을 바꾸어 표현한 것이다. 하지만 그것이 정말 도움이 되는가? 그것이 혁명적 변형을 상상하는 것을 쉽게 만드는가? 소망적 사고Wishful Thinking의 유령은 언제나 우리 옆에 서서 모든 문장, 모든 단락을 쳐다본다. 그의 비판적 눈에 조소를 머금고 말이다. "매우 흥미로워. 매우 영리해. 하지만 당신은 그것이 정말 가능하다고 생각해? 이 탈속박이 일어나는 것을 당신이 실제로 볼 수 있을까? 나는 수많은 시도들, 수많은 균열들이 있다는 것을 볼 수 있어. 하지만 그 시도들과 균열들이 대★속박자Great Binder인 화폐Money를 물리치는 것을 당신이 정말 볼 수 있을까?"

조용히 하라, 유령이여. 나로 하여금 나의 논변을 계속 펼치도록 내버려두어 다오.

23

상품에 대항하는 풍요 :
세상은 두 가지 길에 직면한다.

이 모든 것이 우리를 희망에-대항하는-희망으로, 1월January의 사고로, 변증법으로 다시 데리고 간다.

한편으로 우리는 자본의 논리를, 그것 없이는 사회 발전이 이해될 수 없는 강력한 마구-채우기의 논리를 보았다. 이 논리는 강하게 응집적인 경향이며 일반적으로 너무 부드럽게 작용하기 때문에 투쟁으로 인식조차 되지 않는 끊임없는 투쟁이다. 그럼에도 불구하고 이 논리는 지금 여기에서 좌절, 비참, 파괴의 형태로 재앙적인 결과를 가져오고 있으며 우리를 멸종의 방향으로 몰아가고 있다. 그것이 이 책의 서문에서 서술한 기차이다. 그것은 우리가 비상 브레이크를 찾아야 할 바로 그 기차이다.

자본의 논리는, 좌파가 올바르게 자주 말해온, 공포 이야기이다. 사회가 조직되는 방식은 재앙적 결과를 가져온다. 지난 세기에 그것은 헤아릴 수 없을 만큼 많은 사람들의 생명을 아무 이유도 없이 무자비하게 앗아갔다. 그런데 이야기꾼은 종종 여기에서 멈춘다. 그녀는 종종 "그러므로 우리는 혁명을 일으켜야 합니다."라고 말하곤 했다. 하지만 이제 그것이 상상하기 어려워졌기 때문에 이야기가 통상적으로 결말 없이 거기서 멈추는 것이다. 통상적인 좌파 담론은 자본주의에 대한 끊임없는 비판인데 일반적으로는 거기서 더 나아가지 않는다.

자본의 논리는 "걱정을 왜 합니까? 우리는 난관을 헤쳐 나갈 것입니다. 우리는 다음번에는 더 좋은 정부에 투표할 것입니다."라는 저 모든 일상적인 표현에 대한 반박이다. 아마도 우리 모두는 그런 식으로 생각하거나 혹은 그런 식으로 생각하고 싶을 것이다. 하지만 사태는 그런 식으로 돌아가지 않는다. 이윤을 향한 전 지구적 추구와 화폐의 운동에 의해 창출되는 바람, 홍수, 폭풍이 발생시키는 힘은 너무나 커서 어떤 국가도 저항하기 어렵다. 설령 그들이 그것들에 저항하고자 할 때도 말이다. 코로나19 팬데믹으로 이어진 자연파괴는 어떤 특수한 정부의 결정에서 비롯되었다기보다 이윤 추구에서 비롯된 것이다. 자본의 논리는 개인의 의식적 결정을 훨씬 넘어서는 사회 세력들의 구조적 경향을 서술한다.

자본의 논리는 진보, 발전, 현실주의의 기차이다. 그것은 모든 저항에 맞서 끊임없이 반복되는 주장이다. 그것은 진보를 옹호하는 사람들이 계속해서 주장하는 것이기도 하다. 그들은 이렇게 말한다. (예컨대 영국 광산 노동자 대파업에서의) 광산 노동자들에게 동정이 가긴 한다. 하지만 그들은 진보에 고개 숙여야 한다. 멕시코 남부의 원주민 공동체들에게 동정이 가긴 한다. 하지만 그들은 진보가 결국 승리할 것이라는 점을 깨달아야 한다. 그것은 모든 사회적 관계, 모든 감정, 모든 꿈, 모든 저항을 보편적이고 논리적인 응집으로, 합리적인 응집으로 끌어당기는 총체화하는 운동이다. 왜냐하면 그것은 이성을 정의하는, 그리고 모든 흘러넘침, 모든 어긋남을 비합리적인 것이라며 기각하는 총체성이기 때문이다.

상호 연결된 모든 형태의 자본에서 그 아래에 잠재된 저류의 힘에 대해 우리가 말한다 할지라도, 그것은 그 논리의 압도적인 힘을 약화시키는 데 아무런 도움이 되지 않는다. "여기에 자본이 있고 저기에 반자본이 있으며, 때로는 하나가 우세하고 때로는 다른 것이 우세하다."고 말하는 것이 문제가 아니다. 그게 아니다. 우리는 자본주의 사회에 살고 있으며 자본의 논리는 이 사회가 발전하는 방식을 형성하는 데 압도적인 영향을 미친다. 그런데 이 살인적인 논리에 대한 끊임없는 저항이 있다. 그것은 분명히 그 논리의 실행에 심오한 영향을 미친다. 그러나 자본의 그 논리가 그 저항 때문에 사회의 발전을 형성하는 것을 멈추지는 않는다. 채굴주의에 대항하는 투쟁들이, 예컨대 공동체의 존재를 위협하곤 하는 광산 개방에 대항하는 투쟁들이 세계 곳곳에서 벌어졌고 종종 이 투쟁들이 성공했다. 하지만 자본은 계속 이동하며 자신의 광산을 열 다른 곳을 찾았고 어떻게든 다른 방법으로 이윤을 채굴한다. 괴물은 아식노 거기에 있나.

사회관계의 모든 자본주의적 형태는 일을 행하는 다른 방식, 삶의 다른 방식을 향한 추구를 가두기 위한 투쟁이다. 논리적 사슬의 각 단계, 자본주의적 관계의 각 형태는 그것과는 반대 방향으로 움직이는 잠재력을, 때때로 화산처럼 예측할 수 없게 폭발하지만 항상 거기에 있는 잠재성을 가둔다(또는 가두려고 한다). 그것은 자본주의적 형태에 대항하고 넘어서 나아가는 존엄이다. 그것은 상품에 대항하는 풍요다. 그것은 가치에 대항하는 사용가치다. 그것은 추상노동에 대항하는 행위다. 그것은 화폐에 대항하는 증여다. 그것은 정체성주의적 인격화와 계급화에 대항하는 상호 인정이다. 모든 단계에는 어긋남이, 넘쳐흐름이, 안에서-대항하고-넘어서 가 있다.

모자라! 모자라! 모자라! 기차가 우리를 멸종에 더 가까이 데려감에 따라 "모자라"Not Enough의 이 변증법적이고 쉼 없는 외침이 늘 거기에 있다. 어떤 식으로든 우리는 이 잠재성, 이 반형태anti-form, 이 거부, 어긋남, 그리고 넘쳐흐름이 자본의 위기를, 우리를 살해하는 그 논리의 위기-취약성-약점을 구성한다는 것을 보여주어야 한다.

6부

희망을 생각하라,
위기를 생각하라

24

희망의 이론은 그 대상, 즉 희망되는 것의 약함이나 위기에 대한 이해를 요구한다.

희망은, 자본주의가 인류의 멸종을 가져오기 전에 자본주의를 확실하게 끝내려는 결의이다.

우리는 이미 에드거 앨런 포의 이야기에서 영감을 받은 은유를 언급했다. 우리는 우리 앞으로 다가오는 벽들이 우리를 심연으로 밀어붙이며 위협을 하는 방 안에 있다. 방 안에서 우리는 주먹으로 필사적으로 벽들을 치면서 그 벽들을 부술 방법을 찾으려고 애쓴다. 그러나 벽들은 계속 우리를 향해 다가온다. 우리는, 주먹으로 치는 것을 벽 자체의 구조적 결함과 필사적으로 연결시켜야 한다. 하지만 그것으로 충분치 않다. 그 벽이 우리가 원하는 바깥쪽 방향으로 무너지게 할 숨겨진 단층선을 찾아야 한다. 벽이 안쪽으로, 우리 머리 위로 무너지게 할 단층선이 있을 수도 있기 때문이다.

모자라, 모자라! 잠재적이며 열려 있는 우리의 투쟁들은 거대하다. 하지만 벽들은 계속해서 우리에게로 닫혀 오고 있다. 우리는 자본의 구조에서 취약성을 찾아야 한다. 그것만이 아니다. 우리는 우리 자신의 투쟁의 생산물인 어떤 구조적 취약성을 찾고자 한다. 그렇게 되면 우리는 그 벽이 우리가 원하는 방식으로 무너질 것이라는 어떤 확신을 가질 수 있다. 우리는, 그 벽들에 대한 우리의 모든 공격이, 때때로 너무나 절망적으로 보이는 그 공격이 실제로는 내부 균열을 생산했음을 발견하고자 한다. 그 균열이야말로 벽이 무너질 것이며 그것도 올바른 방향으로 무너질 것이라는 확신을 줄 수 있기 때문이다.

위기이론은 벽에 난 균열의 이론이다. 맑스주의는 위기이론이라는 점에서 급진적 반자본주의 이론의 다른 형태와 다르다. 맑스주의가 위기이론을 갖고 있는 것이 아니다. 그것 자체가 위기이론이다. 그것은 지배의 이론일 뿐만 아니라 그 지배의 구조적 취약성에 대한 이론이다. 아니 오히려 그것은 지배의 구조적 취약성이라는 관점에서 이해되는 지배 이론이다. 형태 개념이 중요한 것은 이 때문이다. 맑스가 가치를 가치 형태로, 상품을 상품 형태로, 화폐를 화폐 형태로 이해해야 한다고 주장할 때, 그는 사실상 이러한 현상들이 일시성impermanence의 관점에서, 역사적으로 과도적인 성질이라는 관점에서만 이해될 수 있다고 말하고 있는 것이다.

희망을 생각하려면 위기를 생각해야 한다. 그것이 이성적 희망의 핵심이다. 이제 우리는 더 이상 노동계급이 공산주의를 만들어 가는 중이라는 블로흐의 배후 가정을 공유할 수 없기 때문에 희망의 합리적 근거에 대한 질문에 다른 방식으로 접근해야 한다. 부단한 투쟁은 필수적이지만 충분하지 않다. 벽들은 계속 우리를 향해 다가온다. 희망한다는 것은 대항하여-희망하는 것이라고 우리는 말했다. 이제 우리는 우리가 취약성의 징후로서 대항하여-희망하는 것이 무엇인지를 검토해야 한다. 그리고 우리가 그 취약성을 발견한다면, 그 취약성이 우리의 희망에 힘을 주는지 그렇지 않은지를 질문해야 한다. 희망과 취약함을 연결하는 것은 어려운 문제다. "위기가 오면 그때가 바로 혁명의 시간이다!"라는 옛 생각은 결코 분명하지 않다. 1930년대의 위기는 오히려 파시즘과 전쟁으로 이어졌다. 그러나 희망은 단순화에 빠지지 않으면서 우리를 위기에 대한 질문으로 인도해야 한다.

비판이론은 위기이론이 되어야 하고 위기이론은 비판이론이 되어야 한다. 그것이 이 책의 핵심에 놓여 있는 하나의 내기이다. 비판이론은 자본주의가 영구적이지 않다는 사실(또는 적어도 반드시 영구적이지는 않다는 사실)에서 과학적 타당성을 도출한다. 범주들이 도출되는 곳은 바로 그곳으로부터다. 비판이론의 토대는 자본주의의 일시성 또는 가능한 일시성이다. 이것은 비판이론이 자본 관계의 취약성 또는 파괴 가능성 위에, 즉 위기 위에 구축된다는 것을 의미한다. 이와 반대로, 자본의 극복을 그 중심에 두지 않는 위기이론, 즉 위기를 구성하는 어긋남을 탐구하지 않는 위기이론은 정체성주의적 개념에, 즉 "어려운 시기"라는 위기 개념에 갇혀 버린다.[1] 어려운 시기 또는 파국으로 이해되는 위기는 우리의 마음을 닫아 자본을 파괴할 가능성이 없는 것처럼 생각하도록 만든다. 오히려 도전해야 할 것은 위기를 의심할 여지 없이 실재하는 사회적 재난으로만이 아니라 다른 세계의 탄생을 지원하는 가능한 산파로 생각하는 것이다. 비판이론가는 자신의 손을 더럽힐 필요가 있고 위기 이론가는 자신의 시선을 높이 들어 올릴 필요가 있다.

희망을 생각하면서 위기를 생각하라. 위기를 생각하면서 희망을 생각하라.

---

1. 위기에 관한 밥 서트클리프의 기억할 만한 책 제목인 *Hard Times*: Sutcliffe 1983에서처럼.

25

위기는 자본에 내재한다.

우리는 벽에 난 균열을 찾고 있다. 파괴의 벽, 우리를 향해 다가오고 있는 벽, 우리를 심연으로 몰아가는 벽은 점점 더 파괴할 수 없는 것처럼 보이고 점점 더 완벽해 보인다. 최근에는 현재의 사회를 스스로를 완벽하게 만드는 과정 중에 있는 통제사회로 제시하는 것이 점점 더 보편화되고 있다. 많은 경우에 팬데믹은 경찰과 군대의 경계 강화, 개인 데이터의 수집 및 중앙집중의 거대한 증대, 새로운 사회규율의 부과와 수용 등을 통해 통제사회를 완벽하게 만들 수 있는 기회를 제공했다. 통제 체제는 의심할 여지 없이 그 어느 때보다 세련되어졌다.

이 책은 거부한다. 이 완고한 딸/손녀는 그 벽에 균열이 있어야만 한다고 주장한다. 겉보기에는 완벽해 보이는 구조에서 우리가 약점을, 취약성을 찾아야 한다고 주장한다. 우리는, 우리가 내재적 부정이라고 부르는 것을, 아니 오히려 내재적으로-넘쳐흐르는 부정이라고 부르는 것을 찾아야 한다. 그것은 온갖 현상들과는 달리 지배 체제 내부에서 지배 체제를 침식하고 약화시키는 우리 자신의 거부의 절규가 되울리는 메아리이거나 그것의 은밀한 연장延長이다. 우리는 체제의 전능함으로부터 생각하지 않고 그 체제의 위기로부터 생각해야 한다.

우리는 이중적 의미에서의 위기를 찾고 있다. 우리는 급진적인 변화의 관점을 열 수 있는 주기적 격변으로서의 위기를 찾고 있다. 하지만 우리는 또한 그러한 격변을 체제의 더 깊은 구조적 결함의 표현으로, 영구적 위기로 이해될 수 있는 내재적이고 잠재적인 부정의 표현으로 이해하려고 노력하고 있다.

모든 통치 체제는 그것을 관통하는 단층선을 갖고 있다. 지배자가 피지배자에게 의존한다는 것이 그것이다. 피지배자가 그들의 일상적인 재생산을 위해 지배자에게 의존한다는 것은 분명하다. 그리고 그것은 체제의 힘이다. 그러나 그 반대도 진리다. 그것이 이데올로기들이나 권력의 이미지들에 의해 아무리 많이 가려져 있다고 해도 말이다. 지배지 들은 언제나 피지배자들에게 의존한다. 우리는 불행한 필 씨의 경우에서 그것을 보았다. 그는 3천 명의 노동자들이 그를 떠나 버렸을 때 그들에 대한 자신의 의존성에 직면했다. 우리는 라 보에티의 인용문에서 그것을 살펴보았다. 그는, 군주의 신하들이 군주를 전복할 필요가 없고 단지 그를 섬기는 것을 멈추기만 하면 된다고, 그를 떠나서 그로 하여금 신하들에 대한 자신의 의존성에 직면하도록 하기만 하면 된다고 주장한다. 그것은 헤겔의 『정신현상학』에 서술된 저 유명한 주인-노예 변증법의 핵심에 놓여 있다. 주인은 그 자신의 자기 인정에 대한 노예의 비준에 의존한다는 것이 그것이다. 그런데 그 비준은 노예가 할 수 없는 것이다. 왜냐하면 그는 주인에 의해 인정되지 못하기 때문이다. 피지배자에 대한 지배자의 의존은 항상 두려움을, 그들이 그냥 떠나 버릴지 모른다는 두려움을 동반한다. 두려워지는 것을 가두는 것이 모든 형태의 사회적 통합의 중심에 놓여 있다. 지배자와 피지배자의 상호 의존은 또한 상호 반발이기도 하다. 피지배자는 피지배 상태에서 벗어나고 싶어 하고(필 씨의 3천 명의 사람들을 생각해 보라) 지배자도 피지배자에 대한 의존에서 벗어나고 싶어 한다.

봉건주의의 붕괴는 이러한 상호 반발의 폭발로 이해될 수 있다. 농노는 도시town에서의 자유를 찾아 영주에게서 도망쳤다. 하지만 영주도 자신들의 부를 화폐화하거나 예를 들어 자신들에게 화폐적 소득을 가져다줄 (농노보다는 훨씬 더 믿음직스러운) 양에게 길을 내주기 위해 농노를 땅에서 추방함으로써 특정 농노 집단에 대한 의존에서 도망쳤다. 자본주의와 더불어 지배와 상호 의존의 새로운 패턴이 확립된다. 지배자-착취자들은 농노의 도주에 의해 불리한 상황으로 내몰려 후퇴하고 재편성하고 재공격하지 않을 수 없게 된다. 새로운 공격은 노동자의 새로운 자유에 대한 인정과 그 자유를 새로운 지배 패턴 속에 가치로서 편입하는 것에 기반을 두고 있다. 상호 반발은 새로운 관계들의 중심에 놓여 있으며, 그것들에 독특한 유연성만이 아니라 특수한 불안정성을 제공한다. 그것은 한 주인을 섬기기를 거부하고 다른 주인을 섬기러 갈 수 있는 (그러나 어떤 주인도 찾지 못할 위험이 있는) 노동자의 능력 속에서, 그리고 노동자를 해고하거나 산 노동을 죽은 노동으로, 즉 기계로 대체할 수 있는 주인의 능력 속에서 표현된다.

모든 지배자의 꿈은 피지배자에 대한 의존에서 벗어나는 것이다. 그것은 종종 실제로 가능할 현실인 것처럼 오인되는 꿈이다. 지배자 자신들이 그렇게 오인할 뿐만 아니라 총체적 사회 통제 이론의 지지자들의 경우에서처럼 그들에 대한 비판가들까지 그렇게 오인한다. 자기 확장하는 가치라는 자본의 물신화된 외관은 『자본』에서 맑스의 비판의 대상이다.

그 꿈은 현실이 될 수 없다. 지배자는 자신이 지배하는 사람들이 없이는 존재할 수 없다. 착취자는 착취하는 사람들 없이는 살아남을 수 없다. 그런데도 불구하고 그런 꿈이 거기에 실재한다. 상호 반발, 즉 자유주의자들이 말하는 "자유"는 노예제나 봉건제의 경우와는 달리 자본주의적 지배의 핵심에 놓여 있다. 피지배자들은 많은 방식으로 그들의/우리의 활동에 대한 낯선 결정으로부터 도망친다. 아마도 좀 덜 분명해 보이지만 자본도 노동으로부터 끊임없이 도주한다. 가치에 이끌려서, 그리고 사회적으로 필요한 노동시간이라는 그것의 명령에 이끌려서, 그리고 생산 과정에서 질서를 확립해야 하는 부수적인 필요 때문에 자본은 끊임없이 노동자를 기계로 대체하려고 한다. 착취자가 피착취자를 추방한다. 이것은 그들 자신의 위기로 귀결될 수밖에 없는 전략이다. 죽마를 탄 사람이 죽마중의 하나를 톱질하다가 결국 떨어지면서 깜짝 놀라는 꼴이다.

피지배자에 대한 의존과 관련하여 자본과 이전의 지배 방법 사이에는 중요한 차이점이 있다. 노예 소유주와 봉건 영주는 지배 체제의 재생산에 관심을 가졌다. 봉건제의 붕괴 이후 지배 체제 속으로 편입된 자유-가치에 대해 자본가들이 지불하는 대가는 그들이 더 이상 단순히 그들 자신의 재생산만을 목표로 삼을 수 없다는 것이다. 그들은 끊임없이 노동 착취를 강화하도록 강제된다. 가치의 크기가 상품에 포함된 노동의 양이 아니라 그것을 생산하는 데 필요한 사회적으로 필요한 노동시간의 양에 의해 결정된다는 것 속에 체제의 타고난 불안정성이 주어져 있다. 이것은 모든 상품 생산자들이 가능한 한 빨리 그리고 효율적으로 상품을 생산해야 한다는 것을 의미한다. 그래서 그들은 기계류를 도입하여 노동자를 대체할 수밖에 없는데 그것은 동시에 자본이 전유하는 가치의 원천을 대체하는 것이다. 이것은 자본주의 지배에, 이전의 지배 체제에는 존재하지 않았던 불안정성이나 취약성을 각인시킨다. 그리고 이것이 위기로 표현된다.

맑스는 그 점을 정확히 이런 식으로 표현하지는 않았다. 하지만 그것은 사실상 『자본』 3권 13~15장에 서술된 이윤율 하락 경향에 대한 그의 분석의 핵심이다. 그 분석의 저변에 깔려 있는 근본 문제는 맑스가 자본의 유기적 구성의 증가라고 부른 것, 즉 자본이 노동자를 기계로 대체함으로써 생기는 산 노동과 죽은 노동 사이의 관계의 변화이다. 만약 우리가 착취율(노동자가 생산한 잉여가치와 노동력의 가치 사이의 비율)이 일정하다고 가정하면 이윤율은 하락할 것이다. 다시 말해, 가치가 산 노동에 의해 생산된다면, 생산 과정에서 산 노동의 경향적 배제는 이윤율 하락으로 이어질 것이다. 만약 자본이 각각의 노동자로부터 더 많은 잉여가치를 뽑아낼 수 없다면, 이윤의 형태로 자본가에게 분배될 수 있는 잉여가치의 총량은 그들이 투자한 자본과 비교하여 감소할 것이다.

그렇지만 맑스가 그 세 장 중 두 번째 장에서 분석한 이 일반적인 경향에는 상쇄하는 영향들이 있다. 맑스는 그 영향들로서 착취의 강도 증가, 임금의 노동력 가치 이하로의 하락, 불변 자본 요소의 가격 하락, 상대적인 인구 과잉, 대외 무역, 스톡 자본의 증가 등 여섯 가지를 열거한다. 실제로 그것들은 다음 두 가지로 환원될 수 있다. 자본의 유기적 구성의 증가를 늦추는 것(기계류나 원자재의 저렴화와 같은 것)과 착취율을 증가시키는 것(그리하여 각각의 노동자로부터 더 많은 잉여가치가 추출되도록 하는 것)이 그것이다. 중요한 효과를 가져오는 세 번째 요소도 있다. 생산된 총잉여가치가 더 적은 수의 단위에 분배되도록 자본들을 제거하여 각 단위의 몫을 늘리는 것이다.[1]

그 장들 중의 세 번째 장(15장)에서 우리는 경향과 상쇄 경향의 상호작용의 결과를 본다. 상쇄 경향은 항상 작동하지만 근본적인 경향을 상쇄하기에는 충분하지 않다. 그래서 그 근본적 경향이 일반 이윤율의 경험적 하락을 초래하고 그것이 위기로 인식된다. 상쇄 경향이 작동하게 되는 것은 본질적으로 위기를 통해서이다. (더 가혹한 노동조건이 부과됨에 따라) 실업과 착취가 증가하고 그 결과로 노동력의 가치(또는 적어도 가격)

---

1. 맑스의 위기이론에 대한 훌륭한 설명으로는 Hirsch 1974/1978를 참조하라.

가 하락할 가능성이 있다. 또한 불변자본의 저렴화(원자재의 가격 하락, 기계 비용 절감을 위한 혁신)도 있을 수 있다. 그리고 세 번째로, 총잉여가 치를 더 적은 수의 단위에 분배할 수 있도록 덜 경쟁력 있는 자본이 광범위하게 제거될 것이다. 모든 것이 자본에 유리하게 돌아간다면 위기를 통한 이러한 상쇄 경향들의 동원은 자본을 보다 수익성 있는 기초 위에서 재구조화하는 것으로 이어질 것이다. 만약 우리가 그 과정에서 일어나는 엄청난 파괴와 비참 전체에 눈을 감는다면 그것은 아마 하나의 행복한 결말일 것이다.

그의 정치경제학 비판이라는 맥락에서 보면 맑스의 위기이론은 경제적 용어로 보이는 것 속에서 제시된다. 그러나 근본적인 문제는 자신의 부의 원천인 노동으로부터 자신을 해방시키려는 자본의 끊임없는 충동이다. 실현 불가능한 이 충동은 사회적 응집의 전체 체제를 주기적으로 폭발하는 위기와 가능한 재구조화 속으로 몰고 간다.

26

위기에서 재구조화로 갈 수 있는가 없는가?
이것이 자본의 목숨을 건 도약이다.

위기는 자본의 취약성에 대한 이론이다.

이윤율 하락 경향을 주장하는 기본 논거는 간단하다. 그것의 중요성은 "맑스 시대의 경제학자들에게 이미 관찰되었던 것처럼 이윤율은 왜 하락하는 경향이 있는 것일까?"라는 방식으로, 즉 순전히 경험적인 방식으로 이해될 수 있다. 혹은 그것은 아주 다른 맥락에서, 즉 세계의 동역학의 간결한 표현으로 이해될 수도 있다.

여기서 장기에 걸친 경험적 주장은 우리의 주요 관심사가 아니다. 실제로 이윤율의 장기적 하락이 있다고 주장할 수 있다. 어떤 사람은 이것을 자본주의 체제에 붕괴 경향이 있고 자본주의 체제가 그 자체의 동역학 때문에 붕괴될 것이라는 의미로 이해했다. 이것은 있을 법하지 않은 주장이다. 이 주장은 경향과 상쇄 경향 사이의 상호 작용을 간과하는 것이다. 하락 경향은 그 하락이 실제로 일어나는지 않는지 여부와는 별도로 존재할 수 있다. 어린아이는 그 아이가 실제로 넘어지는지 않는지의 여부와는 별도로 넘어지는 경향을 갖고 있다.

우리의 관심사는 붕괴 이론이 아니라 취약성에 대한 이해이다. 붕괴 이론은 지난 세기 초에 맑스주의 논쟁의 중요한 부분이었다. 그들은 역사가 우리 편이라는 주장을 강화했다. 지금은 자본주의가 아무리 승리한 것처럼 보여도 그것은 결국에는 붕괴할 수밖에 없는 체제라는 것이다. 우리가 살펴보았듯이 이제 역사가 우리 편이라는 견해를 유지하기가 어렵다. 붕괴 이론은 가능한 미래와 투쟁에 대한 이해를 분리하는 결정론적 견해를 제시한다는 점에서 더욱 위험하다.[1]

그러나 팬데믹, 지구 온난화, 전례 없는 경제 위기라는 현재의 상황 속에서 우리가 붕괴의 궤도 속에 있다는 생각이 새로운 매력을 얻는다. 그러나 그것은 여전히 너무 결정론적인 생각으로 남아 있다. 투쟁과 무관한 체제 붕괴[라는 논리는 우리가 그 체제의 희생자라면 희망을 잃게 만들 것이다. 여기서 우리의 관심사는 붕괴 이론이 아니라 우리의 투쟁으로 인해 점점 증가하는 체제의 취약성에 대한 이해이다. 우리에게로 다가오고 있는 벽은 저절로 무너지지 않을 것이며 설령 그렇게 된다 해도 그것이 우리 위로 무너져 내릴 가능성이 높다. 우리가 찾고 있는 것은 그것과는 다른 것이다. 벽의 구조적 단층선에 대한 이해는 우리가 어디에 우리의 머리를 찧어야 하는지를 알려줄 수 있으며 그렇지 않다 하더라도 적어도 우리가 머리 찧기를 계속하도록 고무할 수는 있다.

위기에 대한 맑스의 설명에는 붕괴 이론이 없다. 하지만 그는 자본이 자신의 죽음을 가져올 위기에 맞닥뜨린다는 점을 강조한다. 리카도와 다른 경제학자들에 대해 말하면서 그는 이렇게 말한다.

---

1. 이것은 로자 룩셈부르크가 익명의 비평가에 대한 답변에서 표현한 바와 같다 : "이윤율의 하락 때문에 자본주의가 붕괴하기 전에 어느 정도의 시간이 지나간다. 그것은 대략 태양이 소진되어 꺼질 때까지 정도의 시간이다"(Luxemburg 1921/1972, 77 [2013]).

이윤율 하락에 대한 그들의 공포에서 주요한 것은 자본주의적 생산이 자신의 생산력의 발전 속에서 부의 생산과 아무 관련이 없는 장벽을 만난다는 느낌이다. 그리고 이 특유한 장벽은 자본주의 생산양식의 한계와 그것의 역사적으로 과도적인 성격을 증명한다. 즉 자본주의적 생산양식이 부의 생산을 위한 절대적인 양식이 아니며, 나아가 일정한 단계에서는 그것이 그 자신의 가일층의 발전과 오히려 충돌한다는 것을 증명한다.(Marx 1894/1971, 242)

위기의 순간에 자본은 살아남으려면 재구조화를 하지 않으면 안 된다는 사실에 직면한다. 맑스의 이론에서 중요한 것은 이윤율의 하락 경향이라기보다 경향과 상쇄 경향 사이의 상호작용이다.

이 상이한 영향은 대개의 경우에 공간적으로 나란히 동시에 작용할 수 있으며 다른 경우에는 시간적으로 서로 이어진다. 때때로 그 적대적 행위소들의 충돌은 위기에서 분출구를 찾는다. 위기들은 현존하는 모순의 순간적이고 강력한 해결책이다. 그것들은 교란된 균형을 일시적으로 회복시키는 폭력적인 분출이다.(Marx 1894/1971, 249)

상쇄 경향은 항상 존재한다. 착취를 늘리고 불변자본의 요소를 저렴하게 만들고 비효율적인 자본을 없애려는 끊임없는 경향이 있다. 그러나 그것들은 일반적인 수익성의 주기적 하락을 방지하기에는 충분하지 않다. 자본의 적대와 공격이 강화되는 것은 그때다. 생존하기 위해 자본은 자기 자신을 재구조화해야 한다. 그것은 착취를 강화하거나 불변 자본을 값싸게 만들거나 그것의 파괴를 용이하게 하거나 경쟁 자본의 수를 줄이는 등의 상쇄 경향을 동원하여야 한다. 이는 어느 정도 시장의 작동에 맡겨질 수 있다. 수익성의 하락은 많은 개별 자본의 붕괴, 실업의 증가, 임금의 하락, 노동의 강화, 수요 감소에 따른 원자재 가격의 하락 등을 의미할 것이다. 이것은 수많은 사람들의 비참과 굶주림, 또 그 이상의 사람들에게 있어서 삶에 대한 기대치 파괴 등을 포함하는 매우 폭력적인 과정이다. 자본 간의 경쟁은 크게 악화된다. 그들은 생존을 위해 서로 싸우는 '적대적인 형제'가 된다. 국가는 그러한 갈등의 외부에 남아 있을 수 없다. 자신의 영토 내에서 자본 축적을 위한 최상의 조건을 마련하는 촉진자로서 국가는 다른 국가와의 경쟁에 개입하고 또 경쟁을 강화해야 한다. 거기에서도 형제들 사이의 적대감은 증대한다. 노동자의 힘과 그들의 권리를 줄이기 위한 입법, 더 많은 잉여가치를 이윤으로 분배할 수 있도록 하기 위한 공공 지출 삭감, 분노를 통제하기 위한 경찰력과 군사력의 강화, 통제를 강화하기 위한 권위주의와 파시즘의 조장, 전쟁을 포함하여 다른 국가들에 대한 공격의 증가 등이 나타난다. trpf[2](이윤율의 하락 경향)라는 약어 뒤에는 세계사 전체가 숨어 있다. 1930년대의 마지막 주요 위기는 장기적 투쟁의 시기였다. 그것은 자본의 대대적인 재구조화와 수익성 회복으로 끝났는데 그것은 약 7천만 명의 학살을 통해 달성되었다.

위기에서 재구조화로의 운동은 단순한 것이 아니다. 위기와 재구조화는 종종 동일한 것으로 취급된다. 이 양자의 연관성은, 위기는 "창조적 파괴"라는 슘페터의 규정에서 가장 명확하게 표현되었다(Schumpeter 1942/1976 [2011]). 이 주장은, 자본주의는 반복적인 창조적 파괴의 시기를 통해 발전하며 이것이야말로 자본주의의 동역학의 비밀이라는 것이다. 맑스주의자들도 종종 위기와 재구조화를 같은 것으로 본다. 과거를 돌아보면 위기가 항상 자본의 재구조화와 축적을 위한 유리한 조건의 회복으로

---

2. * trpf는 tendency of the rate of profit to fall(이윤율의 하락 경향)의 약어이다.

이어졌다는 것은 확실히 사실이다. 그러나 이러한 이행이 자동적이라고 가정하는 것은 투쟁의 세계에 눈을 감는 것이다. 1929년 붕괴에서 위기가 발발하여 2차 세계대전 후 수년 안에 재구조화된 자본주의의 설립으로 이행한 것은 분명히 자동적 과정이 아니다. 각각의 위기는 자본에게 목숨을 건 도약이다. 그것은 안전한 착륙의 보장이나 약속 없이 공중으로 도약하는 것이다. 1930년대와 1940년대에 그랬듯이, 안정적인 축적률을 달성하기에 충분한 재구조화를 달성하는 데까지는 오랜 시간이 걸릴 수 있고 심지어 그것이 불가능하다는 것이 입증될 수도 있다. 그런 경우에 우리는 모종의 영구 위기 속에 있게 된다. 폴 마틱은 1930년대의 자본주의 현실이 바로 그러했다고 보았다.[3]

이윤율 하락 경향은 투쟁의 이론이다.

이윤율 하락 경향에 대한 맑스의 설명에는 투쟁에 대한 명확한 언급이 없다. 그 경향은 자동적으로 나타나며 단순히 자본의 구조에 의해 생성되는 것으로 나타난다. 실제로 이 주제를 다룬 3권의 해당 부분(3부)은 "이윤율 하락 경향의 법칙"이라는 제목을 달고 있다. 그럼에도 불구하고 투쟁의 관점에서 그 "경향의 법칙"을 해독하는 것은 어렵지 않다. 우리는 위기에서 재구조화로의 이행을 다루면서 이미 이 점에 대해 살펴보았다. 이것은 삶의 모든 측면을 포함하는 총체적인 투쟁의 세계이다.[4] 이것은

---

3. "실제로 위기의 주기성은 자본 축적을 다시 보장하는 새로운 수준의 가치와 가격 위에서 축적 과정을 반복적으로 재조직하는 것과 다르지 않다. 그것이 가능하지 않다면 축적을 보장하는 것도 불가능하다. 지금까지 혼란스럽게 나타났으나 극복될 수 있었던 바로 그 위기가 영구 위기가 된다"(Mattick 1934/1978, 94).

4. 이에 대해서는 Hirsch 1974/1978를 참조하라.

분명한 사실이다. 하지만 그것은 우리에게 구조적 자동 과정에 의해 촉발되는 투쟁이라는 관념을 남긴다. 이윤율 자체의 하락 경향은 여전히 투쟁 외부의 어떤 것으로 남아 있다.

"경향의 법칙"이라는 관념과 투쟁이라는 이념을 어떻게 조화시킬 수 있을까? 아마도 투쟁을 형태 결정적 투쟁으로 생각함으로써 가능할 것이다. 투쟁은 진공에서 발생하지 않는다. 자본주의에서 사회적 관계가 특정 형태로(또는 더 정확하게는 특정 형태 안에서-대항하며-넘어서) 존재하는 것과 마찬가지로, 투쟁은 그러한 사회적 형태에 의해 형성된다. 권투 시합을 생각해 보라. 적대자들이 싸우는 방식은 적대적 싸움이 전개되는 사회적 형태에 의해 형성된다. 싸움은 심판의 지시를 받는 링에 위치하는 경향이 있는데 그것은 싸움이 싸우는 당사자인 두 사람에게 제한되도록 하기 위해, 둘 다 살아남도록 하기 위해, 그중 한 사람이 승자로 선언되도록 하기 위해서 등등이다. 자본주의에서 투쟁의 형태는 봉건제나 노예제에서와는 구별되는 역사적으로 특수한 형태이다. 예를 들어, 자본주의에서는 착취가 임금을 받고 노동력을 사고판다는 사실을 통해 매개된다. 이것은 임금 투쟁이 투쟁이 전개되는 방식의 중요한 요소가 된다는 것을 의미한다. 봉건제나 노예제에서 임금 투쟁은 존재하지 않았다.

우리 사회에서 투쟁의 형성과 동역학의 중심에는 맑스가 "사회적으로 필요한 노동시간"으로 개념화한 [것 속에 숨어 있는] 공격성이 있다. 상품 가치의 크기는 그것을 생산하는 데 필요한 노동의 양에 의해 결정되지만 이 노동의 양은 사회적으로 필요한 양이다.

사회적으로 필요한 노동시간이란 정상적인 생산 조건에서 그 당시의 평균적인 숙련도와 강도로 어떤 물품을 생산하는 데 필요한 노동시간이다. 영국에서 동력 직기의 도입은 주어진 양의 실을 천으로 짜는 데 필요한

노동을 절반으로 줄였다.(Marx 1867/1965, 39 [2015])

따라서 맑스는 가치의 양적 결정을 정의함과 동시에 그가 나중에 자본의 상승하는 유기적 구성이라고 설명하게 될 아이디어를 도입한다. 가치법칙은 다음과 같다 : 상품의 가치는 그것을 생산하는 데 필요한 사회적으로 필요한 [노동]시간에 의해 결정된다. 이 단순한 진술은 이루 말할 수 없을 정도의 폭력을 은폐한다. 맑스와 엥겔스가 『공산주의자 선언』에서 부르주아지에 대해 말했듯이,

> 저렴한 상품 가격은 부르주아지가 온갖 만리장성을 무너뜨리고 외국인에 대한 야만인들의 집요한 증오를 굴복시키는 중포重砲이다. 그것은 멸종 위기에 처한 모든 민족들로 하여금 부르주아적 생산 방식을 채택하도록 강요한다. 그것은 부르주아지가 문명이라고 부르는 것을 그들 가운데로 도입하도록, 즉 그들 자신이 부르주아가 되도록 강요한다. 한마디로 부르주아지는 자신의 이미지를 따라 세상을 창조한다.(Marx and Engels 1848/1976, 488 [2016])

사회적 필요노동시간은 인류에 대한 자본의 공격의 선봉이다. "사회적으로 필요한"을 도입하기 바로 전에 맑스는 이렇게 말한다. "만약 상품의 가치가 그것의 생산에 지출된 노동량에 의해 결정된다면 어떤 사람은 노동자들이 더 게으르고 더 미숙할수록 그의 상품은 더 가치 있게 될 것이라고 생각할 수 있을 것이다. 그것을 생산하는 데 그럴수록 더 많은 시간이 필요할 것이기 때문이다"(Marx 1867/1965, 39 [2015] ; 1867/1990, 129 [2015]). 그러나 물론 그렇지 않다. 상품의 가치 크기를 결정하는 것은 노동시간이 아니라 사회적으로 필요한 노동시간이다. 자본주의는 게으른 사람들이나

미숙한 사람들을 위한 여지를 갖고 있지 않다. "그들이 굶주리도록 내버려두라. 그들은 가치를 창조하지 않기 때문이다."

자본은 사회적으로 필요한 노동시간의 감소를 통해 발전한다. 그것이 바로 게으르고 미숙한 사람들, 속도를 따라갈 수 없는 자본들, 이러한 생산 방식에 맞지 않는 다른 삶의 방식들 등을 파괴하는 자본의 중포이다. 그것은 기존의 삶과 행위의 관행에 대한 부단한 공격성, 끊임없는 타격이다. 만약 세계를 파괴하는 것을 "성공"이라고 부를 수 있다면 자본주의가 성공한 비결이 바로 그것이다.

사회적 필요노동시간의 감소는 이윤율 하락 경향에 대한 맑스의 설명에 존재하는 두 가지 요소를 포함한다. 새로운 기계의 노입(예를 들어 동력 직기의 도입)은 산 노동에 대립하는 것으로서의 죽은 노동이 수행하는 몫을 높이는 경향이 있다. 우리가 이미 살펴보았듯이 맑스는 기술이 투쟁이라는 것을 분명히 밝혔다. 따라서 자본의 유기적 구성의 증가 역시 투쟁으로 이해되어야 한다. 사회적으로 필요한 노동시간은 또 맑스의 분석의 두 번째 요소인 착취율을 포함한다. 게으르고 미숙한 사람을 위한 자리는 없다. 노동자는 열심히 일하고 적절한 기술을 사용해야 한다. 그들은 착취당하는 데에, 즉 자본가가 이윤으로 전유할 잉여가치를 생산하는 데에 효율적으로 헌신해야 한다.

"사회적 필요노동시간"은 계급투쟁이 위로부터 온다는 것을 이해하는 열쇠이다. 자본은 끊임없는 공격이며 점점 더 많은 가치를 창출하려는 끊임없는 충동이다(자본이 상품의 가격을 낮춤으로써 상품의 가치를 낮추고 있다는 것은 아이러니이지만 그럼에도 불구하고 그것은 이윤율 하락 경향 속에 표현된다). 사회적으로 필요한 노동시간은 자본이 자신의 이미지로 세계를 창조하기 위해 사용하는 중포이다. 투쟁은 위에서부터 온다. 그리고 그것은 끊임없이 저항에 부딪히기 때문에 실제로 투쟁이다. 그것은 사람들의 게으르고 미숙한 일 처리 방식에 대한, 확립된 습관과 관행에 대한 공격이다. 그것은 반항이나 의식적인 반대에 직면하기 전부터 비복종에 직면한다. 다시 말해 그것은 사람들이 자신들의 일상적인 관행을 자본의 요구에, "사회적으로 필요한 노동시간"의 긴급성에 종속시키려 하지 않았고 또 종속시킬 수 없었다는 사실에 맞닥뜨린다.

상품 생산에 필요한 "사회적 필요노동시간"을 지속적으로 낮추려는 경향은 위기와 이윤율 하락 경향에 대한 맑스의 분석의 중심에 놓여 있다. 그것은 자본의 유기적 구성의 상승으로 표현된다. 그러므로 맑스의 주장은, 만약 우리가 착취율이 일정하다고 가정하면 이윤율이 떨어질 것이라는 것이다. 이 주장의 약점은 아마도 착취율이 일정하게 유지되지 않을 것이라는 점이다. 새로운 기계가 도입되면 통상적으로 착취율은 증가할 것이다. 왜냐하면 기계화는 대체로 노동력 가치의 하락을 가져올 것이기 때문이다. 다시 말해 노동력이 더 짧은 시간에 생산될 것이기 때문이다(옷, 음식, 주택의 생산 속도 증가는 생활 수준의 가능한 증가를 보상하는 경향이 있을 것이다). 맑스의 주장은 재정식화되어야 한다. 하지만 그것의 일반적 타당성을 훼손하는 방식으로 재정식화되어야 하는 것은 아니다. "자본의 유기적 구성이 증가함에 따라 착취율이 그에 상응하여 상승하지 않는다면 이윤율은 하락할 것이다."라는 주장은 일반적으로 타당하다. 이 윤율의 경험적 하락은, 자본이 자본의 유기적 구성의 상승에 대응할 만큼 착취율을 충분히 높여야 하는 투쟁에서 성공하지 못하고 있음을 나타낸다.[5]

---

5. 위기에 대해 나의 것과 어느 정도 같은 방향으로 나아가는 매우 명확한 설명은 Jappe 2011, 113과 그 이하를 참조하라. 나의 설명과의 주요한 그리고 가장 중요한 차이점은 안젤름 야페가, 그리고 〈위기〉 및 〈탈주〉 그룹과 관련된 다른 저자들이 이윤율 하락 경향을 투쟁으로 이해하지 않는다는 것이다.

이윤율 하락 경향은 계급투쟁과 분리된 '법칙'이 아니라 사실상 형태-결정적 투쟁의 집중된 정식화이다. 자본은 사회적으로 필요한 노동시간을 줄이기 위해 끊임없이 투쟁한다. 이것은 형태 결정적이다. 이것은 자본 관계의 형태에 의해 결정된다. 이것은 선택의 문제가 아니다. 개별 자본이 그 투쟁을 하지 않으면 경쟁자들에 의해 빠르게 도태될 것이다. 전체로서의 자본이 그렇게 하지 않는다면 그것은 더 이상 자본이 아닐 것이고 더 이상 잉여가치의 극대화에 의해 추동되지 않을 것이다. 자본의 이 기본적인 투쟁은 기존 사회관계의 패턴에 끊임없이 직면하고 그것을 파괴한다. 그럼에도 불구하고 그 같은 투쟁 과정(기계류나 새로운 작업 관행의 도입, 그것을 자본의 논리에 종속시키기 위한 세계의 재구조화)은 자본의 유기적 구성의 상승에 의해 유발된 이윤율의 하락을 상쇄할 만큼 착취율을 충분히 높이지 못하는 경향이 있다. 그래서 이것은 수익성의 실증적 하락으로, 위기로, 그리고 자본으로 하여금 그 자신을 재구조화하여 자신의 논리에 따라, 그 자신의 이미지로 세계를 재구조화하라는 엄청난 압력으로 표현된다.

부는 자본의 위기다. 그리고 풍요는 부의 위기다.

위기는 사용가치와 가치 사이의 모순(혹은 적대)의 절정이다. 자본의 유기적 구성의 상승, 즉 생산 과정에서 기계류가 수행하는 역할이 증가하는 것은 노동 생산성의 증가를, 그리고 부를 생산하는 인간 능력의 진보를 표현한다. 생산 능력의 이러한 증가는 인간의 생산력의 진보이다. 위기에서 이것은 가치 생산과 첨예한 모순에 빠진다. 가치 생산의 측면에서 생산은 자본가에게 이윤을 가져다주어야 하기 때문이다. 자본의 유기적 구성이 상승한다는 것은 각각의 상품이 더 적은 잉여가치를 포함한다는 것을 의미한다. 따라서 가치의 관점에서 보면, 생산은 덜 매력적이게 된다. 위기에서 잠재적인 사용가치 생산과 가치 생산 간의 충돌은 명백해진다. 사용가치가 가치에 종속된 것의 결과는 재앙적이다. 현재와 같은 위기의 순간에 이 종속은 부를 생산할 수 있는 수백만 명의 사람들이 실업, 빈곤, 불안정, 그리고 아마도 기아로 내몰리는 것을 의미한다.

현재와 같은 순간에는, 사용가치가 가치의 위기라는 것이 분명해진다. 우리는 위기라는 말을 약간 다르지만 밀접하게 관련된 두 가지 의미로 사용한다. 우리가 통상 자본주의의 위기로 보는 것(즉 반복적이고 주기적으로 반복되는 수익성 하락과 결과적으로 가능한 재구조화)은 항상 존재하지만 일반적으로 잠복해 있으며 단지 때때로만 눈에 띄는 어떤 근본적 결함의 표현이다. 위기의 공공연한 발현은 관계 자체 속에, 요컨대 가치 관계 또는 자본 관계 속에 숨어 있는 더 깊은 결함의 표현이다. 따라서 사용가치는 가치의 위기이다. 그것은 자본의 가시적 위기에서 주기적으로 나타나는 구조적 결함 또는 모순이다. 우리가 앞에서 사용한 언어로 돌아가면, 사용가치는 어긋난다misfits는 사실에 의한 가치의 위기라고 말할 수 있다. 그것은 가치의 개념에 남김없이 끼워 맞춰지지 않는다. 위기의 가시적 발생 속에서 분명한 표현을 찾는 끊임없는 넘쳐흐름 또는 긴장이 있다. 이 근본적인 어긋남은 가치의 규칙에 제한을 가한다.

> 그것이 그 나름의 장벽을 갖고 있다는 사실, 그것이 상대적이라는 사실, 즉 그것이 절대적이지 않고 생산의 물질적 요구 사항의 발전에서 일정하게 제한된 시대에 상응하는 역사적 생산양식일 뿐이라는 사실이 여기에서 순전히 경제적인 방식으로(즉 부르주아적 관점에서, 자본주의적 이해의 한계 내에서, 자본주의적 생산 자체의 관점에서) 표면화된다.(Marx 1894/1971, 259)

사용가치와 가치 사이의 모순은 『자본』의 맨 처음에 제시된 주제이다. 그래서 맑스는 첫 번째 장에서 다음과 같이 지적한다. "부의 증대된 양이 그것의 가치 크기의 동시적 하락에 상응할 수 있다. 이 적대적 운동은 노동의 이중성에 기원을 두고 있다"(Marx 1867/1965, 46 [2015]). 맑스의 설명에서 사용가치가 실제로 가치에 종속된다는 주장이 가정되고 있다 하더라도 부의 잠재적 생산으로서의 사용가치와 그러한 생산의 이윤에의 종속으로서의 가치 사이에는 항상 긴장이나 모순이 존재한다. 그러니까 이것이 이윤율 하락 경향과 그에 따른 위기에서 드러나는 사실이다.

가치에-대항하는-사용가치("이 적대적 운동")는 처음부터 존재하는 잠재력이다. 그것은 자본의 위기를 가져온다. 그 위기 속에서 자본은 자신의 한계에 부딪히고 그 자신의 상대적이고 일시적인 성격에 직면한다. 아니 그보다 우리는 "사회적 노동의 생산력"이 자본의 위기를 구성하는 잠재력이라고 말할 수 있다. 아니, 가장 중요한 것으로 우리는, 구체노동이 이윤율 하락과 공공연한 위기로 드러나는 추상노동의 잠재적 위기(또는 구조적 결함)라고 말할 수 있다. 각각의 경우에서 우리는 이윤율이 실질적으로 하락하는 때인 명시적 위기의 순간에 "순전히 경제적인 방식으로 표면화되는" 근본적인 어긋남에 대해 이야기하고 있다.

명시적 위기에서 나타나는 것은 근본적인 어긋남, 내재적 부정의 힘이다. 그러나 이 어긋남, 이 내재적 부정을 우리가 어떻게 이해할 것인가? 사용가치는 무엇을 의미하는가? 그리고 구체노동은 무엇을 의미하는가? 앞에서 우리는 벽에서 단층선을 찾는 것이 중요할 뿐만 아니라, 그 단층이, 벽이 우리 위에 떨어지지 않고 우리가 떨어지길 원하는 곳에 떨어지게 하는 성질을 갖도록 만드는 것 역시 중요하다고 말했다. 『자본』에서 맑스의 이론은 무엇보다도 지배 체제의 구조적 단층선에 관한 이론이다. 그의 이론은 위기론이며 희망론이다. 그러나 우리가 찾고 있는 단층선을 그가 우리에게 보여주고 있는가?

우리는 맑스의 모호성의 문제, 아니 어쩌면 그의 자기모순적 성격의 문제로 돌아왔다. 가장 분명한 해석에서 그는 자본주의적 생산관계의 체제가 물질적 생산력과, 즉 더 많은 부를 생산할 수 있는 인간의 능력과 충돌하게 되며 이것이 자본주의의 구조적 약점이자 역사적 한계를 구성한다고 말한다. 이윤율 하락 경향에서 명시되는 것이 바로 이 충돌이다.

우리에게서 문제는 우리의 투쟁이 물질적 생산력을 해방하기 위한 투쟁이 아니라는 점이다. 적어도 양적으로 더 많은 부를 생산할 수 있다는 의미에서의 물질적 생산력을 해방하기 위한 투쟁은 아니다. 이 말은 물질적 부의 생산이 갖는 중요성을 부정하는 것이 아니다. 세계 인구의 대다수는 빈곤 속에 살고 있다. 그들의 삶은 더 많은 부, 더 많은 음식, 더 나은 주택, 더 나은 의사소통 수단 등을 가짐으로써 상당히 개선될 것이다. 그러나 이미 존재하는 (맑스 시대보다 훨씬 더 큰) 생산 능력을 고려할 때, 이 빈곤은 우리의 생산 능력보다는 부의 분배 및 생산이 구조화되는 방식과 더 큰 관련이 있다. 우리의 경험은 두 가지 점에서 맑스의 경험과 크게 다르다. 첫째, 우리는 소위 '소비에트 연방'(이것이 소비에트에 대한 탄압 위에 세워졌기 때문에 작은따옴표로 표시한다)에서 양적 성장에 대한 강조가 어떻게 수백만 명의 죽음과 비참함, 그리고 위계적이고 권위주의인 체제의 창출로 이어졌는지에 대해 살펴보았다. 둘째, 현재 우리는 경제 성장(물질적 생산력의 발전)이 어떻게 인간의 생명이 의존하는 다른 형태의 생명과 인간 사이의 관계를 파괴하고 있는지를 본다. 이러한 이유로 적어도 전통적인 해석에서 맑스가 우리에게 제공하는 것으로 보이는 단층선 또는 구조적 위기는 우리가 찾고 있는 단층선이나 구조적 위기가 아니다.

우리는 부/풍요, 사용가치, 구체노동, 생산력 등의 의미가 무엇인가 하는 문제로 되돌아왔다. 우리는 이 모든 것들이 소외된 형태로, 즉 부정되고 있는 양식 속에 존재한다는 것을 보았다. 그것들이 부정되고 있는 양식 속에 존재한다는 사실은 필연적으로 그것들이 관계의 적대적 극으로 존재한다는 것을 의미한다. 상품은 풍요에 대한 끊임없이 반복되는 공격으로 존재한다. 그것은 봉건제에서 자본주의로의 이행 속에서 완료되는 공격이 아니며 그럴 수도 없다. 이 공격은 필연적으로 저항을 불러일으킨다. 풍요는 상품 형태 속에 존재할 뿐만 아니라 필연적으로 상품 형태에 대항해서 존재한다. 그렇게 함으로써 풍요는 상품 형태를 뛰어넘어 기투하며 다른 세계의 가능성을 열어낸다. 다시 말해, 풍요는 상품 형태 안에서-대항하며-넘어서 존재한다. 다른 방식일 수가 없다. 풍요는 잠재적이고 부정적이며 넘쳐흐르는 힘이다.

풍요를 물질적 부로 개념화하는 것은 그것을 실증화하는 것이다. 그것을 부정의 적대적 극으로 취급하지 않고 이미 존재하는 것처럼 취급하는 것이다. 이것이 전통적인 맑스주의 해석이 행한 일이다. 그것은 비참한 결과를 가져왔다. 다른 모든 저자들처럼 맑스도 자신의 모순적 순간들을 갖고 있지만 그 역시 전통적 맑스주의의 해석처럼 생각했는지 아닌지는 여기서 우리의 주요 관심사가 아니다.

풍요가 상품 형태로 존재한다고 말하는 것은 확실히, 미래의 충돌이라는 의미에서만이 아니라 부단한 과정이라는 의미에서 인간의 생산 능력의 위축이 존재한다는 것을 의미한다. 상품 형태는 풍요를, 그리고 그것을 창출하는 행위를, 매 순간 그것을 왜곡하고 제한하는 패턴 속으로 강제로 밀어 넣는다. 그러나 이 마지막 문장에서 결정적인 어구는 "강제로 밀어 넣다"이다. 풍요는 자기결정을 향한 추진력이다. 상품 형태는 이와 정반대이다. 상품 형태는 "자본주의적 생산 법칙"의 부과이다. 그것은 그 자체의 동역학을 가진 법칙이며, 어느 누구에 의해 의식적으로 결정되지 않는 법칙의 부과이다. 상품은 풍요와 인간 활동을 특정한 패턴 속으로, 자본의 최대 이익을 창출할 패턴 속으로 강제로 밀어 넣는다. 풍요의 저항적 분투는 더 많이 생산하려는 분투가 아니라 우리의 활동에 대한 소외된 결정에 대항하는 분투이다. 우리는 이 세상의 식량 및 주택 문제를 모두 해결하기 위해 더 많이 생산해야 한다고 결정할 수도 있다. 혹은 우리는, "탈성장" 지지자들이 주장하듯이, 우리 자신의 삶을 존중하기 위해 그리고 다른 생명 형태들과 우리의 관계를 존중하기 위해 생산 속도를 늦추고 다르게 생산하기로 결정할 수도 있다.

다시 말해 보자. 사용가치는 가치의 위기 또는 구조적 결함이다. 이 사실은 생산될 수 있는 사용가치와 수익성 있게 생산되는 사용가치 사이에 충돌이 발생하는 명백한 위기의 순간에 분명해진다. 우리는, 부가 상품의 위기라고 말하는 것으로도 같은 것을 이야기할 수 있다. 상품 형태가 더 많은 부의 생산을 방해하는 때인 공공연한 위기의 순간에 분명하게 되는 모순이 상품과 부 사이에 놓여 있는 것이다. 너무 많은 것이 명확하다.

한 걸음 더 나아가 보자. 실제로 부와 상품 사이에는 모순이 있다. 전통적인 의미에서의 사회주의는 상품에 대항하는 부의 투쟁이다. 그러나 우리가 살펴본 부는 풍요의 빈곤화이자 실증화이다. 단순히 물질적인 부로서의 부라는 개념은 풍요를 상품 형태의 렌즈를 통해 소급적으로 독해한 결과이다. 생성의 절대적 운동을 향해 밖에-서는ec-static 노력은 실종된다. 그리고 가두는 자를 향한 가두어진 자의, 속박하는 자를 향한 속박되는 자의 불가피하게 부정적인 적대는 비인격적 모순으로 환원된다.

풍요를 부로 환원하는 것은 간수의 눈으로 수감자를 보는 것이다. 어떤 춤꾼이 작은 감방에 감금된다. 간수는 그 수감자가 편안하다는 것을 우리에게 보여준다. 하지만 그는 추상적인 사람만을 볼 뿐이다. 그는 그 춤꾼이 자신의 갈망을 채울 음악의 리듬에 맞춰 공중으로 비상하는 것은 보지 못한다. 그 수감자가 감방에서 나가고 싶어 한다는 것은 분명하므로 모순이 부정되는 것은 아니다. 보이지 않는 것이 있다면 그것은 그 춤꾼의 모든 움직임이 갖는 맥동하는 적대감과 모든 발걸음마다에 존재하는 저 좌절된 춤의 충동이다.

이 문제는 문법의 문제로 이해될 수 있다. 감방에 갇힌 춤꾼의 문법은 부정적인 문법, 밖에-서는 넘쳐흐름이다. 여기서 내가 주장하는 것은 풍요, 사용가치, 구체노동, 생산력 등의 범주에서 표현되는 내재적 부정 또는 근본적인 어긋남이 부정적 문법, 넘쳐흐름의 문법, "안에서-대항하고-넘어서"의 문법이며 그 속에서의 추동력은 자기결정을-향한-경향 즉 소외된 결정에 대항하는 경향이라는 것이다. 만약 우리가 풍요, 사용가치, 구체노동, 생산력 등의 범주를 경제적 범주로 취급하면서 실증화한다면 (즉, 우리가 그것들을 "순전히 경제적인 방식으로, 즉 부르주아적 관점에서, 자본주의적 이해 방식의 한계 내에서, 자본주의적 생산 그 자체의 관점에서" 이해한다면), 그러면 내재적 부정의 추동력은 물질적 부의 생산으로 환원되고 우리는 매우 그리고 아주 다른 정치학으로, 본질적으로는 스탈린주의의 정치학으로 끌려가게 된다.

아니 다시 말해 보자. 상품 형태 안에 풍요를 가두는 것은 단지 양의 문제일 뿐만 아니라 질의 문제이기도 하다. 풍요(생성의 절대적인 운동)가 부(상품-부)로 변형될 때 질적 빈곤화가 발생한다. 부는 궁핍화된 풍요, 화폐로 측정될 수 있는 어떤 것, 풍요의 핵심에 놓여 있는 자기결정과 자기실현으로부터 완전히 추상된 것이다. 풍요에서 부로의 이러한 질적 변형은 맑스의 정치경제학 비판에서 간과된 것이다. 이것은 아마도 그가, 우리가 이미 살펴본 바와 같이, 형태에 맹목적이고 따라서 풍요와 부 사이의 밖에-서는 관계에도 맹목적인 정치경제학자들이 발전시킨 범주들에 초점을 맞추고 있었기 때문일 것이다.

맑스의 주장은 하나의 논증임에도 불구하고even if 아마도 우리는 그것을 논증의 극단적인 경우로 이해할 수 있을 것이다. 풍요와 부를 나누는 우리의 구분을 유지하면서, 우리는 부가 절대적인 생성 운동에서 거대한 상품 축적으로의 풍요의 빈곤화라고 말할 수 있다. 그러면 맑스의 첫 번째 문단은 다음과 같이 바꾸어 표현될 수 있다.

자본주의 사회에서 풍요(생성의 절대운동)는 빈곤화된 부의 형태(상품들의 거대한 더미)로 환원된다. 우리가 비판하는 정치경제학은 오직 부만을 보기 때문에, 우리는 풍요가 부로부터의 넘쳐흐름임을 제쳐놓게 된다. 또 우리는, 부의 생산이 착취에 기초하며 부와 (자본에게 통제 불가능한 동력을 부여하여 필연적으로 자본을 위기로 이끄는) 상품 형태 사이에 근본적 모순이 있다는 것을 보여주기 위해 상품-부에서 출발하게 된다. 풍요가 상품 형태에 완전히 종속된다고 우리가 가정함에도 불구하고even if 사정은 이러하다.

그래서 맑스의 논증은 이 에도 불구하고even if의 기초 위에서 전개된다. 따라서 우리는 (맑스 안에서-대항하고-넘어서) 다음과 같이 계속 말할 수 있을 것이다.

그렇다. 상품화 과정에 의해 풍요가 부의 지위로 완전히 환원되더라도 부는 (잠재적이면서 주기적으로 나타나는) 상품의 위기를 구성할 것이다. 그러나 사실상, 풍요는 결코 부로 완전히 환원되지 않는다. 그것은 부 안에서-대항하고-넘어서며 나아간다. 그것은 부로부터의 흘러넘침이다. 넘쳐흐름은 상품의 구조적 결함(또는 잠재적 위기)을 강화하고 위기와 재구조화 사이의 역사적, 사회적 균열을 강화한다.

혹은 달리 표현해서, 가치 생산의 위기를 구성하는 것이 더-많이-생산할-수-있는-능력만은 아니다. 다르게-생산할-수-있는-능력도 가치 생산의 위기를 구성한다. 현재의 위기에서 우리는 이 두 가지를 모두 볼 수 있다. 우리는 가치 생산이 어째서 낭비의 생산인지 알 수 있다. 낭비되는 자원들, 그리고 세상을 더 풍요롭고 더 부유한 곳으로 만들 수 있었을 수많은 실업자들은 낭비의 생산이다. 그러나 또 우리는 가치 생산이 어째서 왜곡된 생산이며 해로운 생산인지 알 수 있다. 이 측면에서 가치 생산은 더-많이-생산하기와 충돌하기보다는 다르게-생산하기와 충돌하며 부와 충돌하기보다는 풍요와 충돌한다. 오늘날의 투쟁은 우리로 하여금 더 많이 생산하려는 노력보다 오히려 근본적 부정인 다르게 생산하려는 노력을 주목하도록 가리킨다. 그리고 이것은 넘쳐흐름이라는 반정체성주의적 문법을 통해 『자본』의 토대를 이루는 범주들(풍요, 사용가치, 구체노동, 생산력)을 읽는 것을 의미한다.

부는 하나의 주체를 갖고 있다. 노동계급이 그것이다. 계급-화된 노동계급. 『자본』(영문본) 10장에 등장하는, 자신의 상품인 노동력을 옹호하기 위해 목소리를 높이는 임금노동자들의 계급. 노동조합과 정당으로 조직된 노동운동으로서의 노동계급 말이다. 풍요도 하나의 주체를 갖고 있다. 풍요가 부의 바깥에 존재하지 않고 부 안에서-대항하고-넘어서에 존재하듯이, 풍요의 주체는 노동계급의 바깥이 아니라 그 안에서-대항하고-넘어서에 존재한다. 그것의 이름이 무엇인가? 맑스는 그것을 노동의 "다루기 힘든 손"(Marx 1857/1965, 437 [2015] ; 1867/1990, 564 [2015])이라고 부른다. 이 말로 그는 〈공장법〉 분석에 등장하는 계급-화된 계급으로부터의 넘쳐흐름을 암시한다. 까떼리나 나시오카(Nasioka 2017)는 이를 "프롤레타리아트"라고 부르며 이 노동계급에-대항하는-프롤레타리아트를 2008년 아테네 봉기와 2006년 와하까 봉기의 주체로 본다. 그럼에도 불구하고 "프롤레타리아트"는 때때로 "노동계급"의 동의어로 이해된다. 아마 가장 정확한 것은 그것이 어떤 이름도 없는 주체라고 말하는 것일 것이다. 왜냐하면 그것은 안에서-대항하고-넘어서에 존재하며 어떤 정의로도 담아낼 수 없기 때문이다. 그러나 글쓰기는 우리로 하여금 사물이나 아이디어에 이름을 붙이도록 압력을 가한다. 그러므로 우리는 적어도 당분간 그것을 무리rabble라고 부르자. 그것은 노동계급 안에서-대항하고-넘어서에 존재하는 힘이며 노동계급을 넘쳐흐르는 힘이다. 그것은 반反노동의 반反계급이다. 아니 어쩌면 우리는 그것을 "우리"라고 불러야 할지도 모른다. 우리의 분노와 부정성을 표현하는 느낌표를 붙인 "우리!"라고. 우리의 불확실성, 우리의 비규정성indefinition, 우리의 개방성을 표현하는 의문부호도 함께 붙은 "우리!?"라고.

풍요가 그 자신의 실증화의 위기, 즉 부의 위기라고 말할 수 있을까? 무리(우리!?)가 노동계급의 위기라고 말할 수 있을까? 구체노동 혹은 행위가 추상노동의 위기라고 말할 수 있을까? 근본적인 구조적 결함 또는 내재적 부정으로서의 위기의 첫 번째 의미에서는 확실히 그렇다고 할 수 있다. 풍요는 언제나 부 안에 가두어져 있을 뿐만 아니라 부에 대항하고-넘어서 존재한다. 예를 들어, 당신이 이 책을 산다면 그것은 (물론 당신이 값비싼 초판의 수집가가 아닌 한에서) 당신의 부를 늘리기 위한 것이 아니라 당신의 삶을 풍요롭게 하기 위한 것일 것이다. 그러나 풍요는 두 번째 의미에서도 부의 위기일까? 풍요에 대한 부의 지배의 재생산에 대항하는 명백한 도전을 향한 일종의 근본적인 동역학이 있다는 의미에서도 풍요는 부의 위기일까? 우리는 지금 그 질문을 열린 상태로 남겨둔다. 하지만 우리가 지금 가치와 부의 충돌(수많은 실업자)뿐만 아니라 부와 풍요의 충돌(다른 것different에 대한 더 많은 것more의 지배가 가져오는 재앙적 결과)의 순간을 살고 있다는 것은 분명하다. 재구조화를 위한 자본의 투쟁은 비효율적인 자본의 제거와 착취의 증대뿐만 아니라 다른 것을 가치에 종속시키는 것을 포함한다.

풍요는 사회적으로 필요한 노동시간의 공격에 대한 보수적이고-반란적인 반응이다.

자본은 기존의 삶과 행위 패턴에 대한 끊임없는 투쟁이다. 이 투쟁이 매우 힘들다는 것은 자본[의 유기적] 구성의 상승이 가져오는 효과를 착취율의 증가가 상쇄하지 못하는 경향 속에서 표현된다. 자본의 투쟁의 주기적 강화를 촉발하는 것이 바로 이 점이다. 만약 여기서 자본이 성공하면 자본은 재구조화로, 즉 슘페터가 말하는 "창조적 파괴"로 이어질 것이다. 하지만 자본이 성공하지 못하면 어떻게 될까? 너무나 자주 자동적이라고 생각되곤 하는 것, 즉 위기에서 재구조화로의 이행이 달성되지 않는다면 어떻게 될까? 그러면 어떤 일이 일어날까?

우리는 풍요, 사용가치, 구체노동 또는 행위의 힘에 대해 이야기하고 있다. 자본의 끊임없는 공격을 받는 기존의 삶과 행위의 패턴들은 풍요의 안식처이다. 그런데 그런 것이 있을 수 있을까? 우리가 살펴본 풍요는 생성의 절대적 운동으로 묘사되었다. 그러나 그것은 실존하지 않는다. 아니 오히려 그것은 자신의 부정 안에서-대항하고-넘어서에만 존재한다. 여기에 순수함이란 없다. 그것은 자기결정을 향한 충동으로만, 또는 적어도 소외된 결정에 대항하는 충동으로만 존재한다. 갈망과-추진으로, 그리고 또 조용한 혹은 명시적인 저항으로만 존재한다. 존엄으로만 존재한다. 예측 불가능하며 불안정한 계열 속에서 보존하고 거부하고 반란하려는 충동으로만 존재한다.

희망이 실재적이고 참으로 과학적이려면 우리의 투쟁은 우리가 맞서 투쟁하는 것의 위기여야 한다. 풍요가 상품의 잠재적이고 적대적이며 반정체성적인 이면이라고 말하는 것만으로는 충분하지 않다. 우리는 그것을 상품 형태의 위기로 이해해야 한다. 첫째로 우리는 상품의 핵심은 가치이고 가치는 상품을 생산하는 데 필요한 사회적으로 필요한 노동시간을 줄이려는 끊임없는 충동이라고 주장했다. 둘째로, 우리는 이러한 충동이 자기결정을 향한 추동력으로 이해되는 기존 생활 방식의 풍요와 끊임없이 충돌한다고 주장했다. 셋째로, 우리는 이 갈등이 자본의 유기적 구성의 상승효과를 상쇄하는 데 필요한 착취율의 증가를 제지하는 경향이 있다고 주장했다. 그리고 넷째로, 우리는 그것의 결과가 이윤율의 하락 경향이라고 주장했다.

이것은 이윤율의 하락 경향이라는 맑스의 법칙을 계급투쟁의 측면에서 재구성한 것이다. 이 주장의 가장 논란이 되는 요소는 아마도, 우리가 기존의 생활 및 행동 관행이 여러 면에서 매우 빈곤해져 있다는 것을 알면서도 그 관행과 풍요를 연관 지은 점일 것이다. 그럼에도 불구하고 사실은 그러하다. 자본은 우리에게 소외된 결정을 부과하기 위한 끊임없는 공격이자 끊임없는 충동이다. 대부분의 반자본주의 투쟁은 그것의 발단 계기의 측면에서 보면 보수적이다.

이 글을 쓰고 있는 이 순간에 내 삶에 그리고 아마도 많은 독자들의 삶에 영향을 미치고 있을 한 예를 들어보자. 팬데믹의 결과로 나는 온라인으로 수업을 진행하고 있다. 나는 이것이 교육의 새롭고 지속적인 추세가 될까 봐 두렵다. 이렇게 되면 그것은 나에게 나의 학생들과의 접촉이라는 내 삶의 풍요에 대한 중요한 공격이 될 것이다. 자본주의 교육에서의 이러한 경향에 대한 나의 첫 번째 반응은 부정적이고 보수적이다. 나는 가능한 한 빨리, 내가 친숙한, 학생들과의 관계로 돌아가고 싶다. 그러므로 문제는 이제 이 부정적이고 보수적이며 자기방어적인 추동력이 교육의 의미에 대한 전체적인 문제 제기로, 가르침과 배움의 구분에 대한 문제 제기로, 그리고 나아가 향후 몇 년 동안 온라인에서든 물리적 접촉에서든 더욱더 비제도적이고 반자본주의적인 교육 형태의 점증하는 발전으로 흘러넘칠 것인지 여부이다. 자본주의적 공세, 그것에 대한 보수적 반응, 그리고 이 반응의 가능한 넘쳐흐름.

수많은 투쟁에서 동일한 패턴을 찾아볼 수 있다. 소위 "메가프로젝트들", 다시 말해 최근 몇 년 동안 아주 많은 분쟁을 야기한 광산 채굴, 댐 공사, 그리고 도로 건설 프로젝트 등은 동일한 보수적 반응을 일으키는 것에서 시작했다. 안 됩니다. 우리는 당신이 우리 지역에서 프래킹을 시작하는 것을 원치 않습니다. 그것이 우리의 소규모 농지에서 우리가 농사를 지을 수 있는 가능성을 파괴할 것이기 때문이며 우리가 수년에 걸쳐 구축해 온 사회적 관계망인 공동체를 파괴할 것이기 때문입니다. 이것은 넘쳐흐름으로, 다시 말해 이 공격적인 채굴 프로젝트들이 세계 여러 지역에서 막대한 파괴를 야기하고 있는 자본의 채굴주의적 공격의 일부라는 인식으로 이어질 수도 있고 그렇지 않을 수도 있다. 그리고 그것은 그 지역과 그 너머에서의 다른 반채굴주의 운동과 합류하는 것으로 이어질 수도 있고 그렇지 않을 수도 있다. 그리고 그것은 자본주의에 대한 보다 일반적인 비판으로, 그리고 사회를 조직하는 다른 방식을 향한 반란적이고 혁명적인 추동력으로 이어질 수도 있고 그렇지 않을 수도 있다. 초기의 발단적 반응은 보수적이지만 넘쳐흐름은 반란적이다.

일단 우리가 자본을 공격으로 본다면 전통적인 구분들이 문제로 된다. 자본은 공격적-진보적이다. 우리의 반응은 보수적이고 반란적이다. 자본은 보수적이고 반동적이며 반자본주의는 진보적이라는 기존의 관념은 맞지 않다. 그것이 오늘날 세계 여러 지역에서 이른바 "좌파"를 가로지르는 큰 분할선이다. 오늘날 제공되고 있는 유일한 "진보"는 자본주의적 진보이며 이것은 사람들의 삶의 풍요에 대한 공격이다. 반자본주의적 반응은 처음에는 보수적이다. 그것은 일반적으로 공공연하게 반자본주의적인 반응이 아니다. 그것은 우리가 가진 것에 대한 방어이다. 그것은 그 수준에, 즉 "이것이 우리다"라는 보수적이고 정체성주의적인 반응에 남아 있을 수 있다. "있는 그대로의 우리는 그다지 좋지 않아. 우리 아이들은 뉴욕으로 이주해야 해."라는 보다 비판적인 반응은 역설적이게도 자본을 선호할 수 있다. 공동체의 낭만화와 친자본주의적 진보주의 사이에는 딜레마가 있다. 그리고 유일한 탈출구는 "그래, 우리 공동체에는 엄청난 풍요가 있어. 하지만 그것만으로는 충분하지 않아. 우리가 있는 곳에서 시작해서 우리의 풍요를 발전시키기 위해, 그러나 우리가 결정하는 방식으로 발전시키기 위해 싸워야 해."이다. 이것은 대략적으로 사빠띠스따의 반응과 일치할 것이다. 대부분의 사빠띠스따 운동 참여자들에게서 그 운동은 멕시코 정부가 집합적으로 소유하고 있는 토지를 사유화에 개방하는 것에 대한 보수적이고 자기방어적인 대응으로 시작되었다. 그 사유화가 원주민 및 농민 공동체의 존재를 위협하는 것이었기 때문이다. 사빠띠스따의 경우, 초기에 보수적이었던 그 반응이 넘쳐흘렀고 가장 웅장한 방식으로 계속해서 흘러넘치고 있다. 그것은 기존 공동체를 기반으로 하면서도 그것에 대항하고-넘어서 나아가는 공동체적 풍요의 위대한 발전이었다. 공동체의 정체성주의적 낭만화는 답이 아니다. 희망의 전망을 여는 것은 넘쳐흐름, 즉 비판적인 대항하고-넘어서against-beyond이다.

'진보'와 '보수'의 전통적인 구분이 무너지고, 이와 함께 '좌파'와 '우파'의 구분도 무너진다. 이것은 이 책의 서두에서 소개한 기차로 거슬러 올라간다. 우리는 우리를 멸종을 향해 실어 나르는 기차에 올라타 있다. 이것이 오늘날 진보가 의미하는 것이다. 반자본주의는 벤야민의 은유인 비상 브레이크를 당기는 것을 의미한다. 이는 사회적 동역학이 (또는 종종 정부가) 부과하려는 진보에 대해 '아니요'라고 말하는 것을 의미한다. 처음의 반응은 반진보적 보수주의이다. 그러한 반응에서 우리가 '왼쪽'과 '오른쪽'을 어떻게 구별하겠는가? 아니 심지어 이 구분이 중요하기라도 한가? 탄광 폐쇄에 대항한 1984/85년 영국 광부들의 위대한 파업은 진보적이었을까, 보수적이었을까? 의심할 여지 없이 보수적이었다. 그리고 이민자들에 대해 국경을 폐쇄하려는 전 세계의 움직임은 어떨까? 이것 역시 의심할 여지 없이 보수적이다. 이 둘을 우리가 어떻게 구별할까? 하나는 '좌파'이고 다른 하나는 '우파'일까? 그렇다고 하자. 하지만 어떤 근거로? 그 둘을 하나로 묶는 어떤 종류의 "유토피아적 핵심"6이 있을까?

아마도 그 물음에 대한 답은 문법의 측면에서, 가둠의 문법에 대항하는 넘쳐흐름의 문법, 정체성주의 문법에 대항하는 반정체성주의적 문법의 측면에서 찾아야 할 것이다. 광부들의 파업은 분명히 "우리는 광부들이다."라는 정체성주의 문법에서 출발하지만, "우리는 반동적 대처 정부에 맞서 싸우는 노동계급이다."로, 또 "우리는 자본주의 사회의 불의에 맞서 싸우고 있다."로 매우 빠르게 이동한다. 이 지속적 이동은 투쟁의 깊은 전통의 일부이며, 파업에서 승리하기 위한 시도 속에서 동맹을 맺기의 일부이기도 하다. (이 투쟁에서 그들은 결국 패배했다.) 반이민자 운동은 매우 다른 문법을 가지고 있다. "우리는 멕시코인(혹은 영국인, 혹은 독일인 혹은 그 밖의 다른 국민)이며 외국인들이 우리나라에 들어오는 것을 좋아하지 않는다."는 문법이 그것이다. 그것은 일반적으로 그 정체성주의적 출발점을 넘어서지 않는다. 거기에는 통상적으로 어떤 넘쳐흐름도 없다. 비록 우리가 그 운동이 "그러므로 우리는 사람들로 하여금 자신들의 집과 사랑하는 조국을 떠나도록 강제하는 사회 조직의 형태에 반대한다. 우리는 그들의 고통을 공유한다. 그리고 우리는 자본주의에 맞서 반란한다."

---

6. 쌍둥이 빌딩에 관한 쎄르지오 띠쉴러의 주장(Tischler 2002)을 참조하라.

로 나아갈 수 있기를 상상할 수 있을지 모르지만 말이다. (광부 파업과 반이민 입장이라는) 두 경우 모두에서 우리는 보수적이고 반진보적인 출발점에 있다. 첫 번째 경우에는 즉각적인 넘쳐흐름이 있고, 두 번째 경우에는 넘쳐흐름의 가능성이 낮지만 전혀 불가능하지는 않다. 첫 번째 입장은 일반적으로 '좌파'로, 두 번째 입장은 '우파'로 규정된다. 그러나 그러한 규정은 매우 위험하다. 왜냐하면 그것이 폐쇄, 정체화를 부과하기 때문이다. 두 번째 입장을 '우파'로 규정함으로써 우리는, 매우 다른 결과를 초래할 수 있는 넘쳐흐름의 가능성을 실질적으로 차단한다. 세계 곳곳에서 '우파'의 눈에 띄는 상승이 나타나고 있는 바로 이 순간에, 사람들을 분류하는 것이 아니라 그들의 문법, 그 분류의 문법을 공격하는 것이 중요하다. '좌파'로부터의 반란만큼이나, 아니 그보다 아마 더 많은 반란이 '우파'로부터 나타나고 있는 이 순간에 자본이 느낄 명백한 두려움을 설명할 수 있다면 그것이 바로 분류 문법의 가능한 취약성을 드러낼 것이다.

그러므로 자본은 우리의 삶과 행위 양식에 대한 끊임없는 공격이다. 이 공격의 배후에 있는 기본적 충동은 상품을 가능한 한 저렴하게 생산하려는 욕구, 다시 말해 상품을 생산하는 데 필요한 "사회적 필요노동시간"을 지속적으로 줄이려는 욕구이다. 이 충동은 생산 과정에서 산 노동의 점진적 제거를 창출한다(자본의 유기적 구성의 상승). 이것이 이윤율의 하락으로 이어지는 것을 막을 유일한 방법은 그에 상응하는 착취율의 상승을 통해서일 것이다. 이 두 가지 요소(자본의 유기적 구성의 상승과 착취율의 증가)는 자본을 기존 관행 및 생활 양식과의 끊임없는 충돌로 몰아넣는다. 자본은 "꺼져 버려. 우리를 그대로 내버려둬."라는 보수적인 것에 맞서, 그리고 복종의 이러한 결여가 "꺼져 버려, 자본, 당신이 있어서는 안 돼."라는 능동적 반항으로 쏟아질 가능성에 맞서 끊임없이 밀어붙여야만 한다. 지배는 자본에게는 언제나 힘겨운 투쟁이다(항상 가련한 자본가들을 생각해야 함을 잊지 말라). 특히 자본은, 자기 조상들의 관행을 단지 반복할 수 있을 뿐인 봉건 영주의 사치스러운 삶을 자신에게 허락할 수 없다. 다시 말해 자본은 인간 활동을 자신의 논리에 종속시키기를 끊임없이 강화하지 않을 수 없다. 그것은 우리가 아래에서 쳐다보면 종종 보지 못하는 것이다. 작업 속도를 높이거나 작업장 안팎의 통제를 강화하는 것은 아래에서는 억압의 강화로 보인다. 하지만 이러한 강화는 자본가들이 (아니 실제로는 국가나 또는 자본 일반이) 가치 생산의 긴급성을 따라잡기 위한 필사적인 시도일 수 있다. 어떤 회사가 자신의 노동자들에게 "당신은 더 오래 일해야 할 것입니다. 안 그러면 회사가 망할 것입니다."라고 말하는 것은 단순히 더 많은 이익을 뽑아내는 방법일 수도 있겠지만 그렇지 않고 파산 지경에 처한 회사의 절박한 외침일 수도 있다. 이것은 물론 노동자들이 복종해야 한다는 것을 의미하지는 않는다. 오히려 이 주장은, 우리 자신의 힘을 제대로 알기 위해서는 상대방이 겪는 어려움을 제대로 아는 것이 중요하다는 것이다.

이윤이 하락하는 위기의 시기에 자본은 노동자의 "게으르고 미숙한" 성격에 대한 공격을 강화하지 않으면 안 된다. 그리고 그것이 함축하는 전 세계의 사회관계들(노동시간, 노동자들의 기존 권리, 노동조합의 힘, 노동에 대한 유인을 저해하는 것으로 작용할 수 있고 또 어떤 경우에든 이윤의 형태로 분배될 수 있는 잉여가치로부터의 공제인 국가의 사회적 지출, 환경 보호를 위한 기존의 통제들 등등)에 대한 공격을 강화하지 않으면 안 된다. 이 모든 것은 비복종과 반항이 기존 세력과 치루는 갈등을 의미한다. 그리고 이것은 자본의 이익을 대변하는 사람들(정부, 중앙은행, 주도적인 자본주의 조직, 가장 중요한 자본들)이, 그 갈등에서 자신들이 이길 수 없거나 그것을 피하는 것이 더 낫겠다고 느끼는 것일 수 있다. 그럴 경우 그들은 위기를 피하거나 지연하는 방법, 자본 축적을 위한 확고한 기반을 재구축하는 데 필요할 "창조적 파괴"를 미루는 방법을 찾으려고 애쓸 것이다. 그러면 위기는 위기의 지연 및 기획된 관리와 뒤섞이거나 아니면 사실상 그것에 의해 대체된다.

7부

지연된 위기

27

희망은 화폐라는 히드라와 맞선다.

화폐Money에 대항하는 풍요. 거대한 전투. 세계의 미래가 달려 있는 전투. 공격하는 화폐, 풍요의 저항과-반란. 밀어붙이는 풍요, 가두는 화폐. 갈등. 어떤 명확한 결과가 없는 갈등. 투쟁의 강화는 위기이다. 그 위기가 너무 심각하다. 위기를 지연시키는 것이 좋다. 화폐의 확장을 통해.

우리의 희망은 자본주의가 우리를 인류 종말의 사태로까지 몰고 가기 전에 자본주의가 종말되도록 만들 수 있으리라는 것이다. 어떤 자동 붕괴도 없을 것이다. 자본주의는 우리가 그것이 종말에 이르도록 만들어야만 끝날 것이다. 우리의 거부와 투쟁과 창조는 희망의 중심이다. 그러나 지금까지는 충분하지 않았다. 자본주의는 끊임없이 파괴적인 침략을 하면서, 절멸을 향해 끊임없이 밀어붙이면서 여전히 거기에 존재한다.

우리는 또 다른 차원의 희망을 열어젖히고 싶다. 우리는 우리의 투쟁이 어떻게 자본의 약점, 자본의 취약성으로 자본 내부에서 재생산되는지 알고 싶다. 자본의 장기적인 두려움과 가상적 세계로의 도피로서, 위기의 지연으로서 말이다. 이러한 성찰이 혁명으로 가는 모종의 왕도를 열어주지는 못할 것이다. 하지만 그것은 아마도 우리가 우리의 힘을 이해할 수 있게 해줄 것이며, 그 결과로 명백하지는 않은 방식으로겠지만 우리로 하여금 변화의 가능성을 이해할 수 있도록 해줄 것이다.

이것은 우리로 하여금 화폐에 집중하게 한다. 화폐는 위기의 지연을 통해 두드러진 지위를 차지한다. 위기는 화폐의 팽창을 통해 지연된다. 화폐가 그 어느 때보다 더 이 세상의 영주나 주인으로 여겨진다.

이것은 희망에 대한 논쟁을 전개하는 가장 확실한 방법은 아니다. 기후 변화나 환경 파괴에 대한 점증하는 반대라는 방향으로 논쟁을 가져가는 것이 훨씬 더 나아 보일 수 있다. 이 문제들은 사회 비판의 중심 주제였다. 특히 그것은 지난 몇 년 동안 젊은이들이 관심을 갖는 중심 주제였다. (코로나바이러스가 도래하기 전의) 지난 몇 년 동안 학생들의 대규모 시위를 생각해 보라. 그것은 마침내 상황이 바뀔 것이라는 희망의 큰 원천임이 틀림없다.

나는 이 운동의 막대한 중요성을 전혀 부인하지 않으면서 다른 방향으로 논쟁을 가져간다. 왜냐하면 나는 사빠띠스따가 "자본이라는 히드라"라고 아주 훌륭하게 이름 붙인 것에 대해 관심을 갖고 있기 때문이다. 자본의 머리 하나를 자르면 즉각적으로 머리 세 개가 더 자라난다. 적응하고 생존하는 자본의 능력은 비상하다. 수많은 사람들이 그것에 맞서 싸우다 죽임을 당했다. 그것에 대항하는 수많은 "성공적인" 혁명이 있었다. 그럼에도 불구하고 자본은 그저 자신을 재생산했고 자신의 논리를 반복해서 주장했다. 중국이 가장 분명한 예다. 오십 년 전에는 반자본주의적 순수성의 상징이었지만 지금은 자본의 힘의 이미지다. 특히 지금 우리가 코로나바이러스 봉쇄에서 벗어나면서 자본의 파괴적 특성을 통제할 그린 뉴딜에 대한 많은 이야기들이 있다. 그렇지만 녹색 자본주의로 흘러갈 수 있는 자본의 능력과 적응성은 수년 동안 분명해졌다. 이것은 규제의 중요성을 부정하는 것이 아니다. 하지만 자본이 존재하는 한 도덕적 또는 환경적 고려 사항이 무엇이든 자본은 가장 큰 이익을 거둘 수 있

는 곳으로 흘러갈 것이다.[1]

히드라는 흐르고 있는 자본이고 흐르고 있는 자본은 화폐다. 시위가 전개되는 모든 수준에서 사람들을 체제의 논리 속으로 다시 끌어들이는 것은 화폐다. 화폐는 체제를 작동시키는 거대하고도 사회적인 끼워맞춤 기계fitter이다. 우리가 희망을 진지하게 받아들이고 싶다면 헤라클레스의 예를 따라야 한다. 우리가 히드라를 죽여야 한다. 히드라는 화폐. 우리가 어떻게 화폐를 죽일 수 있을까? 그것은 불가능해 보이고 심지어 우스꽝스러워 보인다. 하지만 아마도 우리의 투쟁은 자본의 심장에 만성적이고 치명적일 수 있는 질병을 이미 주입했을 것이다.

히드라를 죽여라. 화폐를 죽여라. 그것이 희망이다.

---

1. 바로 지금 (환경, 사회 및 거버넌스 지향의) ESG투자의 수익성에 대한 흥미로운 논쟁이 벌어지고 있다. 정부 규제를 포함하는 환경이 그러한 투자를 매력적으로 만들 수 있을지 모르지만 한 가지 분명한 것은 결정적인 힘이 이윤이라는 점이다. 그래서 2021년 4월 26일 『파이낸셜 타임스』의 로빈 위글스워스는 다음과 같이 말했다. "다음 십 년 동안 엄청난 양의 화폐가 환경, 사회, 거버넌스 지향의 투자로 만들어질 것이다. 하지만 그 대부분은 불행하게도, 아마 돈을 낸 투자자의 이익에 반하는 투자가 될 것이다. … 낙관적인 백테스트(backtest)와 소망적 사고 때문에 좋은 일로 돈 벌겠네 생각하면서 지금 조용히 있는 투자자들이 결국 실망하는 것으로 끝날 수 있다."

28

화폐가 지배한다.
화폐는 우리 모두를 파괴하는
연쇄 살인마이다.

그 얼굴이 너무 순진하고 우리 일상생활의 일부이기 때문에 우리는 감히 그것을 가리키며 "저기 있다. 화폐는 우리 세상을 파괴하는 살인자다. 우리가 살 수 있는 유일한 길은 화폐를 내쫓는 것뿐이다!"라고 외칠 수조차 없다. 화폐의 힘이 너무 세서 우리 주변의 사람들은 비웃으며 말한다. "불쌍한 애야, 자본을 어디 가둬 봐!"

화폐에 대한 사랑(디모데전서 6장)이나 탐욕이 아니라 화폐 자체가 바로 우리를 파멸시키기 위해 위협을 가하는 힘이다. 사회관계의 한 형태로서의 화폐, 서로 관계를 맺는 방식으로서의 화폐. 화폐는 다른 모든 것에 자기 확장을 부과하는 사회관계의 한 형태이다. 이윤이, 아니 이윤 추구가 세상을 파괴하고 있다. 맑스는 이윤이 화폐와 분리될 수 없다고 설득력 있게 주장한다. 화폐에 기반한 사회는 필연적으로 화폐의 자기 확장에 의해, 즉 이윤에 의해 움직이는 사회라는 것이다. 그리고 그 자기 확장은 마법적 자기 확장이 아니라 점점 더 많은 가치의 생산에, 노동자에 의해 생산되고 자본에 의해 (화폐를 통제하는 것처럼 보이지만 실제로는 가치와 화폐의 자기 확장에 의해 통제되는 사람들에 의해) 전유되는 더 큰 잉여가치의 생산에 기반한 확장이라는 것이다.

화폐가 지배한다. 화폐의 추구는 지구 온난화와 환경 파괴의 배후에, 개별적이고 대량적인 파괴 무기 생산의 배후에, 수많은 삶을 무의미하고 비참한 것으로 만드는 착취의 배후에, 공동체들이나 언어들 그리고 생활양식들의 말살 배후에, 수많은 사람들의 굶주림 배후에 있는 통제되지 않고 있고 통제될 수도 없는 추동력이다. 그리고 화폐는 우리의 거부-저항-반란에 침투하여 그것들을 부패시키고 때로는 그것들을 끝없는 보조금 신청의 세계로 흐르게 하며 투쟁을 그 자신의 규칙, 즉 화폐의 지배와 양립 가능한 것으로 변형한다. 우리의 삶을 형성하는 힘인 화폐의 지배는 "이자율의 미세하게 깜빡이는 변동에 의해 추동되는 거대한 달러의 운동"이다(Tooze 2021, 10[2022]).

화폐가 우리를 죽이고 있다. 너무 간단하다. 화폐가 우리를 죽이고 있다. 인류가 살아남을 수 있는 유일한 방법은 화폐를 죽이는 것이다. 그러나 우리가 어떻게 화폐를 죽일 수 있을까? 사회관계로서의 화폐를 폐지함으로써, 우리가 다른 사람들과 맺는 관계를 중재하는 힘으로서의 화폐를 제거함으로써, 한마디로 말해 탈화폐화함으로써다. 화폐 없는 세상을 상상하자.

이 얼마나 어리석은가! 우리가 환상과 동화의 땅으로 들어와 있는 것 같다. 희망이, 이 희망-사유가, 이 이성적 희망이 우리를 데려가는 곳이 이곳이란 말인가? 그렇다, 그것들이 우리를 데려가는 곳이 바로 이곳이다. 근본적으로 다른 세계에 대한 우리의 희망을 실현하기 위해, 현재의 파멸적 세계에 대한 공포에서 벗어나기 위해 우리는 화폐를 폐지해야 한다.

우리 주변의 모든 것이 화폐가 점점 더 강해지고 있고 우리 삶에 점점 더 깊이 침투하고 있음을 암시하는 때에 이 얼마나 어리석고 절망적인 희망인가. 역사가 화폐화의 역사인 것처럼 보이곤 한다. 이십 년 또는 삼십 년 전과만 비교하더라도, 전 세계에서 우리의 삶은 화폐에 훨씬 더 의존하고 있다. 건강 관리를 위해, 교육을 위해, 개인 안전을 위해, 음식을 위해, 자녀 양육을 위해 화폐에 의존한다. 기본적 생활필수품에 대한 탈화폐적 공급 영역이 있어야 한다는 복지국가의 이념은 침식되어 왔다. 그리고 화폐화는 정상적인 자본주의적 의미의 복지국가의 침식을 의미할 뿐만 아니라 이른바 '공산주의' 세계의 붕괴를 의미한다. 물론 그 공산주의는 자기결정을 촉진하거나 살기 좋은 곳을 만든다는 의미에서 공산주의적인 것은 아니었다. 하지만 그럼에도 불구하고 그것은 상대적으로 탈화폐화된 안전의 공간을 제공하는 데 효과적이라는 의미에서 공산주의적이었다. 그 모든 것이 사라졌거나 빠르게 사라지고 있다. 그리고 자신의 난잡한 잔치를 즐기고 있다. 그렇다면 우리가 어떻게 희망으로 하여금 우리를 이곳으로, 저토록 절망적인 시나리오로 데려가도록 내버려둘 수 있을까?

그렇다면 희망은 불가능성의 콘크리트 벽 속으로 우리를 인도하는, 꽃과 꿈으로 가득 찬 아름다운 길에 불과한 것일까? 희망은 우리에게 화폐를 폐지해야 한다고 말한다. 하지만 화폐를 폐지한다는 생각은 터무니없다. 그것은 너무 터무니없어서 말로 할 수 있는 범위를 넘어선다. 그 생각 자체가 금기이다. 너무나 많은 논의가 화폐를 폐지해야 한다는 결론으로 분명히 이어지지만, 그 순간 막이 내리고 결론은 언급조차 되지 않으며 심지어 하나의 생각으로 공식화되지조차 않는다. 이런 식이다. 현재의 팬데믹은 생물다양성 파괴의 결과이다. 우리는 이 파괴를 막을 방법을 찾아야 한다. 사회의 목표를 다시 설정해야 한다. 그러므로…이때 막이 내린다. 이 파괴가 화폐와 이윤 추구를 중심으로 조직된 사회의 결과라는 생각은 생물다양성 파괴에 맞서 싸우기 위해 자신들의 삶을 바치는 전문가들의 진지한 선의의 토론에서조차도 공식화될 수 없다. 화폐를 폐지하는 것의 불가능성이 그 생각을 금기로 만들고 그 생각을, 언급조차 할 수 없을 정도로 터무니없는 생각으로 만든다.

기후 변화는 이 금기의 힘에 대한 중요한 예를 제공한다. 불과 몇 달 전(2021년 8월 9일) 신문들은 IPCC(유엔의 기후 변화에 관한 정부 간 패널)의 여섯 번째 보고서에 관한 기사로 넘쳐났다. 이 보고서는 향후 수십 년 동안 기후 변화가 미칠 있을 수 있는 영향에 대해 매우 엄중한 경고를 발표했다. 영국 정부의 수석 과학 고문인 패트릭 밸런스가 『가디언』 지에 실은 기사는 「IPCC 보고서는 명백하다. 사회를 바꾸지 않고는 그 무엇도 파국을 막을 수 없다.」라는 놀라운 제목을 달고 있다. 글쓴이는 그 기사에서 다음과 같이 설명을 덧붙인다.

> 이것은 사회의 모든 수준에서 변형이 필요함을 의미한다. 개인들, 고용주들, 기관들, 그리고 국제적 협력자들은 균형점을 이해하기 위해, 타협에 동의하기 위해, 그리고 기회를 잡기 위해 함께 노력해야 할 것이다. 그리고 과학자들이 다양한 전문 분야에서 통찰력을 끌어모으는 것처럼 정책 입안자들도 지금 여기에서부터 탄소중립에 이르는 명확한 경로를 계획하기 위해 여러 분야에 걸쳐 생각들을 공유하면서 새로운 방식으로 작업해야 할 것이다. 이것은 체제 전체의 문제이다.

이 저자에게 화폐와 환경 재앙 사이의 연관성, 이윤 극대화에 기초한 사회 조직과 지구 온난화 사이의 연관성은 그가 간단명료하게 표현할 수 없는 어떤 것이며 아마도 생각조차 할 수 없는 어떤 것임이 분명하다. 비록 그가 정부의 고문이지만 나는 그가 진정으로 기후 변화의 재앙적 함의에 관심을 갖고 있으며 무슨 일이 일어나고 있는지에 대해 걱정하는 정직한 과학자라고 생각한다. 그의 견해를 정부 하수인의 견해로 일축하는 것은 우리에게 전혀 도움이 되지 않으며 그를 부르주아 이데올로기의 장사꾼으로 묘사하는 것도 도움이 되지 않는다. 우리가 부르주아 이데올로기에 대해 뭔가 이야기하고자 한다면 부르주아 사상 또는 자본주의 사상이 자본주의의 영속성이라는 가정으로 감싸여 있다는 의미에서여야만 할 것이다. 그 가정을 넘어서는 것은 무책임한 환상의 땅, 불가능한 유토피아 속으로 들어가 헤매는 것이다. 이미 우리에게 닥친 기후 재앙에 직면하여, 우리에게 정말로 사회적 변형이 필요하며 그것은 화폐를 폐지하고 서로 간의 다른 관계 방식을 창출하는 것을 의미한다는 생각은 아마도 정부 과학 고문의 정신세계 속으로는 들어갈 수 없는 무엇일 것이며 만약 그런 일이 일어났다면 즉각 불가능한 것으로 기각되었을 무엇일 것이다. 맑스의 **형태** 개념이 가리키는 한계는 우리가 생각할 수 있는 것의 한계로 존재한다. 여기에 비난의 여지는 없다. 간단하게 말하면 그것은 자본주의의 겉보기의 영속성과 화폐 폐지의 겉보기의 불가능성이 우리가 생각할 수 있는 것에, 그리고 좀 더 강하게 말하면 우리가 표현할 수 있는 것에 제한을 가한다는 것이다. 화폐는 제2의 천성의 일부가 되었다. 화폐를 폐지해야 한다고 말하는 것은 달을 없애야 한다고 말하는 것과 같다. 그러나 이제 이 제2의 천성, 이 불가능성의 외관을 깨뜨리는 것이 매우 시급하다. 인류에게 미래가 있으려면 앞으로 다가올 몇 년 안에 이 불가능성이라는 금기를 깨뜨려야 한다.

　화폐의 지배가 지난 수 세기 동안 그랬던 것처럼 지금도 비참과 파괴를 야기할 뿐만 아니라 이제 우리로 하여금 우리 자신의 멸종 가능성에 직면하도록 하고 있다는 사실에 직면하여 우리는 화폐의 폐지를 해결책 모색의 중심에 두는 방법을 찾아야만 한다. 그 문제는 소수의 극좌파 집단의 통찰에만 머무르지 않고 일상의 문제로 되어야 한다. 팬데믹과 점증하는 기후 변화의 영향은 재설정Reset과 새로운 사회계약New Social Contracts, 급진적 사회 변화에 대한 온갖 종류의 요구를 야기했다. 하지만 가장 명백하게 급진적 변화인 화폐 및 이윤 동기의 폐지는 분별력sanity의 한계 바깥에 놓여 있다. 아마도 이 책의 두드러진 특징은 그 분별력의 한계를 넘어서는 그것의 무모함insanity일 것이다.

희망은 우리로 하여금 불가능성이라는 금기에 맞서게 한다. 언제나 두려움의 또 다른 얼굴인 희망은 우리로 하여금 우리를 둘러싸고 있고 우리 속으로 진입하는 화폐의 잔치를 응시하도록 만들면서 "화폐의 취약함은 어디에 있을까?"라고 묻는다. 화폐의 광란의 잔치가 자포자기의 잔치일 수 있을까?

오늘날 자본은 점점 더 가상적으로 되고 있다.
화폐는 아프다.

화폐의 핵심에는 두려움이 있다.

두려움이 모든 지배 체제의 핵심에 놓여 있다. 이것은 성경에 나오는 헤롯과 무고한 자의 학살 이야기[1]에서부터 셰익스피어의 역사 연극들에 매우 중심적인 "텅 빈 왕관"[2], 그리고 텔레비전에서 방영된 〈하우스 오브 카드〉[3]에 이르기까지 문학에서 친숙한 주제이다. 말 그대로 혹은 은유적으로 등 뒤에서 칼에 찔리지 않을까 하는 두려움, 가짜로, 실체 없는 권력으로 드러나지 않을까 하는 두려움. 옷을 입지 않은 황제처럼 벌거벗겨지는 것에 대한 두려움. 그것은 아마도 개인적인 두려움일 뿐만 아니라 구

---

1. * 마태복음(2장 16~18절)에서 유대의 왕 헤롯 대왕이 두 살 이하의 모든 남자아이를 처형하도록 명령한 사건.
2. * 윌리엄 셰익스피어의 시대극인 『리처드 2세』와 『헨리 4세:1부』, 『헨리 4세:2부』, 그리고 『헨리 5세』를 묶어 BBC가 제작한 텔레비전 드라마는 〈텅 빈 왕관〉이라는 제목을 달고 있다.
3. * House of Cards: 마이클 돕스의 소설, 그리고 이것에서 모티브를 가져온 넷플릭스 드라마의 제목이기도 하다. 한국에서는 〈하우스 오브 카드〉라는 제목으로 서비스되고 있다.

조적 두려움, 즉 지배 체제가 혁명 세력에 의해 전복될 수 있다는 두려움(1917년에 짜르와 러시아 귀족제가 느꼈던 혹은 아파르트헤이트[인종차별 정책]의 몰락 이전에 남아프리카공화국의 백인들이 느꼈던 두려움)이기도 할 것이다. 아니, 간단히 말하면 그것은 이름 붙일 수 없는 두려움, 붕괴와 혼돈에 대한 두려움일 것이다.

붕괴와 혼돈에 대한 두려움이 화폐의 핵심에 있다. 공황panic은 종종 통화 위기와 관련된 단어이다. 1929년은 공황의 이미지를, 마천루 창밖으로 몸을 던지는 은행가의 이미지를 불러일으킨다. 그러나 세계적 혼돈에 대한 이 같은 압도적 두려움[의 이미지]을 찾기 위해 우리가 너무 멀리까지 소급해 갈 필요는 없다. 2008년 9월에 리먼 브라더스 은행의 붕괴로 전체 은행 체제가 붕괴될 위기에 처했을 때 뉴욕 연방준비은행 총재였고 그에 이은 위기 상황에서 미국 재무장관을 맡았던 티머시 가이트너는 이렇게 말한다.

9월 18일 목요일 아침까지 공황이 체제를 뒤덮고 있었다.···그 순간에 두려움은 당신이 깨어 있고 총명하다는 신호였다. 겁먹지 않은 사람들은 우리가 심연에 얼마나 가까이 있는지 알지 못했다. 나도 무서웠다. 체제가 붕괴할 것 같았다.···나중에, 이라크의 폭탄 처리 시설에 관한 영화로 오스카상을 수상한 〈허트 로커〉를 보기 전까지는 그 당시의 두려움을 설명할 방법을 알지 못했다. 화려한 사무실 건물에서 끝없는 전화 회의를 통해 우리가 겪은 일은 분명히 전쟁의 공포와는 비교되지 않는다. 그러나 영화가 시작된 지 10분 만에 나는 위기가 어떻게 느껴졌는지를 포착할 무언가를 마침내 발견했다. 그것은 파국적 실패로 인한 마비의 위험과 결합된 엄청난 책임감의 짐이었다. 당신이 통제할 수 없는 것 앞에서의 좌절감;무엇이 도움이 될지를 알 수 없는 불확실성;좋은 결정조차도 나쁘게 귀결될 수 있다는 것에 대한 앎;당신의 가족을 소홀히 했다는 것에 관한 고통과 죄책감;외로움과 무감각.(Geithner 2014, 198~200)

세계 금융 체제의 문제는 2008년에 해결되지 않았다. '재앙적 파국의 위험', 즉 금융 체제 붕괴와 그에 따른 사회 체제의 거대한 붕괴라는 위험이 남아 있었다. 코로나바이러스가 발생하기 4년 전인 2016년에 글을 쓰면서 제임스 리카즈는 다음번 위기에서는 시민들이 "폭동을 일으킬 것이다. 그들은 그날그날 먹고살 것을 확보하기 위한 노력의 일환으로 은행을 불태우고, 슈퍼마켓을 약탈하고, 중요한 기반 시설을 파괴할 수 있다."라고 서술한 후에 "네오-파시즘, 계엄령, 대규모 체포, 정부가 통제하는 언론이 등장한다. 이것이 종반전이다."라고 썼다(Rickards 2016, 280[2017]). 마틴 울프는 2008년 금융 위기를 성찰하는 2014년의 저서[『변화와 충격』]의 결론인 「다음번에는 불이다」에서 경고한다. 그가 참고하는 것은 〈메리, 울지 말아요〉라는 전통가요의 다음 행이다. "하나님은 노아에게 무지개 신호를 주셨지. 다음에는 물이 아니라 불이야." 2008년 금융 위기는 홍수였다. 하지만 오래 지체되지 않을 다음 위기는 불일 것이다.[4]

그것과 같은 공포의 초기 버전은 삼십 년도 더 전에 알랭 리피에츠 (Lipietz 1985, 5)[5]에 의해 표현되었다. 그는 하나의 이미지에 사로잡혀 있다고 말했는데 그것은 "벼랑 끝으로 가서 허공으로 계속 걸어가는 만화 캐릭터의 이미지였다. 이것은 나에게 세계 경제가 어디에 놓여 있는지를 설

---

4. 『다음번은 불』(The Fire Next Time)은 1960년대 흑인 권리 운동에서 중요한 역할을 하게 될 제임스 볼드윈의 에세이집(1963)의 제목이기도 하다. [한국어판은 제목을 바꾸어 『단지 흑인이라서, 다른 이유는 없다』, 박다솜, 열린책들, 2020으로 출간되었다.]
5. 알랭 리피에츠의 만화 캐릭터가 직면한 정치적 딜레마에 대한 논의로는 Holloway 2000 을 참조하라.

명해 주는 것처럼 보였다. 세계 경제는 계속해서 '신용 위에서' 작동한다. 하지만 전후 성장의 기반이 되는 실제 기반은…그 아래에서 무너지고 있다"(2). 지금도 코로나바이러스감염증-19로 인한 세계적 혼돈의 한가운데서 그 만화 캐릭터는 여전히 걷고 있으며 심연으로 떨어질 위험은 [리피에츠의 시대보다] 헤아릴 수 없을 만큼 더 크다.

　화폐의 오만함은 혼돈chaos에 대한 깊은 두려움을 감추고 있다. 아도르노는 혼돈에 대한 그 같은 두려움이 정체성주의적 사고가 발흥하는 기초를 구성한다고 주장한다.

> 부르주아의 계급적 이해관계에 따라 봉건 질서와 스콜라적 존재론을, 그 질서의 지적 성찰 형태를 분쇄했던 그 오성ratio, 바로 그 오성은 자신이 만들어 낸 것의 폐허에 직면하자마자 혼돈의 두려움에 휩싸였다. 그것은 자신의 힘에 비례하여 점점 더 강해지면서도 자신의 지배 영역의 밑에서 계속되어 온 위협 앞에서 떨고 있다.[6] 이 두려움은 전체로서의 부르주아적 실존을 구성하는 행위 양식의 단초를 형성했다. 그것은 기존 질서를 긍정함으로써 모든 해방적 발걸음을 무력화하는 양식이었다. 부르주아적 의식은 자신의 불완전한 해방의 그림자 속에서 더 진전된 의식에 의해 소멸되는 것을 두려워하지 않으면 안 된다. 부르주아적 의식은 자신이 완전한 자유가 아니라 자유의 희화만을 생산할 수 있을 뿐이라는 것을, 그러니까 자신의 자율성을 그 자신의 강압적 메커니즘과 유사한 체제 속으로 이론적으로 확장할 수 있을 뿐이라는 것을 감지한다. … 위대한 철학은 다른 어떤 것도 용납하지 않는 편집증적인 열성을 수반했다. … 비정체성[동일성]의 가장 미세한 자투리들이 총체적인 것으로 간주되어 온 정체성[동일성]을 부

---

6. 나의 강조 ─ 존 홀러웨이.

인하기에 충분했다.(1965/1990, 21~2)

화폐에 대한 오만한 그러나 편집증적인 열성, 허공을 계속해서 걷는 오만하고 편집증적인 만화 캐릭터는 끊임없이 '파국적 실패'에 의해, 혼돈적 붕괴에 의해 위협당한다. 이것이 우리 희망의 실체일까? 화폐는 정체성[동일성]주의적 이성과 마찬가지로 그 자신의 지배 영역 아래에서 계속되는 위협 앞에서 떨고 있을까? 우리가 그 위협일까? 우리는 화폐라는 정체성[동일성]에 대항하는 비정체성[동일성]의 부단한 전복 운동인가? 희망이 우리를 데려가는 곳이 이곳일까?

대답은 명백하지 않다. 통화 붕괴라는 혼돈이 반드시 매력적인 전망인 것은 아니다. 반면, 화폐가 세상을 지배하는 한 우리의 모든 투쟁은 화폐의 동역학 안에 가두어져 패퇴한다. 그 어느 경우든 화폐의 저변에 깔린 두려움은 화폐의 취약성을 탐구하기 위한 좋은 출발점이 될 수 있다.

불안, 두려움, 폭력은 화폐의 존재에 내재되어 있다.

불안, 두려움, 폭력은 상품 교환 행위에 내장되어 있다. 교환은 교환 참가자들을 상품 소유자들로 구성한다. 그들은 그들의 생산물의 의인화이며 서로에게 소원한 사람들이다. 그들은 서로 같은 거리에 살고 있고 그들의 아이들이 함께 놀기 때문에 만나는 것이 아니라 단지 그들이 자신의 생산물을 교환하고 있기 때문에 만난다. 교환은 공동의 유대를 끊고 서로를 의심하는 교환자들을 구성한다. 만약 그가 나를 속이고 있다면 어쩌지? 그것이 실제로 1킬로그램의 감자인지 또는 1리터의 휘발유인지 내가 어떻게 알 수 있는가? 나는 표준을 강제하여 상품 교환을 보호할 외부 기관을 필요로 한다. 그것이 국가이다. 국가는, 단순히 상품의 의

인화일 뿐이기 때문에 내가 실제로는 사람으로 인식하지 못하는 존재들에 대해 폭력을 행사할 수 있는 능력을 가진, 즉 경찰력을 가진 기관이다. 다양한 상품 소유자들로부터 독립된 국가는 상품 관계의 한 형태로 존재하지만 상품 관계로부터 특수화된다. 이것이 파슈카니스(Pashukanis 1924/2002)가 자본주의적 사회관계의 필연적이고도 특수한 형태로서의 국가 실존을 도출하는 본질적 논변이다.

그것이 교환 일반에 해당된다면 교환이 화폐를 통해 매개되는 경우에는 더욱더 그러하다. 우리는 우리가 키운 콩을 버터 1파운드와 교환하지만 그것이 실제로 1파운드인지 우리가 어떻게 알 수 있을까? 우리는 당국을 불러서 무게를 확인해 달라고 할 수 있다. 그러면 문제는 해결된다. 그렇게 함으로써 우리는 교환의 실체를 확인한다. 우리는 가치를 가치와 교환했다. 하지만 우리가 화폐를 받고 콩을 판다면 교환의 실체는 어떻게 확인할까? 화폐가 은이나 금이면 우리는 성분과 무게를 검사하여 그 실체를 확인할 수 있다. 다시 우리는 우리가 가치를 가치와 교환했음을 확신할 수 있다. 하지만 화폐가 귀금속이 들어 있지 않은 동전이라면 어떨까? 혹은 그것이 단지 종이 한 장에 불과하다면 어떨까? 그때 그것의 실체는 어디에 있는가? 그때 우리가 손에 쥐고 있는 것은 가치의 단순한 상징일 뿐이다. 여기에는 불안, 의심, 두려움이 있다.

그러면 신용은 무엇일까? 상품과 구별되는 형태로서의 화폐의 존재 자체가 이미 신용의 존재를 함축하고 있다. 화폐의 존재는 판매(C-M)와 구매(M-C)의 분리를 의미한다. 그것은 우리가 상품 덩어리가 아니라 화폐로 우리의 부를 축적할 수 있다는 것을 의미한다. 또 그것은 우리가 지불하는 것보다 더 많은 화폐를 받고 팔기 위한 목적으로 구매하고 판매함으로써(M-C-M′) 또는 단순히 이자를 붙여 화폐를 빌려줌으로써 (M-M′) 우리가 우리의 화폐를 증식할 방법을 이해할 수 있음을 의미한다. 대부자로서 우리는 화폐의 증식이 어디에서 오는지에 관심을 갖지 않는다. 오히려 화폐가 더 많은 화폐를 창출한다고 생각하는 것이 우리에게 어울린다. 분명히 그 화폐는 (숨겨진 장소에서 일하는 숨은 일꾼들에 의해) 생산된 부와 실제로 상응하는 경우에만 가치나 실체를 가진다. 그러나 그것은 우리의 관심사가 아니다. 우리의 관심을 끄는 것은 그 화폐가 상환되어야 한다는 것이다. 직접 교환의 경우에서보다 신용에서는 훨씬 더 큰 두려움과 폭력이 존재한다. 대부자로서 나는 채무자가 나에게 상환하지 않을 수 있다는 것이 두렵다. 다른 사람에 대한 모든 대출에는 항상 암묵적인 위협이 따른다. 내가 당신에게 돈을 빌려준다. 당신은 이 날짜에 나에게 상환한다. 그러지 않으면… 그 "그러지 않으면"은 빚 수금대행업자에 의한, 혹은 국가를 통한 폭력적 강제의 가능성을 가리킬 수 있다. 그것은 자동차나 집을 잃어버리는 것을 포함할 수 있으며 때로는 투옥을 의미할 수도 있다. 그러나 그 위협은 언제나 거기에 존재한다. 채무자와 채권자 모두에게 두려움, 불안, 그리고 잠 못 드는 밤이 언제나 존재한다. 그리고 그 부채가 화폐로 상환되었다 하더라도 그것의 실체에 대한 두려움은 여전히 존재한다. 채권자인 내가 실제로 내가 빌려주었던 가치보다 더 많은 가치를 받았나? 나는 더 많은 가치 상징을 갖게 되었지만 (예컨대 페소화나 파운드화의 평가절하로) 그 상징이 더 적은 가치를 나타내지는 않나? 혹은 이러한 상징이 어떤 기반도 갖지 않는 구조의 일부라면 어떻게 할까? 우리의 부는 그저 벼랑 끝을 지나 계속 걷는 저 만화 캐릭터의 부에 불과한 것일까?

두려움과 불안과 폭력의 이면에는 화폐의 실체라는 문제가 놓여 있다.

a) 화폐는 끊임없이 그 실체로부터 거리를 두면서 점점 더 상징화되고 있다.

정상적인 사용에서 화폐는 가치의 징표로 구성된다. 동전, 종이 조각, 전자 카드는 그 자체로 가치가 없거나 거의 없다. 그것들은 가치의 징표들이다. 그것들은, 의심의 여지가 없고 또 아무 의심 없이 받아들여지는 사회적 과정, 즉 풍요가 대량의 상품으로 전환되는 과정의 징표이다. 이것은 추상노동을 의미한다. 다시 말해 그것은 통상적으로 자본주의 기업에 의한 착취를 통해 인간의 활동을 가치 생산 노동으로 회로화하는 것을 의미한다.

하지만 이 사회적 과정이 더 이상 작동하지 않는다면 어떻게 될까? 이 가치 징표들이 생산된 가치에 상응하지 않는다면 어떻게 될까? 화폐가, 사회의 거대한 훈육기-가둠기-회로기channeller인 화폐가 실제로 인간을 훈육하고 인간을 자본의 논리 안에 가두며 인간의 활동을 끊임없는 가치 생산으로 회로화하는 데 성공하지 못한다면 어떻게 될까? 그렇게 되면 화폐-재현은 실제로 생산된 가치와 상응하지 않을 것이다. 그것은 거짓되고 취약하고 위험한 가상적 재현일 것이다.

이 취약성의 가능성은 가치로부터 화폐의 특수화의 한 측면으로 볼 수 있다. 화폐를 보편적인 등가물(다른 모든 상품의 가치의 등가물로 받아들여지는 어떤 것)로 만드는 것은 상품 생산 사회에서 부의 실체의 표현인 가치이다. 만약 이 화폐 자체가, 금의 경우처럼, 그것이 교환되는 상품과 실제로 동등한 가치를 지닌 상품이라면, 이때 이것은 가치 재현이 실제로 생산된 가치와 상응하도록, 즉 실재적 등가물이 있도록 보장하는 일종의 닻 역할을 한다. 말하자면 그것은 노동의 실제적 착취 또는 구체노동의 추상노동으로의 전환에 실제로 상응한다. 맑스는 금을 "그것의 체현 형태가 인간 노동의 추상노동으로의 직접적인 사회적 화신이기도 한 상품"(Marx 1867/1965, 142[2015])이라고 말한다. 만약 우리가 금에서 멀어지면 우리는 "인간 노동의 추상노동으로의 직접적인 사회적 화신"에서 멀어진다. 화폐와 가치의 분리를 가능하게 하는 것은 화폐의 특수화 즉 화폐가 단순히 상품에 그치는 것이 아니라는 사실이다. 화폐는 상품이기를 포기하고 그 스스로 걸어 나갈 수 있다. 자신이 딛고 선 땅(추상노동에 의한 가치 생산)이 사라진 지 오래되었는데도 벼랑 끝을 넘어 걸어 나가는, 리피에츠가 묘사한 만화 캐릭터처럼 말이다.

화폐 상품이 있어야 한다는, 사실상 금이 있어야 한다는 『자본』에서의 맑스의 주장은 이제 우리에게 거의 진기하게 보인다. 우리 대부분에게서 금은 우리의 화폐 경험에서 어떤 역할도 하지 않는다. 그러나 우리가 금을 가치 생산에 화폐의 재현을 연결하는 닻으로 본다면, 여기에 골동품적인 진기함 이상의 것이 걸려 있다는 것은 분명하다. 게오르그 짐멜은 1900년에 출간한 『화폐의 철학』에서 다음과 같은 말로 화폐의 본질에 대한 그의 긴 논의를 시작한다.

화폐에 대한 지금까지의 모든 논의를 통해 화폐가 측정, 교환, 가치재현이라는 자신의 기능을 수행하기 위해 가치 그 자체여야 하는가, 아니면 화폐는, 그 자체로는 가치이지 않고도 가치를 나타내는 회계상의 액수처럼 내재적 가치가 없는 단순한 징표나 상징이면 충분한가에 관한 문제가 제기된다.(Simmel 1900/1990, 131 [2013])

맑스는 화폐가 수행하는 다양한 기능을 구별함으로써 화폐의 실체의 중요성이라는 문제를 다룬다. 화폐가 나의 아마포를 당신의 외투와 교환하는 것을 촉진하는 교환 수단으로 기능할 때, 그것의 실체는 실제로 중요하지 않다. 그러나 화폐가 부의 축적으로서 기능할 때 그것의 실체는 매우 중요하다. 만약 내가 은행에 일백만 페소를 저축해 두었는데 페소가 갑자기 평가절하되면 나는 많은 부를 잃게 된다.

화폐의 역사는 화폐 상품을 화폐 상징으로 점진적으로 대체한 역사이다. 짐멜이 말했듯이 "공동체 제도를 통해 화폐의 기능적 가치를 보호하는 것과 비교할 때 화폐 문제에서 금속의 중요성은 점점 더 뒷전으로 물러난다"(Simmel 1900/1990, 184[2013]). 짐멜의 시대 이후로 금속이 뒷전으로 물러나는 현상은 엄청나게 가속되어 1920년대와 1930년대에 금본위제를 포기하고 1971년에는 브레튼우즈 체제를 포기하는 것과 같은 주요한 도약을 이루었다.

짐멜이 지적한 것처럼 화폐의 상징화는 필연적으로 "공동체 제도를 통해 화폐의 기능적 가치를 보호하는 것"의 성장을 수반한다. 문제의 그 "공동체 제도"는 일반적으로 국가이다. 특히 중앙은행을 통해 "화폐의 기능적 가치를 보호"하고 달러, 파운드 또는 페소가 금만큼 훌륭하도록 보장하는 과제를 수행하는 것은 국가이다. 지배자들의 두려움은 국가가 화폐의 가치를 보장하지 못할 수 있다는 두려움에 집중된다. 보다 구체적으로 말해, 부의 소유자들(자본가들)은 국가의 통제자들(정치인들 및 공무원들)이 소요를 방지하거나 단순히 다음 선거에서 승리하기 위해 대중의 압력에 굴복하여 화폐와 가치 사이의 관계를 약화시킬 수 있지 않을가 두려워한다. 이러한 이유로 국가로부터의 중앙은행의 공식적 자율성이 최근 몇 년 동안 중요한 쟁점이었다.

b) 화폐의 상징화는 자본주의적 문명화인 물화이다.

짐멜이 보기에 화폐의 상징화는 문명 발전의 바로 그 핵심에 놓여 있다. 매우 비판적이지 않은 어떤 설명에서 그는 나중에 비판이론의 논쟁에서 핵심적 위치를 차지할 주제들을 한마디로 묶어 표현한다. 화폐는 사회적 관계의 물화이다(Simmel 1900/1990, 176[2013])라는 말이 그것이다. 물화라는 말보다 "물신주의"라는 용어를 사용한 맑스에게서 화폐가 사회적 관계의 물화였듯이, 짐멜의 제자였고 "물화"라는 말을 맑스주의 담론 속으로 도입한 죄르지 루카치에게서도 그러했다. 그러나 맑스나 루카치와는 완전히 대조적으로 물화는 짐멜에게서는 "마음의 위대한 성취들 중의 하나이다. 마음이 객체로 체현될 때 객체는 마음의 매개체가 되어 그것에 더 활기차고 포괄적인 활동성을 제공한다. 그러한 상징적 객체를 구축하는 능력은 화폐에서 가장 위대한 승리를 거둔다"(129). 화폐는 "지식의 이상이 현실의 모든 질적 범주를 순전히 양적 범주로 분해하는 것으로 간주"(150)되는 과정의 중심에 놓여 있다. 그 밖의 곳에서도 그는 이 과정을 "맑스가 상품 생산에 기초를 둔 사회에서 교환가치를 위해 사용가치를 제거하는 것이라고 정식화한 사실"(130)이라고 말한다.

화폐의 역사는 실체로부터 완전한 징표화 또는 상징화로 향하는 물화의 운동이다. 짐멜에 따르면, 국가가 화폐 상징을 오용할 가능성이 있기 때문에 총체적 상징화는 아직 가능하지 않지만 총체적 상징화가 결국 이뤄질 것이라는 데에는 의심의 여지가 없다. 화폐의 점진적 상징화는 "사회 전체의 물화"(Simmel 1900/1990, 187[2013])와 사회 세력들의 중앙집권화된 국가 체제로의 점차적 집중에 의존하고 또 이에 기여한다. "소규모 자치 공동체들로 세분된 민족의 에너지 낭비에 비하면 한편으로는 자유롭고 다양한 개성을, 그리고 다른 한편으로는 근대적 국가를 갖추는 것은 독보적인 힘의 집중을 의미한다"(197).

짐멜의 물화 예찬은 맑스주의적이고 비판적인 이론의 전통과는 완전히 대조된다. 물화는 맑스의 자본주의 비판의 중심에 놓여 있다. 물화는 사람들 사이의 관계를 사물들 사이의 관계로 전환함으로써 사람들을 탈인간화한다. 그것은 또 사회에 대한 우리의 이해를 방해하는데 그 사회는 사물들 간의 관계의 역학관계로 존재한다. 맑스주의적 비판은 짐멜의 그것과는 정반대 방향으로 나아가는 운동이다. 맑스에게서 과학은 탈물신화 또는 탈물화의 운동이다. 우리는 인간 활동의 조직이라는 측면에서의 대인적對人的, ad hominem 이해에 도달하기 위해 사물화된 외관을 돌파하는 방식으로 세상을 이해하려고 한다. 흥미로운 점은 서로 매우, 매우 다른 관점에서이긴 하지만 맑스와 짐멜 모두 화폐의 상징화를 세계의 물화와 분리 불가능한 것으로 본다는 것이다.

짐멜의 접근법은 물화의 힘을, 아도르노와 호르크하이머가 도구적 이성, 계몽의 자기모순적 성취라고 비판한 것의 추동력으로 보도록 도와준다. 물화된-이성, 화폐-이성, 도구적-이성에서 사물들은 그것들의 기능의 측면에서 이해된다. 상품 교환, 그리고 따라서 화폐는 이러한 유형의 추론이 발전하는 데 핵심적이다. 알프레트 존-레텔(Sohn-Rethel 1978)이 (비록 짐멜과의 관련 속에서는 아니지만) 상품 교환이 산술적, 따라서 수학적 추론의 기초라고 주장할 때 그는 이 점을 발전시킨다. 지난 칠십여 년 동안 연산computing의 발달로 질을 양으로 환원하는 거대한 힘이 명백해졌다. 실제로 물화, 도구적-추론, 화폐-추론은 최근의 (맑스주의 전통의 고전적 의미에서의) "생산력"의 막대한 발전에 너무도 중심적이기 때문에 그러한 생산력을 자본주의적 맥락의 외부에서 생각하는 것은 말이 되지 않는다.

물화의 한 측면인 질의 양으로의 전환은 실로 막대한 생산력을 방출한다. 질을 억압하고 균질화하는 것은 양화이다. 짐멜이 "소규모 자치 공동체들로 세분된 민족의 에너지 낭비"와 비교할 때 근대 국가에는 "독보적인 힘의 집중"이 있다고 말할 때 그는 의심할 여지 없이 옳다. 하지만 그가 언급하기를 망각한 것이 있다. 그것은 이 과정이 바로 국가의 집중된 힘이 비효율적인 "소규모 자치 공동체들"을 파괴하는 것을 의미한다는 사실이다. 이 과정은 지금도 우리 주변에서 계속 진행되고 있으며 농촌 생활의 파괴에서뿐만 아니라 전 세계의 주요 도시들에서의 슬럼가 증식에서도 나타나는 엄청난 갈등과 고통을 야기한다.[7]

화폐의 상징화와 그것을 핵심 부분으로 삼는 세계의 물화는 통제력의 상실을 포함한다. 이 점은 우리가 현재 세계에서 화폐의 상징화를 고려할 때 매우 중요한 요소이다. 그것은 파생 상품의 발전 같은 예에서 분명히 드러난다. 양으로의 점진적인 전환이 연산을 통해 도구적 이성의 막대한 힘을 풀어준 것은 사실이지만, 그것이 물신화 과정의 중심인 화폐를 통제할 수 있을 것 같지는 않다. 물신주의는 거리두기의 과정이다. 특수화된 형태는 어떤 인간적 통제로부터도 거리를 두면서 원심작용을 한다. 물신화는 지배의 탈인격화이다. 하지만 탈인격화는 그것이 완전하게 작동하는 기계임을 의미하지는 않는다. 그것은 오히려 마법사의 도제가 마법을 걸었던 빗자루이다. 그 빗자루는 도제의 통제에서 벗어나 그에게 등을 돌린다.

c) 물화는 우리를 희생자로 바꾼다. 하지만 우리는 희생자 이상이다.

희망의 문제와 관련된 물신주의 또는 물화의 측면은 그것이 능동적 주체를 수동적 희생자로 전환시키는 희생자화의 과정이라는 것이다. 화폐가 실체에서 기능으로 되는 운동인 물화는 금의 경우에 여전히 남아 있었던(혹은 적어도 인지 가능했던) 노동에 대한 참조로부터, 아니 사실상 모든 활동에 대한 참조로부터 멀어지는 운동이다. 금광을 바라볼 때면 우리는 거기서 일하는 노동자들을 활동적 힘으로 간주한다. 그런데 화폐를 바라볼 때나 금융에 대한 토론을 할 때 우리는 노동자들을 전혀 활동적 힘으로 간주하지 않는다. 노동자들은 기껏해야 평가절하나 금융

---

7. 마이크 데이비스의 놀라운 분석(Davis 2006[2007])을 참조하라.

위기의 결과를 감수하는 자로 나타나거나 혹은 금융시장의 부침 속에서 승자로 나타날 수도 있다. 어찌 됐든 화폐는 사회적 결정에서 해방되어 사회 발전의 주체가 되거나 또는 그렇게 된 것처럼 보인다.

화폐의 역사가 점진적인 상징화 또는 물화의 역사라면, 우리가 어떻게 화폐에 대한 우리의 이해를 탈희생자화할 수 있을까? 화폐는 통제력의 실질적 상실에 영향을 미치며 능동적 대상을 수동적 대상으로 전환한다. 그것은 사회적 활동을 자본의 논리로 통합하는 중앙 연산기이다. 그런데 만약 능동적 주체의 수동적 객체로의 전환이 완전하다면 화폐의 지배를 깨뜨릴 희망은 전혀 없을 것이다. 아니 오히려 메시아의 도래, 외부의 기계 신deus ex machina의 도래가 유일한 희망일 것이다. 그것은 희망이 전혀 없는 것보다 더 나쁘다.

여기서 지금까지 내가 한 주장은, 희망이 어긋남에, 희생자의 넘쳐흐름에, 피지배자가 지배자 내부에 완전히 가두어지지 않는다는 사실에 있다는 것이었다.

풍요는 상품 형태와 어긋나고 그것을 넘쳐흐른다. 이것은 상품 형태가 넘쳐흐름을 가두고 어긋남을 강제로 끼워 맞추려는 끊임없는 투쟁임을 의미한다. 우리가 본 바와 같이 이 가두기가 화폐의 기능이다. 화폐는 가둠을 거부하는 것을 가두기이다. 가둘 수 없는 것을 가두기 위해 화폐는 강제로 후퇴하고 또 강제로 확장해야 한다.

지배는 항상 방어적 자세로 서 있다. 그것은 때로는 감지하기 어려울 정도이다. 역설적이게도 자본주의에서 자본의 방어적 성격은 자유라는 관념 속에 새겨져 있다. 자본은 돈주머니Moneybags, 즉 부자가 시장에서 자유로운 사람을 만날 때 시작된다. 이때 자유롭다free는 것은 이중의 의미에서 그러한데, 그녀가 생산수단과 생존수단에 접근할 수 없다는 것이 하나이고 자신의 노동력을 팔 자유를 갖고 있다는 것이 또 다른 하나이다. 맑스는 자본이 "생산수단과 생활수단의 소유자가 자신의 노동력을 파는 자유로운 노동자와 시장에서 만날 때에만 생명력을 발휘할 수 있다. 그리고 이 단 하나의 역사적 조건이 세계사를 구성한다."(Marx 1867/1965, 170[2015]; 1867/1990, 274[2015])고 말했다. 그리고 그 바로 앞 페이지에서 그는 이렇게 말했다.

> 자연이 한편에 화폐나 상품의 소유자를, 다른 한편에 자신의 노동력 외에는 아무것도 소유하지 않는 인간을 생산하는 것이 아니다. 그 관계는 자연적 기반을 갖지 않는다. 그것의 사회적 기반도 모든 역사적 시대들에 공통적인 것이 아니다. 그것은 분명히 과거의 역사적 발전의 결과이며, 많은 경제 혁명의 산물이고, 일련의 낡은 사회적 생산 형태 전체가 소멸한 것의 결과이다.(Marx 1867/1965, 169[2015]; 1867/1990, 273[2015])

이러한 세계사는 무엇일까? 맑스는 그것을 원시적 축적 또는 시초축적의 폭력성 측면에서 분석한다. 여기에서 우리는 "오지에 식으로 말해, 화폐가 '한쪽 뺨에 선천적으로 핏자국을 갖고 세상 속으로 들어온다면', 자본은 머리에서 발끝까지, 모든 모공에서 피와 오물을 뚝뚝 흘리며 세상 속으로 들어온다."(Marx 1867/1965, 760[2015]; 1867/1990, 926[2015])는 것을 알 수 있다.

시초축적에 대한 맑스의 분석은 최근 몇 년 동안에 많은 토론의 대상이 되어왔다. 그 비판의 핵심은 맑스가 시초축적을 상대적으로 안정적인 체제를 확립하는 데 필요한 거대한 폭력의 초기 기간으로 취급한다는 것이다. 자본의 폭력이 사실상 수그러들지 않고 지속되고 있다는 점이 지적되었다. 우리는 또 "자본가에 대한 노동자의 예속을 완성하는" "경제적 관계의 단조로운 강제"(Marx 1867/1965, 737[2015]; 1867/1990, 899[2015])를 확립하는 자본주의로의 이행기가 있다는 개념에 대해서도 의문을 제기했다. 그러나 여기서[맑스의 시초축적론에서] 더 중요한 주장은 원시적 축적이 자본주의 태생의 희생자 역사로서 닥쳐온다는 것이다. 돈주머니가 시장에서 만나는 '자유 노동자'는 부랑자에 대한 피비린내 나는 국가 탄압에 의해 지원되는 수 세기에 걸친 잔인한 토지 수용收用의 산물이다. 봉건제에서 자본주의로의 이행은 그러므로 예속 형태의 변화였을 뿐이다. "임금 노동자와 자본가를 탄생시킨 발전의 출발점은 노동자의 예속이었다. 그 진보는 이 예속의 형태 변화, 봉건적 착취에서 자본주의적 착취로의 변형으로 이루어졌다"(Marx 1867/1965, 715 [2015] ; 1867/1990, 875 [2015]). 맑스는 무엇보다도 봉건주의에서 자본주의로의 이행을 자유의 승리로 보는 자유주의적 또는 부르주아적 해석에 이의를 제기하는 것에 관심을 갖고 있었다.

> 직접 생산자, 노동자는 토양에 부착되기를 멈추고 타인의 노예, 농노 또는 예속인이 아니게 된 후에야 비로소 자기 자신을 처분할 수 있었다. … 따라서 생산자를 임금 노동자로 바꾸는 역사적 운동은 한편에서는 농노제와 길드의 족쇄로부터의 해방으로 나타난다. 우리의 부르주아 역사가들에게는 이 면만이 존재한다. 그러나 다른 한편으로 이 새로운 자유인들은 그들 자신의 모든 생산수단과 옛 봉건 제도가 제공했던 모든 보장된 생존수단을 강탈당한 후에야 비로소 그들 자신의 판매자가 되었다. 그리고 이것의 역사, 즉 그것들에 대한 수용收用의 역사는 인류의 연대기에 피와 불의 문자로 기록되어 있다.(Marx 1867/1965, 715 [2015] ; 1867/1990, 875 [2015])[8]

---

8. 이러한 맥락에서 중요한 것은, 자본주의의 현재적 폭력이 원시적이거나 시초적인 축적

역사에 대한 자유주의적 해석을 비판하는 것은 결정적으로 중요하다. 하지만 그 과정에서 무언가를 잃어버릴 위험이 있다. 봉건적 착취에서 자본주의적 착취로 이행하는 과정 속에 투쟁의 세계사가 있다. 그 과정에서 지배와 착취의 낡은 양식이 무너지거나 약화된다. 농노들이 도시에서 자유를 찾으러 떠남에 따라 영주로부터 농노의 도주가 일어난다. 그 과정에서 농민 반란이 일어난다. 정말로 봉건적 착취에서 자본주의적 착취로의 이행이 있다. 하지만 이것은 지배자들이 자신의 지배를 재생산하기 위해 지배-착취를 재발명해야 했음을 의미한다. 농노가 도시로 도주하면서 찾은 자유는 길들일 수 있지만 거기에는 비용이 든다. 자유는 인정되어야 하고 새로운 지배 양식에 통합되어야 한다. 자유 노동자는 생존을 위해 노동력을 팔아야 하지만 농노나 노예는 아니다. 우리가 임금을 얻기 위해 노동력을 팔아야(혹은 팔려고 시도해야) 하며 이 사실이 우리를 자본의 이익을 위해 노동하는 삶에 가둔다는 것을 나타내는 방법으로 "임금 노예"라는 말을 쓰는 것은 확실히 옳다. 그러나 노예이기를 선택하고자 하는 "임금 노예"는 거의 없다. 착취가 노동력의 매매를 통해 매개된다는 사실 속에서 인정되는 자유가 있다. 자유는 화폐를 통한 착취의 매개이다. 화폐는 자유의 표현인 동시에 그것의 가둠이다. 아니 오히려, 만약 우리가 "자유"를 지배에 대항하는 추동력으로 본다면 화폐는 그 추동력의 가둠인 동시에 그것의 표현이기도 하다.

봉건제에서 자본주의로의 이행은 맑스가 말했듯이 예속 형태의 변화이다. 하지만 형태의 변화는 예속에 새로운 구조적 불안정성을 도입하기 때문에 중요하다. 지배가 화폐에 의해 매개된다는 사실은 지배의 방어적

의 연속이 아니라 "말기적"(terminary) 축적, 즉 그 자신의 죽음이라는 위협을 받고 있는 체제의 폭력으로 이해되어야 한다는 사그라리오 안따 마르띠네스(Anta Martínez 2020)의 주장이다.

성격의 중심에 화폐를 위치시킨다.

풍요는 질병으로서, 사과 속의 벌레로서, 위기로서 상품 형태 속으로 들어간다. 노동자의 창조력은 반란력으로서, 불만으로서, 가둘 수 없는 행위로서 추상노동 속으로 들어간다. 화폐는 거대한 가둠기the Great Container이며 그것의 역사는 가둘 수 없는 것의 추동력에 의해 형성되었다. 이것이 화폐를 실체에서 기능으로, 다시 가상으로 밀어붙이는 힘이다. 우리, 즉 가둘 수 없는 자들이 화폐, 즉 거대한 가둠기를 가상의 세계로 밀어붙인다. 이것이 우리의 희망의 힘일까?

실체에서 기능으로의 화폐의 운동은 이제 가상으로의 거대한 운동이 되었다.

화폐의 상징화에는 가상화의 위험이, 즉 화폐적 상징이 생산된 가치와 점점 더 미약한 관계를 맺게 될 위험이 내재한다. 바로 이것이 특히 지난 사십 년 동안 일어난 일이다. 점점 가상화되는 자본 축적의 특성은 아마도 현대 자본주의의 가장 중요한 특성일 것이다.

이 주제에 관한 자신의 저서에서 세드릭 뒤랑은 "가상자본"fictitious capital이라는 용어를 다음과 같이 정의한다. "자유주의적 작가들에게서 가상자본의 생산은 실재적 자원 영역에서의 어떠한 맞짝도 없이 신용 체계에 의해 자본을 화폐적으로 창출하는 것을 의미한다"(Durand 2014/2017, 43). "가상자본"이라는 용어는 리버풀 백작인 찰스 젠킨슨이 조지 3세에게 보냈고 1805년에 출판된 화폐 문제에 관한 논문에서 처음 사용되었다. 젠킨슨은 혁명적 프랑스와의 전쟁 와중에 종이 화폐가 점점 더 많이 사용되는 것에 대해 우려했다. 그는 화폐를 실체로부터 분리하는 것의 위험성에 대해 경고했다.

최근에 이 나라에서는 새로운 종류의 연금술에 의해 금화와 은화, 그리고 거의 모든 다른 종류의 재산이 종이로 전환될 수 있다는 사실이 발견되어 온 것 같다. 그래서 귀금속들은 차라리 아직 그러한 발견이 이루어지지 않은 외국으로 수출되어 자본으로 사용되어 왔다. 그러나 이런 식으로 왕국[영국]에 도입된 이 새로운 종류의 가상자본은 소위 과잉 거래에, 즉 경솔하고 무분별한 투기에 다른 어떤 상황보다도 더 많은 기여를 했다. 또 그것은, 이미 파산한 모험가들의 신용을 뒷받침해 줄 뿐만 아니라 공동체의 거래 당사자들의 도덕을 타락시키는 경향이 있고 또 지폐만이 아니라 영국의 국내 상업이 기반을 둔 신용을 흔드는 경향이 있는 여타의 악들을 뒷받침하는 비열한 책략들을 (그것의 거의 필연적인 결과로서) 낳는 데 많은 기여를 했다.(Durand 2014/2017, 44)

이 가상자본의 개념은 데이비드 리카도를 포함하여 19세기에 다른 경제학자들에 의해 발전되었다. 엥겔스는 그의 초기 작업인 『정치경제학 비판 개요』(Engels 1844/1975)에서 이 개념을 발전시켰고, 그 후 그것은 맑스에 의해 『자본』 3권에서 채택되었다. 맑스에게서 중심점은 가상자본이 아직 생산되지 않은 가치에 대한 기대라는 것이다. "자본은 아직 생산되지 않은 상태에서 실현되면서 유통되는 만큼 가상적이다"(Durand 2014/2017, 55). 미래 가치 생산에 대한 이러한 기대는 양가적이다. 그것은 자본주의적 생산을 자극할 수 있다. 그리고 맑스는 심지어 "그것은 새로운 생산양식으로의 이행 형태를 구성한다."고 주장하기도 한다(49). 다른 한편, 그것은 그렇게 하는 데 성공하지 못할 수도 있다. "맑스주의적 분석에서 자본의 가상적 성격은 미래 가치화 과정의 성공 혹은 실패와 아주 밀접한 것은 아니다. 그렇지만 그러한 성격은 자본의 취약성을 나타낸다"(50).

"가상자본"이라는 용어가 비맑스주의 경제학자들 사이에서는 더 이상 널리 사용되지 않지만(이 용어는 1990년대에 팔그레이브^{Palgrave} 경제학 참고사전에서 제거되었다.〔Durand 2014/2017, 42〕), 동일한 현상(가령 최근 화폐 창출의 거대한 팽창은 아직 창출되지 않은 가치에 대한 기대로서 기능한다)을 설명하기 위해 다른 용어가 사용되고 있다. 그래서 코건(Coggan 2012)은 『지폐는 약속한다』에서 다음과 같이 말한다. "지난 사십 년 동안에 세계는 부 자체를 창출하는 것에서 성공했던 것보다 부에 대한 권리를 창출하는 데에서 훨씬 더 성공적이었다. 경제가 성장했지만 자산 가격은 더 빠르게 상승했고 부채는 더 빠르게 증가했다." 다른 사람들은 음악이 멈출 때 무너지게 되어 있는 "카드로 만든 집"[9]에 대해 말한다.[10] 우리는 여기에서 "가상자본"이라는 용어를 유지할 것이다. 왜냐하면, 이것은 가치의 화폐적 재현과 실제로 생산된 가치 사이의 점점 더 벌어지는 거리를 가리키기 때문이다. 자본의 축적은 가상적 기반을 가지고 있다. 그것은 아직 생산되지 않았기 때문에 실제로는 존재하지 않는 기반이다. 이 용어는 우리에게 금융 취약성의 기초를, 즉 가치 생산의 결여를, 인간 활동을 추상적이고 가치 생산적인 노동으로 전환할 수 없는 자본의 무능력을 가리킨다.

가상자본은 다양한 모습으로 나타난다. 가장 분명한 것은 민간 및 공공 부채이며 다음으로는 상장 기업의 주식시장 가치화의 증가이다. 지난 삼십 년 이상 동안 가장 부유한 열한 개 국가의 부채 증가에 대한 뒤랑의 연구는 그를 코건과 동일한 결론에 이르게 한다. "지난 삼십 년 이상 동안 미래 가치화 과정에 대한 예상 속에서 비준된 가치량은 실제로 생산된 부의 양에 비교해서 끊임없이 증가했다"(Durand 2014/2017, 65). 그는 가상자

---

9. * 이 책 255쪽의 옮긴이 주 3번 참조.
10. 예를 들어 Blinder 2014를 참조하라.

본의 좀 더 명백한 형태에 1970년대 초 브레튼우즈 체제 붕괴 이후 개발된 금융상품인 "제2세대 금융"의 "정교한 형태들"을 추가할 필요가 있다고 주장한다. 예컨대 그림자 금융이나 파생 상품 같은 것이 그것이다. 그는 "가상자본의 폭발은 상품 생산과 연계된 축적 과정에 대한 예상 속에서 비준된 가치의 양이 현기증 날 정도로 증가했음을 보여준다."(73)라고 결론지었다.

이러한 분석은 자본주의의 현대적 발전에 대한 다른 많은 논평자들에 의해 뒷받침된다. 따라서 코로나바이러스 위기가 시작되었을 때의 『파이낸셜 타임스』의 기사에서(2020년 3월 3일 자) 존 플렌더는 다음과 같이 지적한다. "코로나바이러스가 전 세계에서 시장에 불러일으킨 충격은 급등하는 글로벌 부채로 특징지어지는 위험한 금융적 배경과 일치한다. 무역 그룹인 〈국제 금융 연구소〉에 따르면 국내 총생산 대비 글로벌 부채 비율은 2019년 3분기에 322% 이상으로 사상 최고치를 기록했으며 총부채는 253조 달러에 달했다." 그는 이어 "1980년대 후반부터 중앙은행들, 특히 연준은 '비대칭 통화 정책'으로 알려진 정책을 시행했다. 이것으로 그들은 시장이 급락하면 그것을 부양했다. 하지만 그들은 시장에 거품이 끼는 경향이 있을 때 그것을 가라앉히는 데는 실패했다."고 말한다. 부채의 엄청난 팽창은 2008/2009년 금융 위기로 이어졌지만 그 위기가 부채 팽창을 멈추게 하지는 못했다. 오히려 정반대이다. 금융 붕괴의 영향을 통제하기 위해 취한 조치는 부채를 두 배로 늘렸다. 그래서 예컨대, "연준은 기업 부채가 금융 위기 이전 3조 3천억 달러에서 작년에는 6조 5천억 달러로 증가했다고 추정한다."

2008년 금융 위기가 부채 팽창으로 이어졌다면, 팬데믹이 가져오는 건강상의 결과를, 그리고 무엇보다도 그것의 경제적 결과를 견제하기 위해 정부가 취한 통화 및 재정 조치의 결과로 부채는 더욱더 많이 팽창했다.

자본주의 발전의 가상적 성격, 즉 자본 축적이 미래의 가치 창출에 대한 예상에 기반을 두는 정도는 팬데믹 기간 동안 엄청나게 증가했다. 2020년 11월『파이낸셜 타임스』기사는 "부채 쓰나미"에 대해 다음과 같이 말했다.

새로운 연구에 따르면, 코로나바이러스 위기에 직면하여 정부와 기업들이 '부채 쓰나미'에 올라탐에 따라 그해 첫 9개월 동안 글로벌 부채가 전례 없는 속도로 상승했다. 〈국제 금융 연구소〉(이하 IIF)는 수요일에, 부채 누적의 속도로 인해 세계 경제는 '경제 활동에 중대한 악영향' 없이 미래 차입을 줄이는 데 어려움을 겪을 것이라고 경고했다. 금융기관을 대표하는 IIF는 전 세계 부채의 총 수준이 올해 15조 달러 증가했으며 2020년에는 277조 달러를 초과하게 될 것이라고 말했다. IIF는 총부채가 2019년 말 전 세계 국내총생산GDP의 320%에서 급등해 올해 말까지는 365%에 달할 것으로 예상한다.(조나단 휘틀리,『파이낸셜 타임스』, 2020년 11월 18일)

1970년대 초 화폐와 금 사이의 형식적 연결 고리를 포기한 브레튼우즈 체제의 붕괴 이후 가상자본의 엄청난 성장, 가치의 실제 축적과 그 화폐적 재현 사이의 엄청난 괴리가 발생했다. 가격이 그 근저의 가치와 크게 분리되는 기간은 종종 "거품"으로 묘사되며 경제 주기의 일반적인 특징으로 이해될 수 있다. 마이클 로버츠가 지적한 것처럼 "금융 시장의 역사는 1600년대 초의 튤립에서부터 1990년대 말의 인터넷 주식과 2008년 이전의 미국 주택 가격과 같은 보다 최근의 사례에 이르기까지 자산 가격 거품으로 가득 차 있다."[11] 그러나 지난 사십 년에 걸친 가상자본 혹은 "종

---

11. https://thenextrecession.wordpress.com/2017/09/17/blockchains-and-the-crypto-

이 약속"의 장기적인 성장은 질적으로 다르다. 그것은 자본주의 순환의 일부일 뿐만 아니라 가치와 그것의 화폐-재현 사이의 분리를 추동하는 거대한 원심력의 존재를 나타낸다.

이것은 전체로서의 자본주의에 엄청난 결과를 가져온다. 이에 대해서는 나중에 다시 다루겠지만, 우리의 중심 질문은 다음과 같다. "이것이 희망에 대해 의미하는 바가 무엇일까?" 뒤랑은 가상자본에 대한 자신의 책을, 금융화는 "가을의 징조"(Durand 2014/2017, 1)라는 취지의 페르낭 브로델의 말을 인용하면서 시작한다. 그 몇 쪽 뒤에서 그는 다음과 같이 덧붙인다. "가상자본의 현대적 축적은 겨울의 서리로 뒤덮여 이미 굳어져 있다"(5). 그러나 이것이 자본주의의 가능한 겨울을 의미한다면, 이것이 과연 바람직한 어떤 것인가? 우리가 이 과정의 희생자라면 우리가 더 나은 세상을 만들기 위해 할 수 있는 일은 거의 없을 것이다. 우리의 미래는 우리가 자본주의의 겨울의 희생자가 아니라 그것의 창조자라는 것을 이해하는 데 달려 있다. 그러나 우리가 자본의 증가하는 가상화를 어떻게 우리의 저항과 투쟁의 결과로 이해할 수 있을까?

---

craze/. 마이클 로버츠의 블로그는 맑스주의적 관점에서 현재의 자본주의 발전을 지속적으로 분석하고 있는데 비록 그것의 관점이 다소 정통적이기는 하지만 매우 유용하다.

30

우리는 화폐 위기의 주체들이다.

이 문제는 1968년에 처음 출판된 「케인스와 1929년 이후의 국가에 대한 자본주의적 이론」[1]에서 안또니오 네그리에 의해 극적으로 제기되었다. 이 논문에서 네그리는 우리가 살펴보았듯이, 자본 분석에서보다는 노동계급 투쟁에서 출발하자고 주장하는, 맑스주의에 대한 오뻬라이스모적 재사유의 맥락에서 글을 쓰고 있었다. 네그리에 따르면, 1917년 10월 혁명과 그에 따른 유럽 전역의 혁명적 투쟁의 물결은 지배에 새로운 현실을 강요했는데 그것은 부르주아지가 인정하지 않을 수 없는 것이었다.

새로웠던 것, 그리고 이 순간을 결정적으로 만든 것은 노동계급의 출현과 그것이 (국가권력이 수용하지 않으면 안 될) 체제의 필수적인 특징으로서 체제 내부에서 표현하는 제거 불가능한 적대에 대한 인식이었다. … 자본주의 국가의 새로운 역사적 형태를 변별 짓는 가장 중요한 특징은 노동계급의 내재적 적대의 발견에 기초한 국가의 재구성이다.(Negri 1968/1988, 13[2005])

---

1. * 이 글은 안또니오 네그리·마이클 하트, 『디오니소스의 노동·1』, 이원영 옮김, 1996의 2장과 안또니오 네그리, 『혁명의 만회』, 영광 옮김, 갈무리, 2005의 1장에 수록되어 있다.

그리고 다시 네그리는 말한다. "계급세력의 새로운 관계를 인정하고 수용함으로써만 그리고 권력을 쟁취하려는 노동계급의 지속적 투쟁을 체제 내부의 동역학적 요소로 '승화시킬' 전반적 메커니즘 내부에서 노동계급이 기능하도록 만듦으로써만 노동계급의 정치혁명이 회피될 수 있다"(Negri 1968/1988, 13 [2005]). 케인스의 작업은 이 새로운 계급 관계에 대한 인식이었다. 수요demand에 대한 그의 강조는 요컨대 노동계급으로부터 올라오는 압력에 대한 인식이었다. "'수요[요구]'에 대해 언급하는 것은 노동계급에 대해, 정치적 정체성을 발견한 대중 운동에 대해, 체제에 대항하는 반란과 체제 전복의 가능성에 대해 언급하는 것이다"(24). 수요 관리는 바로 노동계급에 대한 관리이다.

노동계급을 관리한다는 것은 미래로부터 현재를 방어하기 위해 국가의 역할을 바꾸는 것을 의미한다. "그리고 이것을 할 수 있는 유일한 방법이 현재 안에서 미래를 기획하고 현재의 예상에 따라 미래를 계획하는 것이라면, 국가는 계획자의 역할을 맡기 위해 자신의 개입을 확대해야 한다"(Negri 1968/1988, 25 [2005]). 미래에 대항하는 방어, 그것은 파국에 대항하는 방어이며 파국에 대한 두려움이다.

케인스가 그토록 진지하게 고려하는 이 '미래'란 무엇인가? … 그것은 파국, 그와 그의 부류를 괴롭히는 파국이다. 그것은, 그가 보기에, 살아 있는 노동계급의 형태로 그의 앞에 나타나고 있는 '파국의 당'이다. 이것은 피상적인 재담으로 자주 반복되는 케인스의 유명한 진술에 새로운 빛을 비춰준다. '결국에 우리 모두는 죽는다.' 여기에서는 자신의 계급의 운명에 대한 예감 같은 것이 더 많이 느껴진다.(Negri 1968/1988, 25 [2005])

『결국 우리 모두는 죽는다 : 케인스주의, 정치경제학 그리고 혁명』은 케인스와 그의 사상의 의미를 다룬 조프 만의 저서의 제목이다. 그는 케인스주의가 러시아 혁명에 대한 반작용이라는 네그리의 주장에 동의하지 않는다. "적어도 이 점에 있어서 케인스에 대한 안또니오 네그리의 놀라운 분석은 틀렸다. 케인스주의는 '노동계급, 정치적 정체성을 발견한 대중 운동, 체제의 반란과 전복 가능성에 대한' 반응이 아니다"(Mann 2017, 15~16). 그는 계속해서 다음과 같이 말한다. "만약 네그리의 말처럼 '케인스주의 이데올로기의 필연성'이 '절망에서 비롯되는 긴장'이라면 그것은 공산주의에 의해 유발된 것이 아니라 케인스주의의 지평에 어렴풋이 나타나는 만인의 만인에 대한 투쟁에 의해 유발된 것이다"(16). 그리고 다시 그는 이렇게 말한다.

> 헤겔, 케인스, 피케티의 케인스주의는 공산주의로부터 자본주의를 구하려는 기획이라기보다는 근대 부르주아 문명을 (그들이 예상하기에 이 문명이 귀착할 수밖에 없을) 무질서와 혼돈, 그리고 (스탈린주의적, 국가사회주의적 혹은 그 외의) 처참한 전체주의적 근본주의로부터 구하려는 기획이다. 만약 그것이 약간의 근본적인 자본주의적 정치경제 구조를 구하는 것을 의미한다면, 물론 그렇게 해야 할 것이다.(Mann 2017, 381)

조프 만에게 케인스주의는 "불안과 희망의 정치경제학"(Mann 2017, 16)이지만 그의 분석의 핵심에 놓여 있는 것은 바로 불안이다. 조프 만이 헤겔(그리고 실제로 로베스피에르)까지 소급하여 추적하는 오랜 전통을 따르면서 케인스는 문명의 붕괴에 대한 두려움으로 가득 차 있다. 케인스가 자유주의자들과 갈등하는 이유는 자유주의자들이 자본주의의 자기 파괴적 성격을 이해하지 못한다고 보기 때문이다. 반면 (만의 주장에 따르면, 자신 이전의 헤겔에게서처럼 언제나 『법철학』을 쓴 후기 헤겔을 참조하는) 케인스에게서 정치경제학의 핵심 문제는 자본주의가 전체 체제의 기초를 위협하는 견딜 수 없는 결과를 낳는다는 것이다. 바로 이 점 때문에 계몽된 국가는 체제를 보호하고 "문명"을 방어하기 위해 필연적으로 이에 개입하여 이러한 결과를 조금이라도 더 견딜 만한 것으로 만들려고 노력하게 되는 것이다.

케인스에게 자본주의의 견딜 수 없는 결과의 핵심은 실업이었다. 그가 1930년대에 글을 쓰고 있었다는 사실을 생각하면 그것은 놀라운 일이 아니다. 『일반이론』의 말미에서 그는 "세계는 짧은 흥분 기간을 제외하고는 자본주의적 개인주의와 연관되어 있는 (나의 견해로는 필연적으로 연관되어 있는) 실업을 더 이상 견디지 못할 것임이 확실하다."고 말했다 (Keynes 1936/1961, 381 [2007]). 실업은 도덕적으로 불유쾌할 뿐만 아니라 위험하다. 세계가 실업을 더 이상 견딜 수 없을 것은 확실하다. 국가가 개입해야 하는 이유가 이것이다. 케인스 이론의 핵심에는 두려움이 있다. 실업을 더 이상 견디지 않으려고 하는 사람들에 대한 두려움 말이다.

조프 만에게서는 동일한 [실업을 견디지 않으려고 하는 사람들에 대한] 두려움이 자본의 파괴적 경향에 대응하기 위해 국가 개입의 필요성을 주장하는 사유 전통 전체의 핵심에 놓여 있다. 로베스피에르와 헤겔에게서 그것은 가난이었다. 좀 더 최근의 사례인 피케티에게서 그것은 불평등이다. 이들 모두에게 실업-빈곤-불평등은 자본의 역학에 내재되어 있으며 체제 재생산에 대한 위험을 구성한다. 그것은 그들이 보기에 문명에 대한 위협을 구성한다. 빈곤, 실업, 불평등은 더 이상 견뎌지지 않을 것이다. 거기에 위험이 있다. 그리고 그 위험은 러시아 혁명을 이끌었던 조직화된 노동계급에게 집중되는 것이 아니라 **무리**rabble에게 집중되어 있다.

무리는 자본주의 자체에 의해 생성된다. 만은 헤겔의 『법철학』244절을 참조한다.

대규모의 사람들의 생활 수준이 일정한 생존 수준(사회의 성원에게 필요한 수준으로서 자동적으로 조절되는 수준) 이하로 떨어지면, 그리고 이 때문에 옳고 그름의 감각, 정직의 감각이 상실되고 사람으로 하여금 그 자신의 노동과 노력에 의해 자신을 유지하도록 만드는 자기 존중감이 상실되면 그것의 결과로서 빈민 무리rabble가 창출된다. 이와 동시에 이것은 사회적 계층구조의 다른 극단의 소수의 수중에 불균형적인 부가 집중되는 것을 상당히 용이하게 만드는 조건들을 가져온다.(Hegel 1821/1967, 150)

이 절에 대한 보론에서[2] 헤겔은 다음과 같이 덧붙인다. "가난 자체는 사람을 무리로 만들지 않는다. 무리는 가난에 특정한 마음 상태가, 즉 부자에 대한, 사회에 대한, 정부에 대한, 그리고 그 밖의 것들에 대한 내적 분노가 결합될 때에만 만들어진다"(Hegel 1821/1967, 277). "무리"라는 단어의 사용에 대해 번역자인 녹스T.M Knox가 붙여 놓은 유익한 주석도 있다. "무리rabble는 Pöbel, 즉 빈민plebs, 프롤레타리아트, 혹은 별 볼 일 없는 사람들riff-raff이다. 하지만 자신의 법 외에는 어떤 법도 인정하지 않는 반항적인 빈민 집단을 가리키는 데 사용할 수 있는 어떤 단일한 단어도 없다. 그리고 헤겔이 의미하는 바가 바로 이것이다"(1821/1967, 361).

조프 만에 따르면, 적어도 위기의 시기에 자본주의의 병폐를 치료하기 위해 국가에 기대를 거는 케인스와 그 모든 케인스주의자들을 몰아붙인 두려움은 무리들에 대한 두려움, 즉 "그들 자신의 법 외에는 어떤 법도 인정하지 않는 반항적인 빈민 대중"에 대한 두려움이다. 그들은 무리에게서 헤겔이 긴급필요권Notrecht이라고 부르는 권리, 즉 굶주림에 직면하여 생

---

2. 이 책의 번역자인 T.M. 녹스는 그 보론이 "헤겔의 강의 노트에서 추려낸 것"이라고 설명한다(Hegel 1821/1967, v).

존에 필요한 것을 취할 권리를 인정한다. 하지만 그들(케인스주의자들)은 그러한 필요가 발생하는 것을 피하기 위해 국가에 기대를 건다.

네그리와 만에게서 우리는 화폐의 역사를 탈희생자화하는 두 가지의 상이한 관점을 본다. 그들은 서로 다른 힘을 강조한다. 하지만 그것들이 완전히 양립 불가능한 것은 아니다. 러시아 혁명의 영향을 지적한 네그리의 지적은 분명히 옳다. 특히 1926년 영국 총파업의 패배 이후, 지적 부르주아지의 의제에서 혁명에 대한 직접적 두려움은 문명의 전반적인 붕괴에 대한 두려움만큼 높지는 않았지만 노동계급의 힘은 분명히 가격의 비유연성의 형태로 케인스 이론 속으로 진입한다. 노동력의 가격인 임금을 포함한 가격의 완전한 유연성이라는 가정은 케인스가 비판한 신고전파 경제학의 핵심 요소였다. 강력한 노동조합의 시대에 임금의 하향 유연성은 분명히 유효하지 않았다. 케인스에 따르면 경제이론은 바로 그 사실을 인식하고 또 다루어야 했다. 노동계급의 힘은 확실히 케인스주의적 반응 속으로 진입했지만, 아마도 그것은 무리에 대한 더욱더 예측 불가능하고 따라서 더욱더 끔찍한 공포의 한 부분에 불과했을 것이다.

희망의 전망에 대한 우리의 탐구의 관점에서 보면 네그리의 해석이 좀 더 직접적으로 매력적이다. 네그리는 우리에게 자본의 지배에 대항하면서 자본이 자신을 재구성하도록 강요하는 명확하게 가시적인 주체를 제시한다. 혁명적 주체는 지배자가 방어적 태세를 취하도록 밀어붙인다. 역사는 아래로부터 온다. 조프 만의 관점은 지배 엘리트가 결정을 내리는 하향식의 역사 전망이다. 하지만 그 전망에는 아래로부터의 주체가 지배자들의 두려움 속에 반영되어 매우 현재적으로 존재한다. 이것은, 눈에 보이는 신체성을 반드시 갖지는 않는 어떤 두려움이다. 만에 따르면 프랑스혁명의 혼돈과 공포에 대한 두려움이 배경에 (또는 헤겔의 경우에는 전경에) 깔려 있지만 그것은 엄밀한 봉기에 대한 두려움이 아니다. 그것은 알 수 없고 예측할 수 없는 형상에 대한 두려움, 어둠 속의 그림자에 대한 두려움, 우리가 잠재성latency이라고 부르는 것에 대한 두려움이다.

네그리의 희망 이미지는 좀 더 명확하다. 그것은, 높이 뛰어올라 "그렇소! 우리는 혁명적 노동계급의 일부요!"라고 말하라는 초대장이다. 만의 분석은 좀 더 양가적이고 좀 더 도전적이며 좀 더 현실 연관적이다. 만은 자신이 케인스주의자이며(Mann 2017, xii) 무리에 대한 그 같은 두려움을 공유하고 있다고 분명하게 말한다. 그는, 특히 세계의 북부 지역에서 자신을 좌파로 묘사하는 대다수의 사람들이 이와 동일한 입장을 취하며 그들이 위기의 순간에는 문명을 보호하기 위해 국가에 호소한다는 의미에서 궁극적으로는 케인스주의자라고 주장한다. 네그리는 조직된 혁명적 노동계급이 여전히 무시할 수 없는 존재였던 오십여 년 전에 그의 글을 썼다. 지금 우리가 서 있는 곳에서 코로나 위기의 깊이와 파괴성이 드러나면서, 더 적실해 보이는 것은 아마도 무리, 즉 "부자에 대한, 사회에 대한, 정부에 대한 내적 분노"로 가득 차서 "그들 자신의 법 외에는 어떤 법도 인정하지 않는 반란적인 빈민 대중"인 것으로 보인다.

지금 우리의 주의를 끄는 것은 무리에 대한 두려움이다. 케인스주의에 대해, 그리고 위기의 시기에 국가가 개입해야 할 필요성에 대해 말하면서 우리는 화폐와 가치의 점증하는 분리에 대해, 즉 지난 사십 년에 걸쳐 전개된 자본의 가상화의 토대에 놓여 있는 화폐의 유연화에 대해 이야기하고 있다. 무리에 대한 두려움이 화폐와 가치를 분리시키는 원심력일까? 그리고 우리(친애하는 독자 여러분, 그리고 저자인 나)는 이 무리에 대해 어떻게 생각하는가? 우리는, 무리를 두려워한다는 것을 인정하고 있는 만과, 그리고 그가 주장하는 대부분의 좌파와 합류하는가? 아니면 우리는, 바로 우리가 무리라고 말하는가?

무리, 그것은 풍족한 교수직을 즐기는 우리들에게는 아마도 두려운 존재일 것이다. 인도에서 무슬림을 공격하여 학살한 무리들을 생각한다면 무리는 확실히 두려운 존재이다.[3] 2021년 1월 트럼프 지지자들이 미국 의회를 습격한 것을 생각해도 무리는 두려운 존재이다. 하지만 다음으로 우리는 2001~2002년 사이의 아르헨티나를, 2006년의 와하까를, 2008년의 그리스를, 2019년의 칠레를, 2021년 5월 콜롬비아에서의 폭동과 시위의 달을, 혹은 팔레스타인에서 지속적으로 폭발하는 분노를 생각해 본다. 문명을 수호하는 사람들이 마땅히 두려워할 거의 예측할 수 없는 분노의 화산 같은 폭발을.

희망의 실체인 존엄한 분노digna rabia를 생각하지 않고서 "무리는 가난에 특정한 마음 상태가, 즉 부자에 대한, 사회에 대한, 정부에 대한, 그리고 그 밖의 것들에 대한 내적 분노가 결합될 때에만 만들어진다."는 헤겔의 말을 읽는 것은 불가능하다. 우리는 다른 종류의 사회를 만들 수 있다는 희망 속에서 우리를 앞으로 나아가도록 밀어붙이는 "특정한 마음 상태, 즉 부자에 대한, 사회에 대한, 정부에 대한, 그리고 그 밖의 것들에 대한 어떤 내적 분노"를 공유한다. 우리가 직면한 딜레마는, 모든 라비아rabia, 즉 모든 분노가 더 나은 세상을 만드는 쪽으로 작용하는 디그나digna는 아니라는 것이다. 정반대의 방향으로, 예컨대 파시즘의 공포를 향해 밀어붙이는 분노도 있다.

"세상이 무너진다. 중심은 더 이상 버틸 수 없다." 1차 세계대전 직후에 당대 상황의 취약성을 묘사하기 위해 쓰여진 예이츠의 시 「재림」의 유명한 구절을 인용하는 것이 최근 몇 년 동안 흔한 일이 되었다. 가치와 화폐 사이의 연결을 느슨하게 함으로써 문명을 옹호하려는 케인스의 시도

---

3. * 2002년 인도 아메다바드시 차만푸라의 이슬람교도 거주지 굴바르그에서 힌두교 주민들이 이슬람교도 주민 69명을 살해하고 집에 불을 질렀다.

는 본질적으로, 중심을 무너뜨리려는 원심력에 직면하여 그 중심을 하나로 묶으려는 것이다. 아마도 조프 만처럼 우리도 케인스의 편을 들어야 한다고 생각할 수 있을 것이다. 하지만 그때 우리는 케인스가 무리들에 맞서 방어하려고 하는 문명은 죽음의 문명이라는 것을 기억한다.

「무리, 민중, 그리고 군중 : 어휘 연구」를 주제로 한 논문에서 바바라 브제지카(Brzezicka 2020)는 "무리" 개념과 반정체성주의적 정치 사이의 흥미로운 연관성을 주장하면서 그 개념을 오늘날 유행하는 "다양성"에 대한 강조와 비교한다.

사회 질서의 외부에 있는 존재로, 주로 부정적인 용어로 묘사되고 있는 다양한 무리들은 일반적으로 긍정적인 특성을 결여하고 있다. 반면, 다양성 정책은 언제나 규정된 정체성의 닫힌 목록에 의존한다. 무리의 무규정적 복수성은 다양성을 벗어난다. 그리고 급진적 페미니즘에 대한 나름대로의 해석에 기반하여 '정체성 자체의 폐지를 추구하는' 네그리와 하트의 정의에 따르면 바로 이 때문에 무리는 혁명적 기획으로 이해될 수 있다. '비정체화'의 정치는 '퀴어'라는 용어로 설명되는 혁명적 잠재력을, 즉 비정체성의 정체성을 지니고 있다. 이런 의미에서 무리는 퀴어이다. 왜냐하면 무리는 자신의 구성원을 비정체화하며 어떤 안정적인 집단 정체화에서도 벗어나기 때문이다. 또 무리는 이 동일한 저자들이 혁명적 행위자로 간주한 '빈자 다중'과 멀지 않다. … 좀 오래된 텍스트에서 네그리는 다중이 어떤 초월적 정체성을 형성하는 통합적 개념(예컨대 민중의 개념) 아래에서 고려될 필요가 없고 내재성의 평면에서, 즉 '재현할 수 없는 특이성'으로 간주되어야 한다고 명시적으로 썼다. 여기서 정체성은 앞서 언급한 사회 집단의 맥락을 넘어서는 더 넓은 의미로 이해될 수 있다. '퀴어'라는 용어는 '나는 누구인가?'라는 기본적 질문에 답하기를 거부하는 것으로 이해할 수 있다. 왜냐하면 가능한 대답은 항상 기존의 사회 질서에 의해 결정되기 때문이다. 떼mob에 참여하고 '자신을 그 속에서 잃는 것'은 더 나아가는 것으로, 그래서 질문조차 거부하는 것으로 이해될 수 있다. 왜냐하면 군중crowd이나 그 참여자에게 이름을 붙이려는 모든 시도는 그 자체로 초월적이기 때문이다.

"퀴어"라는 개념 자체에서 "정체성주의적 표류"(Roudinesco 2021)의 힘에 대한 문제 제기는 차치하고라도, 무리들의 반정체성주의적 성격에 대한 강조는 중요하다. 그것은 노동계급에 대한 전통적인 정체성주의적 이해와는 대조된다. 그리고 그것은 우리를 다시 노동계급에-대항하는-프롤레타리아트의 개념으로 가까이 데려간다. 그 개념은 나시오카(Nasioka, 2017)가 2006년 와하까 반란과 2008년 그리스 반란의 추동력으로 이해한 것이었다. 우리가 앞에서 주장했듯이, 우리는 아마도 무리를 자신의 둑을 터뜨린 노동계급으로 생각해야 할지 모른다. 그렇다면 무리는 노동계급의 비정체화하는 넘쳐흐름으로서 노동계급에-안에서-대항하며-넘어서 존재한다. 무리를 노동계급에 대립시킬 때 우리는 인격적 구별을 생각하고 있는 것이 아니라 자본 논리의, 노동계급 논리의 절단에 대해 생각하고 있다. 그것은 "우리는 노동하기를 원하지 않는다. 그리고 우리는 분류-되기[계급-화]class-ified를 원하지 않는다."고 말한다. 그렇다면 무리에 대한 헤겔주의적-케인스주의적 두려움은 조직화된 노동계급에 대한 두려움이라기보다는 기존의 지배 논리의 붕괴에 대한 두려움이다. 그것은 이름 없는 것들에 대한, 자본의 정체화 논리에 끼워 맞춰지지 않는, 정체화 불가능한 세계에 대한 두려움이다.

둑을 터뜨린 노동계급으로서의 무리라는 생각에는 역사적 요소가 있다. 1980년대에 세계 여러 부분에서 조직된 노동계급은 패배했지만 그것이 계급투쟁을 끝내지는 않았다. 오히려 자본에 의한 계급투쟁, 사람들을 분류[계급화]하기 위한 투쟁, 인간의 삶을 자본 논리의 틀 안에 가두기 위한 투쟁은 강화되었다. (때때로 "신자유주의"라고 불리기도 하는) 이 투쟁은 약간의 성공을 거두었다. 다른 한편에서 그것은 노동자들을 자본주의 문명 속으로 통합하는 기초를 제공했던 노동자들의 제도화된 조직을 파괴하거나 약화시키기도 했다. 노동운동은 노동력 상품의 소유자를 방어하는 것에 정초했는데 그것은 권력의 지배적 구조 내에서 발생하는 방어였다. 그것의 패배는 분명히 높은 실업률, 임금 정체, 불안정의 증가, 국가적 사회적 혜택의 삭감 등의 측면에서 끔찍한 결과를 가져왔다. 그러나 그것이 계급투쟁을 끝내지는 않았다. 자본가의 공격은 그 어느 때보다 더 폭력적으로 계속되고 있다. 하지만 그 공격에 대한 대응은 더욱 예측하기 어렵고 더 폭발적이다. 확실히 조직된 노동계급은 여전히 중요한 세력으로 남아 있다. 하지만 이전과는 다르다. 노동계급은 어느 정도 무리화되었고rabble-ised 예측 불가능하고 위험한 세력으로, 요컨대 두려운 세력으로 전환되었다.

그러므로 자본을 밀어붙이는 것은 명명된 혹은 명명되지 않은 두려움이다. 이것이 1920년대와 1930년대에 케인스에게 동기를 부여한 두려움이며, 2008년 경험 이후에 [미국 재무장관] 가이트너가 너무나 생생하게 표현한 바의 두려움이고, 현재의 팬데믹 위기 동안 정책 입안자들을 이전에는 상상도 할 수 없었던 수준의 부채 속으로 몰아넣어 온 것이 확실한 그 두려움이다. 노동계급에 대한 두려움, "부자들에 대한 내적 분노"를 품고 있는 무리들에 대한 두려움, 우리의 존엄한 분노에 대한 두려움, 우리가 정말로 "이제는 그만! 자본도 그만, 자본가도 그만! 이제 사회를 다른 기반 위에서 구성하자!"라고 말하지 않을까 하는 두려움. 실제로 우리가 이미 오만 가지의 다른 방식으로 이렇게 말하고 있다는 것에 대한 두려움.

31

재앙을 미루는 것은
정치경제학의 중심원칙이다.
금본위제의 포기는 떼가 지배할 길을 열어준다.

루이 14세의 유명한 명언 "내가 죽은 뒤에 홍수가 난들!"Apres moi le dé-
luge은 근대 자본주의의 핵심에 놓여 있다. "내가 죽은 뒤에 홍수가 난들"
이 무슨 의미일까? 그것은 "무리들이 결국 승리할 것이다. 하지만 지금은
아니다, 지금은 아니다!"라는 뜻이다. 또는 케인스가 말했듯이 "우리가 당
장 평화롭다면 그것은 중요한 것이다. 우리가 할 수 있는 최선의 것은 재
앙을 미루는 것이다. 꼭 장기적 희망이 아니더라도 무언가가 일어날 것이
라는 희망 속에서 재앙을 미루는 것이다"(Mann 2017, 387~388 ; Keynes CW,
XXVIII, 61). 조프 만은 다른 곳에서 다음과 같이 언급한다. "케인스가 말
했듯이, 정치경제학의 주요한 기능은 언제나, 결과적으로 '재앙을 미루는
것', '시간을 사는 것'이다"(Mann 2017, 210). 그리고 "모든 경우에, 고전적 정
치경제학의 요점은 혁명을 막고 '재난을 미루는 것'이었다. 그것이 진정으
로 서양 문명의 과학이었다"(Mann 2017, 212).

20세기 중반에 우세하게 된 정치경제학은 재앙을 미루고 시간을 버
는 정치경제학, 즉 연기의 정치경제학이다. 문명의 "얇고 위태로운 껍질"[1]

은 "부자들에 대한 내적 분노"를 가진 실업자들에 의해 위협받았다. 그 때문에 실업자들을 달래고 국가 지출을 확대하고 신용을 느슨하게 함으로써, 그리고 금융 정설의 지지자들이 혐오하는 조치들을 취함으로써 [실업자들과의] 대결을 연기해야 했다. 영국 재무부에서 금융 정설의 지지자 중 한 명인 니에마이어는 그것을 조금 다른 맥락에서 표현한다. "진정한 반명제는… 장기 전망과 단기 전망 사이에 있다."(Clarke 1988, 38)라고. 케인스는 장기 전망을 일축한 것으로 유명하다. "이 장기 [전망]은 현재의 사태를 오도하는 지침이다. 장기적으로 우리는 모두 죽는다"(Clarke 1988, 23 ; Keynes CW IV, 61, 65).

케인스의 영향하에서, 그리고 그 배후에서는 러시아 혁명, 노동조합의 힘, 무리에 대한 공포의 영향하에서 연기는 경제 정책의 중심 원칙이 되었다. 특히 그것은 위기의 시기에 더욱 분명해졌다. 우리가 살펴본 것처럼 위기에서 재구조화로의 이행은 사회적 대결을 수반한다. 당시의 사회적 맥락에서 그러한 재구조화가 시장의 작동에 맡겨질 수는 없었다. 국가가 개입하지 않으면 문명의 "얇고 위태로운 껍질"이 찢길 가능성이 매우 실질적으로 존재했다. 그러나 국가의 개입은 본질적으로 화폐의 완화를, 공적 및 사적 신용의 확대를 의미했다. 이것은 정설 옹호자들이 원하지 않았던 것이다. 왜냐하면 그들은 그것이 체제의 장기적 불안정화를 의미하지 않을까 두려워했기 때문이다(물론 그들은 옳았다). 그들에게 건전한 금융 체제의 가장 큰 장점은 그것이 "악당에게 굴하지 않는" 성질을 갖고 있다는 것이다. 다시 말해 그들로 하여금 이러저러한 방향으로 신용을 확장하도록 압력을 가하는 사회적 압박에 맞서, 화폐의 안정성을 유지함에 있

---

1. 1938년에 「나의 초기의 신념」이라는 에세이에서 케인스는 "문명은 극소수의 인격과 의지에 의해 세워진 얇고 위태로운 껍질이며 교묘하게 전달되고 간교하게 보존된 규칙과 관습에 의해서만 유지된다."라고 말한다.

어 신뢰할 수 없는 정치인에 대한 내성을 갖고 있다는 것이다. 필립 코건은 오디세우스와 사이렌의 관점에서 금본위제 지지자들의 주장을 다음과 같이 설명한다.

사이렌은 자신들의 달콤한 노래로 선원들을 바위 가까이로 유혹하는 것으로 유명한 그리스 신화 속 인물들이다. 오디세우스는 선원들의 귀를 밀랍으로 막고 끈으로 자신을 돛대에 묶어 배가 재앙으로 나아가도록 몰아가지 않으면서 그들의 노랫소리를 들을 수 있었다. 많은 은행가들은 금본위제가 이와 같은 역할을 했다고 생각한다. ⋯ 화폐를 창출하는 힘은 정치가들에게 너무 유혹적이었고 **빠르게** 남용될 수 있는 것이었다. 화폐의 가치를 금에 묶는 것은 오디세우스를 돛대에 묶는 것과 유사했다.(Coggan 2012, 70)

국가를 금본위제에 묶는 것은 화폐를 가치 생산이라는 실재에 묶는 것이었다. (케인스가 명명한 대로의) "구세계 당"이 옹호한 건전 화폐는 실제로 생산되고 있는 가치의 표현에서 너무 멀리 벗어날 수는 없는 화폐였다. 그러나 무리들의 위협을 가두기 위한 국가의 확장은 오디세우스의 끈을 느슨하게 하는 것, 그래서 화폐와 가치 생산 사이의 끈을 느슨하게 하는 것을 의미했다.

네그리의 주장에서 누락된 과정에 다른 측면이 있다. 네그리는 국가를 재고하고 재구성하는 측면에서 케인스의 중요성을 제시한다. 미래를 방어하기 위해 적극적으로 개입하는 국가인 계획자–국가로서 국가를 재조직하는 것이 그것이다. 노동계급의 점증하는 힘은 자본가계급을 보다 강력한 조직으로 나아가도록 밀어붙인다. 더 전체화된 전체주의적 조직으로서의 사회적 국가가 그것이다. 사실이 그러하다. 하지만 한 가지 중요한 점이 빠져 있다. 그것은 개입주의 국가의 강화가 화폐의 점증하는 취약성을 의미하기도 한다는 점이다. 그것들은 같은 과정의 양면이다. 국가의 강화는 가치로부터의 국가의 특수화를 그 한계에까지 밀어붙인다. 그것은 2008년 금융 위기나 오늘날의 코로나바이러스 위기에 대한 국가의 반응에서 가장 분명히 드러난다.

금본위제의 복원과 이후의 포기를 둘러싼 충돌은 화폐를 금 실체에 고정시키는 것과 화폐의 상징화 사이의 갈등이었다. 국가가 사회에서 더 적극적인 역할을 떠맡기 위해서는 화폐에 의해 부과되는 규율이 좀 더 유연해져야 했다. 화폐와 그 실체인 금 사이의 연결 고리가 느슨해져야 했다. 화폐의 상징화가 전진되어야 했다.

국가의 강화와 화폐의 상징화 사이의 연결고리는 우리가 살펴본 것처럼 짐멜에게 이미 존재한다. 그는 화폐의 상징화는 강력한 국가 체제의 발전에 달려 있다고 주장했다. 금이 제공하던 보증은 국가의 약속이라는 보증으로 대체된다. 그리고 이것은 국가가 화폐의 가치를 제공하겠다는 약속을 이행할 것이라고 신뢰할 수 있는 경우에만 작동한다. 체제가 작동하려면 국가 통화가 '금만큼 훌륭'해야 하며 이를 위해서는 강력하고 신뢰할 수 있는 국가 기관이 필요하다. 그러나 그 반대도 마찬가지로 진리이다. 화폐의 상징화는 강력한 국가를 필요로 할 뿐만 아니라 국가의 강화도 화폐의 상징화를 필요로 한다.

짐멜이 글을 쓰고 있을 때에는, 그리고 물론 맑스 시대에도 화폐는 금에 의해 뒷받침되었다. 지폐 소지자는 은행에서 금으로 등가물을 요구할 수 있었다. 이것이 지폐와 신용의 확장에 한계를 부과했다. 그것은 또 국가 지출에 제약을 가했다. 1920년대와 1930년대에 유럽과 미국의 정책 논쟁에서 핵심적이었던 것으로 첫 번째의 것은 금본위제를 복원하는 문제였고 그다음의 것은 금본위제를 포기하는 문제였다. 금본위제는 1차 세계대전 동안에 전쟁을 추구하는 데 필요한 국가 지출의 막대한 증가를 허용하기 위해 교전국들에 의해 포기되었다. 전쟁이 끝난 후 금본위제의 복원은 전쟁 이전에 존재했던 것과 동일한 정치적 패턴을 복원하고자 하는 "구세계 당"의 핵심 요구 사항 중 하나였다. 케인스를 비롯한 몇몇 사람들은 금으로의 복귀를 강력히 반대했지만 구세계 당이 승리했다. 금본위제는 1920년대 중반에 복원되었다. 그러나 보수 진영의 승리는 오래가지 못했다. 1929년의 붕괴와 1930년대 초반의 심화되는 불황으로 인해 모든 정부는 사회적 고통을 완화하고 수익성 회복을 촉진하기 위해 훨씬 더 적극적으로 개입해야 한다는 압력을 점점 더 많이 받았다. 이러한 상황 때문에 공공 및 민간 신용의 확장을 허용하기 위해 통화 체제에 더 많은 유연성을 도입해야 했다. 이를 위해서는 금본위제를 포기해야 했다. 이 때문에 서로 다른 국가 내에서 보다 자유로운 통화 창출이 가능해졌고 각국 통화가 세계 시장의 경쟁 압력을 상대적으로 덜 받게 되었다. 화폐의 이러한 유연화는 1945년 이후 세계에서 케인스주의로 확립된 뉴딜 정치의 기초가 되었다.

금본위제의 포기는 "구세계 당"의 격렬한 반대에 맞서 추진되었다. 영향력 있는 미국 민주당원인 버나드 바루크[2]는 자신들의 두려움을 다음과 같이 아름답게 표현했다.

떼mob의 지배라고밖에 표현할 수 없다. 나라가 아직은 모를 수도 있지만 내가 생각하기에는 우리가 프랑스 혁명보다 더 극단적인 혁명을 겪어 왔

---

2. 역사가 토머스 A. 크루거에 따르면, "버나드 바루크는 반세기 동안 미국에서 가장 부유하고 강력한 인물 중 한 명이었다. 위대한 투기꾼, 공직자, 대통령 보좌관, 정치적 후원자, 지칠 줄 모르는 사회복지가인 그의 공적 생활은 미국 정치 체제의 내적 작동에 대한 명확한 시각을 제공한다"(Krueger 1982, 115).

다는 것을 발견할 수 있을 것 같다. 군중crowd은 정부의 자리를 장악했고 부를 차지하려고 한다. 법과 질서에 대한 존중이 사라졌다.(Schlesinger 1959, 202에서 인용)

바루크의 말은 결코 우스꽝스럽지 않다. 그는 네그리의 분석에 무엇이 빠져 있는지를 아주 분명하게 말하고 있다. 네그리의 주장은 노동계급의 압력이 케인스식 구조조정과 국가 강화로 이어졌다는 것이다. 바루크도 비슷한 말을 하지만 다른 측면을 표현하고 있다. 떼(또는 무리)의 압력 때문에 국가를 강화한다는 것은 화폐의 지배를 약화시키고 적(떼, 무리)을 자본의 중심으로 끌어들이는 것을 의미한다는 것이다. 이것이 화폐의 상징화의 핵심에 놓여 있는 주장이다. 만약 당신이 화폐의 실체(금)를 국가가 보증하는 종이로 대체한다면, 어떤 종류의 사회적 압력에 대한 대응으로 국가가 그냥 화폐를 인쇄하는 것을 막을 수 있는 것[3]은 아무것도 없다. 그러나 이렇게 하는 것은 금융 및 상업의 전 체제가 기초하고 있는 확실성과 신뢰의 틀을 무너뜨리는 것이다. 이것은 국가의 가장 기본적인 기능을 침식한다. 상품 교환에 필수적인 보증을 제공하는 것 말이다. 국가를 강화함으로써 체제를 더 강하게 만드는 바로 그 과정이 화폐 규율을 약화시켜 체제를 더 취약하게 만들기도 하는 것이다. 현재의 관점에서 보면, 바루크는 자신의 동료 자본가들에게 "무리들이 우리를 가상의 세계로 밀어 넣고 있다."고 경고하는 있는 것으로 보인다. 또 그는 심지어 "무리들이 만성적이고 치명적일 수 있는 질병으로서 우리 속으로 침투하고 있다."고 경고하고 있는 것으로 보인다.

건전한 화폐라는 교의를 버린다는 것은 신용을 확대할 필요성을 받

---

3. 짐멜은 이것이 화폐의 상징화에 가해진 (그가 보기에는 일시적인) 제한이었다고 지적했다.

아들이고 아직 창출되지 않은 가치의 일부를 저당 잡히는 것을 의미했다. 그것은 바루크와 여타의 사람들이 경고한 것처럼 오늘날 자본주의의 핵심적 특징인 가상자본의 거대한 확장을 위한 기반을 마련하는 것이었다.

그 문제는 위기의 관점에서 볼 수 있다. 우리는 위기를 분석하면서 위기에서 자본의 재구조화로의 전환이 당연한 것으로 받아들여질 수 없으며, 그것은 늘, 자본주의적 사회관계의 재생산 자체가 문제로 되는 투쟁의 격화를 수반한다는 것에 대해 살펴보았다. 맑스주의 전통의 많은 사람들이 단순히 위기와 재구조화 [사이의 거리를 건너뛰고 그것을 거의 하이픈으로 연결된 위기와–재구조화로 만든 반면, 그 전환의 어려움을 인식하고 있었던 사람은 오히려 케인스이다. 실제로 그는 이렇게 말한다. "위기에서 재구조화로의 이 전환은 어렵고 위험한 과정이다. 그 전환에서 얇고 위태로운 문명의 지각은 위험에 처한다. 왜냐하면 사람들이 위기가 창출하는 실업 수준을 오랫동안 받아들이려 하지는 않을 것이기 때문이다. 우리는 미래의 자원을 투입하여 그 과정이 원활하게 진행하도록 만들어야 한다. 위기에 휩싸인 현재는 당연히 충분한 가치를 생산하지 못하기 때문에 우리는 그 자원을 미래에서 가져와야 한다. 미래에서 차입을 하는 것은 문제가 되지 않는다. 왜냐하면 어차피 장기적으로 보면 우리는 모두 죽기 때문이다." 위기 변화의 시간성, 그것은 장기간에 걸쳐 관리되는 연기 과정이 된다.[4] 조프 만이 지적하듯이, 이론적 고려나 이데올로기적 고려와 상관없이 위기가 심화될 때마다 이러한 케인스의 부활이 있다. 우리는 2008년의 패닉에서 그것을 볼 수 있고, 현재의 코로나 위기에서 그리고 전례 없는 규모의 국가 개입과 신용 확대를 꾀한 미국 바이든 정부의

---

4. 이것은 아마도 맑스주의자들이 "자본주의의 현재적 위기"라는 문구를 지속적으로 사용하는 것을 정당화해 줄지 모른다. 하지만 사실을 말하자면 "자본주의 위기의 현재적 연기 및 연장"이라고 말하는 것이 더 정확할 것이다.

그에 대한 반응에서도 그것을 볼 수 있다. 이와 같은 상황에서는 결과가 거의 명시되지 않음에도 불구하고 개입하지 않음의 결과에 대한 두려움의 쓰나미 같은 것이 있다.

위기의 연장은 과잉 축적의 연장이다. 이윤율의 하락은 자본의 과잉 축적으로 이해될 수 있다. 생산되는 잉여가치에 비해 자본의 초과가 있고 그래서 많은 자본이 이윤을 내는 데 어려움을 겪는다. 고전적인 위기는 이러한 과잉 축적을 제거하여 비효율적인 자본과 비효율적인 노동자를 제거할 뿐만 아니라 무리가 위험해질 수 있는 상황을 창출하기도 한다. 위기를 피하기 위한 국가 개입은 일반적으로 과잉 축적을 연장하고 비효율적인(또는 '좀비') 자본과 비효율적인 노동자의 수명을 연장하는 효과가 있다. 위기의 연장은 시장 규율(가치법칙)을 약화시키고 궁극적으로 추상적이거나 소외된 노동의 위기를, 즉 인간 활동에 대한 자본 명령의 위기를 연장시킨다.

위기 극복에 일정한 변화가 생겼다. "19세기에는 농업 가격 하락이나 철도 같은 산업의 과잉 팽창과 결합된 짧고 격렬한 불황이 많이 있었다. 하지만 경제는 붕괴만큼이나 빠르게 회복했다"(Coggan 2012, 89). "창조적 파괴"의 주기적 과정은 예측 가능한 방식으로 작동하여 위기와 재구조화 사이의 거리를 건너뛰는 것을 어느 정도 정당화했다. 그러나 1920년대와 1930년대에 위기 메커니즘의 원활한 작동을 저지하는 뭔가가 발생했다. 후버 대통령 시절의 미국 재무장관 앤드루 멜론은 그 위기에 대한 간단한 답을 제시했다. "노동을 청산하라, 주식을 청산하라, 농부를 청산하라, 부동산을 청산하라. 그것이 체제에서 부패를 제거할 것이다. 높은 생활비와 높은 생활 수준이 하락할 것이고 그것이 더 도덕적인 삶을 영위하도록 이끌 것이다"(후버의 회고록에 상술된 대로다〔Coggan 2012, 96〕). 그러나 낡은 해법은 더 이상 가능하지 않았다. 그냥 무시할 수는 없는 어떤 교착상태 혹은 곤경이 창출되었다. 이 교착상태는 러시아 혁명, 노동조합의 힘, 위기가 낳은 예측 불가능한 무리들에 의해 만들어졌다. 이러한 막힘이나 곤경은 1차 세계대전 이후 많은 국가에서 확장된 민주주의의 탓으로 돌려질 수도 있다. 민주주의는 정치가들을, 자본의 관점에서는 더 믿기 어렵고 대중의 압력에는 더 휘둘려지기 쉬운 존재로 만들었다. 이것은 사무엘 브리턴이 『민주주의의 경제적 결과』라는 영향력 있는 책을 썼던 1970년대의 인플레이션 기에 분명해졌다. 1930년대 이래로, 그리고 1970년대 이래로 정치적으로 시대가 변했다. 노동계급의 힘이나 무리들의 현존은 훨씬 덜 분명하다. 하지만 자본주의 체제 재생산을 위한 조건으로서 부채의 끊임없는 팽창은, 금본위제가 폐지되었을 때 화폐 자체 속으로 들어간 떼가 여전히 많이 존재한다는 것을 보여준다.

우리는 장기 케인스주의의 시대를 살아가고 있다. 구세계 당이 예언한 세상에 살고 있는 것은 바로 우리이다. 그 세계에서 부채 창출을 통한 위기의 누적된 연기는 취약하고 변덕스럽고 폭력적인 자본주의를 만들어 왔다. 우리는 밀어붙이는 노동계급이다. 우리는 [자본주의가] 두려워해야 할 무리이고 화폐 속으로 진입한 떼이다. 우리는 아래로부터 문명의 얇은 껍질을 깨뜨리려고 하고 있는 전복적인 끓어오름이다.

32

전쟁은 자본의 황금기를 창출했다.
그것의 위기는 금과 화폐 사이의 연결을 끊었다.

우리는 케인스주의를, 위기를 다루는 방법에 대한 논쟁이라는 맥락 속에서 제시했다. 한편에 우리는 건전한 화폐 측의 반응을 가지고 있다. 그것은 모든 것을 청산하라는 멜론Mellon의 조언 속에서 표현되었다. "모든 것을 청산하는 것은 규율을 회복하고 비효율적인 자본, 비효율적인 노동을 제거하고 자본의 과잉 축적을 파괴할 것이다." 이것이 슘페터가 위기의 본질로 본 "창조적 파괴"다. 이에 맞서는 케인스주의적 주장은 다음과 같다. "사회적 세력들이 변했다. 우리는 시간을 벌어야 한다. 국가는 신용을 확대하고 비효율적인 자본과 비효율적인 노동자의 제거를 피하거나 적어도 늦추기 위해 개입해야 한다. 우리는 위기 해결을 미루고 자본의 과잉 축적과 함께 살아가는 법을 배워야 한다." 그것은 자주 기술적technical 문제처럼 제시되었지만 분명히 그런 문제가 아니다. 자본의 관점에서 보면 그것은 재생산에 대한 사회적 위협을 어떻게 인식하느냐의 문제이다. 우리의 관점에서 보면 그것은 화폐의 중심에 우리의 힘이 어떻게 현존하는가를 인식하는 문제이다.

1930년대에, 특히 루스벨트의 뉴딜 정책 아래의 미국에서 점점 더 많이 받아들여진 것은 케인스와 관련된 보다 유연한 접근 방식이었다. 뜨론띠의 놀라운 문구에서는 "케인스 경"이 "사실상 미국 경제학자"이다(Tronti 1976, 15). 그러나 케인스주의적 접근이 위기에 대한 답을 제공했다고 생각하는 것은 잘못된 것이다. 뉴딜 시대의 경제 회복은 단명했다. 1939년에 미국에는 여전히 일천만 명의 실업자가 있었고 민간 투자는 1929년 수준의 삼분의 일 이하였다.[1] 위기는 케인스주의 정책에 의해 해결되지 않았고 그가 가장 두려워한 것에 의해, 즉 "얇고 불안정한 문명의 껍질"의 파열에 의해 해결되었다. 과잉 축적은 "모든 케인스주의자들에게 가장 위대한 것인 죽음"[2]에 의해 해결되었다(Mattick 1978, 142).

전쟁이 끝난 후 종종 자본주의의 황금기 또는 케인스의 시대라고 불리는 약 이십 년이 왔다. 케인스가 1930년대의 논쟁에서 승리한 것은 분명해 보였다. 케인스주의 정책은 표준으로 널리 받아들여졌다. 이것은 낮은 실업률과, 그리고 많은 나라에서 인구 전체에게 최소한의 복지 기준을 제공하는 사회 정책의 시행과 결합된 급속한 경제 성장의 시기였다. 원이 네모가 된 것처럼, 즉 불가능한 것이 달성된 것처럼 보였다. 사람들이 받아들일 수 있을 만큼 정의로운 자본주의로 보였다. 노동조합은 정책 결정에서 중요한 목소리로서 국가 깊숙이 통합되었다. "무리"는 여전히 주변화되었지만 그 수가 줄어들었고 복지국가에 덜 위협적이었다. 여전히 경기 변동은 있었지만 심각한 경제 위기는 없었다. 부의 불평등은 계속됐지만 어느 정도의 재분배는 있었다. 기적을 이룬 것 같았다. 실로 케인스주의 복

---

1. 이 주장에 대한 좀 더 자세한 설명으로는 Holloway 1995b/2019[1999]를 참조하라. 더 자세한 경제 분석은 2012년 8월 6일 자 마이클 로버츠의 블로그 「대공황과 전쟁」을 참조하라. https://thenextrecession.wordpress.com/2012/08/06/the-great-depression-and-the-war/.

2. * 1929년의 경제 위기는 실제로는 2차 세계대전을 거치고 나서야 비로소 해소된다.

지국가는 여러모로 놀라운 성취였다. 그것은 많은 사람들의 희망을 현실화시켰다. 자본주의를 제거해야 할 필요성은 배경으로 물러났다(물론 소련의 현실은 혁명가가 되려는 사람들에게는 하나의 경고가 되고 있었다).

그러나 케인스주의 혁명은 생각만큼 전후 호황과 관련이 없었다. 자본의 재구조화는 5천만 명 이상의 학살, 파시즘과 군국주의를 통한 새로운 수준의 사회 규율 부과, 막대한 물질적 파괴를 통해 이루어졌다. 여기에 포드주의와 관련된 산업 생산 및 노동 과정의 확산이 추가되었다 (Clarke 1988, 267과 그 이하). 사이먼 클라크가 언급한 것처럼 "케인스주의 정책은 호황을 촉진하는 데 거의 적극적인 역할을 하지 못했다"(280). 완전고용 정책을 내세운 이른바 "케인스주의 복지국가"는 전쟁을 통해 가능해졌다. 이 같은 전시 상황에서 정책 주장은 뒷전으로 밀려났다.

> 비록 케인스주의가 곧 국가의 정당화 이데올로기로 채택되었지만, 호황에 대한 공적을 정부가 가로챘기 때문에 케인스주의를 고전 경제학자들과 구분하는 실질적 쟁점은, 축적에 대한 장벽의 출현으로 정부가 완전고용과 물가안정 사이에서 선택을 해야 하는 딜레마에 직면하게 될 때까지는, 무르익지 않았다.(Clarke 1988, 281)

2차 세계대전 이후 금본위제로의 복귀에 대한 이야기는 없었다. 하지만 그럼에도 불구하고 화폐를 금에 고정시키는 것은 전후 호황의 필수 요소였다. 전간기인 1930년대 초에 여러 국가에서는 금본위제를 포기했지만 그 후에 서로 다른 통화 영역을 설정하고 1936년 프랑스, 영국, 미국 간에 〈삼자 협정〉을 맺음으로써 어느 정도 질서가 확립되었다. 그러나 새로운 국제 통화 질서가 수립된 것은 1944년 〈브레튼우즈 협정〉이 체결되고 1947년에 발효됨으로써, 즉 전쟁이 끝난 뒤였다.

브레튼우즈 체제는 노동력에 대한 인정(또는 무리에 대한 두려움)을 국제 화폐의 지배와 조화시키려 했다. 달러를 기축 국제 통화로 인정하는 체제를 구축하는 것이 그 방법이었다. 달러와 금은 국제 통화로 상호 교환적으로 사용되었으며, 달러는 고정평가에 따라 금으로 전환될 수 있었다. 국가 통화는 고정 환율로 달러에 연결되었다. 그 환율은 근본적인 불균형이 있을 경우에만 변경될 수 있었다. 새로운 〈국제통화기금〉(이하 IMF)은 단기적 불균형을 극복하기 위해 자금을 제공하도록 되어 있었다.

이 체제의 한 가지 효과는 국제 통화 흐름 속으로 달러의 인플레이션 유연성을 도입하는 것이었다. 에르네스트 만델이 말했듯이, "2차 세계대전에서 승리를 거둔 제국주의 열강은 브레튼우즈에서 국제 통화 체제를 구축했는데 그것은 지금까지 국가적 규모에서만 받아들여져 온 인플레이션적 신용 확장의 국제적 버전을 위한 기반을 제공하도록 설계되었다"(Mandel 1975, 462). 떼의 힘은 이제 자본의 국제적 흐름 속으로 통합되었다. 이것은 오디세우스를 돛대에 다시 묶는 체제였지만 그 결박은 좀 더 느슨해졌다. 국가 통화가 금에 직접 연결되지 않고 일정한 변동 폭을 허용하는 고정환율을 통해 달러에 연결된다는 사실은 국민정부가 자본 유출에 의해 즉시 제재를 받지 않고 사회적 압력에 대응할 여지가 있음을 의미했다. 규율은 여전히 국제수지 위기와 그에 따른 평가절하의 위험 또는 현실을 통해 강제되었지만 국가 차원에서는 신용 확대를 위한 유연성이 더 많았다. 이와 동시에 이 체제는 국민 통화이자 국제 통화라는 달러의 이중 역할을 통해 미국의 신용 인플레이션이 국제 체제에 하나의 불안정 요소로서 유입될 수밖에 없도록 만들었다.

새로운 통화 질서는, 아니 케인스주의 정책 일반은 호황이 지속되는 동안 큰 충돌 없이 실제로 잘 작동했다. 어려움은 1960년대에 전쟁을 통해 달성된 재구조화의 경제적·사회적 훈련 효과가 줄어들면서 발생하기 시작했다. 세계의 매우 많은 지역에서의 점증하는 사회적 불안은 베트남 사람들의 투쟁과 결합하여 달러와 금 사이의 관계를 크게 긴장시켰다. 유럽의 재건과 미국 상품의 구입을 위한 달러의 확장적 공급이 국가 통제 밖에 존재하는 이른바 유로달러라는 유럽의 달러 준비금의 축적을 가져오면서 달러의 취약성이 증가했다. 이윤 하락을 충당하기 위한 신용의 점증하는 팽창과 전 세계적으로 사회적 불안을 억제하는 비용(특히 베트남 전쟁 비용 포함)의 증가는 불안정성을 야기시켜 달러 보유자들로 하여금 자신들의 달러를 금으로 바꿈으로써 안전을 추구하도록 이끌었다. 1971년 8월 닉슨 행정부는 달러화와 미국 금 보유량 사이의 엄청난 격차에 직면하여 달러의 금 태환을 무기한 중단한다고 발표했다. 1971년 12월 〈스미소니언 협정〉에 의해 새로운 고정환율제도가 수립되었으나 이 역시 심각한 투기 압력에 시달렸고 1973년 3월 그 고정환율제도는 폐기되었다.

금은 이제 배경으로 사라졌다. 그것은 불안정의 시기에 투자자들을 위한 안전한 피난처로 여전히 중요했지만 국가 정책에 직접적인 영향을 미치지는 않았다. 화폐를 가치에 고정시키는 과제는 이제 주요한 중앙은행들에, 특히 미국의 중앙은행으로 알려진 연준, 즉 연방준비제도이사회에 효과적으로 위임되었다. 여러 나라들이 차례로 정부로부터 중앙은행의 독립성을 보장하기 위한 조치를 취했다. 그것은 화폐 통제를 정치적 압력으로부터 분리하기 위한 것이었으나 이 독립성은 금에 비하면 빈곤한 대체물이었다.

"건전한 화폐" 옹호론자들의 우려가 현실이 된 것이다. 오디세우스는 돛대에서 풀려났다. 그 결박의 풀림은 사회적 압력에 의해 강제되어 왔다. 1960년대의 사회적 소요는 화폐 규율을 방어적 입장으로 밀어 넣어 더욱 취약하고 견고하지 못한 위치로 내몰리도록 만들었다.

볼커 충격 :
건전한 화폐를 도입하려는 마지막 시도.

케인스의 반대자들이 1920년대와 1930년대에 경고했던 것의 장기 공연[장기 인플레이션]은 1971년 〈브레튼우즈 협정〉이 붕괴한 이후에 실제로 시작된다.

금과의 연결고리를 끊는 것의 직접적인 효과는 보수주의자들이 두려워했던 바로 그것이었다. 1970년대는 전 세계적으로 높은 인플레이션의 시기였다.[1] 미국에서는 1970년대 말까지 연간 인플레이션이 13%에 도달했다. 영국에서는 인플레이션이 1975년에 26%에 도달했다. 이는 주요 자본주의 국가로서는 역사적으로 높은 수치였다. 금과의 연계가 사라짐에 따라 적어도 1970년대 초반에는 유연한 통화 정책을 통해 계속되는 사회적 압력에 대처했다. 실업이 인플레이션보다는 더 나쁜 악이라는 생각은 여전히 통화 정책에 영향을 미쳤다(Irwin 2013, 65). 상대적으로 높은 고용 수준(따라서 노동조합의 교섭력)을 유지하는 재정 및 통화 정책은 소비재 수요에 영향을 미쳐 가격 인플레이션을 초래했다.

---

1. 이 시기의 인플레이션에 대한 자세한 논의로는 Warburton 1999을 참조하라.

1970년대 말이 되자 이것이 바뀌었다. 인플레이션은 공식 담론에서 "공공의 적 1호"로 여겨지게 되었다.[2] 인플레이션이 왜 그런 문제로 여겨졌을까? 코건(Coggan 2012, 145)은 이 질문에 다음과 같은 실마리를 제공한다. "〈브레튼우즈 협정〉이 끝남에 따라, 화폐는 금과의 연결고리를 벗어던졌다. … 화폐를 정의하기 위한 전투에서 화폐의 일차적 기능이 가치 저장 수단이 아니라 교환 수단이라고 믿는 사람들이 승리했다." 만약 우리가 화폐의 기능을 교환 수단으로 본다면 종이는 금과 마찬가지거나 오히려 금보다 더 좋다. 화폐가 금과의 연결고리에서 벗어나면 위협받게 되는 것은 바로 가치 저장 수단으로서의 화폐이다. 그러나 자본은 가치의 지속적인 축적이다. 화폐가 더 이상 가치 저장 기능을 하지 않으면 자본 자체가 훼손된다. 1970년대의 인플레이션은 그러한 위협(1920년대와 1930년대의 건전한 화폐 지지자들이 품었던 큰 두려움)을 명백하게 만들었다. 또 그것은 채권자보다 채무자에게 유리했다(인플레이션으로 인해 부채가 평가절하되기 때문이다). 또 그것은 (채무를 덜 지는 경향이 있는) 노인보다 (채무를 더 많이 지는 경향이 있는) 젊은 세대에게 더 유리했다. 그리고 일반적으로 그것은 불확실성과 갈등의 분위기를 조장했는데 노동자들을 비롯한 여타의 사람들이 물가 상승을 따라잡으려고 자신들의 소득을 위한 투쟁을 벌였기 때문이다. 1968년과 연관된 불안정은 1970년대까지 계속되었다.

인플레이션은 1970년대 말의 급격한 변화를 허용하고 강요한 조건들의 창출에 기여했다. 이 시기에는 하나의 경제 이론으로서 통화주의의 영향력 증가, 케인스주의에 대한 불신, 또한 레이건과 대처의 선출에서 드러난 바와 같은 우파의 정치적 부상, 그리고 또 매우 중요하게는 중국에서

---

2. 이 문구는 1973년 영국 총리 에드워드 히스에 의해 만들어졌다 : Warburton 1999, 33.

덩샤오핑의 영향력 증가 등의 현상이 나타났다. 그러나 방향 전환의 중심에는 이른바 "볼커 충격"이 놓여 있었다.

1979년 10월에 연준 의장으로 새로 임명된 폴 볼커는 접근법의 변화를 발표했다. 〈미국 은행가 협회〉 연설에서 그는 청중인 은행가들에게 이렇게 말했다. "수년의 인플레이션이 끝난 뒤, 그것의 장기 여파가 끝끝내 우리의 발목을 잡고 있다"(Greider 1987, 104).[3] 1차 세계대전 이후 구세계 당의 경고가 현실이 되었다. 화폐는 인플레이션으로 인해 침식되고 있었다. 건전한 화폐의 개념을 강화하는 것이 필수적이었다. 금과의 연계가 없는 상황에서 건전한 화폐는 연준에 의해서만 부과될 수 있었다.

밀턴 프리드먼과 관련된 통화주의 경제학파의 이론을 채택함으로써 건전한 화폐가 부과될 수 있었다. 연준은 이제 금리에 초점을 맞추는 대신 통화 공급에 초점을 맞출 것이다. 연준은 원하는 통화량을 발표하고 거기에 도달하는 데 필요한 정도로 금리를 조정할 것이다(Irwin 2013, 69). 화폐 공급을 제한함으로써 연준은 인플레이션을 막고 건전한 화폐를 회복할 것이다. 연준은 즉시 이자율을 1퍼센트 인상했고 그 후 몇 달 안에, 그리고 그 뒤 수년간 추가 인상을 단행했다. 케인스가 주장한 것처럼 반反경기순환 정책을 추구하는 대신 중앙은행은 (그리고 다른 은행들도 그것을 따라) 위기를 심화시키는 친親경기순환 정책을 추구했다.

그 효과는 극적이었다. 그러한 방향 전환은 사실상 1930년 앤드루 멜론의 권고("노동을 청산하라, 주식을 청산하라, 농부를 청산하라, 부동산을 청산하라.")로까지 거슬러 올라간다. 또는 소스타인 베블런의 말을 인용한 그라이더가 말했듯이, 그것은 "무고한 자의 학살"이었다(Greider

---

3. 폴 볼커의 연설 전문은 다음에서 찾아볼 수 있다. https://fraser.stlouisfed.org/files/docs/historical/volcker/Volcker_19791009.pdf

1987, 454). 이른바 "신용 경색"은 건설 활동을 중단시키고 많은 농부들을 사업에서 몰아내고 실업률을 높였다. 아이다호주의 공화당 대표였던 조지 핸슨은 "'우리'가 아메리칸드림을 파괴하고 있다."고 말했다. 어떤 건축물 거래 잡지는 볼커가 "수백만 소기업에 대한 계획적이고 냉혈적인 살인을 하고 있다."고 비난했다(Irwin 2013, 71). 1982년에 약 6만 6천 개의 회사가 파산 신청을 했는데 이것은 1929~1932년의 대공황 이후 최고 수준이었다(Greider 1987, 455).

연준이 1980년, 1981년, 1982년까지 자신의 정책을 연장함에 따라 그 정책을 뒤집으려는 정치적 압력이 가중되었다. 이론적으로는 통화주의 정책에 충실했던 레이건 정부조차도 변화를 요구하기 시작했고 연준의 독립성을 폐지하는 법안을 도입하겠다고 위협하기도 했다(Greider 1987, 490). 어윈은 "1981년에 높은 이자율에 화가 났다고 밝힌 한 남자가 톱질한 산탄총, 권총, 칼, 가짜 폭탄을 들고 경비원들을 지나쳐 연준 본부로 들어갔다. 그는 주 회의실 바로 옆에 있는 한 경비원의 저지를 받았다. 볼커는 처음으로 상근 보안 특무대를 배치했다."(Irwin 2013, 70~71)고 보도했다. 그 남자의 계획은 분명히 "연준 이사들을 인질로 잡고 뉴스 매체로 하여금 연방준비제도이사회가 이 나라에 무엇을 하고 있는지를 집중적으로 보도하도록 강제하는 것"이었다(Greider 1987, 461). 결국 연준은 1982년 6월에 정책을 바꾸었고 그다음 달에는 화폐 공급이 급속히 확대되었다. 통화 정책의 지침으로서의 통화주의는 포기되었다.

볼커 충격은 우리의 논증에서 중요하다. 왜냐하면 그것은 본질적으로 브레튼우즈 체제의 붕괴로 화폐와 금의 연결이 끊어진 후 건전한 화폐를 부과하려는 유일한 시도였기 때문이다. 그것은 자본의 위기를 연기하기보다 그것과 대면하려는 (실제로 지금까지 전 지구적 수준에서는 마지막인) 시도였다. 일반적으로 자본을 유치하기 위한 국가 간의 경쟁의 일환으로 특수한 나라들에서는 즉 일국적 수준에서는 엄격한 화폐 규칙을 부과하려는 다른 많은 시도들이 있었지만[4] 사실상의 국제 통화인 달러 수준에서는 그렇지 못했다.

그 공격은 매우 효과적이었지만 유지하기가 불가능했다. "그 규율은 효과가 있었다"(Greider 1987, 507). 임금과 물가는 하락했고 물가 상승률은 13% 이상이었는데 4% 미만으로 떨어졌다. 주류 경제학자들이 보기에 "볼커 [충격으로 인한] 경기 침체는 거대한 것의 무대를 마련했다"(Irwin 2013, 71). 그것은 틀림없이 그에 뒤따른 "대*조정"에 기여했다. 그러나 그것은 한계에 부딪혔고 그 이후로는 화폐 규율을 부과하려는 같은 종류의 시도는 없었다. 오히려 지난 사십 년간은 화폐의 확장을 통한 위기 회피에 의해, 가치 생산에서 "건전한 화폐"로부터 화폐의 점증하는 분리에 의해 특징지어졌다. 볼커는 분명히 무리들에 대한 두려움과 대결했다. 하지만 그는 한계에 부딪혔다. 경제학자들은 그의 업적을 상당히 칭찬했지만 그럼에도 불구하고 (적어도 2021년 말까지는) 그의 업적을 반복하려는 시도는 없었다.

그렇다면 1982년 7월에 연준이 건전한 화폐 정책을 포기하지 않을 수 없게 만든 그 한계는 무엇이었는가? 거기에는 확실히 어떤 두려움이 있었다. 연방공개시장위원회(본질적으로 연준의 지배 기구)의 유일한 위원으로서, 볼커의 정책에 지속적으로 반대했던 유일한 인물인 낸시 티터스는 "나는 무서웠고 다른 사람들도 마찬가지였다.… 그것이 결국 터지고야 말았다."(Greider 1987, 466)고 말했다. 2008년에 가이트너가 자신이 느꼈던 두

---

4. 예를 들어, 영국의 존 메이저 정부가 파운드화를 유럽 통화 체제에 연결함으로써 규율을 부과하려는 시도에 대한 워너 본펠드의 분석(Bonefeld 1993), 페소를 달러에 연결하여 유사한 목표를 달성하려 한 아르헨티나 메넴 정부의 시도에 대한 알베르토 보네뜨의 분석(Bonnet 2008)을 참조하라. 이 두 가지 시도는 결국 실패했다.

려움을 극적으로 표현했을 때처럼 낸시도 그 두려움을 매우 구체적으로 표현했다. 그것은 아마도 노동계급 혁명에 대한 두려움이 아니었을 것이다. 1917년의 반향 같은 것은 전혀 없었던 것으로 보이기 때문이다. 그러나 무리에 대한 두려움이 있었던 것은 거의 분명하다. 연준에 대한 사람들의 무장 공격에서, 그리고 노동조합과 자본가 집단 모두를 포함하여 다양한 연합체들이 보여준 많은 시위들과 선언들에서 표현된 상승하는 사회적 분노에 대한 두려움 말이다. 낸시 티터스는 연준 토론에서 제시했던 자신의 반대 의견을 다음과 같이 회상한다. "나는 연방공개시장위원회에서 강의를 했다. … 나는 위원들에게 '당신들은 이 나라의 금융 직물을 찢어질 정도로 너무 세게 당기고 있다. 직물이 찢어지면 그것을 다시 원상회복하는 것이 매우 어렵고 거의 불가능하다는 점을 이해해야 한다.'" 그라이더는 이것을 "너무 많은 인간관계를 임의로 단절하는 것의 측정 불가능할 정도의 비용, 사람들과 제도들이 의존하는 복잡한 사회경제적 연결의 그물망"으로 발전시킨다. "일단 파괴되면 그 그물망은 돌이킬 수 없을 정도로 손상될 수 있다"(Greider 1987, 465). 이것이 실제로 미국에서 볼커 충격이 미친 장기적인 영향이었음은 거의 분명하다.

볼커와 그 주변의 경제학자들에게는 케인스와 같은 사회적 감수성이 없었다. 경제학자로서 그들이 받은 교육과 연준의 제도적 독립성이 무리에 대한 두려움으로부터 어느 정도 그들을 보호했다. 그들이 결국 건전한 화폐에 대한 자신들의 헌신을 뒤집게 된 것은 사회적 압력이 금융 붕괴의 가능성으로 바뀌었을 때였다. 볼커의 한 측근은 이렇게 말했다.

볼커는 금융제도 보수주의자이며 그것이 그의 사고방식이다. 그에게 가장 큰 영향을 미치는 것은 금융계의 무질서다. 그를 괴롭히는 것은 그 무질서다. 볼커는 실업률이 너무 오래 너무 높게 지속되어도 사태를 예의주시하면서 대비한다. 그러나 금융 체제에 취약성이 있으면 그는 움직인다.
(Greider 1987, 517)[5]

건전한 화폐를 강제하려는 시도를 결국 포기하게 만든 금융 재앙에 대한 두려움은, 은행가들이 자신들의 부를 잃지 않을까 하는 두려움이 아니라 사회적 혼란이 뒤따르지 않을까 하는 두려움이었음이 틀림없다. 이 경우 그 두려움은 사회적 소요가 세계 금융 체제에 유입된 방식의 결과이기도 했다. 저금리와 용이한 신용 대부에 대한 통화주의적 공격은 1970년대에 많은 화폐를 빌린 미국의 파산을 의미했을 뿐만 아니라(Bonefeld 1995, 48[1999]), 국제 금융 체제 전체에 대한 위협이기도 했다. 1970년대에 저금리로 달러를 빌렸던 많은 나라들이 이제 연준이 도입한 더 높은 금리로 자신들의 부채를 상환하는 것이 불가능했기 때문이다. 다른 많은 국가와 마찬가지로 멕시코도 부분적으로는 1968년과 1970년대 초의 거대한 학생 반란 및 사회적 반란의 영향을 억제하기 위해 많은 화폐를 빌렸다. 많은 화폐가 미국의 주요 은행에서 빌린 것이었기 때문에 멕시코 국가의 채무불이행은 해당 은행과 미국 금융 체제를 위험에 빠뜨릴 것이었다. 그리고 멕시코가 채무불이행을 하면 다른 많은 국가들이 그 뒤를 따를 것이 분명해졌다. 결국 연준이 자신의 정책을 포기하게 된 것은 금융 붕괴에 대한 두려움 때문이었다.

1982년에 멕시코가 채무불이행 위기에 처했을 때 글로벌 신용관계는 메

---

5. 2000년에 행해진 볼커와의 인터뷰는 인플레이션이라는 "용을 죽여야" 할 필요성에 대한 그의 이해 방식, 그가 자신의 정책을 뒤집는 이유, 마거릿 대처에 대한 그의 친밀감과 찬사 등을 잘 설명하고 있다. https://www.pbs.org/wgbh/commandingheights/shared/minitext/int_paulvolcker.html.

트로폴리스 국가들, 특히 미국의 정치 당국이 금리를 급격히 낮추고 통화주의적 '경제' 정책을 포기하며 신용 확장을 다시 불러일으키지 않으면 안 될 정도로 파열되었다. 대규모 침체의 위험은 1982년까지 전 세계적 규모에서 유사비준pseudo-validation을 복원시킨 거대한 리플레이션 일괄 대책에 의해 방지되었다.(Bonefeld 1995, 49 [1999])

그 이후로 유사비준과 가상자본이 세계를 지배했다.

케인스가 여전히 의식하고 있던 무리에 대한 두려움이 경제학자들의 마음속에서 금융 붕괴에 대한 두려움으로 번역되었지만 그것들은 본질적으로는 같은 것이다. 재앙의 연기는 여전히 경제 정책의 원칙이다 : "내가 죽은 뒤에 홍수가 난들! 그러나 걱정하지 마라. 결국 우리는 모두 죽을 것이다." 부채의 지속적인 확장을 통해 생산되지 않은 가치를 유사비준하고 가상적으로 비준하는 것, 즉 위기의 연기는 자본주의 발전의 핵심이다. 1982년 6월 이후 건전한 화폐를 복원하려는 체계적인 시도는 없었다. 실제로 자본의 재생산이 부채의 지속적인 확장, 가치 생산과 그것의 화폐적 표현 사이의 점증하는 격차를 필요로 한다는 사실이 받아들여져 왔다. 절벽을 지나 계속해서 곧장 걸어가는 리피에츠의 만화 캐릭터 이미지와 연관 지어 보면, 볼커 쇼크를 통해 그 캐릭터는 상황의 위험을 깨닫고 뒤로 물러나 자신의 발 아래에 딛고 설 안전한 땅을 확보하기 위해 싸우고 있는 것처럼 보인다. 하지만 그 캐릭터는 3년 간의 결연한 노력을 다한 후에야 비로소 그런 땅이 확보될 수 없다는 것을 깨닫는다. 그것이 불러일으킨 커져 가는 사회적 분노 때문에, 그리고 재정 붕괴가 전 세계에 야기할 사회적 혼란에 대한 두려움 때문에 그 땅은 확보될 수 없었다. 이제 그 캐릭터에게 열려 있는 유일한 선택은 다시 뒤돌아서 허공 위를 계속 걷는 것뿐이었다.

많은 비평가들은 신용의 지속적인 성장이 정부와 중앙은행의 잘못된 정책 추구 때문이라고 생각한다. 예컨대 알베르토 갈로의 최근 논문은 「중앙은행이 자본주의를 파괴했다」는 충격적인 제목을 달고 있다(Gallo 2019).[6] 더 흥미로운 주장도 있는데 그것은 부채 기반 경제의 발전에 자급적 동역학이 있다는 주장이다. 그것은 일단 경제가 부채 확대에 기반을 두게 되면 원상회복이 거의 불가능하다고 주장한다. 래칫 효과[7]가 있다는 것이다. "일단 경제가 너무 많은 부채를 지게 되면 부채를 없애는 것이 불가능해 보인다"(Turner 2016, 12[2017]). 이런 생각은 때때로 이른바 "민스키 효과"와 연결된다. 하이먼 민스키는 부채로 인한 악순환의 나선은 금융 시장에 내재되어 있다고 주장했다. 여타의 시장에서는 가격 상승이 수요 감소로 이어짐에 반해, 금융 시장에서는 그와 정반대라는 것이다. 자산(예컨대 주식)의 가격 상승은 구매자에게 주식을 더 매력적인 것으로 만드는 경향이 있다. 그래서 가격은 폭락 장이 올 때까지 계속 상승하는 경향을 보인다. 1982년 멕시코 채무불이행 위협의 사례는 자급적 동역학 주장의 매력을 잘 보여준다. 이미 구축된 엄청나게 복잡한 부채의 세계는 쉬운 반전이라는 단순한 관념에 저항한다.

부채의 자급적 동역학이라는 개념은 눈덩이와 관련해서 이해될 수 있다. 브레튼우즈의 포기는 화폐와 가치 사이의 결정적인 단절이었다. 인간의 활동을 (금으로 대표되는) 가치에 의해 부과된 엄격한 한계 내에 가두는 것이 불가능하다는 것이 입증되었다. 화폐와 가치의 연계가 끊어지면,

---

6. 최근 금융 위기에 대한 애덤 투즈의 인상적인 연구(Tooze 2018[2019])에 대한 마틴 울프의 논평(『파이낸셜 타임스』, 2018년 17월 7일):"투즈는 금융 부문 대차대조표의 성장이 궁극적으로 위기의 원인이었다는 생각에 초점을 맞춘다. 그는 정책 입안자들이 왜 이런 일이 일어나야 했는지에 대해 충분히 주의를 기울이지 않는다."

7. * 한 방향으로만 돌게 되는 톱니바퀴인 래칫처럼 한 번 올라간 소비 수준이 소득이 낮아져도 쉽게 낮아지지 않는 현상.

화폐는 신용을 통해 성장하고 또 성장하면서 산비탈 아래로 눈덩이처럼 뭉치면서 굴러내려 간다. 부채의 눈덩이를 미는 사회적 저항은 그것의 모든 지점에서 눈에 띄지 않을 수 있다. 하지만 전체 동역학을 움직이는 것은 화폐가 화폐-가둠기Money-Container 안에 가두어질 수 없다는 사실이었다. 이 주장은 매력적이다. 그리고 그것은 사회적 압력이 보이지 않는데도 부채가 지속적으로 확장되는 이유를 설명한다. 그러나 볼커의 경험은 사실상 언제나 투쟁이 있음을 시사한다. 투쟁이 만들어지는 경제적 조건이 아무리 추상적일지라도 말이다. 한편에서 자본을 스태그네이션stagnation에서 끌어낼 창조적 파괴를 향한 자본의 공격적 돌진과, 다른 한편에서 단순히 깡통을 길 아래로 차 내리면서 위기를 연기하고 이로써 첫 번째 선택[즉 창조적 파괴를 향한 공격적 돌진]이 만들어낼 사회적 대립을 피하는 것 사이에는 끊임없는 충돌이 있다. 두 가지 선택 사이의 끊임없는 논쟁이, 아니 실제로는 두 선택의 끊임없는 혼합이 있다. 하지만 지난 사십 년 동안 우세했던 것은 가상적 확장을 통한 위기의 지연 및 연장이다. 현대 자본주의를 특징짓는 것은 위기라기보다는 위기의 지연 및 연장이다.

가상적 확장은 두 요소 사이의 균열이 점점 커지고 있음을 나타낸다. 우리가 가상자본의 성장이나 부채의 폭발에 대해 말할 때 우리는 하나의 관계에 대해, 즉 가치 생산과 그것의 화폐적 표현 사이의 관계에 대해 말하고 있는 것이다. 양자 사이의 점증하는 거리는, 금융 자본에만 초점을 맞추는 설명에서 흔히 그렇듯이, 그 관계의 한 측면에서만 이해될 수는 없다. 가상자본의 성장은 가치 생산이 그것의 [화폐적] 표현과 보조를 맞추지 못하고 있다는 것을 의미한다. 이 모든 것에도 불구하고, 즉 볼커 충격과 그에 뒤이어진 온갖 공세들에도 불구하고, 자본은 가치 생산을 화폐 청구권의 측면에서 그것이 묘사되는 수준으로까지 끌어올리는 데 성공하지 못했다. 코건은 "지난 사십 년 동안 세계는 부 자체를 창출하는 것에서보다 부에 대한 청구권을 창출하는 데에서 더 성공적이었다."라는 문장으로 이를 요약한다(Coggan 2012, 267). 이 문장의 첫 번째 부분은 두 번째 부분과 분리할 수 없다. 부의 창출은 부의 청구권 창출을 따라잡는 데 실패했다. 이 문제는 노동 생산성의 문제로 볼 수 있다. "대략 1970년대부터 지금까지 지난 50년 동안 모든 주요 자본주의 경제에서 노동 생산성의 성장은 둔화되었다."라고 마이클 로버츠는 우리에게 말한다.[8] 부채의 끊임없는 팽창의 근저에는 추상노동의 위기가 있다. 자본이 인간의 활동에, 가치를 생산하는 저 기이한 활동 형태를 적절한 정도로 부과할 수 없었던 것이다. 본펠드(Bonefeld 1995, 49 [1999])가 말하듯이, "신용을 노동에 대한 효과적인 명령으로 전환할 수 없었다는 사실은 자본이 사회관계에 금융긴축을 부과함으로써 가두려고 했던, 노동의 생산적이고 파괴적인 힘을 나타낸다." 우리가 말한 만화 캐릭터 발밑의 허공은 바로 노동이 생산한 가치의 결여이다.

자본주의의 확장이 점점 가상적으로 되고 있다는 사실이 일부 사람들이 주장하는 것처럼 가치법칙이 그 유효성을 상실한다는 뜻은 아니다.[9] 만화 캐릭터가 허공 위를 계속 걷는다는 사실이 땅의 결여가 중요성을 잃는다는 것을 의미하지는 않는다. 예컨대 소위 '현대화폐이론'Modern Monetary Theory에서처럼 이것이 사실인 척하는 것도 분명히 가능하다.[10]

---

8. 2021년 5월 30일 자 마이클 로버츠의 블로그, 「생산성 위기」를 참조하라. https://the nextrecession.wordpress.com/2021/05/30/the-productivity-crisis/

9. 일부 맑스주의자들이 가치법칙을 포기한 것에 대한 논의와 반박은 Cleaver 2015를 참조하라.

10. '현대화폐이론'(Modern Monetary Theory)에 대한 강력한 비판을 보려면 마이클 로버츠의 블로그에 있는 「MMT3-자본주의의 안전장치」, 2019년 2월 5일(https://thenext-recession.wordpress.com/2019/02/05/mmt-3-a-backstop-to-capitalism/)과 같은 여러 게시물 참조.

그러나 창출되지 않은 부에 대한 청구권의 축적에는 어떤 결과가 있을 수밖에 없다. 우리는 그 결과가, 자본주의 발전이 지평선에 떠오를 수 있는 재앙에 대한 끊임없는 두려움에 의해, 현재의 심오한 침체에 의해, 그리고 서로 다른 자본들과 그들의 국가-지지자들이 점점 더 긴장도가 높아지는 의자에 먼저 앉기 놀이[11]를 할 때 나타나는 격렬한 폭력에 의해 특징지어진다는 것을 의미함을 알게 될 것이다.

볼커는 인플레이션을 극적으로 감소시킨 지속적인 업적으로 인정받고 있다. 실제로는 인플레이션이 끝난 것이 아니었다. 그것은 단순히 양상을 바꿨을 뿐이다. 1982년 6월의 전환 이후에 정책의 급격한 반전이 있었다. 그것은 신용을 통한 화폐의 급속한 팽창이었다. 그러나 이것은 더 이상 1970년대와 같은 상품 가격의 상승으로 표현되지 않았다. 그렇다면 그 인플레이션은 어디로 나아갔을까? 이 물음에 대한 분명한 대답은 신용 확대가 재정 정책보다 통화 정책을 통해 이루어지고 있었다는 것이다. 중앙은행의 이자율 인하는 경제를 부양하기 위한 것이었지만 그것이 사람들의 주머니에 화폐를 직접 투입하지는 않았고 그래서 소비재에 대한 수요와 가격을 상승시키는 것으로 작용하지 않았다. 차입자들은 이제 은행에서 더 많은 통화를 공급받을 수 있었다. 이때 은행은 통상적으로 모종의 재산 담보를 요구했으며 자신의 대출이 더 많은 재산의 취득을 위해 사용되도록 애쓰게 되었다. 은행을 통한 신용 확장의 회로화는 당신이 자산을 소유하고 있고 그것을 확장하고 싶을 때에는 이용 가능한 화폐가 있겠지만 당신이 배가 고파서 음식을 사고 싶을 때에는 이용 가능한 화폐가 없음을 의미했다. 그 결과 식량 가격은 상대적으로 안정세를 유지

---

11. * musical chairs. 음악을 들으며 한 줄로 늘어선 의자 주위를 뛰어다니다가 음악이 멈추면 의자를 차지하고 앉는 놀이.

하지만 자산 가격은 오르고 있다. 1970년대 공공의 적 1호인 "인플레이션"이라는 단어는 더 이상 사용되지 않는다. 하지만 자산 가격의 엄청난 인플레이션은 가난한 사람에게서 부자에게로 막대한 부의 이전을 가져온다. 1980년대 초반 이후 대부분의 국가에서 실질임금은 거의 오르지 않았다. 1970년대 인플레이션 문제로 여겨졌던 불확실성은 여전히 존재한다. 하지만 이제는 그것이 문제가 아니라 기회로 간주된다. 그것은 카지노 불확실성인데 그 속에서 적절한 금융 기회에 대한 내기 도박은 막대한 부의 가능성을 연다. 그라이더가 말했듯이(Greider 1987, 661), "가격 인플레이션이 월가로 이동했을 때 연방준비제도이사회는 이에 이의를 제기하지 않았다." 이 기간 동안 전 세계에서 물질적 불평등이 엄청나게 증가한 것은 놀라운 일이 아니다(Coggan 2012, 151~152).

34

검은 월요일 : 부채가 이륙하다.

1987년 10월 19일의 "검은 월요일"은 코건에게는 "거품 시대의 결정적 순간"이었다(Coggan 2012, 145). 1982년 이후 주가는 급등했지만 그날 시장이 무너졌다. 다우존스 지수는 거의 23% 하락했고 전 세계 주가도 그 뒤를 따랐다. 이제는 열렬한 통화주의자로 명성이 자자한 앨런 그린스펀이 이끄는 연준은 "이 갑작스런 가격 폭락에 직면한 은행이나 중개인에게 화폐를 빌려주겠다는 맹세"로 이 시장 붕괴에 대응했다. "그리고 그들은 지출을 장려하고 저축을 억제하며 현금을 보유하는 것보다 주식을 보유하는 것이 더 매력적으로 보이도록 하기 위해 금리를 인하한다"(145~146). 이제는 건전한 화폐를 보호한다는 언급이 전혀 없다. 그것은 간단했다 : 체제를 구하는 데 필요한 것이라면 무엇이든 하라!

무리에 대한 두려움은 눈에 보이지 않게 되었고 실업자들의 고통에 대한 어떤 도덕적 관심도 사라졌다. 그린스펀은 자신의 회고록에서 이 결정을 내리기 전에 그가 어떻게 여러 시간 동안 격렬한 전화에 시달렸는지를 설명한다.

내가 나눈 대화 중에 가장 끔찍했던 것은 내가 수년 동안 알고 지낸 금융가들 및 은행가들과의 대화였다. 그들은 전국의 매우 큰 회사들의 주요 인사들이었다. 그들의 목소리는 두려움으로 굳어있었다. 이들은 오랜 경력을 통해 부와 사회적 지위를 쌓은 사람들이었지만 이제는 그들이 심연을 들여다보고 있다는 것을 발견했다.(Greenspan 2008, 107 [2008])

두려움은 여전히 모든 것의 중심에 있다. 하지만 이 가련한 금융가들과 은행가들에게 그것은 아마도 혁명에 대한 두려움이나 실직한 무리들에 대한 두려움이 아니라 자신들이 부와 사회적 지위를 잃지 않을까 하는 두려움이었을 것이다. 좀 더 선견지명이 있는 사람이었다면 그것은 그에게 아마도 금융 체제의 붕괴에 대한 두려움이었을 것이다. 그 배후에 무리에 대한 두려움이 있을 수 있지만 그것이 뚜렷하게 표현되지는 않았다. 라나 포루하르 그것을 다음과 같이 표현한다.

근본문제의 일부는, 그린스펀과 그의 계승자 대부분이 (결국에는 투자하는 계급에게 유리했던) 자산 인플레이션보다 가격 인플레이션을 더 우려했다는 것이다. 그린스펀 자신이 그 계급의 일부가 되기 위해 상당한 노력을 기울였다는 점을 감안하면 그것은 당연한 것이었다. … 그가 시장을 지탱하기 위해 더 많이 애쓸수록 기업 엘리트에게는 더 좋고 정치인들이 해야 할 일은 줄어들었다. 그것은 자산 소유자들의 재산과 그 밖의 다른 모든 사람의 재산이 점점 더 벌어지는 역기능적인 춤을 추는 것이었다.[1]

볼커와 그린스펀이 등장하면서 무리들은 다시 화폐에서 밀려났다.

---

1. 크리스토퍼 레너드의 책 *The Lords of Easy Money* (Leonard 2022)에 대한 그녀의 리뷰 (『파이낸셜 타임스』, 2022년 1월 20일)에서.

그래서 버나드 바루크의 큰 두려움이 해결된 것처럼 보일 수 있다. 투즈(Tooze 2021, 15 [2022])는 이와 유사한 것을 암시한다. 노동계급의 패배가 화폐의 탈민주화를 가져왔다는 것이다. 그는 그 당시에 이렇게 주장한다.

가장 결정적인 제도적 조치는 화폐에 대한 통제권을 민주적 정치로부터 분리하여 그것을 독립적인 중앙은행의 권위 아래 두는 것이다. 그의 세대에서 가장 영향력 있는 경제학자 중 한 명이었던 MIT의 루디거 돈부쉬는 2000년에 이렇게 말했다. "지난 이십 년 동안 독립적인 중앙은행의 부상이야말로 늘 근시안적이고 나쁜 화폐였던 민주적 화폐를 추방하면서 우선권을 제대로 장악하는 문제였다."

이런 설명과 일관되게, 투즈는 2008년에 처음으로, 그다음으로는 코로나19 위기에서 나타난 국가 개입의 엄청난 확장에 대한 설명에서 계급투쟁의 중요성을 깎아내린다. "우리가 이 책에서 살펴볼 이야기는 계급투쟁 또는 급진적 포퓰리스트 도전의 부흥에 관한 것이 아니다. 손상을 가져온 것은 부주의한 글로벌 성장과 금융적 축적의 거대한 플라이휠이 촉발한 전염병이었다"(Tooze 2021, 14 [2022]).

우리가 이 책에서 추적하는 이야기는 다소 다르다. 1980년대에 명백한 의미에서 노동계급의 패배가 있었고 통화 정책의 결정에서 자본 축적을 촉진하는 데에 더 분명한 초점이 두어졌던 것은 확실히 사실이다. 그러나 자본 축적은 계급투쟁이다. 그것은 인간 활동을 포위하고 착취하려는 끊임없는 투쟁이다. 그리고 이 투쟁에서 지난 사십 년 동안 자본이 지고 있다는 많은 징후가 있다. 자본은 인간 활동의 효과적 인클로저와 착취에 성공하지 못하고 있다. 그리고 바로 그 때문에 자본의 축적이 점점 더 가상화되고 있다. 계급투쟁은 자본의 실존에 내재되어 있다. 우리가 눈을 감는다고 해서 혹은 계급투쟁의 현존이 덜 가시적이라고 해서 계급투쟁이 사라지는 것은 아니다. 실제로 1980년대에 조직된 노동계급의 패배가 있었다(영국 광부들의 파업이 계속해서 떠오른다). 하지만 이것은 (궁극적으로 사회학적 개념에서의 이탈리아 오뻬라이스따들이 말한 바의) 계급 재구성의 수준에 이르지는 못했지만 자본 관계의 재구성, 자본/화폐와 인간 활동 사이에서의 종속과-넘쳐흐름 관계의 재구성, 무리의 (그리고 그와 더불어 화산 같은 예측불가능성, 비복종, 반항의) 모순적 상승 속에 반영된 어떤 재구성에는 이르렀던 것으로 보인다. 우리는 이후에 무리에 대한 두려움이 계속해서 화폐의 발전을 조형한다는 것을 보게 될 것이다.

우리가 그 이야기를 어떤 식으로 하든 간에 건전한 화폐에 대한 생각이 버려졌다는 것은 분명하다. 이제 체제의 보존이 좌우명이다. "주식시장이 공황 상태일 때 연준의 임무는 금융마비, 즉 기업과 은행이 서로에게 지불하기를 중단하고 경제가 서서히 멈추는 혼돈의 상태를 막는 것이다"(Greenspan 2008, 106 [2008]). 사무엘 브리턴은 이를 더욱 분명하게 설명한다. "불황이 위협적일 때 우리는 하늘에서 지폐를 뿌릴 헬리콥터를 필요로 한다. 이것은 은행대출을 용이하게 하는 정책을 의미한다. 그리고 이것으로 충분하지 않으면 여기에 추가적 조세인하와 정부 지출 증대를 결합하는 것을 필요로 한다"(Harman 1993, 15를 인용하는 Bonefeld 1995, 56 [1999]에서 재인용).[2] 다시 말하면 위기를 피하기 위해서는, 슘페터가 말한 창조적 파괴를 피하기 위해서는 필요한 모든 것을 하라는 것이다. 갈로의 말에 따르면, 이러한 접근 방식은 "자본주의를, 문제를 뒤로 미루는 근시안적 깡통-차기-게임으로 바꿔버렸다"(Gallo 2019).

---

2. 이 용어[헬리콥터 화폐]는 1969년에 밀턴 프리드먼이 "The Optimum Quantity of Money"에 관한 논문(Friedmann 1969)에서 만들어 냈다.

헬리콥터 화폐라는 생각은 현재의 코로나 위기 상황에서 흔히 사용되는 개념이 되었다. 적어도 위기를 완화하는 데 필요한 화폐라면 그것이 얼마이든지 창출하라는 것이 그것이다. 그러나 브리턴에게서 따온 인용문에서 분명히 알 수 있듯이 개념에는 이미 모호성이 있다. 문자 그대로 헬리콥터에서 뿌려진 화폐는 아마도 (또는 잠재적으로) 인구 사이에 균등하게 분배될 것이다. 그것은 기존의 불평등을 완화할 것이고 아마도 소비재에 소비될 것이며 소비자 물가의 인플레이션으로 이어질 수 있을 것이다. 그 진술의 두 번째 부분(은행 대출을 용이하게 하는 정책)은 우리가 살펴본 것처럼 상당히 다른 효과를 가져올 것이다. 그것은 부동산 소유자에게 대출될 것이고 아마도 자산 가격의 상승으로 이어질 것이다. 그것은 더 큰 불평등을 만들 것이다. 현재의 위기에서는 이 두 종류의 헬리콥터 화폐가 사용되었다. 하지만 은행대출 종류의 헬리콥터 화폐가 매우 매우 우세했고 시간이 흐를 수록 이 종류가 더 많이 사용되었다.[3]

1987년 10월에 금융 붕괴를 피하기 위해 연준과 다른 중앙은행이 개입함으로써 분명해진 또 다른 문제는 도덕적 해이이다. "투자자들은 이번 위기에서 중요한 교훈을 얻었다. 자산이 빠르고 충분히 하락하면 중앙은행이 구조에 나설 것이다"(Coggan 2012, 146). 부채가 계속 증가함에 따라 도덕적 해이(보험 업계에서 따온 용어) 문제가 점점 더 중요해졌다. 간단히 말해 이것은 특히 대형 은행 및 기타 기업들의 인식인데, 자신들이 "실패하기에는 너무 크다"는 인식이다. 자신들이 붕괴하도록 내버려두는 것의 결과가 너무 커서 어떤 정부도 그런 일이 일어나도록 허용할 수 없다는 것이다. 만약 자신들이 실패할 위험에 처하게 되면 어떤 정부든 자신들을

---

3. 직접적 현금 지급의 중요성에 대해서는 2020년 8월 19일 자 『파이낸셜 타임스』에 실린 크리스 휴즈의 글을 참조하라.

구제하지 않을 수 없다는 것이다. 그래서 이런 인식은 그 기업들이 내리는 결정에서 고려된다. 무릅쓴 위험이 성공으로 보상되지 않으면 정부가 그들을 구제할 수밖에 없다는 것을 알기 때문에 그들은 더 큰 이익을 확보하기 위해 위험을 무릅쓸 수 있다. 분명히 이것은 부채 팽창의 동역학에 추가되는 부가적 힘이다. 이것은 2008년의 금융 위기에서, 그리고 현재의 코로나 위기에서도 중요한 논쟁거리이다.

35

화폐와 가치 사이의 균열이 계속해서 커진다 : 일련의 심장 마비.

블랙 먼데이 이후 이십 년 동안은 자본을 점점 더 깊은 부채 속으로 끌고 들어갔다. 멕시코(1994년), 동남아시아(1997년), 러시아(1997년), 아르헨티나(2001/2002년), 닷컴 시장(2000/2002년)과 같은 특정 영역에서 중대한 위기가 발생하면서 체제는 더욱더 불안정해진다. 이 위기들은 여러 나라에서 폭동과 죽음을, 그리고 아르헨티나 같은 경우에는 중대한 정치적 격변을 수반한 중요한 사건들이었다. 하지만 그것들은 모두 가두어졌고 그 결과 중대한 전 지구적 붕괴로 이어지지는 않았다. 리카즈(Rickards 2016 [2017])는 이것들이 훨씬 더 나쁜 일이 닥칠 것을 경고하는 일종의 "전진"前震으로 볼 수 있다고 주장한다. 그는 러시아의 부채 상환 불이행 이후인 1998년에 주요 헤지 펀드인 롱텀캐피털매니지먼트가 거의 붕괴될 뻔한 상황에서 가장 중요한 전진前震을 본다.

[2008년의 붕괴 이전] 그러니까 정확히 그 십 년 전의 시점에 금융 체계는 최초의 전 지구적 심장 마비를 겪었다. 연준 의사들은 그때도 역시 환자를 구했다. 그러나 1998년 이후에도 그 환자는 다시 담배, 과음을 하는

것으로 되돌아갔고 운동은 전혀 하지 않았다. 두 번째 심장 마비는 시간 문제일 뿐이었다. … 1998년의 수업으로부터 배운 것이 없었다. 역기능적인 시장 행동은 은행과 규제 당국의 축복 속에서 훨씬 더 큰 규모로 재개되었다.(Rickards 2016, 119[2017])

(닷컴 시장을 제외하면) 언급된 모든 전진은 특정한 통화들 또는 통화 그룹들에 제한되는 지역 위기였다. 여기에서의 논의 전반에 걸쳐 우리는 화폐가 세계 화폐라고, 즉 한 지역 및 한 형태의 투자와 다른 지역 및 다른 형태의 투자 사이에서 끊임없이 흐르는 자본이라고 가정했다. 이 전 지구적 흐름은 화폐의 본질 자체에 새겨져 있다. 이 흐름은 끊임없는 이윤 추구이며 서로 다른 자본들 사이의, 그리고 그것들을 지원하는 국가들 사이의 경쟁을 통해 발생한다. 여기서 관심은 미국과 여타의 지도적 국가들에 집중되어 있다. 왜냐하면 그들이 화폐의 흐름과 그 흐름에 의해 형성하고 형성되는 정책들을 이해하는 데 핵심적이기 때문이다. 그러나 그 흐름의 영향과 특이 반응은 종종 세계의 다른 지역에서도 끔찍한 결과를 초래한다는 것이 분명하다. 화폐의 흐름을 통해 세계를 보고 통화 불안정의 지리학(레바논, 알바니아, 키프로스, 그리스, 짐바브웨, 디트로이트, 푸에르토리코 등등)을 발전시키는 것은 흥미로운 일일 것이다. 여기에서는 이러한 종류의 지리학이나 서로 다른 통화(예 : 달러와 인민폐) 간의 관계에 상대적으로 거의 관심을 기울이지 않았다. 왜냐하면 우리의 주요한 관심은 지배와–저항의 관계로서의 화폐(지배로서의 화폐가 아니라 계급투쟁으로서의 화폐)의 발전에 두어져 있기 때문이다. 나는 이러한 화폐를 풍요와 화폐 사이의 투쟁이라고 이해한다. 나는 맑스를 따라 자본들과 그 국가들 사이의 적대를, 인간 활동을 추상노동으로 강제하고 그것을 착취하는 것을 둘러싼 지하적이지만 근본적인 투쟁에 비해 부차적인

것이라고 생각한다. 잉여가치의 분배를 둘러싼 자본들과 국가들 사이의 투쟁은 필연적으로 저 잉여가치 생산의 파생물이다.

최근 몇 년간의 화폐적 격변의 중요한 측면은 그것이 더욱 전 지구적으로 되었다는 것이다. 흥미롭게도 우리의 관점에서 볼 때 (팬데믹이 발생하기 몇 년 전에 글을 쓴) 리카즈는 2008년의 금융 위기를 두 번째 전진으로, 즉 앞으로 닥칠 훨씬 더 나쁜 어떤 것에 대한 두 번째 경고로 제시한다. "1998년과 2008년은 상황이 서로 달랐다. 하지만 그것들의 동역학은 동일했다. 불안하게도 다음 공황은 이제 1998년과 2008년 모두에 의해 예언되었다. 하지만 그 수업들을 통해 학습된 것은 아무것도 없다. 엘리트들은 그저 매번 구제금융을 확대했을 뿐이다. 하지만 다음번에는 공황은 너무 클 것이고 그것을 멈추기에는 구제금융이 너무 작을 것이다"(Rickards 2016, 121 [2017]).

자본의 죽음으로 이어지는 일련의 심장마비라고? 우리는 그것을 바란다!

그것은 죽음에 이르는 일련의 심장마비가 아니라 확실히 점점 더 심각해지는 일련의 심장마비이다. 부채는 심각하고 만성적인 질병이며 없애기가 매우 어렵다. 검은 월요일과 2008년 위기 사이의 이십 년 동안 분명해진 것은 이것이 전례 없는 과정이며 누적적이면서 부분적으로 허용되고 또 관리되는 과정이지만 또한 누구의 통제도 넘어서는 과정이며, 일부에게는 큰 부의 원천이지만 체제 전체에는 큰 불안정성의 원천이 되는 과정이라는 것이다.

그것은 전례가 없는 과정이었고 지금도 전례가 없는 과정이다. 자본의 역사 전체에 걸쳐 거품이 있었지만 이 정도 규모의 거품은 없었고 이렇게 오래 지속되는 거품도 없었다. 1930년대 이후로 위기로의 경향을 연기시키고 관리하려는 시도가 있었다. 하지만 이제는 케인스 시대에는 상상할 수 없을 정도의 평시 부채 확장의 수준에 도달했다. 그것은 부채 수준이 점점 높아지고 신용 붕괴의 잠재적 결과가 더욱더 두렵게 되는 누적적 과정이다. 우리는 갈로(Gallo 2019)가 중앙은행이 "부채 깡통을 길 아래로 더 멀리" 차는 것을 비난하는 방식에 대해 살펴보았다. 그것은 위기의 끊임없는 연기를 포착한 이미지이다. 하지만 그것은 "부채 깡통"이 점점 커져간다는 사실을 명확하게 다루지는 않는다. 그것은 실제로는 도로를 따라 굴러내려 가도록 차인 눈덩이이다. 만성적인 부채 확대는 분명히 중앙은행들에 의해 허용되고 촉진되며 자국 정부에 의해 지지된다. 현재와 같은 심각한 위기의 순간에 연준 의장이 (같은 노선을 따르는 다른 중앙은행들과 함께) 자신들은 체제의 유동성을 유지하기 위해 "무엇이든" 할 것이라고 선언하는 때에는 특히 그러하다. 그러나 은행과 정부의 통제 너머에 있는 요소도 있다. 금융 상품의 정교함과 불투명성이 증가함에 따라 규제 기관이 무엇이 일어나고 있는지를 이해하기는 어렵게 되고 통제하기는 훨씬 어렵게 된다.

우리는 자본이 죽기를 원한다. 실제로 자본의 죽음은 거의 확실하게 인간 생명의 지속을 위한 전제조건이다. 그러나 우리가 부채를 자본의 만성적이고 점진적인 질병으로 본다고 해도 이것이 자본의 종말로 이어질지는 아직 명확하지 않다. 앞서 우리는 붕괴 이론으로서가 아니라 자본의 증가하는 취약성에 대한 이해로서 위기에 관심을 갖는다고 말했다. 우리는 자본의 취약성이 커지는 것을 볼 수 있다. 하지만 적의 취약함이 어떻게 우리의 희망이 되는지는 명확하지 않다.

36

자본의 취약성은
2007/2008년 금융 위기에서 폭발한다.
두 번째 심장마비?

부채의 확대는 부채가 상환되지 않을 수 있는 위험의 확대를 의미한다. 만약 우리가 금융 파생 상품과 도덕적 해이의 세계의 엄청난 복잡성을, 그리고 은행들과 중요한 비금융 기업들이 "너무 커서 실패할 수 없다."는 가정을 추가하면, 부채의 확장이 붕괴의 끊임없는 가능성을 수반한다는 것이 분명해진다. 그것은 하나의 은행만이 아니라 일련의 상호 연결된 기관 전체가 붕괴되어 금융 체제 전체의 붕괴로 이어질 수 있는 붕괴의 가능성이다. 2007년 9월 리먼 브라더스 은행이 무너졌을 때 미국 정부는 이 은행을 구제하기를 거부했고 이로 인해 가이트너가 묘사한 바의 금융 공황이 발생했다. 미국과 모든 주요 자본주의 국가들은 세계를 금융 붕괴에서 구해내기 위해, 그리고 그 과정에서 은행가들이 부를 잃지 않도록 구제하기 위해 "건전한 화폐"에 관한 어떤 관념도 포기하고 당시까지 전례 없었던 규모로 화폐를 찍어내야 했다(맥널리〔McNally 2011, 2〕는 그것을 총 20조 달러로 계산한다). 리카즈에게 이것은 세계 금융 체제가 겪은 "두 번째의 전 지구적 심장마비"였다.[1]

금융 위기는 커다란 고통, 환멸, 분노의 기간으로 악명이 높다. 실업률은 치솟았고 어디서나 국가의 사회적 서비스가 삭감되었으며 수백만 명이 자신들의 집을 잃었다.[2] 어떤 곳은 다른 곳보다 더 센 타격을 받았다. 그리스는 극단적 사례. 그곳에서는 생활 수준이 25% 하락하고 청년 실업률이 50% 이상 상승했으며 국가 연금이 계속해서 삭감되고 공항과 항구가 사유화되었고 수많은 사람들이 이민을 갔다. 거대하고 전투적인 시위도 정부의 긴축 정책을 바꾸지 못했다. 급진적인 목소리를 내고 있던 좌파 정당(시리자 Syriza)은 2015년 1월에 선거로 집권했지만 화폐의 권력에 눌려 허물어졌다.[3] 금융 위기 후 수년 동안 미국에서만 모기지 할부금 미납으로 인해 매년 100만 채 이상의 주택이 압류되었다.

요컨대, 세계 대부분의 사람들에게 2007/2008년의 위기는 비참함, 무너진 기대, 고조되는 분노를 가져왔다. 체제에 대한 분노가 치솟았고, 그것은 2011년 아랍의 봄과 같은 해에 세계 여러 지역에서 일어난 인디그나도스 indignados(분노한 사람들) 운동과 오큐파이 occupies(점거) 운동에서 가장 분명하게 드러났다. 그러나 십 년이 지나면서 분노에는 또 다른 측면도 있다는 것이 분명해졌다. 분노한 우파의 부상이 그것이었는데 그들의 분노는 외국인을 향했고 그들의 희망은 국가 안정이라는 상상된 과거를 향했다. 분노한 무리의 부상이 갖는 두 가지의 매우 다른 얼굴이었다.

이 위기는 자본과 그것의 여러 국가들이 신용의 팽창을 통해 그토록 오랜 세월 동안 연기시켜 온 창조적 파괴, 즉 대숙청이었는가? 대답은 "예"이거나 "아니요"여야 한다. 하지만 아마도 "예"보다 "아니요"가 훨씬 더 많

---

1. 2008년 위기에 대한 매우 인상적이고 자세한 설명으로는 Tooze 2018[2019]를 참조. 그러나 그의 물음은 이 책의 물음이 아니다.
2. 자세한 내용에 대해서는 McNally 2011를 참조.
3. 그리스 위기와 그 의미에 대해서는 Holloway, Doulos and Nasioka 2020을 참조.

을 것이다. 확실히 자본주의적 사회관계의 상당한 재구조화가 있었다. 임금의 하락과 노동 규율의 증가, 비효율적인 자본의 파산 등이 그것이다. 대부분의 사람들의 고통은 대부분의 국가가 부과한 긴축 정책을 통해 증가했다. 이것은 기본적으로 은행에 막대한 보조금을 지급하기 위해 사회적 지출을 줄이는 것을 의미했다. 그러나 이와 동시에, 재구조화가 시장의 힘에 맡겨졌다면 뒤따랐을 수 있는 막대한 파괴를 피하기 위해 완전히 전례 없는 신용 확대가 있었다.

"공황"은 2008년의 위기를 설명하기 위해 반복적으로 사용되는 단어이다. 우리는 가이트너가 뉴욕 연준의 의장이자 이후의 재무장관으로서 느꼈던 공포를 표현하기 위해, 폭탄 해체를 담당하는 폭탄 처리 부대의 이미지를 어떻게 사용했는가에 대해 이미 살펴보았다. 그런데 이 폭탄은 무엇이었을까? 은행가들과 정치인들이 두려워한 것은 무엇인가? 그들은 2008년에 당장의 위험을 피하는 데는 성공했다. 하지만 그들의 두려움은 무엇이었을까? 이것은 중요한 질문이다. 왜냐하면 위험과 두려움의 기운이 여전히 감돌고 있기 때문이다. 위험과 두려움은 연기되었지만 제거되지는 않았다. 그 두려움은 이유 있는 예감으로 바뀔 수 있다.

벤 버냉키 연준 의장은 이후에 "우리는 글로벌 금융 붕괴에 아주, 아주 근접했다."고 말했다(Blinder 2014, 145). 일반적인 의견은 이 말이 과장이 아니라고, 즉 세계가 실제로 금융 붕괴 직전에 있다고 보았던 것 같다. 이것은 무엇을 의미했을까? 은행은 하나의 실패가 다른 하나의 붕괴로 이어지는 도미노처럼 무너질 것이고 그와 더불어 보험회사, 연금 기금 및 기타 금융 기관이 무너질 것이며 신용 흐름에 의존하여 살아가는 매우 많은 비금융 회사들도 함께 무너질 것이다. 많은 부자들이 그들의 재산, 요트, 비행기, 개인 섬을 잃을 것이다. 수백만 명의 사람들에게 그것은 임금과 연금의 종말을 의미할 수 있으며 현금 인출기가 더 이상 화폐를 배달하지 않을 것임을 의미할 수 있다.

"전 지구적 금융 폭락"에 대한 두려움 뒤에는 또 다른 두려움이 있다. 거리 폭동에 대한 두려움, 통제력 상실에 대한 두려움이다. 무리에 대한 두려움. 다시 말해 그것은 헤겔과 케인스가 가졌던 오래된 두려움, 그리고 지금 우리를 멸종으로 끌고 가고 있는 법과 질서의 체계에 동조하는 모든 사람이 느끼는 오래된 두려움이다. 이것은 버냉키와 폴슨이, 은행을 구제하기 위한 7천억 달러의 지출 승인(이른바 타르프TARP, 즉 '고통스러운 자산 구제 프로그램'Troubled Asset Relief Program)을 심히 주저하는 의원들을 설득하기 위해, 미 의회로 가져간 두려움이었다.

> 폴슨과 버냉키는 만약 의회가 신속하게 조치를 취하지 않으면 이 나라에 닥칠 수 있는 금융 아마겟돈에 대한 자신들의 전망을 단순히 설명하는 것 이상으로 훨씬 더 많은 것을 했다. 그것은 아주 쉬운 판매술이었다. 왜냐하면 아마겟돈이 이미 그들의 눈앞에 펼쳐지고 있었기 때문이다. ··· 그 두 사람은 훨씬 더 나아가 실제로 미국에서 시민 질서가 무너지고 거리에서 폭동이 일어나는 시나리오를 제시했다. 종교인인 폴슨은 "그 시나리오가 실현되지 않는다면 하늘이 우리 모두를 돕는 것이다."라고 결론지었다.(Blinder 2014, 183)

블라인더가 "아마겟돈"이라는 용어를 사용하는 것은 매우 의식적인 것이다. 그의 책의 다른 곳(Blinder 2014, 119)에서 그는 다음과 같이 설명한다.

> 좋지 않은 경제적 사건들의 결과는 아마겟돈주의자들에 의해 일반적으로 과장된다. 그들은 최악의 것을 예언함으로써 생계를 유지하는 다수의

전문가, 예언자, 저널리스트들로서 늘 센세이션을 찾고 있다.… 그러나 아마겟돈주의자들은 거의 언제나 틀린다. 경제는, 그리고 특히 더 변덕스러운 금융 체제는 종말론자들이 생각하는 것보다 더 탄력적이다. 리먼 브라더스 파산의 후유증은 규칙을 입증한 예외였다. 거의 모든 것이 거의 모든 사람이 예상했던 것보다 훨씬 더 악화되었고 가장 우울한 예언이 가장 정확한 예측이 되었다. 그리고 그것은 모두 초고속으로 일어났다.

『옥스퍼드 사전』은 계시록 16장 16절에 나오는 "아마겟돈"이라는 용어를 "심판의 날 전에 선과 악이 벌이는 마지막 전장"으로 정의한다. 이것이 희망의 추구가 우리를 데려가는 그곳일까? 터무니없어 보이지만 멸종의 가능성이 더욱 가까워진 만큼 그냥 기각해선 안 될지도 모른다. 이 책 [『폭풍 다음에 불』]은 저자[홀러웨이]를 "센세이션을 찾고 있는 여러 전문가들" 중 하나로 만드는 "아마겟돈주의적" 책일까? 나는 그렇지 않기를 바란다. 하지만 버냉키가 경고한 "폭락"의 가능성은 분명히 자본주의적 발전의 의제로 남아 있다. 그리고 해설자들이 거리낌 없이 말하는 금융 붕괴나 폭락에 대한 두려움 뒤에는 그것보다 훨씬 덜 언급되지만 그것과 분리 불가능하게 얽혀 있는 사회적 붕괴에 대한 두려움이 있다.

붕괴의 두려움에 직면하여 중앙은행에 열려 있는 유일한 길은, 볼커가 1970년대 말에 부과한 것과 정반대의 것을 행하는 것이었다. 그것은 통화 공급을 제한하지 않고 오히려 가능한 한 빨리 확장하는 것이었다. 문제는 이것을 어떻게 하느냐였다. 일반적으로 그것은 이자율을 낮추고 그로써 자본가들이 차입하도록 장려하는 방식으로 이루어지곤 했다. 하지만 자본가들로 하여금 더 많이 투자하도록 설계된 느슨한 통화 정책이 이십 년 이상 시행된 후라 대부분의 국가에서 이자율은 0에 가까웠다. 금리가 0에 가까워졌고 투자자들이 여전히 차입을 하지 않는 상황에서 그들이 통화 공급을 어떻게 늘릴 수 있을까? 미국과 다른 많은 국가에서 채택된 답은 1990년대 중반 이후로 일본에서 시도된 '비전통적인' 정책인 양적 완화QE를 채택하는 것이었다. 기본적으로 중앙은행이 화폐(당시에 월 1천2백억 달러)를 금융 체제에 직접 투입하여 자산, 국채 및 기업 주식을 매입한다. 팬데믹 시기에는 매입 대상에 이른바 '정크' 본드도 포함되었는데 채무자가 빚을 전혀 갚지 못할 위험이 높은 채권이었다. 중앙은행이 자본에게 투자하도록 유인할 인센티브를 제공하려고 하기 때문에 중앙은행에 의한 모든 통화적 개입은 자본가에게 유리하게 작용하는데, 양적 완화의 경우에는 이 점이 더욱 뚜렷하다. 중앙은행의 매입은 자본가가 보유한 자산 가격의 인플레이션으로 직접 이어진다. 양적 완화는 헬리콥터 화폐의 한 형태로 이해될 수 있지만 헬리콥터가 그냥 거리에 화폐를 떨어뜨리면 지나가는 사람이 누구든지 줍는 식의 이미지와는 거리가 멀다. 양적 완화의 경우에 화폐는 부자들의 은행 계좌로 직접 입금된다. 양적 완화는 국가가 체제를 구하기 위해 부유한 사람들을 더 부유하게 만들고 그들 자신의 탐욕의 결과로부터 그들을 구제하는 방식으로 막대한 화폐를 지출하는 것을 의미한다. 이것이 좌파와 우파 모두의 분노에 공통된 주제라는 것은 놀라운 일이 아니다.[4]

---

4. 『파이낸셜 타임스』의 에드워드 프라이스는 2021년 8월 16일 자 기사에서 양적 완화는 그와 같은 것 이상이라고 주장한다. "1970년대 이래로 명목 화폐, 변동 환율, 국제 자본 이동성, 금융 혁신 및 탈위기 통화 정책의 조합으로 인해 우리는 금전 낭비의 길을 걷게 되었다. 이를 통화 전쟁 또는 양적 완화라고 부르라. 그것을 수용적 자세 또는 동물혼이라고 부르라. 이를 유연한 평균 인플레이션 목표(FAIT)라고 부르라. 혹은 그것을 증권화라고 부르라. 그것을 당신이 원하는 대로 부르라. 통화 절하의 악마는 갖가지 이름으로 불린다. 여기에 진리가 있다. 2006년의 자산 거품은 결코 터지지 않았다. 그 거품은, 연준이 체제를 구제할 것이라는 가정에서부터 그것이 실제로 만들어 낸 현실에 이르기까지, 사적 소유에서 공적 소유로 이전되었을 뿐이다. 사실상 대조정(Great Moderation)의 시기 동안에 규제받지 않는 미국 금융 체제가 아무런 제지도 받지 않고 연준의 특권에 개입했다. 본질적으로 그것은 달러를 찍어냄으로써 그것에 과도한 청구권을 부

내가 친자본주의적 중심의 지성적 목소리로 자주 인용하며 "[양적 완화] 조치가 적절하고 성공적이었다."고 본 마틴 울프는 다음과 같이 논평한다.

요구되었던 응답의 규모와 성격은 상당한 정치적 결과를 가져왔다. 대중은 은행에 대한 지원 규모에 격노했다. 대중을 더 격노하게 만든 것은 분명히 은행가들에게 주어지기로 되어 있었던 상여금이었다. 이것이 더 큰 분노를 불러일으킨 것은 수억 명의 평범한 사람들이 집과 직장을 잃거나 위기 이후 긴축 재정의 희생자가 되어 고통을 겪고 있다는 사실 때문이었다. 많은 사람들은 또 고위직 인물들 중에서 기소된 사람이 거의 없다는 것에 분노했다. 민주주의 사회라면 반드시 존재해야만 하는 엘리트와 다른 모든 사람들 사이의 신뢰가 무너졌다. 신뢰가 사라지면서 음모론자들과 정치적인 협잡꾼들이 제때를 맞았다.[5]

여했다. 2007~2008년에 상황이 나빠지자 연준은 그 격차를 메우기 위해 서둘렀다." 양적 완화 도입과 관련 문제들에 대한 탁월하고 이해하기 쉬운 논의로는 Leonard 2022를 참조.

5. 『파이낸셜 타임스』, 2018년 7월 17일. 마이클 로버츠는 2017년 9월 21일 자신의 블로그에서 "양적 완화의 귀결"에 대해 다음과 같이 논평한다. "양적 완화가 수행한 것은 계속 새로운 정점을 치는 주식시장 및 채권시장을 가지고 금융자산에 새로운 투기적 거품을 키운 것이다. 그 결과 이러한 자산의 대부분을 소유한 극부유층은 훨씬 더 부유해졌다(그리고 소득과 부의 불평등은 더욱 심화되었다). 그리고 미국의 초대형 기업들인 FANG(Facebook, Amazon, Netflix, Google)에는 현금이 넘쳐 났고 이들은 거의 제로에 가까운 이자율로 차입을 두 배로 늘렸다. 그래서 그들은 그들 자신의 주식을 사들일 수 있었고 이 때문에 주가는 치솟았으며 주주들에게는 큰 배당금을 나눠주었다. 또 이들은 이 자금을 사용하여 더 많은 기업을 사들였다." https://thenextrecession.wordpress.com/2017/09/21/the-end-of-qe/.

폭풍이 다가오고 있다.
그다음에는 불이다.

모든 문제가 코로나19 바이러스 탓으로 돌려지는 지금, 2020년에 이를 때까지의 자본주의의 불안정성을 상기하는 것이 중요하다.

"고통스러운 자산 구제 프로그램"TARP과 "양적 완화"QE 같은 정책들로 인해 자본은 비상한 상황에 도달했다. 자본가들은, 자신들의 화폐로 무엇을 할 것인가, 어떻게 하면 그들의 자본을 가장 잘 확장할 수 있는가에 대한 끊임없는 딜레마에 직면해 있다. 기본적으로 그들은 생산에 투자하는 것과 부채를 매입하는 것 중에서 선택할 수 있다. 그들이 생산에 투자하면 기계, 원자재, 노동력을 구입하여 (자동차, 소프트웨어, 석유 등등의) 상품을 생산한다. 그들은 잉여가치를 생산하는 자신들의 노동자를 착취하고 그것은 모든 자본들 사이에 경쟁을 통해 분배된다. 이것이 자본주의적 부의 기초이며, 맑스가 『자본』에서 분석한 과정이다. 상황에 따라서는 이것이 매력적인 선택이 아닐 수 있다. 노동자들이 너무 전투적이고, 너무 게으르고, 기계를 적절하게 작동하기에 너무 무능할 때 그러하다. 이런저런 이유로, 생산적인 투자에서 얻는 이익보다 수익이 더 크거나 더 안전할 수 있을 것이라는 기대 속에서 부채를 매입하는 것, 즉 다른 사람에게 자본을 빌려주는 것이 더 매력적일 수도 있다. 이런 경우에, 차입자들은 그 화폐를 생산에 투자한다. 아니면 그들도 그 화폐로 부채를 매입하기로 결정할 수 있다. 즉, 예를 들어 그들이 헤지 펀드에 화폐를 빌려주기 위해 그것을 빌릴 수 있는 것이다. 부채 매입에 자본이 투자되면 어떤 부도 창출되지 않는다. 생산적 부문에서 생산된 부(잉여가치)는 모든 자본들 사이에 재분배된다. 생산된 전 지구적 잉여가치에서 자신의 몫을 최대화하기 위해 세계의 모든 자본 간에는 끊임없는 경쟁이 벌어진다. 이를 달성하는 가장 좋은 방법이 부채에 투자하는 것일 수 있는 것이다.

지난 사십 년 이상 동안 부채를 매입하는 것이 더 매력적이고 성공적인 선택이었다. 그것은 더 높은 수익을 끌어들이고 은행 및 기타 금융 기관의 엄청난 확장을 촉진했다. 물론 생산의 상당한 확장도 있었고 때로는 수익성도 매우 높았다. (예를 들어 애플이나 마이크로소프트를 생각해 보라.) 하지만 생산의 확장은 부채의 확장보다 훨씬 느렸다. 생산된 실제적 부는 (부채를 통한) 그 부에 대한 청구권의 증가를 전혀 따라잡지 못했다. 자본의 재생산은 점점 더 곡예가 된다. (아직) 생산되지 않은 부에 대한 청구권은 공중에 떠 있는 수백만 개의 접시들이다. 만약 그것들이 떨어진다면 이것은 실제로 버냉키, 가이트너 등 많은 사람들이 두려워한 아마겟돈이 될 것이다. 그것들을 공중에 떠 있게 하는 유일한 방법은 자본가들이 계속 투자하도록 하는 것이다. 그러나 부채가 늘어남에 따라, 거품이 커짐에 따라 모든 종류의 투자가 더욱 위험해진다. 자본 전체의 관점에서 보면 생산에 대한 투자가 가장 좋은 것일 터이다. 하지만 금융이 너무 자율화되고 자본주의 세계가 너무 가상적이 되었기 때문에 이러한 구분 자체가 사라졌다. 양적 완화와 더불어 그리고 제로 금리 또는 심지어 마이너스 금리 상태가 되면서 주정부와 중앙은행은 본질적으로 사적 자본에게 이렇게 말하고 있다. "당신이 투자하는 것에 우리는 지불할 것이다. 당신이 좋아하는 무엇에든 투자하라. 당신은 잃을 수 없다. 왜냐하면 우리가 시장이 부양되도록 보장할 것이기 때문이다." 그런 상황에서 자본가들은 화폐를 빌리고 종종 자산(주식 또는 기타)을 구입한다. 자산의 가격은 치솟지만(인플레이션에 대한 공개적인 논의는 없지만 실제로 자산 가격과 자본가의 수익에 막대한 인플레이션이 있다.¹) 새로운 생산은 상대적으로 적다. 사실, 그러한 인센티브에도 불구하고 자본가들이, 상황이 너무 불안정하다고 판단하여 부채를 매입하지조차 않고 화폐를 은행에 남겨두는 것이 낫다고 결정할 수도 있고(그런 시기에는 은행 준비금이 엄청나게 증가했다〔Blinder 2014, 253〕) 또는 모든 자산 중에서 가장 안전한 금을 매입할 수도 있다.

자본이 자신을 자기 발생하는 금융적 역동성으로 제시함에도 불구하고 그것이 기본적으로 생산에 대한 투자를 끌어당기지 못하는 상대적 비매력의 상태에 놓여 있다는 것이 자본에게는 딜레마다. 금융의 자율성은 결코 완전할 수 없다. 은행들과 금융 투기꾼들이 몫을 요구하는 부는 오직 생산에서만 나올 수 있다. 핵심 문제는 효과적인 착취의 어려움이다.

자본이 자신의 두려움에 정면으로 맞서지 않을 때 "장기 침체"가 나타난다. 그것을 로렌스 서머스는 이렇게 표현한다.²

오늘날 거시경제적 핵심 문제는, 살아 있는 어떤 정책 입안자가 이전에 보았던 문제와는 완전히 다르다. 내가 지난 몇 년 동안 주장해 온 것처럼,

---

1. 자산 인플레이션은 일반적으로 인플레이션으로 설명되지 않고 Leonard 2022가 지적한 것처럼 단순히 호황으로 설명된다. 가격 인플레이션과 자산 인플레이션의 구분은 그의 주장에서 중요한 주제이다.
2. 『파이낸셜 타임스』, 2019년 10월 11일.

대공황 기간 동안 앨빈 한센을 겁에 질리게 만든 것은 장기 침체의 한 판본으로서 만성적 수요 부족을 특징으로 하는 것이었다. 오늘날의 전 지구적 경제에서 민간의 투자 수요가 민간의 저축을 흡수할 수 없다는 것이 분명하다. 심지어 마이너스 실질 금리와 금융 시장에 대한 제한적인 규제에도 불구하고 그러하다. 급증하는 정부 부채와 지속 불가능한 대출에도 불구하고 성장이 여전히 부진하고 목표치에 미치지 못하는 것이 바로 이 때문이다.

달리 말해, 자본의 과잉 축적(저축 과잉)에 정면으로 맞서지 않는 한 자본주의는 심화되는 장기 침체로 계속해서 고통받을 것이다.

2008년에는 곡예 부리기가 점점 더 어렵게 되고 있고 모든 접시를 공중에 띄우는 것이 점점 더 어려우며 체제를 계속 유지하는 것은 더욱더 어렵다는 점이 분명해졌다. 그러나 어떤 대안이 있을까? 이 질문은 우리를 케인스의 비판가들에게로, 즉 건전한 화폐의 수호자들에게로 다시 데려간다. 리카즈는 이 문제를 다음과 같이 냉혹한 용어로 설명한다.

대략적으로 말해 [금융공황 속에서] 모든 사람들이 자신의 돈을 돌려받기를 원할 때 정책 입안자들이 이에 응답하는 두 가지 방식이 있다. 첫 번째는 그 요구를 충족시키기 위해 필요한 만큼 화폐를 인쇄하여 돈을 쉽게 이용 가능하도록 만드는 것이다. 이것이 최종의 대부자(더 적절하게는 최종의 인쇄업자라고도 불린다)로서 고전적 중앙은행의 기능이다. 두 번째 접근 방식은 그냥 안돼no라고 말하면서 체제를 가두거나 동결하는 것이다. 가둠에는 은행 폐쇄, 거래소 폐쇄, 자산 관리자에게 매각금지를 명령하는 것 등이 포함된다. 2008년 공황에서 정부는 첫 번째 선택을 추구했다. 중앙은행은 화폐를 인쇄하여, 얼어버린 시장을 다시 녹이기 위해 그리

고 자산 가격을 받쳐주기 위해 그것을 뿌렸다.(Rickards 2016, 21~22 [2017])

어떤 금융 위기 상황에서도 대안이 되는 것은 두 번째 선택이다. 리카즈는 이것을 "건전한 화폐"가 아니라 커트 보니것의 소설 『고양이의 요람』에서 가져온 용어인 "아이스-나인"ice-nine이라고 부른다. 커트 보니것의 아이스-나인은 방출되면 지구상의 모든 물을 얼어붙게 하고 생명이 끝나도록 만드는 어떤 분자 물질들을 지칭한다. 리카즈가 보기에 "아이스-나인은 다음 금융 위기에 대한 파워 엘리트의 대응을 설명할 좋은 방법이다. 엘리트들은 세계를 녹이지 않고 얼릴 것이다. 그 체제는 봉쇄될 것이다"(Rickards 2016, 23 [2017]). 현재의 코로나19 위기를 섬뜩하게 되울리는 듯한 말로 그는 이렇게 말한다. "금융공황에서 인쇄된 화폐는 백신이다. 만약 백신이 효과가 없다면 유일한 해결책은 격리이다. 이것은 은행, 거래소, 단기금융자산투자신탁MMF을 폐쇄하는 것, 현금자동입출금기ATM들을 폐쇄하는 것, 그리고 자산 관리자에게 증권을 팔지 말라고 명령하는 것 등을 의미한다. 엘리트들은 어떤 백신도 없이 금융적 격리를 준비하고 있다"(24). 이 준비에는 경찰을 강화하고 아마도 뒤따를 화폐 폭동에 대처하기 위한 비상 권한을 도입하는 것이 포함될 것이다. 그것은 또 사회에서 현금의 역할을 줄이는 것도 포함한다. 모든 거래의 디지털화는 사회의 모든 화폐 이동에 대한 국가 통제의 잠재력을 크게 증가시킨다.[3]

리카즈의 예측은 빗나갔다. 코로나바이러스에 의해 촉발된 현재의 위기에서 중앙은행의 반응은 아이스-나인의 반응이 아니었다. 그들은 전례 없을 만큼 많은 화폐를 찍어냈다. 그러나 리카즈의 주장은 두 가지 이유

---

3. 이 주제에 대해서는 중국 통화의 디지털화를 다룬 제임스 킨지와 선 유(Sun Yu)의 『파이낸셜 타임스』 기사, 「가상적 통제 : 중국의 새로운 디지털 통화의 배후 계획」(2021년 2월 16일)을 참조.

로 여전히 매우 타당성이 있다. 왜냐하면 그 주장이 첫째로, 강경 노선의 건전한 자금 옵션인 아이스-나인이 여전히 정책 입안자들의 의제에 올라 있으며 그 영향력이 아마도 증가하고 있음을 암시하기 때문이다. 그리고 두 번째로, 리카즈 자신이 지적한 것처럼 그것은 지역화된 기반 위에 부과된 정책이기 때문이다. 그가 언급하는 예는 2011년의 키프로스와 2015년의 그리스이다. 하지만 그는 2001년의 아르헨티나도 중요한 사례로 언급할 수 있었을 것이다.

그렇지만 2008년 금융공황에 대한 대응은 전 지구적 아이스-나인이 아니라 그와 정반대의 것이었다. 은행은 화폐를 찍어냈고, 깡통을 길 아래로 더 멀리 걷어찼다. 온갖 긴축에도 불구하고, 분명하게 전개된 자본의 재구조화에도 불구하고 부채는 계속 확장되었다.

따라서 코로나바이러스가 발생하기 훨씬 이전에 경제학자들이 2008년보다 훨씬 더 심각한 금융 위기가 올 수 있다고 경고한 것은 놀라운 일이 아니다. 『파이낸셜 타임스』의 수석 경제 평론가이면서 아마겟돈주의자와는 매우 거리가 먼 마틴 울프는 2008년 위기의 교훈에 관한 자신의 저서 결론의 제목을 「다음번에는 불이다」 Fire Next Time(Wolf 2014, 318)라고 붙이고 각주에서 다음과 같이 설명한다. "나는 이 장의 제목을 미국 작가 제임스 볼드윈이 쓴 훌륭한 책의 제목4에서 따왔다. 그는 그 제목을 "하나님은 노아에게 무지개 신호를 주셨지. 다음에는 물이 아니라 불이야."라는 아프리카계 미국인의 영가의 가사에서 가져왔다. 달리 말해, 다음 금융 위기는 단순한 홍수가 아닐 것이고 그보다 훨씬 더 파괴적이고 강렬한 불이 될 것이다. 리카즈는 〈오 메리 울지마〉 Oh Mary Don't You Weep 라는 노래의 같은 가사를 그의 책의 장 중 하나에 붙이는 제사로 인용했

---

4. * James Baldwin, *Fire Next Time* (New York : Dial, 1963).

다(Rickards 2016, 118 [2017]). 그의 책 끝에서 두 번째 장(267)의 제목으로 그는 요한계시록의 6장 5절의 "검은 말을 보라"를 인용한다. 묵시록의 세 번째 기수인 검은 말을 탄 기수는 일반적으로 기근의 상징으로 이해된다. 2016년에 쓴 책에서 리카즈는 1998년과 2008년의 '전진'前震에 이어 2018 년에 본진本震이 있을 것이라고 예측했다. 그러면서 그는 그와 동시에 다음번 금융 붕괴가 언제 올지 알 수 있는 방법은 없다고 말했다"(267).[5]

　부사령관 갈레아노는 "자본주의적 히드라에 대한 비판적 사고"를 주제로 2015년에 열린 일주일간의 세미나를 위한 사빠띠스따의 초대에서 폭풍에 관한 물음을 시작했다.

> 우리 사빠띠스따가 보고 듣는 것은 모든 의미에서 재앙이, 폭풍이 다가오고 있다는 것이다. … 우리는 뭔가 끔찍한 것이, 아마도 훨씬 더 파괴적인 것이 다가오고 있음을 보고 있다. … 그러나 [우리가 사빠띠스따라는 것의 의미는] 우리가 틀릴 수 있다고 늘 생각하는 것이다. … 그래서 우리 사빠띠스따는 다른 달력을 가진 다른 사람들에게, 다른 지리학을 가진 다른 사람들에게 그들이 보는 것이 무엇인지 물어봐야 한다고 생각한다.[6](EZLN 2015, 27~29)[7]

---

5. 2019년 9월 3일 자 『파이낸셜 타임스』에 실린 로빈 하딩의 놀라운 예측도 참조. "세계가 경기 침체와 싸울 준비가 지금처럼 덜 된 적은 거의 없었다. 그럼에도 불구하고 세계는 지금 맞서 싸울 경기 침체를 그 어느 때보다 더 많이 맞고 있다. 따라서 우리는 다음번의 전 지구적 침체가 언제일지 상상하기 어렵다. 하지만 그 침체가 매년 발생하는 독감보다 새로운 질병의 갑작스러운 발병과 같은 충격적이고 예상치 못한 사건이 될 가능성은 매우 크다."

6. 스페인어 원문: "El asunto es que lo que nosotros, nosotras, zapatistas, miramos y escuchamos es que viene una catástrofe en todos los sentidos, una tormenta … Entonces nosotros, nosotras, zapatistas, pensamos que tenemos que preguntar a otros, a otras, a otroas, de otros calendarios, de geografías distintas, qué es lo que ven."

7. 이 물음에 답하기 위해 나는 에디쓰 곤살레스와 함께 뿌에블라 대학의 사회학과 석사

지금까지의 논의를 통해 분명해진 것은 폭풍이 수년에 걸쳐 모여들고 있었고 그것이 실제로 끔찍했다고 해도 과언이 아니었다는 것이다. 다음 번에는 불이다Fire Next Time. 그러나 우리가 그저 다가오는 폭풍의 희생자이기만 한 것이 아니라는 점이 중요하다. 중요한 것은 폭풍이 우리에 대한 자본의 두려움에 의해, 그리고 자본이 우리를 효과적으로 착취할 능력이 없다는 사실에 의해 추동되고 있다는 점이다. 우리는 그 폭풍의 잠재적 주체이다.

과정에서 폭풍에 관한 세 개의 강의를 했다. Holloway 2017을 참조.

38

폭풍이 몰아친다 : 코로나 위기.

오랫동안 예측되었던 '다음번에는 불이다'가 실제로 도착했지만 예상
했던 방식대로는 아니다. 리카즈가 보기에 그것은 "미국 역사상 가장 큰
경제 붕괴이다. … 2008년의 전 지구적 금융 위기, 2000년의 닷컴 붕괴,
1998년의 금융공황 등과의 비교는 요점을 놓친다. 그 위기들은 영향을
받은 사람들에게 치명적이었지만 지금 우리에게 닥친 것에 비하면 사소했
다"(Rickards 2021, xiv~xv). 2020년 4월에 글을 쓰고 있는 마틴 울프가 보기
에 그것은 "2차 세계대전 이후 세계가 직면한 가장 큰 위기이자 1930년대
대공황 이후 가장 큰 경제적 재앙"이다.[1]

오랫동안 예견된 재앙이 예견되지 않은 어떤 것으로 위장하여 도착
했다. 코로나바이러스가 그것이었다. 아니 오히려 팬데믹 자체가 예견된
바가 확실히 없으니 경제 논쟁에서는 예견되지 않은 어떤 것이 도착했다
고 해야 할 것이다. 수년 동안 전문가들은 전 지구적 생물 다양성의 파괴
가 이런 종류의 팬데믹으로 이어질 수 있다고 경고해 왔다.[2] 바이러스는

---

1. 2020년 4월 14일 『파이낸셜 타임스』에 실린 마틴 울프의 기사 「지금 세계경제가 무너져
내리고 있다」.
2. Baschet 2020과 Wallace, Liebman, Chaves and Wallace 2020에는 코로나바이러스와

예견되지 않은 것도 아니고 우리가 분석해 온 화폐 지배의 외부에 있지도 않았다. 그것은 인간과 다른 생명 형태들과의 관계를 체계적으로 파괴하는 데서 비롯되며, 이 파괴는 이윤 추구에 의해 추진된다. 우리가 자연과 관계를 맺는 방식에 근본적인 변화가 없다면 코로나19 이후 일련의 팬데믹이 뒤따를 가능성이 높다고 말하는 것이 흔한 일이 되었다. 흔치 않은 것은 분명한 것을 여기에 추가하는 것이다. 다시 말해, 우리가 자연과 관계를 맺는 방식의 급진적 변화는 필연적으로 우리가 서로 관계를 맺는 방식의 급진적 변화를 의미한다는 것, 즉 상품 교환과 자본 축적을 자신의 축으로 삼는 사회 조직 형태의 포기를 의미한다는 것을 추가하는 일은 흔치 않다. 명백한 것을 진술하기 어렵게 만드는 강력한 사회적 금기가 있다. 그 명백한 것이 너무 터무니없어 보이고 불가능해 보이기 때문이다. 우리는 화폐의 지배를 폐지해야 한다. 이 일이 명백한 것이면서도 우스꽝스러워 보이는 것이다.

이 명백하면서도 우스꽝스러워 보이는 점을 논의에서 제외한다는 것은, 코로나 위기가 마치 화폐의 지배와 아무런 연관이 없다는 듯이, 그것을 사용가치 술어로 설명할 수 있다는 듯이 제시하려는 강한 경향이 있음을 의미한다. 전 세계의 모든 경제 활동이 이 바이러스로 인해 중단되었고 그것은 우리로 하여금 일을 멈추고 집에 머물도록 강제했다. 필연적으로 이것은 생산의 감소와 물질적 부의 감소를 의미한다. 이 간단한 설명은 자연에 대한 자본주의적 파괴와 바이러스의 연관성에 대해, 팬데믹이 도래하기 전의 막대한 부채 축적에 대해, 바이러스와 봉쇄의 충격이 화폐를 통한 모든 경제 활동의 매개와 이윤 추구에 의해 매우 큰 영향을 받는다는 사실에 대해 전혀 언급하지 않는다. 화폐의 지배에서 벗어난 세

자본주의의 관계에 대한 훌륭한 분석이 있다.

계에서 팬데믹이 발생하면 어떤 일이 일어날지 상상해 보라. 생산 활동은 중단될 것이다. 하지만 의료 서비스는 수년간의 내핍 기간 동안에도 소진되지 않을 것이다. 해야 할 일이 분명히 너무 많은 상황에서 실업이 있을 수는 없을 것이다. 기업이 무너지는 일도 없을 것이다.

그러나 현재 화폐의 세계에서 사정은 다르다. 팬데믹은 비극적인 의료 재앙일 뿐만 아니라 "1930년대 대공황 이후 최대의 경제적 재앙"이기도 한다. 이것은 정말로 다음번의 불이다. 자본주의 기업의 대대적인 붕괴, 치솟는 실업률, 많은 노동자들의 임금 급락, 계속 고용되어 있을 만큼 '운이 좋은' 사람들에 대한 착취의 잔혹한 강화, 굶주리고 있거나 기아선상에서 살고 있는 수많은 사람들 등이 그것이다. 2020년 9월에 국제 구호 개발 기구인 옥스팜Oxfam은 그해 말까지 매일 1만 2천 명이 굶주림으로 사망할 수 있다고 예측했다.[3] 그리고 같은 달에, "미국이 코로나바이러스 혼돈의 6개월째를 지나고 있는 지금 굶주린 뉴욕 주민들의 줄이 퀸즈의 푸드 뱅크 바깥으로 사분의 일 마일이나 뻗어 있고 무료 급식은 몇 시간 동안이나 지속될 수 있는 교통 체증을 유발한다."[4]

팬데믹에 의해 촉발된 위기는 자본주의 위기의 고전적인 이미지와, 그리고 자본이 수익성을 회복하기 위해 필요로 하는 재구조화의 고전적 이미지와 잘 들어맞는다. 그것은 주기적인 격변을 통해 작동하는 잔인하고 파괴적인 체제의 이미지다. 그것은 오랫동안 연기되었다가 마침내 실현되고 있는 위기인 것처럼 보인다. 자본은 자신의 지배를 주장하기 위해 팬데믹을 이용하고 있다. 그러나 이것은 리카즈가 예측한 아이스-나인과는

---

3. 『파이낸셜 타임스』 2020년 9월 8일 자에 실린 리릭 휴즈 헤일의 기사 「식량 인플레이션이 생명과 경제 회복을 위협한다」 참조.
4. 『파이낸셜 타임스』 2020년 9월 21일 자에 실린 패티 월드마이어의 기사 「새로운 기아 시대가 미국을 강타했다」 참조.

아주 거리가 멀다. 그것과는 반대로, 이것은 세계가 지금까지 보아 온 것 중에서 가장 대규모의 깡통 차기이다. 부채는 그 어느 때보다 확대되었다. 중앙은행은 2008년 금융 위기 때보다 훨씬 더 큰 규모로 통화 공급을 확대했다. 〈국제 금융 연구소〉는 내가 이 글을 쓰던 주의 수요일에 이렇게 경고했다.

새로운 연구에 따르면, 그해[2020년]의 첫 9개월 동안에 정부들과 기업들이 코로나바이러스 위기에 직면하여 '부채 쓰나미'에 휩쓸림에 따라, 전 지구적 부채가 유례없는 속도로 상승했다. 부채 축적의 빠른 속도로 인해 세계 경제는 미래에 '경제 활동에 중대한 악영향' 없이 차입을 줄이는 데 어려움을 겪을 것이라고 경고했다.[5]

2008년 금융 위기 이후로 전 세계의 차입금은 삼분의 일 이상 증가했다.

연준이 이끄는 중앙은행들에 의한 전례 없는 화폐의 창출이 있었다. 마틴 울프는 『파이낸셜 타임스』(2020년 6월 30일)에서 다음과 같이 논평한다.

정책 대응은 정확히 평시에는 전례 없던 규모였다. IMF는 올해 정부 부채가 GDP 대비 19퍼센트포인트 증가할 것으로 전망했다. 중앙은행의 정책들은 역시 놀라웠다. 재정 당국 및 통화 당국의 지원도 그 성격상 혁명적이다. 정부는 최종 심급의 보험자로 등장했다. 중앙은행들은 은행업에

---

5. 『파이낸셜 타임스』 2020년 11월 18일 자에 실린 조나단 휘틀리의 기사 「팬데믹이 전 지구적 '부채 쓰나미'에 연료를 공급한다」 참조.

대한 책임을 지는 것을 훨씬 넘어서 나아갔다. 필요한 경우 중앙은행들은 전체 금융 체제에 대한 책임을 떠맡았다. 실제로 미연방준비은행은 다른 중앙은행들과의 스왑 협정을 비롯한 개입들을 통해 세계 금융 체제의 많은 부분을 책임졌다. 절박한 시간이 절박한 조치를 취하도록 만들었다.[6]

총체적 붕괴가 의미할 수 있는 것이 너무나 거대하기 때문에, 이때에는 건전한 화폐 해법을 추진하는 어떤 "구세계 당"도, 어떤 볼커도, 어떤 통화주의자도 없었다. 개빈 데이비스가 『파이낸셜 타임스』에서 쓰고 있듯이 "더욱 주목할 만한 것은 대규모의 재정 및 통화 부양책이 '전시'의 경제적 비상사태에 대한 적절한 대응이라는 것이 거시 경제학자들 사이의 만장일치 의견이었다는 점이다. 바이러스의 충격을 극복하기 위해 정책이 할 수 있는 것은 '무엇이든' 해야 한다는 데 심각하게 이의를 제기하는 사람은 거의 아무도 없었다."[7]

그 대응은 아이스-나인이 아니라 '헬리콥터 화폐'였다. 그러나 우리가 살펴본 것처럼 헬리콥터 화폐는 다른 형태를 취할 수 있다. 코로나19에 대한 대응은 어느 정도 헬리콥터 화폐의 이미지에 가장 가까운 형태를 취했다. 이것의 가장 명백한 예는 미국 정부가 모든 미국 시민에게 1천 달러 수표를 보낸 것이다. 그것은 문자 그대로 하늘에서 떨어진 일시불 화폐와 같다. 바이든 행정부 초기에도 비슷한 지급이 이루어졌다. 하지만 그것은 연준이 채권과 기타 자산 매입을 촉진하기 위해 은행에 매달 지급하는 1천2백억 달러와 비교하면 별것 아니다. 다른 경우에는 다소 직접적으

---

6. 2020년 3월, 임박한 금융 재앙과 관련한 연준의 대응에 대한 상세하고 매우 접근하기 쉬운 설명으로는 Leonard 2022를 참조하라.

7. 『파이낸셜 타임스』 2020년 6월 21일 자에 실린 개빈 데이비스의 기사 「코로나19 위기가 끝난 후 공공부채가 문제가 될까?」.

로 인구 일반을 겨냥한 조치들이 있었다. 사회적 혜택의 증가나 향상, 집세 미납을 이유로 한 퇴거의 유예, 식당에 외식하러 가는 사람들에 대한 보조금 지급 등등 나라마다 다른 조치들이 있었다. 그러나 정부와 중앙은행의 대책은 압도적으로 자본, 특히 대자본의 유동성을 유지하는 것을 지향했다. 그래서 라나 포루하는 다음과 같이 쓴다.

이전의 위기에서 워싱턴은 국내 최대 은행을 구제했다. 오늘날 정부 지원금에서 일 순위는 대기업이다. 그 순위에는 거대 사모펀드들뿐만 아니라 연방 지원을 받고서도 살아남지 못할 수 있음에도 불구하고 최근 몇 년 동안 막대한 잉여 현금의 대부분을 주식 환매에 지출한 항공사들도 포함된다. 여기에는 보잉, 빅 오일, 크루즈 산업, 호텔, 병원, 카지노, 돼지고기 생산업체, 제약 회사 및 드론 제조업체와 같은 제조업자들도 합류한다. 많은 대기업과 금융 기관은 연준의 자금회수 시간제한을 받지 않고 필요한 모든 신용과 자금을 받았다. 일자리 창출 전체에서 대부분을 차지하는 소기업들은 6천6백억 달러의 대출 계획을 이용할 수 있었다. 그러나 일부 중소기업들, 활동가들 그리고 또 다른 사람들은 자금 지불이 느리고 체계적이지 않다고 말한다. 많은 소기업들은 관료적 이유로 인해 자신들에게 대출 자격이 없거나 일부 대기업보다 높은 고용 기준을 유지해야 한다는 것을 발견했다. 물론 가장 큰 타격을 받고 있는 것은 개별 노동자들이다. [코로나바이러스] 봉쇄 이후 5월 16일까지 실업 수당을 신청한 사람이 거의 3천9백만 명에 달하면서 이제 미국 실업자의 수는 호주 전체 인구보다 훨씬 더 많다.[8]

---

8. 『파이낸셜 타임스』 2020년 5월 26일 자에 실린 라나 포루하의 기사 「미국 대기업이 가장 먼저 도움을 받는데, 도움이 가장 필요한 사람은 누구인가?」.

연준과 다른 중앙은행들은 기업들에게 매우 낮은 (심지어 0 또는 마이너스) 이자율로 대출해 줌으로써 총체적 경제 붕괴를 방지한다. 그런데 지금 파산 위험에 처한 것은 은행이 아니라 무거운 채무를 짊어진 상당 부분의 비은행 기업들이다. 은행들은 기업에 대한 대출의 도관 역할을 함으로써 많은 수수료를 챙기며 또 기업들이 붕괴를 피하기 위해 부채를 연장할 수 있도록 한다. 화폐를 대부함으로써 연준과 다른 은행들은 부채를 매입하고 있다. 이번 위기 이전까지는 신용도가 높다고 판단되는 기업, 즉 수익성 회복의 상당한 기회가 있다고 판단되는 기업에 한해 이런 지원이 주어지곤 했다. 그러나 2020년 4월에 연준은 한 걸음 더 멀리 나아갔다.

연준은, 3월 23일에 방송으로 알려진 다수의 융자 제도들 중에서 기업 채무를 매입할 수 있는 두 가지 프로그램을 우선 발표했다. 처음에 이것은 대형 신용평가사에서 '투자적격'으로 판단한 안전 채무에 대한 것이었다. 그러나 4월 9일에 연준은 또 다른 루비콘을 넘어 그 한계점 이하로 평가되는 회사채 매입 계획을 발표했다. 그 회사채들은, 종종 경멸적 어감을 갖지만 반드시 부정확하지는 않은, "폐물"junk이라는 이름으로 불리는 영역의 채권이었다.[9]

달리 말해, 연준은 상환 가능성이 거의 없는 부채를 매입하기 시작했다. 헬리콥터 화폐는 자본을 계속 부양하는 것에 사용될 뿐만 아니라 회사가 성공 가능성이 거의 없다는 것이 분명한 경우에도 사용된다. 또 헬

---

9. 『파이낸셜 타임스』 2020년 5월 11일 자에 실린 로빈 위글스워스의 기사 「연준의 베트남적 순간」.

리콥터 화폐는 높은 수익률로 자신의 위험을 보상받기 위해 의도적으로 위험한 곳에 투자한 투자자들에게도 보상을 제공한다.

대량의 새로운 화폐를 창출하는 헬리콥터 화폐는 인플레이션을 가져온다. 그러나 우리가 살펴본 것처럼 그 화폐가 일반 소비자가 아닌 투자자에게 갔을 때 가격이 오르는 것은 소비재가 아니라 자본가가 소유한 자산이다. [이 때문에] 대부분의 사람들의 생활 수준이 극적으로 하락한 바로 그때에 부자들의 부는 극적으로 증가했다. 연준과 다른 중앙은행들이 "경제를 살리기" 위해 화폐를 쏟아붓고 있고 또 앞으로도 계속 그렇게 할 것이라고 약속했다는 사실은 세계 경제가 자유낙하하고 있음에도 불구하고 주가가 치솟고 있고 주식시장이 새로운 기록에 도달하고 있음을 의미한다. 팬데믹이 끝난 후에 더 공정한 사회를 만들어야 한다는 목소리가 높아짐과 동시에 사회적 불평등도 급속히 증가하고 있다.[10]

필요한 것은 "뭐든지" 한다는 것은 깡통을 닥치는 대로 길 아래로 찬다는 것 즉 위기를 계속해서 연기하는 것, 우리 모두가 죽을 먼 미래로 위기를 미뤄두는 것이다. 어떻게 보면 위기를 늦추어 그것을 당장 모면하는 것은 자본에게는 대승리로 이해될 수 있다. 어쨌건 자본은 더 권위주의적인 국가들의 지원을 받아 다시 한번 이윤을 확장하면서 어려운 상황을 이럭저럭 모면한다. 이것은 사실이다. 하지만 이와 동시에 그 승리는 지속불가능한 가상의 더 깊은 수렁 속으로 전진하는 것이다.[11]

---

10. 이것은 더 전통적인 자본주의 국가들보다 중국에 훨씬 더 잘 들어맞는다.(『파이낸셜 타임스』, 2020년 8월 23일)

11. 코로나바이러스 위기 동안 가상자본의 확장에 대해서는 「코로나바이러스와 가상자본」에 관한 마이클 로버츠의 블로그, 2021년 1월 25일, https://thenextrecession.word-press.com/2021/01/25/covid-and-fictitious-capital/을 참조하라.

39

거대한 취약성이 심화된다.

현재 상황에서 특이한 점은 우리가 1930년대 이후 최악의 자본주의 위기를 겪고 있지만 이 위기의 발전이 심층적으로는 위기의 역사적으로 유례가 없는 연기에 의해 형성되었다는 것이다. 부분적으로 이것은 1930년대에도 그러했다. 일단 뉴딜 정책이 시행되었지만 연기된 위기는 [2차 세계대전을 통해 해결되었다. 오늘날은 위기, 연기, 그리고 임박한 해결 가능성 사이의 상호작용의 강도가 훨씬 더 크다. 대규모의 국가 개입이 없었다면 위기의 영향은 1930년대보다 훨씬 더 컸을 것이다. 실질적인 국가 개입은 1930년대보다 훨씬 더 큰 규모였다. 그리고 전쟁을 통해 위기를 해결할 수 있다고 하더라도 그것은 2차 세계대전보다 훨씬 더 나쁠 수 있다.

자본주의의 위기와-재구조화를 연기하는 것은 자본주의가 발전하는 방식에 매우 중요한 결과를 가져온다. 아마도 앞으로 몇 년 동안 계속해서 큰 역할을 수행할 세 가지 측면, 즉 장기 침체, 취약성의 증가, 불평등의 심화를 강조할 가치가 있다.

정부와 중앙은행이 부채를 대규모로 늘리는 것 외에는 선택의 여지가 거의 없다는 일반적인 합의가 있음에도 불구하고, 많은 경제학자들은 이것이 자본에 미치는 장기적인 영향에 대해, 특히 '장기적 침체'의 심화에 대해 우려하고 있다. 로렌스 서머스 전 미국 재무장관의 주장은, 특히 그의 2013년 IMF 연설과 자주 연관되는 주장은 자본주의가, 특히 부유한 국가의 자본주의가 장기 침체기에 접어들었다는 것이다.[1] 이것은 화폐가 있는 사람들(자본가들)이 생산적 활동에 투자할 유인이 거의 없는 상황에서의 "저축 과잉"에 기인한다. 저축 과잉이란 사실상은 "부자들의 저축 과잉"이다.[2]

울프(Wolf 2014, 152)가 지적한 것처럼 저축 과잉은 투자 부족이기도 하다. 너무 많은 화폐가 절약되고 충분히 생산적으로 투자되지 않는다. 서머스는 이것을 "만성적인 수요 부족"(『파이낸셜 타임스』, 2019년 10월 11일)라고 규정하는데, 여기서 수요는 생산적인 투자에 대한 수요를 의미한다. 울프는 이것을 "만성 공급 과잉"(154)이라고 표현한다. "자본주의의 보이지 않는 손이 부러졌다. 경제 및 정치 세력은 시장이 스스로를 바로잡는 것을 막고 있다. 우리는 지금 전례 없는 공급 과잉 시대에 살고 있다."

자본 과잉이 있고 따라서 노동 과잉도 있다. 우리는 이것을 자본가에게 열려 있는 선택지라는, 우리가 앞에서 서술한 바 있는 측면에서 생각해 볼 수 있다. 자본가는 자신의 자본을 사용하여 노동력과 생산수단(기계 및 원자재)을 구매할 수 있다. 이 선택이 매력적이지 않은 경우라면, 그는 동일한 선택지를 가진 다른 사람에게 자신의 화폐를 빌려줄 수 있다. 그 두 번째 자본가가 생산에 투자하기 위해 화폐를 빌린다면, 이것은 (유럽 중앙은행의 전 의장이자 현재[2020년] 이탈리아 총리인 마리오 드라기

---

1. 침체는 부유한 국가들의 경우에 가장 명백하게 나타난다. 2008년 금융 위기 이후, 더디게 진행된 회복은 중국 자본의 역동적인 발전에 매우 유리했다. 그러나 현재 중국 자본도 이제는 점점 더 부채에 의존하고 있으며 세계 자본의 구세주 역할을 계속할 수 있을지는 확실하지 않다.
2. 아티프 미안, 루드비히 슈트라웁, 아미르 수피(Mian, Straub, and Sufi 2021)가 명명한 대로다. 2020년 6월 8일 『파이낸셜 타임스』에 실린 로버트 암스트롱의 글을 참조하라.

가 최근의 연설에서 말했듯이(『파이낸셜 타임스』, 2020년 8월 18일]) 좋은 부채라고 불릴 수 있다. [그런데] 그 두 번째 자본가가 부채를 매입하는 것이 낫다고 결정하면 부채는 확장되겠지만 새로운 것은 전혀 생성되지 않는다. 기타 등등. 부채 매입이 주식 구입이나 미래 소득에 대한 여타 청구권의 형태를 취하면 주식 가격이나 여타 자산의 가격은 계속 오르겠지만 새로운 부, 즉 새로운 자산은 전혀 생성되지 않는다. 혹은 울프의 말대로,

> 오늘날 금융 체제의 주요 활동은 기존 자산의 구매를 촉진하는 것이지 새로운 자산을 창출하는 것이 아니며 심지어 소비 자금의 직접적 조달도 아니다. 그러나 경제에서 [투자에 대한] 실제 수요를 직접적으로 결정하는 것은 새로운 자산의 창출이나 소비 자금을 위한 대출 및 지출 형태뿐이다. 따라서 순대출 대비 총대출의 비율이 매우 크고 이에 상응하여 총부채가 엄청나게 증가하는 경향은 금융 체제가 실제로 하는 일에 내재되어 있다. 그것은 기존 자산을 점점 더 비싸게 구매하는 것을 지향하는 경제에서 엄청난 양의 지렛대식투자leverage를 생성해야 한다… (Wolf 2014, 170)

이것이 드라기가 "부실 부채"라고 부르는 것이다. 그리고 이것이 지난 사십여 년간에 걸쳐 부채의 지배적 형태임이 분명하다. 그 결과가 가상자본, 불량 부채 또는 종이 약속의 거대한 확장이고 새로운 생산에 상응하지 않는 자산 기반 부의 폭발이다. 이러한 저축 과잉 또는 과잉의 "글로벌 공급이 가장 취약한 정책들이나 가장 적은 규율을 가진 나라들을 찾아 전 세계를 휩쓸고 있다. 그 나라들이 더 이상 감당할 수 없어서 위기에 굴복할 때까지 지출을 하도록 유혹하면서 말이다"(Wolf 2014, 163에 인용된 Rajan 2010, 10 [2011]).

너무 많은 초과 자본이 이윤을 끌어들일 수단을 찾고 있기 때문에 대

출에 제공되는 자본 수익률이 떨어진다. 달리 말해, 이자율이 떨어진다. 울프는 이자율이 저축 과잉의 존재를 나타내는 가장 확실한 지표라고 주장한다(Wolf 2014, 154). 이자율이 매우 오랫동안 역사적으로 낮은 수준에 있었던 것은 중앙은행 정책 때문만이 아니라 바로 이것 때문이다.

"저축 과잉"이라는 주장은 자본의 과잉 축적이라는 측면에서 위기에 대한 고전적 맑스주의의 분석과 놀라울 정도로 유사하다. 이윤율의 하락은 자본의 과잉 축적으로 이해될 수 있다. 수익성 있는 투자의 아주 적은 기회라도 찾으려는 자본이 너무 많은 상황인 것이다. 과잉 축적은 시장의 힘에 맡기면 위기를 통해 제거될 것이다. 국가 개입이 부채의 확대를 통해 위기를 연기하는 경우에 과잉 축적은 계속될 것이고 그것의 결과는 "장기적 침체"일 것이다. 그것의 정치적 함의는 엄청나고 그리고 바로 지금 여기에 이미 존재한다. 현재의 코로나 위기에서 중앙은행과 정부가 취하는 케인스주의적인 "할 수 있는 일이라면 뭐든지"의 대응이 자본주의를 이 장기적 침체 속으로 더 깊이 끌고 들어가고 있다는 것은 거의 확실하다.

이상한 것은, 사십 년 동안 위기를 연기시키며 장기 불황을 만들어온 금융계의 지도적 인물들이 이 문제를 해결하기 쉬운 기술적인 문제로 생각하는 것 같다는 점이다. 따라서 유럽 중앙은행이 코로나 위기의 영향에 대응하기 위해 7천5백억 유로의 기금을 준비해야 한다는 유럽연합EU의 최근 합의 이후에 마리오 드라기는 어떤 연설에서 "비생산적 목적에 사용되는 '나쁜 부채' 대신 '생산적 목적에 사용되는 '좋은 부채'가 있는 경우에만" 회복이 지속 가능할 것이라고 말했다(『파이낸셜 타임스』, 2020년 8월 18일). 그리고 로렌스 서머스는 2019년의 기사(『파이낸셜 타임스』, 2019년 10월 11일)에서 다음과 같이 말했다. "건전한 지출을 자극하는 것은 장기 침체와 금융 블랙홀에 대한 해독제이다. 이것은 이전 시대의 긴축 문제보다 해결하기 훨씬 더 쉽고 정치적으로 채택하기도 훨씬 더 쉬운 기술적 문제이다."

　"좋은 부채" 또는 "건전한 지출"은 아마도 인간 활동의 효과적인 인클로저와-착취를 촉진하는 부채일 것이다. "나쁜 부채"는 인간 활동을 추상노동으로 (즉, 인클로저되고 착취되는 활동으로) 변형시키지 못하는 부채[3]일 것이다. 장기 침체는 지난 사십 년 동안 대부분의 부채가 "나쁜 부채"라는 사실에서 비롯된다. 이것을 사회적인 문제가 아니라 기술적인 문제로 보는 것은 부정직하거나 단순히 부르주아적 사고의 형식-규정적 한계를 반영하는 것이다.

　아니, 다르게 표현해 보자. 자본의 과잉 축적이라는 관점에서 볼 때 이것은 전혀 "기술적 문제"가 아니다. 여기서 맑스주의적 관점은 "저축 과잉"이라는 주장을 넘어선다. 저축 과잉이 발생하는 이유는, 자본이 생산적인 투자의 수익성 있는 기회를 찾을 수 없기 때문이다. 또 그것은 축적된 가치의 확장을 촉진할 새로운 가치의 생산이 불충분하기 때문에 발생한다. 다시 말해 보자. 착취율의 증가가 자본의 유기적 구성의 증가나 생산과정에서 노동의 점진적인 추방으로 인한 이윤율의 하락을 상쇄하기에 충분하지 않다. 이것은 자본의 대대적인 구조조정을 통해 해결될 수 있다. 하지만 이것은 아마도 자본의 재생산 자체를 위태롭게 할 수 있을 정도로 엄청난 사회적 대결을 요구할 것이다. 위기를 미루는 것은 그 대가로서 자본주의 발전의 장기적인 침체를 초래한다.

　이러한 침체의 표현 중 하나는 소위 "좀비" 기업들의 성장이다. 이 현상에 대해 조 레니슨은 이렇게 쓴다.

　코로나바이러스의 시작은 (그리고 중앙은행들의 과감한 정책 대응은) 산

자와 죽은 자 사이의 중간 지대에서 절뚝거리는 기업 군대를 낳았다. 십년 동안의 저금리는 이미, 싸게 빌릴 수 있어서 대출 기관에 지불하는 데 필요한 이자에도 미치지 못하는 영업 이익으로도 어슬렁댈 수 있는 기업들이 수적으로 늘어나는 것을 유지해 왔다. 이제 3월의 심각한 코로나바이러스 위기에 뒤이은 채권 잔치는 이러한 추세를 가속화했고 이른바 기업 좀비라는 새로운 세대를 낳았다.(『파이낸셜 타임스』, 2020년 9월 13일)[4]

3년 이상 동안 이윤이 자신의 차입금에 대한 이자를 갚기에도 충분치 못할 정도의 기업(기술적으로 정의된 "좀비" 기업)이 급증했다. 자본의 위기는 비효율적인 자본과 비효율적인 노동자를 제거하는 자본의 고전적인 기능을 수행하지 못하고 있다.

위기의 연기는 도덕적 해이 문제와 불가분의 관계에 있다. 도덕적 해이, 즉 기업체들(특히 대기업들)이 필요한 경우에는 국가가 자신들에게 직접적 보조금이나 대출금을 제공하여 자신들을 간단히 구제해 줄 것이라는 가정에 따라 행동하는 위험이 지난 사십 년 동안 가상자본의 발전에서 점점 커져 온 요소였다. 우리는 1987년의 "검은 월요일"에 대한 그린스펀의 반응에서 그 위험을 보았다. 그 후 우리는 2008년 금융 위기에서 그 위험이 훨씬 더 큰 규모로 나타나는 것을 보았다. 그리고 우리는 지금 코로나 위기의 사례에서, 그리고 중앙은행이 어려움에 처한 자본을 지원하기 위해 제공한 막대한 지원의 사례에서 그 위험을 보았다. 투즈(Tooze 2021, 294[2022])가 말했듯이 "대마불사, 즉 너무 크므로 실패하지 않는다."는 체제의 총체적 지상명령이 되었다. 그것의 효과는 부채를 연료로 증가

---

4. 2020년 9월 13일 『파이낸셜 타임스』에 실린 조 레니슨의 기사 「팬데믹 동안의 부채 급증이 새로운 '좀비' 기업 세대를 만들어 내다」.

하는 투기와 성장의 연속적인 회전을 보증하는 것이다.

　도덕적 해이는 기업이 위험한 투기를 하도록 부추기고 비효율적인 자본의 제거를 막는다. 그것은 자본주의의 도덕적 이미지에도 영향을 미친다. 2008년 금융 위기에 뒤이은 분노의 고조는 구제될 자격이 없는 자본가들에 대한 구제로 인해 자본주의의 도덕적 기준이 무너졌다는 어떤 관념과, 즉 불의에 대한 강한 감각과 모종의 관련이 있는 것으로 보인다. 착취의 체제에 어떤 도덕성도 있을 수 없다는 사실이, 그 체제의 도덕적 경계로 인식된 것의 파괴에 대한, 자본주의의 부침에도 여하간 모종의 공정성이 존재한다는 관념의 파괴에 대한 분노가 있었다는 사실을 바꾸지는 못한다. 여기서 우리는 "이 새로운 종류의 가상자본"과 관련하여 1805년에 조지 3세에게 리버풀 경이 한 조언을, 그리고 그 가상자본이 "공동체의 거래 당사자들의 도덕을 타락시키는 경향이 있고 또 지폐만이 아니라 영국의 국내 상업이 기반을 둔 신용을 흔드는" 경향이 있는 방식을 떠올리게 된다.

　우리는 후버 대통령에게 앤드루 멜론이 한 다음과 같은 권고와는 거리가 먼 세상에 있다. "노동을 청산하라, 주식을 청산하라, 농부를 청산하라, 부동산을 청산하라. 그것이 체제에서 부패를 제거할 것이다."(Coggan 2012, 96) 고전적인 위기와 관련된 이러한 청산의 실행은 적어도 현재로서는 상상하기 어렵다. 이것은 가치법칙이 더 이상 적용되지 않는다는 것을 의미하는가? 상품화된 부의 인간 노동에 의한 실제적 생산이 더 이상 중요하지 않은가? 가치가 더 이상 중요하지 않은 가상의 세계로 우리가 이동했는가? 우리는 확실히 가상의 세계로, 만화 캐릭터가 벼랑 끝을 지나 계속 걸어가고 있는 세계로 이동했다. 그러나 이것이, 발밑에 땅이 없다는 사실이 무의미해진다는 것을 의미하지는 않는다. 만화에서처럼 발밑에 땅이 없다는 사실은 그 캐릭터의 취약성을, 혹은 그 캐릭터가 심연으로 추락하게 될 가능성이나 필연성을 의미한다.

이 장의 시작 부분에서 언급한 위기의 장기 연기의 두 번째 결과는 취약성의 증가이다. 부채는 취약성이다. 부채의 축적은 취약성의 축적이다. 오늘날 자본주의 발전의 핵심에 놓여 있는 급증하는 전 지구적 부채는 전 지구적 취약성의 급증이다. 부채는 항상 현재 존재하지 않거나 아직 사용할 수 없는 가치를 미래에 지불하겠다는 약속을 포함한다. 부채는 충족되지 않을 수도 있는 어떤 조건에 의존한다. 부채의 지속적인 팽창은 부채의 기반이 되는 조건, 즉 가치 생산이 만성적으로 충족되지 않음을 나타낸다.

2008년 위기와는 달리 코로나바이러스 위기는 일차적으로 금융 위기로 나타나지 않았다. 주요 은행들도 즉각적인 붕괴 위험에 처하지 않았다(2021년 7월 기준). 그러나 위기의 영향을 억제하기 위한 부채의 막대한 확장은 분명히 체제의 취약성과 변동성을 증가시키는 것으로 귀결될 것이다. "코로나바이러스가 사라진 뒤에 체제적 문제가 시작될 것이다."[5]

분명히 비효율적 자본들의 거대한 재구조화와 제거가 있었음에도 불구하고 코로나 위기는 자본주의를, 그것의 재생산이 부단한 부채의 팽창에 의존하는 취약하고 불안정한 세계로 점점 더 깊숙이 들어가게 한다. 이러한 취약성은 경제적 영역에 국한되지 않고 정치적인 영향을 미치기도 한다. 이것은, 좌파 케인스주의적 사고 속에서 덜 불공정한 사회의 창출과 결합되어 있는 위기의 연기가 오히려 더 큰 불평등과 분노를 불러일으킨다는 역설적 사실과 연결된다.

볼커 쇼크가 끝난 후 지배적으로 된 느슨한 통화 정책은 실질적으로 부유한 사람들을 더 부유하게 만든다. 질리언 테트가 쓰듯이,

---

5. 2020년 3월 3일 『파이낸셜 타임스』에 실린 존 플렌더의 기사 「다음 부채 위기의 씨앗들」.

모든 중앙은행가들은 사적으로는 낮은 금리가 자산 가격의 로켓 연료와 같다는 사실을 인정한다. 이것은 통화 정책의 주요 전송 채널로 간주된다. 그러나 자신들이 올해 여름의 주식시장 급등에 책임이 있음을 공개적으로 인정하는 사람은 거의 없다. 그들은 시장을 위한 '풋'put[매도 선택권]을 만들고 싶지 않거나, 부의 불평등을 증가시킨다는 비난을 받고 싶지 않거나, 거품이 터졌을 때 희생양이 되고 싶지 않기 때문이다. 혹은 이 셋 다 때문이다…(『파이낸셜 타임스』, 2020년 9월 17일)⁶

통화 정책은 "자산 가격을 위한 로켓 연료"이다. 왜냐하면 그것의 목적은 주식이나 다른 자산을 살 수 있는 사람들의 손에 화폐를 쏟아부어 위기를 피하는 것이기 때문이다.

연준의 양적 완화는 금융자산(주로 주식과 채권)을 소유한 사람들의 순 가치를 증가시켜 부의 불평등을 심화시킨다. 미국 상위 10%가 미국 주식의 84%를 소유하고 있다. 상위 1%가 절반을 소유하고 있다. 팬데믹 기간 동안 주로 최전선에 놓여 있었던 미국인의 하위 절반은 자신들이 거의 어떤 주식도 소유하고 있지 않다고 말한다. … 계층구조의 위로 올라갈수록 수익은 그만큼 더 커진다. 스탠다드앤푸어스S&P 500은 2020년에 약 16.2%의 수익률을 보였다. 글로벌 럭셔리 지수가 보여준 그것의 수익률 지표는 34%라는 놀라운 수치였다.⁷

---

6. 『파이낸셜 타임스』, 2020년 9월 17일 자에 실린 질리언 테트의 기사 「주식 투자자들은 저금리를 반겨야 한다」.
7. 『파이낸셜 타임스』의 2021년 1월 4일 자에 실린 에드워드 루스의 글 「연준에 대한 미국의 위험한 의존」.

통화 정책, 특히 양적 완화 정책의 결과는 "K자형 회복이다. 꼭대기의 사람들이 위대한-개츠비-식 호황을 누리고 있을 때에 대다수의 민중들은 고통받고 있다."[8] 대다수 사람들의 고통은 가계 부채의 증가에 반영된다. 대부분의 나라에서 실질임금은 1980년대 초부터 정체되어 왔다. 생활 수준의 상승이 있었다면 그것은 대부분 부채로 자금이 조달된 것이었다. 가난한 사람들의 외침에 대한 체제의 반응은 마리 앙투아네트가 혁명 전에 보였던 반응보다 더 민감하지 않았다. "그들이 신용을 먹고 살도록 하라"가 그 시대의 표어였다.[9]

사회적 불평등의 증가는 지난 사십 년 동안에 걸쳐 통화 정책 지배의 불가분한 부분이었다. 중앙은행은 생산관계를 재구조화하도록 압박하는 것이 아니라 자본가들에게 화폐를 줌으로써 이윤율 하락을 상쇄시킨다. 그래서 자본가들의 이윤은 부의 생산에서의 어떤 상응하는 성장이 전혀 없더라도 계속해서 성장한다. 통화 정책에 대한 배타적 의존의 결과는 이제 재정 정책에 대한 강조를 부활시키는 방향으로 향하고 있다. 즉 중앙은행 규제보다 오히려 국가 지출을 통해 경제를 관리하는 방향으로 향하고 있다. 그러나 이것이 자본이 갇힌 것처럼 보이는 "파멸의 고리"[10] 에서의 탈출구를 제공할지는 분명하지 않다. 국가부채의 확장은 자본의 일반적인 부채 의존성에, 그리고 부채의 확장에 점점 더 의존하는 체제의 재생산에 영향을 미칠 것으로 보인다. 이 모든 것을 감안하면 그것은 침체, 취약성, 불평등 증가, 그리고 분노라는 의미를 갖는다.[11]

---

8. 같은 글.

9. Wolf 2014, 187에 인용된 Rajan, 2010[2011]의 1장을 참조하라.

10. 나는 이 구절을 『파이낸셜 타임스』의 2021년 1월 4일 자에 실린 에드워드 루스의 글 「연준에 대한 미국의 위험한 의존」에서 가져왔다.

11. 다시 『파이낸셜 타임스』(2021년 9월 17일)에 실린 질리언 테트의 기사를 참조하자: "따라서 우리는 장기적인 실존적 물음에 직면한다. 정부는 결국 부채를 줄이기 위해 엄청

이 책을 마무리 짓고 있을 무렵(2022년 초)에 연준이 보다 '매파적인' 접근 방식을 채택하고 있다는 것이 분명해졌다. 상승하는 인플레이션의 자극을 받아서 다음 해에는 일련의 금리 상승이, 그리고 연준이 자산 매입에 지출하는 월별 금액의 감소가 거의 확실히 있을 것이다. 볼커로의 복귀에 대한 이야기도 증가하고 있다.[12] 그러한 상승의 영향이 미국 내의 부채가 많은 자본에, 특히 더 가난하지만 많은 부채를 지고 있는 주에 얼마나 강력한 영향을 미칠지는 두고 볼 일이지만 막대한 부채를 크게 해소할 수 있을 것 같지는 않다.[13] 오히려 가능해 보이는 것은 다음과 같은 것이다. (포스트-)팬데믹 및 우크라이나 전쟁과 연관된 국제적 긴장의 맥락에서 만약 볼커 유형의 대규모의 자본 재구조화가 금리의 큰 상승을 통

난 인플레이션을 촉발하지 않으면 안 될 것인가? 앞으로 정치적 또는 사회적 폭발을 피하기 위한 광범위한 부채탕감이 있을까? 그것이 지금은 상상하기 어려울 수 있다. 하지만 지금은 고인이 된 인류학자 데이비드 그레이버가 그의 저서 『부채, 그 첫 5000년』에서 설명했듯이 희년(지도자들에 의한 부채탕감)은 사회적 폭발을 피하기 위해 역사에서 때때로 발생했다. 만약 그렇지 않으면 대량의 채무불이행과 금융 위기가 올 것인가? 아니면 21세기는 그와 달리 이자율이 너무 오랫동안 너무 낮아서 우리가 높은 자산 가격, 확대된 화폐 공급 및 광적인 금융 체제의 불가피한 결과로 눈이 튀어나올 정도로 많은 부채를 받아들이고 또 무시하는 것을 배우는 시대로 바뀔 수 있을까? 투자자와 정책 입안자들에게 부채가 단지 받은 편지함의 읽지 않은 이메일처럼 느껴질까? 엄청나게 무섭지만 너무나 항상적이어서 무시하기가 쉬운 문제처럼 말이다. 간단히 말해 우리는 알지 못한다. 또 그 요금이 인상될 때까지 알아내지 못할 수도 있다. 그러나 우리의 글로벌 시스템이 차입금으로 투기하는 방식으로 세 배나 커지고 있다는 사실에 대해서는 당신이 그것의 함의에 대한 낙관론자라도(나는 그렇지 못하다) 더욱더 많이 논쟁할 가치가 있다."

12. 예를 들어 『파이낸셜 타임스』, 2022년 3월 16일 자에 실린 한 논문의 제목, 「제이 파월은 미국 인플레이션에 대해 강경한 입장을 가지고 그의 내면의 폴 볼커를 표출한다.」

13. 현대화폐이론의 지지자들이 선호하는 반론이 있다는 점에 유의해야 한다. 저금리 세계에서 부채 증가는 그다지 중요하지 않다는 것이 그것이다. 그러나 엄청난 양의 글로벌 부채가 실질적으로 줄어들기 훨씬 전에 이자율이 상승할 가능성이 높다. 현대화폐이론에 대한 강력한 비판으로는, 마이클 로버츠의 블로그에 있는 여러 글들, 예컨대 「MMT3 — 자본주의의 후방 방어벽」(2019년 2월 5일, https://thenextrecession.word-press.com/2019/02/05/mmt-3-a-backstop-to-capitalism/) 같은 글을 참조하라.

해 추진된다면, 전 세계적으로 발생할 수 있을 사회적 소요를 상상하기는 어려울 것이다. 두려움이 커진다.

왜일까? 자본은 왜 이렇게 부채의 파멸 고리에 자신을 끌어들였을까? 그것은 경제 이론이나 경제 정책의 실수로 설명할 수 없다. 여기에는 분명히 통제를 벗어난 체제의 어떤 요소가 있다. 각각의 자본들은 축적하려는 욕동에 의해 움직인다. 도덕적 해이의 시대에 의자에 먼저 앉기 놀이에 점점 더 열광적으로 된 나머지 모든 조심스러움이 포기된다. 그러나 국가가 자본 일반의 이익을 지각하고서 그 이익을 위해 [개별 자본의] 축적하려는 충동을 통제하려고 개입하는 한에서, 이 개입은 무엇보다 두려움에 의해 추진되는 개입이다.

두려움은 거의 명시적으로 표현되지 않는다. 그것은 재정적 붕괴에 대한 두려움이다. 분명히 부유한 사람들은 자신들이 부, 저택 그리고 사회적 특권을 잃을 수 있다는 것을 두려워한다. 그러나 그 이상의 것이 있다. 그것은 체제 붕괴에 대한 두려움, 체제가 무너져 내릴 수 있다는 두려움, 무리들이 들고 일어나 무질서가 지배할 것이라는 두려움이다. 2021년 1월에 미국 의회 점거에 의해 스펙터클하게 극화된 두려움이다.

무리에 대한 두려움은, 아직 거의 발전되지 않았지만, 현재 상황에 대한 논평들 속에서 거듭해서 표면화된다. 그래서,

팬데믹의 경제적 유산에는 생산량의 급격한 감소, 광범위한 사업 실패, 높은 실업률, 누적된 재정 적자가 포함될 것이다. 세계에서 가장 부유한 국가들은 더 가난해지는 동시에 더 많은 빚을 지게 될 것이다. 자본주의는 새로운 모습을 갖게 될 것이다. 팬데믹에 대한 비용 지불이 이 같은 모든 문제를 제기한다. 긴축으로의 복귀는 광기일 것이다. 혁명은 아니라고 할지라도 광범위한 사회적 불안이 야기될 것이고 그것이 포퓰리스트들

에게 신의 선물이 될 것이다.(필립 스티븐스, 『파이낸셜 타임스』, 2020년 4월 8일)

식량 불안은 미국과 같은 부유한 국가에서도 증가하고 있다. 다섯 가구 중 한 가구 이상이 자신들에게 먹을 것이 충분하지 않다고 보고했으며, 팬데믹 기간 동안에 푸드 뱅크 줄은 더 길어졌다. 그리고 학교 폐쇄는 매일의 식사를 학교에 의존했던 일부 어린이들이 끼니를 걸렀다는 것을 의미했다. 역사를 통틀어 기아와 정치적 불안 사이의 연관성은 명백하다.(리릭 휴 헤일, 『파이낸셜 타임스』, 2020년 9월 8일)

만약 이 그림이 맞다면, 그리고 만약 불평등이 오늘날 우리가 전 세계에서 목도하는 정치적 긴장을 부채질하는 데 도움이 되고 있다면 그 긴장은 주식시장의 상승과 결코 무관하지 않다. 그 둘은 같은 뿌리에서 자란다. 불평등하고 불균형적인 세계 경제는 앞으로 몇 년 동안 미국 주식시장이 유망주로 남아 있을 것임을 확실히 보장한다. 그러나 그것이 또한 투자자들로 하여금, 정치적 변화가 결국 그들의 수익이 빛 좋은 개살구에 불과하다는 것을 보여주지 않을까 우려하도록 만드는 것도 분명하다.(로버트 암스트롱, 『파이낸셜 타임스』, 2020년 6월 8일)

공적인 부채와 적자는 훨씬 더 커질 것이다. 또 한 차례의 '긴축'(또는 공공 지출 수준의 축소나 그 증가치의 감소)에 대한 압박도 훨씬 커질 것이다.(마틴 울프, 『파이낸셜 타임스』, 2020년 6월 16일)

미국인들은 도널드 트럼프가 대통령이 되는 데 투표하고 영국인들은 브렉시트를 지지하고 유럽 전역의 유권자들은 극우와 극좌의 정당들로 몰려든다. 이러한 포퓰리즘에 미스터리는 전혀 없다. 전후 구체제의 안정성은 생활 수준의 꾸준한 상승을 보장하는 사회계약에 의존했다. 이것은 나라마다 다르고 전혀 완벽하지 않았고 결코 보편적이지 않았다. 하지만 그것의 적법성은 '공정성'에 대한 광범위한 인식에 뿌리를 두고 있었다. 다음 세대는 지난 세대보다 더 번영할 것으로 기대할 수 있었다. 신뢰는 2008년의 폭락과 그에 뒤이은 긴축발 경기 침체로 무너졌다. 그러나 그 계약의 파기는 중위 소득의 정체, 고용 불안정의 증가, 소득 불평등의 심화와 더불어 훨씬 일찍부터 시작되었다. 저소득의 비숙련 노동자들은 기술에 의해, 비교 우위의 급속한 변화에 의해, 그리고 워싱턴 컨센서스라 불리는 것에 매료된 정책 입안자들의 고삐 풀린 시장에 대한 맹종석 헌신에 의해 뒤처졌다. 일단 일이 크게 잘못되면 포퓰리스트들은 낡은 정치 엘리트들, 은행가들, 최저 임금 이민자들 등과 같은 잡다한 적들을 내놓기만 하면 되었다. 유권자들이 자신들의 자녀가 더 나은 미래를 보장받을 수 있다고 더 이상 믿지 않을 때, 그들은 또 자신들이 잃을 것이 아무것도 없다는 결론을 내렸다. 트럼프 씨나 영국의 보리스 존슨 총리와 같은 사람들 자신이 그 엘리트들의 창조물이라는 사실은 거의 중요하지 않았다.(마틴 울프, 『파이낸셜 타임스』, 2020년 7월 14일)

"만약 우리가 주들이 지출을 줄이고, 교사를 줄이고, 경찰을 해고하고, 주와 지방정부가 하는 다른 일들을 줄이는 것을 보아야 한다면, 당신은 실제로 불장난을 하고 있는 것이다."라고 앨런 블라인더 교수가 말했다. 그는 프린스턴 대학의 경제학 교수인데 이전에 빌 클린턴 민주당 대통령이 임명한 연준 부의장을 역임한 바 있다.(제임스 폴리티, 『파이낸셜 타임스』, 2020년 9월 15일)

존 메이너드 케인스 이래로 국가 개입의 최선의 사례는 시장을 폐지하는 것이 아니라 시장에 대한 대중의 지지를 유지하는 것이었다. 규제되지 않는 자본주의는 유권자의 심판에서 살아남지 못할 것이다. 아니나 다를까, 2008년 공황 이후 특히 젊은이들 사이에서 불평등에 대한 대중의 분노가 총체적 체제 변화에 대한 요구로 번질 위기에 처한 때가 있었다. 만약 바이드노믹스Bidenomics가 실행된다면 기업가들과 고소득자들의 삶은 좀 더 부담스러워질 것이다. 그러나 그것이 더욱더 철저하게 치러야 할 더 큰 계산을 피할 수 있을지도 모른다.(『파이낸셜 타임스』편집부, 2020년 10월 20일)

현재의 위기는 "대부분의 나라들에서 장기 생산성 증가율의 저하, 가계 금융 불안정성의 증가, 무질서한 금융 변동성 위험의 증가로 이어질 것이다. 이것은 또 사회 조직을 약화시키고 더 큰 정치적 양극화를 부추길 위험이 있다"(모하메드 엘-에리안, 『파이낸셜 타임스』, 2021년 1월 15일). 그리고 가장 흥미로운 것은 2020년 말에 쓰인 편집부 사설이다.

전 지구적 금융 위기 이후에 이 배신감은 세계화와 자유민주주의 제도에 대한 정치적 반발을 불러일으켰다. 이러한 반발 속에서 우익 포퓰리즘이 번성할 수 있는데 그러면서 그것은 자본주의 시장을 제자리에 남겨놓는다. 그러나 그것은 경제적으로 좌절한 사람들에게 자신의 약속을 이행할 수 없다. 이 때문에 자본주의 자체와 자본주의로부터 혜택을 받는 사람들의 부를 위해 쇠스랑이 튀어나오는 것은 단지 시간문제일 뿐이다.(편집국, 『파이낸셜 타임스』, 2020년 12월 30일)

그리고 우리는 이런 구절들을 계속 나열할 수 있다. 무리에 대한 두려움이 경제 정책과 경제 발전에 대한 논의에 항상 존재한다는 사실을, 그 두려움이 부채의 파멸 고리 속에, 결코 단순한 순환 거품이 아닌 가상자본의 이 장기적 성장 속에 항상 존재한다는 사실을 부인하기는 어려울 것이다. 케인스의 공포는 계속되고 있다. 우리가 알다시피 『일반이론』의 마지막 페이지들에 표현되어 있는 그 공포는 다음과 같은 것이다. "세계가 더 이상 실업을 용인하지 않을 것이라는 점은 분명하다. 그 실업은 짧은 간격의 흥분들 외에도, 자본주의적 개인주의와 연관되어 (그리고 내 의견으로는 불가피하게 연관되어) 있다"(Keynes 1936/1961, 381 [2007]).

세상은 더 이상 용인하지 않을 것이다. 세상은 더 이상 용인하지 않을 것이다. 세상은 더 이상 용인하지 않을 것이다. 세상은 더 이상 용인하지 않을 것이다. ⋯ 자본주의 자체와 자본주의로부터 혜택을 받는 사람들의 부를 위해 쇠스랑이 튀어나오는 것은 단지 시간문제일 뿐이다. 자본주의 자체와 자본주의로부터 혜택을 받는 사람들의 부를 위해 쇠스랑이 튀어나오는 것은 단지 시간문제일 뿐이다. 자본주의 자체와 자본주의로부터 혜택을 받는 사람들의 부를 위해 쇠스랑이 튀어나오는 것은 단지 시간문제일 뿐이다.

악몽이 반복적으로 자본의 마음속에 반향된다. 화폐 자체의 가장 깊은 핵심으로 침투하면서 말이다.

8부

결론을 찾는 책.
행복한 결말을 찾는 희망.

가둠기가 이제 더 이상 가둘 수 없다.

화폐는 취약하다.

물통은 담아 가둔다. 분수는 넘쳐흐른다![1] 화폐는 가두고, 풍요는 넘쳐흐른다.

물통은 실제적이다. 우리는 실제로 담아 가두어지고 둘러싸여지고 한계 지어진다. 그보다 더 나쁜 것은 물통이 줄어들고 있다는 것이다. 우리는 자본의 논리가 상품을 생산하는 데 필요한 사회적으로 필요한 노동 시간의 단축에 의해 추동되는 죔constriction의 논리라는 것을 살펴보았다. 자본의 논리는 우리의 삶 속에 점점 더 깊숙이 파고들고 있다. 그리고 그것의 가장 가시적인 얼굴이 화폐다.

화폐는 우리가 그 안에 살고 있는 물통이고 거대한 가둠기이며 거대한 방해자Great Frustrater이다. 그것은 우리가 할 수 있는 것, 볼 수 있는 것, 생각할 수 있는 것을 제한한다. 그것은 비역사성이다. 그것은 불가능성이다.

분수는 우리가 만들고자 하는 세상이다. 그 이상으로 그것은 물통

---

1. 윌리엄 블레이크, 「지옥의 잠언」(Blake 1793/1988, 35).

안에서의 반역이며, 대항하며-넘어서 부수고-넘쳐흐름으로써 스스로를 창조하는 힘이다. 그것은 형태에 대항하는 탈물신화하는 운동이다.

화폐는 그 자신을 영원하고 초시간적이고 비역사적이고 불가결한 것으로 제시한다. 그것은 화폐 없는 세상은 생각할 수 없고 불가능한 것으로 제시한다. 팬데믹의 시대인 지금, 화폐의 자기 확장 추구가 인간 생명의 미래 존재를 위태롭게 한다는 것은 너무나 분명하다. 지금도 모든 사람이 리셋Reset의 필요성에 대해 이야기한다. 하지만 화폐를 넘어선다는 생각은 미친 사람들이나 하는 생각이다.

화폐에 대한 비판은 화폐를 사회적 관계의 역사적 특수 형태로 이해하는 것이다. 우리가 살펴보았듯이 이것이 맑스의 정치경제학 비판, 스미스와 리카도에 대한 그의 비판의 핵심이다. 그들은 자본주의가 영속적인 것처럼 보이는 세계에 사회적으로나 개념적으로 갇혀 있었다. 그래서 그들은 가치와 화폐를 사회적 관계의 역사적 특수 형태로 이해할 수 없었다. 맑스의 비판은 화폐의 발생을, 그것의 한계를, 그것의 필멸성을, 그것의 취약성을 가리킨다. 그러나 형태의 역사성은 실제적으로 제시되어야 한다. 우리가 살펴본 것은 가치와 화폐를 분리시키는 장기적인 원심력이 있다는 것이다. (지금으로서는 현대화폐이론MMT과 암호화폐들이 이에 대한 가장 영향력 있는 표현들이다). (기본적으로는 착취를 통한) 가치의 생산과, 화폐로 그 가치를 표현하는 것 사이에 균열이 점점 커지고 있다. 그것은 부채의 장기적인 성장에 의해, 그리고 그것이 만들어내는 유사비준pseudo-validation의 가상 세계에 의해 위장된 균열이다. 가치와 화폐를 분리시키는 원심력은 노동을 충분히 착취할 수 없는 자본의 무능력과 이 무능력이 드러나는 것에 대한 자본의 두려움으로, 즉 무리에 대한 두려움으로 구성된다.

화폐의 취약성을, 그리고 잠재적으로 그것의 역사성을 구성하는 것은 가치와 화폐 사이의 이 원심적 균열이다. 취약성은 자율적인 체제적 동역학의 결과가 아니라 우리의 저항과 반란의 힘이 낳는 결과이다. 자본은, 우리의 활동을 지속적으로 강화되고 있고 더욱 절박해지고 있는 특정한 논리 내부에 화폐를 통해서 가두는 것에 기반을 둔 지배 방식이다. 이 가둠의 체제를 취약하게 만드는 것은 우리의 저항과 반란의 힘이다. 이 가둠의 체제는 착취와 지배 체제의 더 엄격한 요구 사항을 부과하는 것이 불가능할 것이라는 두려움으로 인해 극도로 긴장되어 있다. 이 체제를 가상적이고 취약한 존재로 몰아간 것은 바로 이 두려움이다.

그러나 취약성이란 무엇을 의미하는가? 그것은 파괴 가능성을 의미한다. 이 체제는 외관상으로 보이는 것처럼 천하무적이 아니다. 자본에, 가치 확장에 기반하지 않은 사회를 상상하는 것이 때로는 불가능해 보인다. 그러나 그 체제는 겉으로 보이는 것만큼 결코 안정적이지 않다. 2008년 위기의 중심에 있던 공황, 즉 세계 금융 체제의 붕괴가 실제로 일어날 수 있다는 두려움은 전혀 극복되지 않았다. 폭군은 겉으로 보이는 것만큼 천하무적이 아니다.

취약성은 회복력과 반대된다. 자본주의는 종종 무한히 회복력이 있고 무한히 적응할 수 있을 것처럼 보인다. 사회 조직에 급진적 변화가 없으면 인간의 실존이 위험에 처한다는 것을 알려주는 것들이 너무 많다. 현재의 팬데믹, 지구 온난화, 핵무기의 축적 등등이 그것이다. 그럼에도 불구하고 자본은 이 모든 것을 대수롭지 않게 받아들이는 것 같다. 지구 온난화와의 싸움은 주식시장의 계산 속에 흡수되고 있고, 거대 화석 연료 기업의 위협은 미래 이윤 추정치 속에서 고려되며, 제약 기업들은 팬데믹과 투쟁하는 영웅으로 부상하고 있으며 은행들은 호황을 누리고 있다.[2] 우리가

---

2. 『파이낸셜 타임스』, 2022년 1월 9일. 월스트리트의 은행들은 2021년에 기록적인 수익을

같은 방식으로 계속 살아갈 수 없다는 것은 누구나 인정한다. 하지만 화폐의 치명적인 동역학은 의문의 여지가 없는 것으로 여겨지는 것 같다. 화폐는 거대한 회복력이다. 그것은 우리의 활동을 죽음의 동역학 안에 가두는 거대한 용구이다. 그렇기 때문에 취약성에 대한 질문이 중요하다. 취약성은 무한정한 회복력이라는 이미지를 뒤엎는다.

취약성은 불가능성이라는 금기를 깨뜨린다. 이 금기는 체제가 제대로 작동하지 않고 있다는 상당히 널리 퍼진 인식과, 따라서 우리가 화폐가 지배하지 않는 세상을 만들어야 한다는 결론 사이를 가로막는 하나의 장벽으로 작용한다. *화폐의 지배는 재앙이다, 그러므로 우리는 화폐가 지배하지 않는 세상을 만들어야 한다.* 이 단순한 진술 속에서 "그러므로"는 그것의 외관상의 불가능성 때문에 아주 깊은 틈으로 변환된다. 수많은 사람들에게서 불가능성의 금기는 우리의 저 간단한 문장을 '*화폐의 지배는 재앙이다, … 비현실적으로 소망에 들뜬 사상가들이, 우리가 화폐가 지배하지 않는 세상을 만들어야 한다고 말한다*'로 번역한다. 그렇기 때문에 다음과 같이 말하는 것이 중요하다. *화폐의 지배는 비참할 뿐만 아니라 극도로 취약하다. 더구나 그것의 취약성은 우리를 가둘 수 없는 그것의 무능력의 결과이다. 그러므로 화폐가 지배하지 않는 세상을 우리가 만들어야 한다는 것은 현실적이고도 긴급하다.* 외관상의 불가능성이 부과한 금기를 깨뜨려야만 혁명적 희망이 그것의 게토를 깨뜨릴 수 있다.

그러나 화폐의 취약성이란 화폐가 사회적 관계의 한 형태로서 의문시된다는 것을 반드시 의미하지는 않는다. 현금 인출기가 작동을 멈추고 은행이 문을 닫을 때 아마도 가장 가능성 높은 반응은 "음, 화폐는 자본주

올렸다고 보고하기 시작했다.

의적 사회관계일 뿐이야, 화폐가 없으면 더 나아질 거야."가 아니라 "우리는 화폐를 원해!"일 것이다. 화폐적 위기monetary crisis가 반드시 사회적 형태로서의 화폐의 위기crisis of money는 아니다. 물론 그럴 수도 있다. 가장 분명한 사례는 2001/2002년 아르헨티나의 사례이다. 거기에서 금융 위기는 정치 위기의 촉매제가 되었고 그 정치 위기로 인해 몇 주 만에 연달아 몇 사람의 대통령이 실각하고 주요 도시들에서 근린 의회가 설립되었고 수많은 사람들이 참여한 물물 교환 운동이 나타났다. 그 운동은 화폐가 없는 상황에서 직접적인 생존의 문제를 해결해야 할 실질적 필요성에 의해, 그리고 사회관계의 한 형태로서의 화폐에 대한 거부에 의해 동기가 부여된 운동이었다. 모든 금융 위기는 사회적 연대 관계의 성장을 촉진하는 경향이 있지만 그것이 반드시 사회적 관계로서의 화폐의 거부로 이어지는 것은 아니다. 1997년 알바니아 통화의 붕괴는 약 2천 명의 목숨을 앗아간 내란을 초래했으며 화폐 형태에 대한 어떤 문제 제기도 포함하지 않았던 것으로 보인다. 취약성은 불가능성을 깨뜨리지만 반드시 행복한 결말로 이어지지는 않는다.

『파이낸셜 타임스』에는 "우리는 자본주의를 믿습니다. 그러나 그 모델은 긴장 상태에 놓여 있습니다. 우리는 보존하기 위해 개혁해야 합니다. 당신이 같은 생각이라면 함께 해주세요."라고 말하는 광고가 들어 있다. 이 책의 응답은 다음과 같다. "우리는 자본주의를 믿지 않습니다. 왜냐하면 그것은 현재에 말로 다할 수 없는 피해를 끼치며 미래에 우리를 완전히 파괴할 위험이 있습니다. 보존하기 위해 개혁하는 것은 인간의 파국을 보존하는 것입니다. 그러나 그 모델이 긴장 상태에 놓여 있다는 사실이 중요합니다. 그 긴장 상태를 만들어내는 것이 우리입니다. 이 사실에 우리의 희망이 놓여 있습니다."

화폐의 위기는 문명의 위기다.

화폐는 우리가 살고 있는 문명의 핵심에 놓여 있다. 우리의 활동은 화폐라는 지배적 형태를 통해 서로 연결되어 있다. 우리가 화폐의 취약성에 대해 말할 때 우리는 이 문명의 취약성에 대해 말하는 것이다. "사물들이 허물어진다. 중심이 버틸 수 없다."[3] 비록 가짜 민주주의이긴 하지만 매우 많은 나라에서 우리에게 익숙했던 민주주의는 우익 정당의 부상, 국가 권위주의의 증가, 민간 기업에 의한 우리 삶에 대한 세밀한 통제의 확대 등으로 인해 위험에 처해 있다.

버틸 수 없는 중심이라는 생각은 모종의 사회계약을 함의한다. 그것은 명시적인 합의가 있다는 의미에서의 사회계약을 뜻하지 않는다. 오히려 그것은 모종의 확립된 행동 패턴이, 체제 전체의 재생산의 필수적인 일부로 간주되는 행동 패턴이 투쟁을 통해 확립되었다는 의미에서의 사회계약을 뜻한다. 이 행동 패턴은 시간과 장소에 따라 다르다. 하지만 그것은 어떤 주어진 시간이나 장소에서 질서를 유지하는 데 필요한 것이 무엇인가에 대한 생각 속에서 표현된다. 그러한 패턴의 밑면은 무리에 대한 두려움이다. 이것은 예를 들어 홉스(Hobbes 1651 [2008])에게서 매우 명시적으로 나타난다. 거기에서 사회계약은, 인간의 삶이 "고독하고, 가난하고, 추잡하고, 잔인하고, 짧을" 무질서의 세계에 대한 필수적 대안으로 제시된다.[4]

여기서의 주장은 경제 정책(그리고 보다 일반적으로는 국가 개입)이 유지하고자 하는 모종의 중심이 실제로 존재한다는 것이다. 그것은 자유

---

3. * 세계의 현 상황을 설명하기 위해 자주 인용되는 예이츠의 시구.
4. 『리바이어던』 XIII 장에서.

주의 이론이 주장하곤 하는 것처럼 합리적이고 자유주의적인 합의가 아니다. 그것은 공공연한 혹은 은밀한 투쟁을 통해 자본에 부과된 계급 세력의 균형 또는 지배의 패턴이다. 이것이 네그리가 케인스에 관한 논문에서 매우 훌륭하게 밝힌 요점이다.[5] 그에 따르면 그 지배의 패턴에는 러시아 혁명과 그에 뒤이은 계급투쟁의 물결에 의해 자본에 부과된 노동계급 권력에 대한 인식이 새겨져 있다. 우리는 조프 만이 노동계급에 대한 두려움을 무리에 대한 두려움으로 대체하는 방법에 대해 살펴보았다. 하지만 그 요점은 그대로 남아 있다. 공공연한 혹은 은밀한 사회적 투쟁에 의해 피지배자와 지배자 모두에게 특정한 지배의 패턴 또는 특정한 사회계약이 부과된다는 것이 그것이다. 그것은 특정한 교착상태로서 삶을 위한 투쟁과 자본주의적 파괴 사이의 투쟁 속에서 확립된 특정한 생활 양식modus vivendi이다.

확립된 지배의 패턴에 대해, 지탱할 수 없는 이 "중심"에 대해 우리는 두 가지를 말할 수 있다. 첫째로, 그것이 아마도 우리를 인류의 절멸로 이끌고 있다는 것이다. 그것은 이 책의 서두 부분에서 언급된 그 기차이다. 케인스와 모든 좌-중-우파 케인스주의자들이 유지하기 위해 너무나 열심히 투쟁하고 있는 그 문명은 착취, 인종차별, 성차별, 억압, 감금 및 다른 형태의 삶에 대한 파괴에 기초한 살인적 문명이다. 그럼에도 불구하고 그것의 살인적인 성격은 무리에 대한 두려움에 의해, 노동계급에 대한 두려움에 의해, 모든 통제력을 잃을 것에 대한 두려움에 의해 일정한 한계 내에 제한된다. 따라서, 자신이 케인스주의자라는 조프 만의 고백이 시사하는 진짜 딜레마는 다음과 같은 것이다. 더욱더 살인적인 사회로 추락하지 않기 위해 우리가 살고 있는 살인적인 문명을 옹호할 것인가, 아니면 비자

---

5. * 30장 옮긴이주 1 참조.

본주의적인 세계를 만들기 위해 기존의 살인적인 문명을 파괴하려고 노력할 것인가? 이것은 사람들을 단지 "개량주의자"나 "혁명가"로 이름 붙이는 것만으로는 해결되지 않는 중요한 딜레마이다.

결국 일이 잘 풀려나갈 것이라는 희망으로 위기를 연기하는 것이 정작 위기가 닥쳤을 때 그 위기를 악화시킨다는 점을 고려하면 좌파 케인스주의의 딜레마는 더욱 심화된다. 케인스의 적들이었던 "구세계 당"이, 예컨대 앤드루 멜론이나 오늘날의 통화 매파들이 옳을지도 모른다는 느낌이 들게 된다. 위기의 연기가 수반하는 재앙적 고통과 폭력의 축적이 가져오는 위협보다 주기적 위기의 고통과 폭력이 더 선호될지도 모른다. 현재 상황은 비둘기들이 현실적으로 우리를 전쟁에서 멀어지게 하기보다 오히려 전쟁으로 끌고 가고 있음을 시사한다.

둘째로, 우리가 그것을 방어하려고 하든 하지 않든 간에, "중심"이 어찌해도 버틸 수 없을 가능성이 매우 높다. 왜냐하면 그것은 계속해서 팽창하는 부채, 그 기반의 점점 더 가상적인 성격에 기초하고 있기 때문이다. 그것은 자신의 위기를 지속적으로 연기함으로써 유지된다. 기존의 사회적 교착상태를 유지하는 데 필요한 부채의 확대는 장기 침체, 취약성 및 사회적 긴장의 고조로 이어진다. 생산되지 않은 부에 대한 권리 청구라는 항상적인 곡예는 점점 더 위태로워진다. 파국적 폭발이 임박했지만 정확하게 예측할 수는 없다는 점에서 그것은 화산과 같다.

투쟁을 통해 부과된 모종의 생활 양식이라는 개념은 우리의 주장에 내재해 있었다. 위기의 연기(또는 위기의 연기-연장-관리)는 정확히 다음의 것, 즉 저들 지배 패턴들의 다른 면에 무엇이 있을 수 있을지를 두려워하여 특정한 지배 패턴을 유지해야 할 필요성에 대한 인식이다. 그것은 일종의 대결 유예, 결정의 유예이다. 아마도 루스벨트의 뉴딜 정책이 그랬을 것이다. 그것은 결전의 일시적 유예였을 뿐 그럼에도 불구하고 불과 수

년 후 2차 세계대전과 함께 결전은 찾아왔다. 현재 상황에서 우리는 다시 한번 결전의 유예를 맞이하고 있는데 그것은 아마도 무한정 유지될 수는 없을 것이다.

두려움과 희망. 결전이 의미할 수 있는 것들에 대한 두려움. 즉 전쟁, 파시즘, 아울러 우리 세대에 많은 사람들이 탈출했던 공포들에 대한 두려움. 화폐는 우리 문명의 기초이다. 화폐의 취약성은 전체적인 생활 방식의 취약성이다. 우크라이나 전쟁은 그러한 생활 방식이 얼마나 쉽게 무너질 수 있는지를 보여주는 하나의 끔찍한 예일 뿐이다. 하지만 두려움만이 아니라 희망도 있다. 왜냐하면 우리는 자본가들과 그들의 정치적 대표자들 역시 결전을 두려워한다는 것을 알기 때문이다. 그들은, 좋은 사람들이기 때문이 아니라 쇠스랑이 그들에게 향해져서 그들의 자본을, 심지어 그들의 자본주의를 빼앗아 갈 수 있을 것이기 때문에 결전을 두려워한다.

이것은 사빠띠스따가 말하는 또르멘따tormenta, 즉 차츰 강해지는 폭풍의 이미지이다. 폭풍은 이미 여기에 있다. 신자유주의는 전후의 사회계약을 깨뜨려 버렸고 신자유주의 이전 시대에 살았던 사람들이 영원히 사라졌다고 생각했던 수준의 폭력을 도입했다. 노동조건에서의 폭력, 삶의 다른 형태를 파괴하는 것에서의 폭력, 치안 및 군사화 수준에서의 폭력, 여성 살해 폭력, 인종주의 폭력, 증가하는 권위주의 및 파시즘의 폭력 등이 그것이다. 자본주의는 공격성과 폭력의 증가를 특징으로 한다. 특히 세계의 특정한 부분에서 그러하다. 그럼에도 불구하고 여기에도 여전히 일종의 생활 양식이, 부채의 확대를 통한 위기의 연기에 의해 지탱되는 사회적 교착상태가, 지배자들의 두려움에 의해 추동되는 교착상태가 여전히 존재한다. 지금은 폭풍이 몰아치고 있지만 수평선에는 훨씬 더 큰 폭풍이, 지배자들의 두려움으로 인해 불분명한 형태를 띠고 있는 훨씬 더 큰 폭풍이 어른대고 있다. 그리고 우리의 질문은 이러하다 : 그들의 두려움이 우리의 희망인가?

취약성은 이행이 아니다.

취약성은 이행이 아니다. 바네겜이 말하듯이 "하나의 문명이 무너지고 다른 문명이 태어나고 있는 것"일 수도 있지만 분명한 것은 한 문명에서 다른 문명으로의 자동 이행은 없다는 것이다. 한 문명이 무너지고 거기에 아무런 문명도 태어나고 있지 않을 수도 있다. 새로운 세계는 오직 우리가 그것을 창출할 힘을 발견할 때에만 탄생할 것이다. 이것은 결정된 순서가 아니다. 즉 하나의 세계 체제에서 격변의 시기를 거쳐 다른 세계 체제로 이동하는 것이 아니다. 미리 결정된 결과는 전혀 없다. 그리고 분명한 것은 그것이, 폭풍이 끝날 때까지 숨어 있거나 다른 쪽으로 빠져나가기를 바라면서 (노아 스타일의) 밀봉 방주를 만드는 문제가 아니라는 것이다.

아마도 더 도움이 되는 것은 위기는 옛것이 죽어가고 있는데 아직 새것이 태어날 수 없다는 사실에 있다는 그람시의 생각이다. 그러나 다시 생각해 보면, 태어나기를 기다리는 미리 구성된 새로운 것은 존재하지 않는다. 취약성이라는 개념은 구세계가 죽어 가고 있지만 그 과정에는 우리 모두를 죽음으로 끌고 갈 실제적 가능성이 있다는 생각을 뒷받침해 준다. 그리고 다시 말하면, 새로운 세계는 우리가 그것을 창조할 수 있을 때에만 탄생할 것이다.

아마도 우리는 우리 자신이 권투 선수 중의 한 명이 되는 권투 시합을 생각해야 할 것이다. 지난 사십 년간에 걸친 신자유주의적 폭력 이후에 우리는 얻어맞아 피투성이가 되었다. 이길 가망성이 전혀 없어 보인다. 기껏해야 우리가 패배할 조건을 협상할 수 있을 것만 같다. 우리의 상대인 자본은 전능하고 천하무적인 것처럼 보인다. 그런데 다시 쳐다보면 우리는 그의 외모가 거짓이고 가상임을 알 수 있다. 그의 다리는 거의 넘어질 것처럼 비틀거리고 있다. 우리의 저항이 가한 손상 때문이다. 거짓, 가상적 외관은 우리에게서 모든 희망을 앗아갔다. 하지만 지금 우리는, 비록 우리가 틀림없이 얻어맞아 피투성이가 되었지만 여전히 희망이 있음을 본다.

지금은 그 어느 때보다도 야누스의 얼굴을 한 1월^{January}이다. 역사는 동시에 두 방향을 사납게 쳐다보고 있다. 취약성은 양방향을 가리킨다. 하나는 혼돈의 세계를 가리킨다. 만인에 대한 만인의 홉스식 전쟁을 가리킨다. 하나의 정체성이 다른 정체성을 학살하는 전쟁을 가리킨다. 그리고 또 하나는 상호 인정을 바탕으로 점차 더불어 사는 삶을 만들어 가는 해방된 세상을 가리킨다. 화폐는 우리가 끝까지 늘린 탄성 밴드와 같다. 그러나 아마도 우리 대부분은, 탄성 밴드가 끊어지는 지점까지 늘어나면 늘리는 사람을 아프게 하면서 도로 튈 수도 있고 툭 끊어져서 손가락을 자유롭게 할 수도 있다는 것을 경험을 통해 알고 있을 것이다.

화폐의 취약성은 가둠 체제의 취약성, 전체화하는 체제의 취약성이다. 자본은 우리 모두를 자신의 논리에 점점 더 깊이 빨아들이는 엄청난 구심력이다. 이 빨아들이기는 물질적 기초를 갖고 있다. 그것은, 우리가 이 논리에 빠져드는 것을 거부하면 우리가 굶어 죽는다는 것이다. 그러나 빨아들이기나 가둠 혹은 전체화의 이 과정은 취약하다. 그 과정은 실패할 수 있다. 그리고 어쩌면 그것은 이미 실패하고 있는지도 모른다. 세계 인구의 대다수에게 그 과정이 그들의 물질적 재생산을 보장하지 못한다는 것이 점점 더 분명해지고 있다는 의미에서 그 과정은 실패할 수 있다. 그리고 이 논리가 우리를 팬데믹으로 몰아넣으면서, 또 우크라이나와 다른 많은 곳에서 그렇듯이 우리를 전쟁으로 몰아넣으면서 생명을 파괴하고 있다는 것이 점점 더 명백해진다는 의미에서 그것은 실패할 수 있다. 그리고 또 그 과정은 통화 체제의 구심력이 더 이상 작동하지 않는다는 의미에서 실패할 수 있다. 이런저런 방식으로 빨아들이기는 약해졌다. 그리고 우리는 다른 방식으로 우리의 사회적 상호연결을 생각하도록 떠밀리고 있고 또 강제 받고 있다. 가둠이 약해지고 넘쳐흐름이 증가한다.

우리는 무리-풍요-저항-반란이다.

인류는 커다란 위험에 처해 있다. 화폐는 우리를 최후의 심연으로 몰아가고 있다. 이 동역학에서 어떻게 벗어날 수 있을까?

그것은 화폐의 논리와 그것의 결과에 대한 온갖 종류의 투쟁을 통해서 이루어져야 한다.[1] 문제는 이러한 투쟁이 일반적으로 화폐 자체에 대한 것이 아니라 화폐의 결과에 대한 것이라는 점이다. 화폐의 폐지는 상상할 수 없는 불가능성으로 다가온다. 화폐와 그것이 수반하는 것, 즉 이윤 추구라거나 삶의 점점 더 많은 측면의 화폐화는 우리의 활동을 계속적으로 매우 크게 규정한다.

사실 화폐는 보이는 것보다 훨씬 더 취약하다. 이 취약성을 구성하는 것은 우리의 풍요이다. 화폐의 응집력은 우리의 풍요의 넘쳐흐름에 직면

---

1. 아니트라 넬슨(Nelson 2022, 168)은 그 요점을 다음처럼 매우 명확하게 설명한다. "화폐적 활동에 대한 지지를 철회하는 것은 비화폐적이고 사회적으로 공정하고 정당하며 생태학적으로 지속 가능한 탈자본주의들을 창출하는 것과 함께 진행되어야 한다. 실행 가능하고 효과적인 비화폐 경제를 공동 창조하는 전략은 자본주의적 활동을 단번에 제거한다. 따라서 우리는 긴급 행동이 결정적인 때에 신속하고 건설적이며 심층적으로 행동할 수 있다. 우리는 바로 지금, 우리 주위에서, 직접적으로, 동시에 양방향으로, 다 함께 행동할 수 있다."

하고 그것에 의해 위협을 받는다.[2]

풍요는 우리의 생성 운동, 우리의 창조성의 펼쳐짐이다. 그것은 상품 형태에 의해 마구馬具-채워져-오용된다. 하지만 그것은 어긋난다. 그것은 상품 형태를 넘쳐흐른다. 그것은 자신이 부wealth로서, 화폐로서 곤궁해지는 것에 맞서 싸운다. 그것이 속해 있는 적대적 사회 외부에 어떤 순수도, 어떤 풍요도 없다. 마구-채워-오용하는-방식으로-형태화하는 사회 속의 풍요는 우리가 그것을 깨닫고 있든 아니든 간에 필연적으로 좌절된 풍요이다. 자본주의의 핵심적 적대는 좌절이다. 그것은 착취에서 가장 강렬하게 표현되는 좌절이다. 착취당하는 것은 다른 사람을 위한 잉여가치의 생산에, 또는 이 생산을 뒷받침하는 활동들에 우리의 삶과 시간을 바치도록 강요당하는 것이다.

풍요는 자기결정을 향한 추진력이다. '(우리의) 창조적 잠재력의 절대적 발현'은 오직 자기결정의 과정일 수 있을 뿐이다. 모든 창조는 사회적 과정의 일부이기 때문에 여기에는 개인적 결정뿐만 아니라 일반적으로 관련된 모든 사람들이 참여하는 토론 과정을 통해 이루어지는 모종의 집단적 자기결정도 포함된다. 달리 말해 그것은 모종의 공통적communal 과정이고 모종의 공통화communising의 과정이다. 하지만 그것은 지난 세기의 '공산주의'와는 백만 마일이나 떨어져 있다.

풍요-창조성은 그 자신이 화폐자본으로 오용되는 쪽으로 나아가지만 이와 동시에 그 화폐-오용에 좌절, 불만, 저항, 반항으로 대립한다. 이 대립은 종종 식별하기 어렵다. 왜냐하면 그것이 단순히 일상생활 속으로 사라지기 때문이다. 하지만 그것은 지배자의 두려움 속에, 규율을 강요하는 것의 점점 커져 가는 만성적 실패 속에 반영된다. "노동을 청산하라, 주

---

2. 달리 말해, 우리는 자본의 위기이다.

식을 청산하라, 농부를 청산하라, 부동산을 청산하라"라는 앤드루 멜론의 처방은 적어도 지난 사십 년 동안은 깡통을 길 아래로 걷어차는 것에 종속되어 왔다. 하지만 이것이 무한정 계속될 수 있을 것으로 보이지는 않는다. 민주주의(국가 민주주의)는 대립하는 의견들을 화폐의 지배를 가지고 화해시키려 한다. 하지만 그렇게 하는 데에는 대가가 따른다. 부채가 그것의 한계까지 늘어나는 것이다. 좌절된 풍요의 분노와 힘을 가두는 것이 점점 더 어려워지고 있다. 그 결과 국가들은 더 권위적인 구조와 관행을 향해 나아가고 있다.

자본주의의 파국에 직면한 지금은 우리의 마음이 춤출 때이다. 화폐는 우리를 재앙으로 몰아넣는다. 하지만 우리는 발걸음을 떼고 춤을 춘다. 우리는 그들의 문법과 논리를 깨기 위해 춤을 춘다. 우리의 풍요는 상품화되고, 부로-되고wealth-ified, 화폐화되고, 정체화된다. 그러나 완전히는 아니다. 화폐는 우리를 공격하지만 우리를 정복하지는 못한다. 우리의 풍요는 넘쳐흐르는 시이다. 우리의 문법은 다르다. 우리는 명사에 대항하는 동사이다. 우리는 마음들의 춤이다. 우리의 시-춤의 힘은 부채의 장기적 확장에서, 자본이 우리를 가치법칙 안에 가두는 데서 점점 더 어려움을 겪는 것에서 나타난다.

우리는 보통 사람들이다. 보통 사람들은 어긋난다. 그들은 자본의 프로크루스테스 침대에 끼워 맞춰지지 않는다. 이 어긋남은 우리가 살펴보았듯이 힘이 있다. 이 힘은 반항하는 자들the insubordinate의 힘일 뿐만 아니라, 비복종하는 자들the non-subordinate의 힘이기도 하다. 자본은 반란하는 자들, 활동가들, 공공연히 자본의 지배에 맞서 싸우는 사람들과 끊임없이 싸워야 한다. 또 자본은 비복종하는 자들, 자명종이 울리면 하품만 하고 다시 잠이 드는 사람들, 너무 우울하다고 직장을 그만두는 사람들, 일하러 가지 않고 자기 아이들과 노는 사람들, 수업을 빼먹고 자신들의 책, 바로 이 책을 들고 공원으로 가는 사람들 등을 자신의 논리 안에 가두기 위해 싸운다. 살아남기 위해 자본은 자신의 논리에 점점 더 많은 인간 활동이 종속되는 것을 필요로 한다. 부채의 만성적 팽창은 이것을 달성하는 데 자본이 큰 어려움을 겪고 있음을 나타낸다. 대규모 퇴직The Great Resignation, 즉 팬데믹 제한 규정이 종료되었는데도 수백만 명의 사람들이 직장으로 복귀하지 않고 있다는 사실은 비복종의 힘을 나타낸다.3

우리는 좌절한 풍요이다. 우리는 무리이다. 우리는 성난 무리이다. 그리고 그것은 놀랍다. 우리는 다시 헤겔로 돌아왔다. "무리는 부자들에 대항하는, 사회에 대항하는, 정부에 대항하는, 그리고 기타 등등에 대항하는 내적 분노라는 마음가짐이 빈곤과 결합되어 있을 때에만 생겨난다"(Hegel 1821/1952, 277). 우리는 그것을 약간 수정할 것이다. "무리는 부유한 자들에 대항하는, 사회에 대항하는, 정부에 대항하는, 그리고 기타 등등에 대항하는 내적 분노라는 마음가짐이 좌절된 풍요와 결합될 때에만 생겨난다." 그렇다. "부유한 자들에 대항하는, 사회에 대항하는, 정부에 대항하는, 그리고 기타 등등에 대항하는" 내적 분노와 결합된 좌절된 풍요. 다시 말해 화폐의 권력 위에 세워진 문명에 대한 내적 분노와 결합된 좌절된 풍요.

우리는 우리가 출발한 곳으로 되돌아왔다. 희망-분노가 그것이다. 그러나 분노는 위험하다. 우리는 위험한 세상에 놓여 있다. 우리는 우리가 통제할 수 없는 호랑이 위에 올라타려고 하고 있다.

---

3. " '대규모 퇴직'은 11월에 절정에 이르렀다. 빈 일자리가 많이 남아 있었음에도 450만 명의 미국인이 일자리를 떠났다. 이는 2000년 이후 가장 큰 수치이다. 이것은 미국만의 현상이 아니다. 젊은 사람들이 고된 일상에 등을 돌리는 중국의 '납작 눕기' 운동이 인기를 끌고 있다. 장시간 노동으로 널리 알려진 일본에서는 정부가 주 4일 근무제를 제안했다. 최근 마이크로소프트 설문 조사에 따르면 전 세계 노동 인력의 41%가 사직서 제출을 고려하고 있다. 코로나19 와중의 디지털 번아웃부터 고립감과 네트워크 상실감까지 그 이유는 다양하다"(『파이낸셜 타임스』 편집국, 2022년 2월 1일).

42

분노에서 존엄한 분노로,
라비아에서 디그나 라비아로.

세상은 더 이상 용인하지 않을 것이다···.

케인스

〈아바흐랄리 바스음존돌로〉는
항상 가난한 사람들의 분노가 여러 방향으로 흘러갈 수 있다고 경고했다.
우리는, 우리가 똑딱거리는 시한폭탄 위에 앉아 있다고 거듭해서 경고했다.

〈아바흐랄리 바스음존돌로〉

자본주의 자체와 그로부터 혜택을 받는 사람들의 부를 위해
쇠스랑이 튀어나오는 것은 시간문제일 뿐이다.

『파이낸셜 타임스』 사설

이제 내 눈에서 타오르는 불을 봐
내 입김에서 나는 악취를 맡아 봐
폭력을 느껴 봐, 폭력을
내게서 터져 나오는
조심해!
이젠 너무 늦었어
내가 경고했었지.

린튼 퀘지 존슨

화산 같은 분노. 그곳이 바로 희망에 대한 탐색이 우리를 데려온 곳이다. 더 이상 약속을 지킬 수 없는 체제에 대한 예측할 수 없는 억눌린 분노.

희망은 "세상은 더 이상 용인하지 않을 것"에 있다. 세상이 계속해서 화폐의 지배를 용인한다면 우리는 현재의 파괴와 미래의 재앙의 동역학 속으로 점점 더 깊이 빠져들게 될 것이기 때문이다. 이 체제에 대한 용인을 멈추는 것이 근본적으로 다른 세계에 대한 희망의 전제조건이다.

우리는 분노가 커지는 세상에 살고 있다. 이것은 팬데믹의 끔찍한 효과가 더욱 명백해짐에 따라 더욱 분명해질 것이다. 세계 인구의 상당 부분에게는 굶주림과 절망이라는 결과가 찾아왔다. 그리고 그 밖의 다른 사람들에게는 어떤 결과가 나타났는가?

바이러스가 확산됨에 따라 중앙은행은 세계 경제를 부양하기 위해 전 세계 경제에 9조 달러를 투입했다. 그 자극제의 대부분은 금융 시장에 들어간 후 거기에서 초부유층의 순자산 속으로 들어갔다. 전 세계 억만장자의 총 부는 12개월 만에 5조 달러 증가한 13조 달러가 되었다. 이것은 『포브스』지가 집계한 연간 억만장자 목록에 지금까지 등록된 것 중 가장 극적인 급증이다.[1]

점점 커지는 화산 같은 분노. 기존의 "중심"은 이 분노를 가두기가 점점 어려워지고 있음을 발견하고 있다.

세상은 더 이상 용인하지 않을 것이다. 이것이 최근 여성운동의 핵심에 놓

---

1. 『파이낸셜 타임스』 2021년 5월 14일 자에 실린 루치르 샤르마의 기사 「억만장자 붐 : 슈퍼 부자들이 코로나바이러스 현금을 어떻게 흡수했는가」에서 인용.

여 있다. 미투 : 여성(과 여타의 사람들)은 더 이상 어떤 형태의 성적 학대도 용인하지 않을 것이다. 무언의 수용과 공모라는 기존의 "중심"은 더 이상 작동하지 않는다. 여성의 분노가 그것을 뚫고 나아갔다.

세상은 더 이상 용인하지 않을 것이다. '흑인 생명은 중요하다'Black Lives Matter 운동은 흑인(및 여타의 사람들)이 사회적 정상성의 일부가 된 폭력과 차별의 수준을 더 이상 용인하지 않을 것이라고 선언한다.

세상은 더 이상 용인하지 않을 것이다. '멸종 반란'Extinction Rebellion이나 '미래를 위한 금요일'Fridays for Future 같은 운동들은 젊은이들(및 여타의 사람들)이 이전에 많은 사람들이 문제가 되지 않는다고 보았던 환경 파괴의 수준을 더 이상 용인하지 않을 것임을 분명히 했다.

화폐의 지배Rule of Money를 세상은 더 이상 용인하지 않을 것이다. 이것은 정식화하기가 더 어렵다. 하지만 지난 세기 동안에 화폐의 지배를 추동한 것이 두려움이었다는 것은 분명하다. 100년 전에는 이 '우리는 더 이상 용인하지 않을 것이다'가 좀 더 분명한 정식을 갖고 있었다. 공산주의 운동은 자본의 지배나 화폐의 지배를 우리는 더 이상 용인하지 않을 것이다라고 분명하게 말하고 있었다. 이른바 공산주의 국가들의 끔찍한 경험 이후에는, 이렇게 표현하기가 훨씬 어려워졌다. 그러나 그것이 결코 덜 긴급한 것은 아니다. 화폐의 지배는 인간 존엄성에 대한 일반화된 부정이다. 그것은 인간과 비인간 생명의 파괴이며, 절멸의 동역학이며, 우리를 종착역으로 데려가는 기차이다.

자본과 그 관리자들이 두려워하는 말인 '우리는 더 이상 화폐의 지배를 용인하지 않을 것이다'는 약속을 이행하지 않거나 이행할 수 없는 체제에 대한 점점 더 커지는, 때로는 분산된 분노의 형태로 존재한다. 그것은 세상의 커져 가는 분노 속에 존재하지만, 이 분노가 반드시 우리가 바라는 세상으로 우리를 데려가는 것은 아니다. 오히려 그것이 우리를 반대 방향으로 데려가는 것 같기도 하다. 〈아바흐랄리 바스음존돌로〉(이하 〈아바흐랄리〉)가 말했듯이 "가난한 사람들의 분노는 여러 방향으로 흘러갈 수 있다." 2008년의 금융 위기라는 사회적 재앙 이후, 그 분노는 희망적인 방향으로 흘러가는 듯했다. 특히 2011년에 그 분노는 아랍의 봄과 인디그나도스와 오큐파이 운동 등의 희망적 방향으로 표현되었다. 그러나 십 년이 지나면서 가장 눈에 띄는 분노의 표현은 우익으로 향하고 있다. 너무나 많은 국가에서 점점 성차별주의, 인종주의적 권위주의 정치가 부상했고 그것은 2021년 1월 미국 의회 점거 사건에서 우스꽝스럽고도 극적인 표현을 발견했다.

우리는 더 이상 용인하지 않을 것이다! 충분해! 이제는 그만! 이것은 분노의 세계다. 하지만 사빠띠스따가 선포한 존엄하고 정의로운 분노, 즉 디그나 라비아digna rabia와 우파에서 성장하고 있는 권위주의적이고 심지어 파시스트적인 분노 사이에는 큰 차이가 있다. "가난한 자의 분노가 여러 방향으로 흘러갈 수 있는" 이 세상 속으로 우리는 우리의 희망을 어떻게 투입할까? 분노에서 존엄한 분노로, 달리 말해 라비아rabia 에서 디그나 라비아digna rabia로 우리가 어떻게 이동할까? 세상을 가득 채우고 있는 이 분노가 우리의 분노, 우리의 희망-분노라고 우리가 어떻게 말할 수 있을까?

분노가 치솟아 흘러넘치는 세상에서 희망을 생각해 보라. 우리가 통제할 수 없는 호랑이를 우리가 어떻게 올라탈 것인가? 분노가, 인간의 존엄성에 대한 상호 인정과 다른 생명 형태들에 대한 존중을 기반으로 하는 세상으로 우리를 이끌 수 있는 방식으로 흐르도록 할 방법이 없을까?

우리의 출발점이 확실히, 현존하는 죽음과 파괴의 체제를 용인하기를 전적으로 거부하는 것이어야 한다는 사실은 적어도 이해 가능한 것이다. 쎄르지오 띠셜러(Tischler 2002)가 2001년의 9·11 파괴에 대한 논의에서 말했듯이, 우리가 불쾌하다고 여기는 행동과 입장에도 "유토피아적 핵심"이 있다. 이것은 1930년대에 에른스트 블로흐가 한 주장이었고 그 당시의 다른 비판적 이론가들과 구별되는 입장이었다. 그는 나치 파시즘의 발흥조차도 그 핵심에 비록 끔찍하게 왜곡되었다 할지라도 더 나은 세상을 향한 유토피아적 갈망을 갖고 있었다고 보았다.[2]

그렇지만 우파의 인종차별적이고 성차별적인 행동에서 어떤 "유토피아적 핵심"을 생각하기는 어렵다. 미국 의회를 점거한 트럼프 지지자 패거리에서 그런 것을 생각할 수 있는가? 또는 아룬다티 로이가 서술한바, 인도에서 팬데믹이 시작되었을 때 "델리 북동부의 노동계급 지역에서 무슬림을 공격한, 경찰의 지원을 받는 무장한 힌두교 자경단 무리"에서 그런 것을 생각할 수 있는가? 당시에 "집, 상점, 모스크, 그리고 학교가 불에 탔다. 공격을 예상하고 있던 무슬림들은 반격했다. 50명 이상의 무슬림과 일부 힌두교도가 사망했다. 수천 명이 지역 묘역에 있는 난민 캠프로 옮겼다."[3]

"가난한 사람들의 분노는 여러 방향으로 갈 수 있다." 2021년 7월 폭동의 와중에 발표된 그들의 성명에서 남아프리카공화국 판잣집 거주자 운동인 〈아바흐랄리 바스음존돌로〉는 다음과 같은 점을 발전시킨다.

많은 사람들은 구매할 수 있는 음식물이 더 이상 남아 있지 않을 것을 걱정한다. 많은 사람들은 폭동 때에 가져온 음식물을 모두 먹고 나면 훨씬 더 큰 굶주림이 오지 않을까 걱정한다. 사람들은 실업이 더 악화될 것이라고 걱정한다. 다른 사람들은 일부 사람들이 약탈한 술을 너무 많이 마

---

2. 그의 *Heritage of our Times*(Bloch 1936/1991)를 참조.
3. 『파이낸셜 타임스』 2020년 4월 3일 자에 실린 아룬다티 로이의 「팬데믹은 입구다.」.

시고 있기 때문에 판잣집에 불이 나지 않을까 두려워한다. 많은 짐바브웨 사람들은, 이런 것들이 짐바브웨에서 어떻게 붕괴가 시작되었는지를 생각나게 하고 있고 이제는 상황이 너무 나빠 집으로 돌아가는 것이 더 낫겠다고 말하고 있다.… 처음에는 온갖 유형의 가난한 사람들이 다 함께 음식을 먹고 있었다. 이제는 표면 아래에서 외국인 혐오적이고 종족적인 불평이 시작되고 있다. 외국인 혐오증과 부족주의가 나타나고 있다. 일부 사람들은 아프리카인과 인도인 사이에 부족 전쟁이 일어날 것을 우려하고 있다. 지역 〈아프리카민족회의〉ANC 조직들은 종종 소셜 미디어를 사용하여 분열을 장려하고 있다. 국가 인구의 42% 이상이 실업 상태에 있는 것은 정상적인 일이 아니다. 이렇게 높은 수준의 국가 부패가 있는 것은 정상적인 일이 아니다. 가난한 사람들이 국가와 지배 정당의 엄청난 폭력에 의해 지배되는 것은 정상일 수 없다.[4]

여기에 명확한 '이제는 그만! 우리는 더 이상 용인하지 않을 것이다'가 있다. 하지만 "이제는 표면 아래에서 외국인 혐오적이고 종족적인 불평이 시작되고 있다." 분열은 지배 정당인 〈아프리카민족회의〉에 의해 장려되지만, 외국인 혐오적 불평은 사람들 자신에게서 나온다. 외국인 혐오와 부족주의는 "표면 아래"에서 발생한다. 바탕이 되는 외국인 혐오증은 우리는 더 이상 용인하지 않을 것이다 속에 이미 들어 있다. 이 분석은 중요하다. 왜냐하면 그것이 우리에게 외국인 혐오를 반x정체성주의적으로 이해할 수 있는 방향을 가리키고 있기 때문이다. 그것은 짐바브웨 사람들을 공격하는 폭동자들이 (말하자면) 외국인 혐오자들이라는 것을 의미하지 않는다. 오

---

4. Abahlali baseMjondolo, 'KwaZulu-Natal and Gauteng Are Burning', 2021년 7월 13일, http://abahlali.org/node/17320.

히려 그것은, 그들의 저항과-반란 속에서도 그 표면 아래에 외국인 혐오와 종족적 불평이 존재한다는 것을 의미한다. 여기에서 반란적인 좌파와 반동적인 인종차별적 우파 사이를 나누는 단순한 구분 선은 없다. 오히려 이제는 그만! 자체의 분열증이 있을 뿐이다. 폭동 그 자체에는 반정체성주의적인 우리는 더 이상 용인하지 않을 것이다와 적을 짐바브웨인이나 흑인, 유대인이나 무슬림 등으로 나눠보는 정체성주의적 시각 사이의 자기-적대적인 긴장이 있다.

저항의 담론에서 우리는 좌파다, 우파다 식의 단순한 지도작성mapping에 익숙하다. 이 지도작성은 일반적으로 이데올로기적 또는 사회학적 구별에 의존한다. 예컨대 "그들은 권위주의적 종교 이념과 관행 속에서 성장했기 때문에 우파에 속한다.", 또는 "그들은 농민이거나 소부르주아 소상인이기 때문에 우파에 속한다." 등이 그것이다. 내가 여기서 제안하는 것은 우리가, 사람들이 누구인가 또는 그들이 어떤 생각을 갖고 있는가가 아니라 오히려 무엇이 사회적 분노의 흐름을 형성하는가에 초점을 맞춰야 한다는 것이다.

반정체성주의적 사고에 대한 이 책 전체의 강조는 반사회학적인 것으로 이해될 수 있다. 사회학은 사회에서 그들의 역할이나 위치에 따라 사람들을 정의하는 경향이 있다. 맑스주의는 종종 그런 의미에서 사회학으로 이해된다. 사회에서의 위치에 따라 사람들을 이해하려는 시도라는 것이다. 노동계급은 자본가계급, 소부르주아지, 룸펜 프롤레타리아트, '중간계급' 등등과 마찬가지로 정의된 위치이다. 그러한 분석에서 사회적 적대의 흐름은 배경으로 떨어진다. 여기에서 내가 제안해 온 것은, 우리가 마치 사람들의 사회적 지위가 고정된 어떤 것인 듯이 사람들의 사회적 지위에서 시작할 것이 아니라 우리의 상호 작용을 형성하는 적대의 사회적 흐름에서 출발하자는 것이었다. 우리가 자본 관계라고, 혹은 풍요와 상품 사이 또는 풍요와 화폐 사이의 관계라고, 혹은 구체적 행위와 추상노동 사이의 관계라고 일컬을 수 있는 어떤 적대에서 출발하자는 것이다. 이것은 우리 모두를 관통해 흐르는 적대이다. 그래서 우리 모두는 대중적 의미에서 찢겨 있고 자기 적대적이고 분열증적이다. 정체화한다는 것은 우리 자신의 어긋남을 억압하고 폐쇄를 강화하는 것이다. 아마도 파시즘의 부상에 대한 대응은 "파시스트 돼지들을 죽여라!"라기보다 "우리가 공유하는 자기 적대적인 분노의 표현을 돌릴 수 있는 어떤 방법이 있을까?"일 것이다.

우리는 다시 〈아바흐랄리〉의 말로 되돌아간다. "가난한 사람들의 분노는 여러 방향으로 갈 수 있다. … 이제 표면 아래에서 외국인 혐오적이고 종족적인 불평이 시작되고 있다. 외국인 혐오증과 부족주의가 다가오고 있다." 이것은 가난한 사람들 중 일부는 인종차별주의자들이고 다른 일부는 그렇지 않다고 우리에게 말하는 것이 아니다. 그렇게 말한다면 그것은 일부 가난한 사람들의 사회적 지위나 이해관계의 차이에는 주의를 기울이고 다른 사람들의 그것에는 주의를 기울이지 않는 설명일 것이다. 그보다 〈아바흐랄리〉의 설명은 우리가 사회관계의 상품화의 핵심적 양상이라고 생각했던 그 정체화하는 힘의 "표면 아래"의 저 일반적인 상호 침투를 고려하자는 설명이다. 결과적으로 애초의 저 '우리는 용인하지 않을 것이다'는, 실천 속에서 실제로는 그 용인할 수 없는 것을 강화하는 힘으로 변형된다. 애초의 반란의 저 "유토피아적 핵심"은 그와 반대되는 것으로 변형된다.

우리의 출발점이 절규, 가난한 사람들의 분노 또는 우리의 풍요의 좌절이라면, 이제 우리의 도전은 반정체성주의적 정치의 맥락에서, 정체화에 저항하고 그것을 넘어서는 정치의 맥락에서 생각하는 것이다. 저항은 종종 정체성주의적인 것으로 나타난다. 남성 억압에 대항하는 여성, 백인에 대항하는 흑인, 영국인에 대항하는 아일랜드인 등에서처럼.

그러나 좋은 정체성 같은 것은 없다. 외관상 '좋은' 정체성들(여성, 흑인, 원주민, 노동자)은, 그것들이 동시에 자신의 한계를 파열시키는 것으로 이해되지 않는 한, 외관상 '나쁜 정체성들'(남성, 백인, 자본가, 비원주민)만큼이나 우리를 울타리로 에워싼다. 확실히 차이점은 있는데 그것은 반란적인 정체성들(명백히 '좋은' 사람들)이 단순히 자신들의 한계를 넘어 파열할 가능성이 더 높다는 사실이다. 그 까닭은 그들의 긍정이 반란적 힘을 실어 나르기 때문이다.[5] 역의 성차별은 여전히 성차별이고, 역의 민족주의는 여전히 민족주의이며, 역의 인종차별은 여전히 인종주의이다. 모든 정체화는 사회적 관계의 흐름을 응고시키는 응고하기이며, 우리를 사회적 관계의 그 흐름에서 빼내는 오인이며 비진리이다. 파시즘은 모든 정체화에 내재된 폭력의 극단적 표현일 뿐이다. 아도르노가 말했듯이 "아우슈비츠는 순수한 정체성의 철학이 죽음임을 확인해 주었다"(Adorno 1966/1990, 362[1999]).

이 책의 주장은 풍요가 흐름으로, 생성으로 이해되어야 하지만 이 흐름은 그것이 상품과 화폐 형태 안에서-대항하며-그리고-넘어서 존재한다는 사실 때문에 차단되거나 응고되거나 포위되거나 정체화된다는 것이었다. 희망은 이러한 응고의 용해에 있다. '우파'의 분노와 우리의 분노 사이의 차이점은 그들의 분노는 응고되고 정의되는 반면 우리의

---

5. 부사령관 갈레아노는 아주 최근에 정체성에 대한 거의 모든 긍정이 폭력적이라고 주장했다. "그리고 우리는 정체성에 대한 거의 모든 긍정이 다른 정체성에 대한 전쟁 선언이라고 말할 수 있다. 나는 '거의'라고 말했다. 그리고 우리는 현재의 사빠띠스따로서 이 '거의'를 고수한다"('La travesía por la Vida. ¿A qué vamos?' July 2021. http://enlaceza-patista.ezln.org.mx/2021/06/27/la-travesia-por-lavida-a-que-vamos/). 그 거의는 흥미로우면서도 설명되지 않는다. 여기서 나의 주장은 어떤 거의도 없다는 것이다. 즉 정체성에 대한 모든 긍정은 폭력적이라는 것이다.

분노는 상호 인정을 향한 끊임없는 추진력이며 반反응고하기라는 것이다. 가장 끔찍한 상황에서조차 '적과 대화의 가능성이 없다'는 것은 있을 수 없다. 이것은 실존하는 응고의 끔찍한 힘을 부정하는 것이 아니라 희망의 투쟁이 그와는 반대 방향으로 가야 함을 시사하는 것이다. 그것은 누가가 아니라 어떻게의 문제이다. (국가와 같은) 정체화하는 조직 형태를 거부하고 집회assembly나 코뮌과 같은 반정체성주의적 형태를 향해 나아가는 것이다.

희망이 열리기 시작하는 것은 저항이 반란으로 넘쳐흐르는 만큼이며 서로 다른 억압을 연결하는connect 점들을 적어도 도식적으로라도 잇기join 시작하는 정도만큼이다. 운동들이 자신들이 저항하는 용인할 수 없는 것을 재생산하기 시작하는 것은 그것들이 그들 자신의 정체화 안에 갇히는 정도만큼이다.

'우리는 더 이상 용인하지 않을 것이다'의 넘쳐흐름과 분출은, 우리가 살펴보았듯이, 자본을 앞으로 추동시키는 두려움이다. 우리는 다른 두려움을 갖고 있다. '우리는 더 이상 용인하지 않을 것이다'가 정체성주의적 형태로 흘러들어서 그 용인할 수 없는 것을 재생산하고 강화하지 않을까 하는 두려움이다. 우리에게 이론적이고 실천적인 도전은 '우리는 더 이상 용인하지 않을 것이다' 속에서 정체성들을 넘어서 밀고 나아가는 힘이 되는 것이다.

반정체성주의 정치는 어긋남의 정치이다. 그것은 "아니요, 우리는 당신의 범주들에 끼워 맞춰지지 않습니다." 또는 "아니요, 우리는 당신의 범주들, 당신의 모든 범주들을 흘러넘칩니다."이다. 우리는 당신의 범주들을 넘쳐흐르고, 우리는 당신이 생각하는 곳에 있지 않으며, 우리는 당신이 우리를 놓아두었다고 생각하는 곳에 있지 않다. 왜냐하면 당신은 우리를 거기에 놓아두는 데 결코 성공하지 못했기 때문이다. 이번에는 근사할 정도로 명확한 사빠띠스따에게로 다시 돌아가 보자. 부사령관 갈레아노는 "삶을 위한 여행"Travesía por la Vida 6을 준비하던 중에 이렇게 말한다. "우리는 스페인 사람들에게로 가서 두 가지 간단한 사실을 말할 것이다. 하나는 당신들이 우리를 정복하지 못했다는 것, 즉 우리가 저항과 반란을 계속한다는 것이다."7

당신들은 우리를 정복하지 못했다. 우리는 계속해서 저항하고 반란한다. 그것이 바로 반정체성주의적 사고의 핵심이다. 당신들은 우리를 가두지 못했다. 우리는 계속해서 넘쳐흐른다. 당신들은 우리를 분류[계급화]하지 못했다. 우리는 우리의 분류[계급화]에, 우리를 노동계급으로 울타리 치는 것에 계속해서 저항하고 반란한다. 당신들은 우리를 정체화하지 못했다. 왜냐하면 반정체성(또는 비정체성)은 언제나 정체성의 작용 범위 밖에 있기 때문이다. 이것은 아도르노가 말한 것, 즉 "모순은 정체성의 양상 아래에 있는 비정체성이다."(Adorno 1966/1990, 5 [1999])이다. 모순의 정체성 양상은 우리가 정복되고, 분류[계급화]되고, 정체화된다는 것이다. 그러나 그 양상 아래에 우리가 계속해서 저항하고 반란한다는 진리가 있다. (비록 아도르노가 그것을 이런 용어로 표현하려고 하지는 않았지만 말이다.) 이것은 또 이탈리아 오뻬라이스따들의 반정체성주의적 뒤집기이다(불행히도 그들이 그것을 반정체성주의적인 것이라고 이해하지 못했지만 말이다8). 당신들 전통적인 맑스주의자들은 노동자들이 임금노동의 범주에

---

6. * 2020년 10월, 사빠띠스따 민족해방군은 「제6부 : 공해의 산」(Sexta parte : UNA MONTAÑA EN ALTA MAR)이라는 제목의 성명서를 통해 다섯 개의 대륙을 방문하는 "삶을 위한 여행"에 착수할 계획을 발표했다. 이 여행의 일환으로 2021년에 사빠띠스따들은 유럽을 방문했다. 다음 링크에서 성명서를 읽을 수 있다. https://enlacezapatista.ezln.org.mx/2020/10/05/sexta-parte-una-montana-en-alta-mar/.

7. 또 하나는 "당신들이 우리에게, 어떤 것을 용서해 달라고 요청할 이유는 전혀 없다."이다. EZLN, "Sexta Parte."

간혀 있는 것으로 이해한다. 하지만 그렇지 않다. 공장을 보라. 그리고 그들/우리가 노동이라는 바로 그 범주에 계속해서 저항하고 반란하는 것을 보라.

그리고 화폐에게도 이렇게 말할 수 있다. 너는 우리를 정복하지 못했다. 우리는 계속해서 저항하고 반란한다. 그리고 너, 화폐를 점점 더 취약해지는 세상으로 몰아넣는 것이 바로 이 저항과 반란이다. 이탈리아 오뻬라이스따들이 공장 관리와 테크놀로지가 통제를 위한 끊임없는 투쟁임을 밝힌 것처럼 우리는 화폐를 통제를 위한 끊임없는 투쟁으로 이해하려고 노력했다. 그것을 명령으로서 이해하려고 노력했을 뿐만 아니라[9] 지속적으로 문제가 되는 명령으로 이해하려고 노력했다.

반정체성주의적 사상은 희생자 역할을 하는 것을 거부하는 사상이다. "너는 우리를 정복하지 못했다. 우리는 계속해서 저항하고 반란한다." 결코 완결되지 못했던 스페인 정복자처럼 화폐의 정복도 결코 완결되지 못했다. 왜냐하면 우리가 저항하고 반란하기를 멈추지 않기 때문이다. 우리는 정복이라는 가정에서가 아니라 저항과–반란이라는 현실에서 이해하려고 노력한다.

너는 우리를 정복하지 못했다. 하지만 너는 분명히 우리를 공격했고 지금도 우리를 공격하고 있다. 아도르노의 비정체성은 놀랍도록 심오하고 자극적이지만 [이 공격을] 견뎌낼 수 없다. 그것은 반*anti*정체성이어야 한다. 적대적인 세계에서 정체성과 적대적인 관계로 존재하지 않는 비정체성을 상상하기는 어렵다. 자본은 침략이다. 우리는 저항하고 반란한다. 우리가 다른 세계를 만들고 대안을 만드는 것만이 아니다. 우리는 공격을 받

---

8. 『권력으로 세상을 바꿀 수 있는가』(갈무리, 2002)의 9장을 참조.
9. 명령으로서의 화폐에 대해서는 Marazzi 1995[1999].

고 있다. 그래서 우리는 저항하고 반란한다. 자본의 공격은 우리를 반[反]자본으로 만든다. 그 공격은 우리가 태어난 순간부터 우리를 안에서-대항하며-그리고-넘어서로서의 실존 속으로 밀어 넣었다. 자본이라는 범주, 화폐라는 범주가 희망을 생각하는 데 결정적인 역할을 하는 이유가 바로 이것이다. 희망은 대항-희망이다. 성차별주의에 대한, 인종차별주의에 대한, 지구 파괴에 대한, 어떤 방식으로건 자본주의적 신체(화폐라는 무자비한 심장을 가진 신체)와 결합된 저 모든 히드라의 머리에 대한 대항-희망이다. 화폐는 우리의 승리를 다시 수중에 넣어 자본의 논리 속으로 재통합시키는 무한히 유연한 가둠기container인 것처럼 보인다. 하지만 그렇지 않다. 왜냐하면 우리의 "너는 우리를 정복하지 못했다. 우리는 저항하고 반란한다."가 화폐 그 자체 속으로 들어가 그것을 취약하고 깨지기 쉬운 것으로 만들었기 때문이다.

43

풍요를 해방하라!

언제나 그렇듯이 책을 마무리 지을 때에는 똑같은 압박을 받는다. 답은 어디에 있는가? 이것은 희망에 관한 책이다. 그래서 당신의 행복한 결말은 어디에 있는가?

하지만 어떤 답도 없다. 어떤 답도 있을 수 없다. 어떤 답도 없어야 한다. 답은 닫힘이고 희망은 열림이다. 그리고 같은 이유로 행복한 것이든 그렇지 않은 것이든 어떤 결말도 없다. 기껏해야 시작이 있을 뿐이다.

어떤 답도 없고 오직 질문만 있다. 답의 정치는 질문의 정치와 상당히 다르다. 내가 당신에게 상황이 어떤지 말하겠다. 내가 당신에게 무엇을 해야 하는지 말하겠다. 내가 당신에게 말해야 하는 것에 귀를 기울여라. 반면 질문의 정치는 다른 방향으로 진행된다. 나는 모른다. 우리는 답을 갖고 있지 않다. 지금까지 수백 쪽에 달하는 나의 이야기에 귀 기울여주신 것에 감사드린다. 내가 꽤 많은 이야기를 했다는 것을 나는 안다. 나는 내가 생각하고 있는 것을 당신에게 말할 필요를 느꼈다. 하지만 나는 답을 갖고 있지 않다. 이제 당신이 말하고 싶은가? 이 책은 내 손을 벗어나고 있다. 당신은 이 책을 받아 들고 앉아서 그것에 관해 이야기하고 싶은가? 커피나 차를 마시면서? 아니면 마테[남아메리카의 차]를 마시면서? 또는 위스키를 한 모금 멋지게 마시면서?[2]

답의 정치는 우리를 계층적 구조로 이끈다. 그것은 조직 형태로서의 당the Party과 잘 들어맞는다. 질문의 정치는 우리의 견해들을 서로 토론하고 나누도록 초대하는 것이다. "나는 이것에 대해 많이 생각해 봤어. 하지만 나는 답을 모르겠어. 그러니 우리 함께 만나서 의견을 나누어 보는 것이 어때?" 이것이 집회, 평의회, 코뮌 혹은 소비에트의 정치. 이것이 반자본주의 투쟁이 시작된 이후에 계속해서 반복적으로 생겨난 또 다른, 매우 다른 조직 형태이다. 집회는 당the Party이 이용하는 효율적인 도구가 아니다. 그것은 느릴 수 있다. 그것은 조작될 수 있다. 하지만 그것은 상호 인정의 운동을, 타인의 존엄성을 존중하는 운동을 목표로 한다. 그것은 자본의 조직 형태와 대칭적이지 않을 것을 고집하는 결집의 형태이다. 반면에, 당은 하나의 군대가 다른 군대와 형태상에서 대칭적이듯이 효율성을 달성하기 위해 대칭성을 수용하는 조직 형태이다. 집회는 반정체성주의적 질문인 반면에 당은 정체성주의적 답이다. 집회는 공통하기인 반면 당은 공산주의를 창조하려는 시도이며, 끔찍한 폐쇄이다.

어떤 답도 없고 단지 질문만 있다. 그러나 경험, 영감, 이론, 제안도 있다. 혁명으로 가는 왕도는 없다. 단지 우리가 걸으면서 만들어내는 길들 paths만이 있을 뿐이다. 그러나 거기에는 과거에, 그리고 현재에 우리가 걸었고 걷는 다른 길들도 있다. 우리는 일부의 길은 우리를 잘못된 방향으로 이끄는 잘못 들어선 길임을 이해하도록 배웠다. 그 길에서 살다가 죽

---

1. 압둘라 외잘란의 *The Sociology of Freedom*에 붙인 나의 서론을 참조하라(Holloway 2020).

2. 마테와 위스키에 대한 언급은 반정체성주의적 투쟁 문제에 관해 나의 친구들인 알베르토 보네프, 루이스 메넨데스, 쎄르지오 띠쉴러와 함께 가진 매우 유용한 토론에서 나타났던 것이다. 그들에게 따뜻한 감사를 전한다.

은 사람들의 존엄성과 유산을 우리가 인정함에도 불구하고 우리는 "아니야, 그 길은 아니야."라고 말해야 한다. 가장 악명 높은 것은 국가이다. 국가를 통해 자본주의의 죽음의 동역학을 제거하려는 시도는 실패했다. 때때로 그 시도는 그 과정에서 끔찍한 권위주의적 사회를 만들었다. 아니다, 그렇다면 그 길은 아니다. 아무리 그 유혹이 강하더라도 말이다. 국가는 우리가 따라가야 할 유일한 길이라고 우리에게 말하는 데에 아무리 많은 에너지가 바쳐졌다고 하더라도 말이다. 아니다. 국가는 아니다. 아름답고 포장된 자동차 도로를 갖고 있지만 결국 예전 것과 거의 동일한 것에 이르고 마는 국가의 길은 아니다. 하지만 바로 그때 우리는 새로운 길을 만들기 위해 우리의 칼을 꺼내서 덤불을 자르고 우리의 길을 뚫어 내야 하는 과제를 떠맡게 된다. 그리고 우리가 지쳤을 때, 우리는 주위를 둘러본다. 거기에서 우리는 같은 희망의 길을 만들어 내는 데 참여하고 있는 다른 집단들을 본다. 이 책에서 매우 자주 인용되었고 큰 영감을 불러일으키는 사빠띠스따가 있다. 끔찍할 정도로 어려운 상황 속에서 도시와 농촌의 여성과 남성 사이, 다양한 종족 그룹들 사이의 관계를 변형시키면서 일을 꾸리는 창조적이고 공동적인 방식을 만들어 내는 쿠르드 운동이 있다. 지독한 빈곤을 존엄의 운동으로 바꾸고 있는 남아프리카공화국 판잣집 거주자들의 운동인 〈아바흐랄리 바스음존돌로〉가 있다. 이들은, 삼십 년 전에는 세계의 희망을 구현하는 것처럼 보였지만 일단 국가로 변모한 후에는 똑같이 낡은 억압을 재생산하고 오히려 이전보다 불평등을 더 키운 〈아프리카민족회의〉ANC에 맞서고 있다. (그래서 다시 말하지만, 그 길은 아니다. 국가의 길, 〈아프리카민족회의〉의 길, 스탈린의 길, 마오쩌둥의 길, 오르테가의 길, 마두로의 길, 모랄레스의 길은 아니다. 아니다. 그 길은 아니다). 그리고 물론 콜롬비아, 팔레스타인, 홍콩에는 칠레의 마푸체들과 같은 원주민들의 투쟁이나 반란들이 있다. 그 외에도 2020년 3월 8

일M8 여성 투쟁의 거대한 솟구침, '흑인 생명은 중요하다', 그리고 눈에 잘 띄지 않는 많고 많은 투쟁들이 있다. 그래서 덤불을 쪼아 우리의 길을 내다가 잠시 멈추고 주위를 둘러보면 우리는 엄청나게 많은 사람들이 때로는 모순된 방식으로 "너는 우리를 정복하지 못했다. 우리는 여전히 저항하고 반란한다."라고 말한 다음 그들이 "이제는 그만! 우리는 더 이상 용인하지 않을 거야."라고 덧붙이는 것을 본다. 그리고 일부의 사람들은 아마도 숨을 죽인 채, 혹은 아마도 숨을 죽이지 않고 다음과 같이 덧붙일 수 있을 것이다. "이제 내 눈에서 타오르는 불을 봐 / 내 입김에서 나는 악취를 맡아 봐 / 폭력을 느껴 봐, 폭력을 / 내게서 터져 나오는." 그러나 아니다. 그 길도 아니다. 우리는 우리에서 터져 나오는 폭력을 느끼지만 폭력의 세계를 만들고 싶지는 않다.3 우리가 원하는 것은 우리의 풍요를 해방하는 것이다.

풍요를 해방하라. 맑스의 『요강』에서 다시 저 아름다운 구절을 인용하는 것에 대해 사과하고 싶은 마음은 조금도 없다.

제한된 부르주아적 형식이 벗겨질 때, 부란 보편적 교환을 통해 창출된 인간적 필요, 능력, 쾌락, 생산력 등의 보편성 외의 다른 무엇일까? … [부란] 이전의 역사적 발전 이외의 어떤 전제도 없는 상태에서 [이루어진] 발전의 총체성 [외의 다른 무엇일 수 있는가?]. 다시 말해, 모든 인간적 능력의 발전을 (사전에 결정된 잣대에 따라 측정되는 어떤 것이 아니라) 그 자체 목적으로 만드는 인간의 창조적 잠재력의 절대적인 전개 [외의 다른 무엇일 수 있는가?]. 인간이 자신을 하나의 특수성으로 생산하지 않으면서 자신

---

3. 폭력 문제에 대해서는, 그들의 폭력과 우리들의 폭력에 대해서는 Doulos 2020을 참조하라.

의 총체성을 생산하는 곳은 어디인가? 자신이 이미 되어진 어떤 것으로 남아 있지 않고 절대적인 생성 운동 속에 있으려고 애쓰는 곳은 어디인가?(Marx 1857/1973 [2007], 488)

생성의 절대적인 움직임 속에 있는 것, 우리의 창조적 잠재력의 절대적인 작동을 살아내는 것. 그것은 하나의 갈망이고 꿈이다. 하지만 그것은 소망적 사고가 아니다. 그것이 소망적 사고가 아닌 이유는 우리가 무엇이 방해를 하고 있는지를 알고 있기 때문이다. 그것은 상품 형태, 그러니까 화폐 형태이다. 그것이 소망적 사고가 아닌 이유는 풍요가 화폐 형태에게 뭐라고 말하는지를 우리가 듣고 있기 때문이다. "너는 우리를 정복하지 못했다. 우리는 계속해서 저항하고 반란한다." 그리고 우리는, 이것이 화폐의 심장 속에 찔러 넣는 두려움도 듣는다. "세상이 더 이상 용인하지 않을 것이다."에 대한 두려움을 자신의 생각의 중심에 두었던 것은 케인스의 부르주아적 명석함이었다. 화폐의 역사는 그 두려움에 대해 화폐가 취한 대응의 역사이다. 대항하고-넘어서는 풍요의 추구는 무리에 대한 자본의 두려움 속에, "우리는 더 이상 용인하지 않을 것이다."에 대한 두려움 속에 반영된다. 우리는 우리가 꾸는 절대적 생성 운동의 꿈이 단순한 소망적 사고가 아님을 안다. 왜냐하면 우리는 그것이 적의 눈에 불러일으키는 두려움을 보기 때문이다.

희망의 주체는 가난이 아니라 풍요이다. 빈곤은 부정되고, 좌절되고, 가난해진 풍요이다. 희망의 주체는 화산처럼 좌절된 풍요, 대항-풍요, 우리의 생성 운동에 대한 수많은 방해물에 대항하여 반란하는 풍요이다. 방해물은 매우 많다. 성적 편견, 인종 차별, 제도적 규칙, 우리 자신의 행동과 사고방식의 실증화와 정체화, 부모, 경찰, 국경 등이 있다. 그것들은 분노가 치솟을 때 맞서 싸워야 할 방해물들이다. 하지만 각각의 방해물은 히드라의 다른 얼굴이다. 그것들은 우리가 히드라의 몸에까지 다다라 그것을 죽일 수 없는 한 재생될 가능성이 높다. 히드라의 몸은 안개에 가려져 우리가 거의 볼 수가 없다. 히드라의 몸은 화폐다. 이것이 웃음을 살 수 있을 이 책의 생각이자 추론된 주장이다. 그것이 우리의 이성적 희망 docta spes이다.

하지만 무자비한 히드라의 심장을 어떻게 타격할 수 있을까? 우리가 어떻게 화폐를 죽일 수 있을까? 그것의 논리를 깨고 그것의 문법을 깸으로써다. 넘쳐흐름으로써, 안에서-대항하며-넘어서 나아감으로써다. 아마도 그 괴물의 심장에 도달하는 가장 좋은 방법은 머리를 통하는 것일 것이다. 석어노 낭분산은 "화폐를 폐지하라!"라는 슬로건을 가지고 그 심장으로 곧장 돌진하는 반란을 상상하는 것은 어려울 것이다. 우리에게 있는 것은 히드라의 여러 머리들에 맞서 싸우는 수많은 운동들이다. 성차별주의, 인종차별주의, 경찰 폭력, 자연환경 파괴에 대항하여, 특정 정부의 폭력이나 무능에 대항하여 싸우는 운동들이다. 이 운동들 사이의 관계는 종종 모종의 선택적 친연성 또는 연대로 이해된다. 그러나 종종 우리는 여러 억압의 머리 뒤에 이 머리들을 만들어내는 힘이 있음을 지각한다. 지구 온난화 뒤에는 화폐의 치명적인 동역학, "축적하라! 축적하라!"가 있다. 경찰의 폭력이나 정치 지도자들의 잔인함 뒤에는 마찬가지로 집요한 이윤 추구가 있다. 이민 세대와 이주민들에 대한 학대 뒤에서 우리는 똑같이 잔인한 화폐의 힘을 발견한다. 인종차별과 성차별의 뒤에서도 동일한 것이 발견된다. 정체성을 만들어내는 사회적 연결고리로서의 화폐를 폐지하는 것이 완전한 답은 아닐지 모른다. 하지만 그것은 인간의 존엄을 상호 인정하는 사회를 창출하기 위해서는 반드시 필요한 전제조건이다. 중요한 것은 이 다양한 투쟁들을 제한된 것이라고 혹은 개량주의적인 것이라고 무시하는 것이 아니라 이미 이 운동들의 일부인 넘쳐흐르는 힘을 이해하는 것이다. 저항과-반란의 모든 운동은 정체성주의적 가둠 혹은 정의definition와 (그 가둠이나 정의의 핵심에 자리 잡고 있는 비열하고 무자비한 심장을 부수는, 인간의 삶에 대한 파괴를 야기시키는 힘인 화폐와 자본을 부수는) 반정체성주의적 넘쳐흐름 사이의 긴장이다. 그 심장에 도달하기 위해, 히드라를 죽이기 위해, 아마도 우리는 실존하는 다양한 투쟁들로부터의 저 넘쳐흐름을 따라가야 할 것이다. 최근 "삶을 위한 여행"에서 사빠띠스따가 내건 슬로건이 표현하고 있는 것처럼 원주민 운동에는 화폐에 대항하는 삶을 위한 투쟁이, 그것을 향한 분출이 있다. 쿠르드족의 투쟁은 예전에 그 안에 있었던 민족주의적 열망을 넘어선 지 오래되었다. "기후 변화가 아닌 체제 변화"를 위해 나아가자는 목소리는 지구 온난화에 대항하는 운동 속에서 뚜렷하게 표현되고 있다. 그리고 이런 것들은 더 많다. 아니트라 넬슨의 최근 저서 『화폐를 넘어서』(2022)는 특수한 운동 안에서의 논쟁이 어떻게 '짐승을 죽여라, 화폐를 폐지하라'의 근본적 시급성을 향한 문을 여는지를 보여주는 훌륭한 예이다.[4]

풍요를 해방하라! 저항과-반란의 모든 운동에 이미 존재하는 넘쳐흐름을 폭발시켜라. 이러한 넘쳐흐름은 띠쉴러와 블로흐가 언급한 유토피아적 핵심이며, 현재 사회에 대항하는 분노의 폭발에 현존하는 유토피아적 핵심이다. 문제는 이러한 넘쳐흐름이 매우 자주 정의definition의 벽에 가려져 있어서 이해하기가 매우 어렵다는 것이다. 외국인이라는 정의, 여성이라는 정의, 흑인이라는 정의, 동성애자라는 정의, 유대인이라는 정의, 무슬림이라는 정의 등등 말이다. 외설적이고 폭력적인 사회적 동역학에 대항하는 분노의 핵심에 도달하기 위해 이러한 벽을 돌파할 방법이 있을

---

4. 프리데리케 하버만의 책도 같은 방향을 지시하는 매우 중요한 노력이다. 그녀의 책은 경제, 즉 이코노미(economy)를 대신할 "이콤모니"(ecommony), 구축의 중요성을 강조한다. 무엇보다도 그녀의 책 *Ecommony*(2016)와 *Ausgetauscht*(2018)를 참조.

까? 핵심적 문제는 정의의 문제, 정체화의 문제이다. 잘못된 정의에 대항하는 올바른 정의가 문제인 것이 아니라 단순히 정의 그 자체가 문제이다. '좋은' 것이든 '나쁜' 것이든 모든 정의, 모든 정체화는 오인이다. 그것은 바람직할 뿐만 아니라 다분히 인간 생존의 전제조건이라 할 수 있는 존엄의 상호 인정에 대립하는 운동이다.

무리는 모순적인 무리, 자기 적대적인 무리이다. 그것은 여러 방향으로 향하는 분노의 흐름이다. 조프 만의 도발이 이 책을 관통하여 우르릉거린다. 당연하다. 그는 케인스가 무리들을 두려워했고 '좌파'의 상당 부분도 무리들을 두려워한다고 말한다. 자본의 위기 연기가 점점 어려워지면서 아마도 앞으로 수년 동안 우리는 불만의 수많은 폭발들을 보게 될 것이다. 어떤 것은 아룬다티 로이가 묘사한 바 있는 힌두교의 무슬림 학살과 같은 끔찍한 형태를 취할 것이다. 또 다른 것은 지난 이십여 년 동안 아르헨티나, 그리스, 칠레, 콜롬비아 및 기타 많은 곳에서 일어난 봉기처럼 더 나은 세상을 향한 길을 가리키는 형태를 취할 것이다. 두 경우 모두에서 우리는 '무리'에 대해 말할 수 있다. 하지만 무리는 분노의 모순적 흐름이다. 한편으로 그것은 무슬림, 외국인, 여성, 흑인, 백인 등의 정체화로 기우는 분노이다. 다른 한편으로 그것은 정체화에 대항하면서 상호 인정을 향하는 흐름이다. 정체화하고 있는 무리는 확실히 두려워질 수 있다. 하지만 상호 인정적 무리를 향한 경향은 포용되어야 한다. 우리는 이 모순된 흐름의 외부에 설 수 없고 또 그렇게 하지도 않는다. 우리가 시작한 희망-분노, 우리의 존엄한 분노는 점점 커지는 분노의 세계의 일부이다. 우리는 그것이 존재하지 않는 척할 수 없다. 우리는 우리가 그것의 일부가 아닌 척할 수 없다. 하지만 우리는 사회적 분노의 존엄화를 향해 한 방향으로 우리의 모든 몸무게를 내던질 수 있다.

여기에서 사회 조직의 문제가 결정적이다. 집회나 코뮌은 반정체성주의적 조직의 고전적인 형태이다. "나는 이렇게 생각합니다. 하지만 잘 모르 겠습니다. 당신은 어떻게 생각합니까?"라고 말하면서-듣는 운동이다. 그 것은 미리-정의된 선을 기초로 결집하는 것이 아니라 우리가 있는 곳을 기초로 결집하는 것이다. 우리가-있는-곳이 사는 곳(예컨대 파리 또는 와하까)이든 직장(대학 또는 공장)이든 혹은 모종의 공유된 활동(노래 부 르기 또는 체스 두기)이든 간에 말이다. 우리가-있는-곳을 기초로 하여 모인다는 것은 우리가 참가한 모든 사람들을 좋아하지 않을 수도 있고 또 심지어 그들에게 동의하지 않을 수도 있음을 의미한다. 그것은 그들의 유토피아적 핵심, 그들의 존엄, 그들의 고통, 그들의 꿈을 만지려고 노력한 다는 것을 의미한다. 그것은 우리인-나I-that-is-We와 나인-우리We-that-is-I의 상호 인정을 향해 손을 뻗친다는 것을 의미한다. 사빠띠스따나 쿠르 드 공동체의 구성원들이 모두 서로를 좋아하거나 서로 동의한다고 생각 할 이유는 없다. 하지만 공동체적 형태의 조직은 서로의 존엄을 인정하고 존중하는 실천을 의미한다. 집회는 풍요의 합류이다. 그것은 상품 교환, 화폐, 국가 그리고 법을 통해 확립되는 사회적 결속에 대립하는 사회적 결속의 구축이다.

우리는 사회적으로 결합하는 다른 방법을 절박하고 시급하게 필요로 한다. 즉, 사람들의 활동에 대한 의식적인 조정에 기초한, 그리고 우리의 모든 생각과 활동이 서로 넘쳐흐르는 방식에 대한 인정에 기초한 결속을 절박하고 시급하게 필요로 한다. 우리의 풍요들에 대한 의식적인 인정을, 그리고 그것들이 서로 관계하는 방식에 대한 의식적인 인정을 필요로 한 다. 화폐가 우리를 폐지하기 전에 화폐를 폐지하자. 행진을 멈추고 우리의 마음이 춤추게 하자.

44

모자라

지금은 저녁이다. 공원의 소녀는 한숨을 쉬며 자신의 책, 이 책을 내려놓는다. 배가 고프다. 그녀는 가방에서 비스킷을 꺼내 조금씩 깨물어 먹는다. 그러면서 그녀는 부사령관 갈레아노의 말을 생각한다. "희망은 비스킷과 같다. 당신이 당신 안에 그것을 갖고 있지 않으면 그것은 아무런 소용이 없다."

그러고 나서 그녀는 위를 쳐다본다. 괴물은 여전히 거기에 있다.

모자라, 모자라, 모자라

:: 감사

    감사의 말은 저자가 뒤집어쓴 거짓 가면을 벗기는 부분이기 때문에 쓰기 가장 어려운 부분이다. 이 책이 얼마나 밀도 깊게 집단적인가를 내가 깨닫는 순간, 그래서 바로 그 이유 때문에 이 책이 얼마나 간절하게 필요한 책인가를 깨닫는 순간 나의 이름이 책의 표지에 인쇄되기를 바라는 나의 허영심이 드러난다. 뒤섞이고 상호 연결된 감사의 소용돌이. 엘로이나 뻴라에스는 항상 그 소용돌이의 중심에 있다. 그녀는 나의 사랑 삶 영감이며 그리고 언제나 공허한 소망적 사고의 적이었다. 그녀는 언제나 또 다른 세계의 실천적이고 아름다운 창조를 향한 추진력이었다. 그리고 그녀는 먼저 에든버러에서 함께 가르치고 토론하고 생각하는 끝없는 대화의 추진력이었다. 그런데 그 후 지금 뿌에블라에서 지난 수년 동안 나는 이십 년 넘게 진행되어 온 주체성과 비판 이론에 대한 격주 세미나를 중심으로 수년 전의 투쟁에 의해 만들어지고 자본주의 안에서-대항하며-넘어서 생각하기로 결심한 동료와 학생들이 생산하고 재생산한 환경에 빠질 수 있는 큰 행운을 누렸다. 『자본』에 관한, 폭풍에 관한, 희망에 관한 강의, 멋진 학생들의 많은 석사 및 박사학위 논문들, 동료들과 학생들 및 오가는 사람들과의 기억이 흐릿할 정도의 토론 등도 그 행운의 일부이다. 그 중심에는 쎄르지오 띠쉴러, 페르난도 마타모로스, 알폰소 가르시아 벨라, 프란치스꼬 고메스 까르뻰떼이로, 에디쓰 곤살레스, 까떼리나 나시오까, 사그라리오 안따 마르띠네스, 빠나지오띠스 도울로스, 아시세 아슬란, 빠올라 꾸바스 바라간, 이네스 두란 마뚜떼, 마리오스 빠니에라

끼스, 라르스 스뚭베, 빗또리오 세르지, 마리오 쉐벨, 네스토르 로뻬스, 루이스 메넨데스, 알베르토 보네뜨, 리차드 건, 워너 본펠드, 에이드리언 와일딩, 도로떼아 핼린, 아나 디너스타인, 마르셀 스퇴츨러, 야비에르 빌라누에바, 로드리고 빠스꾸알, 데이비드 하비, 스튜어트 플랫을 비롯한 더 많은 사람들이 있다. 사람들이 방에 들어왔다가 나가고 다시 돌아오는 대화가 있다. 동의, 차이, 때로는 다툼과 화해를 통해 상호 인정을 향해 나아가는 대화가 있다. 그중 많은 사람들이 초기의 초고에 귀중한 의견을 주었다. 이들에게 깊이 감사드린다. 플루토 출판사의 데이비드 캐슬과 다른 사람들에게도 감사드린다. 비판적이고 반자본주의적인 학생들과 더불어 비판적이고 반자본주의적인 토론을 할 수 있었던 훌륭한 장소인 뿌에블라의 베네메리따 자율대학Benemérita Universidad Autónoma의 알폰소 벨레스 뻴리에고 〈인문사회과학 연구소〉의 소장들이었던 알폰소 뻴리에고, 로베르또 뻴리에고, 프란치스꼬 벨레스 뻴리에고, 아구스띤 그라얄레스, 그리고 지금의 소장인 쥬쎕뻬 로 브룻또에게 그들의 매우 적극적이고 장기적인 지원에 대해 깊은 감사를 드린다. 그리고 나는 돌아가신 분들에게도 감사를 드리고 싶다. 때로는 끔찍한 억압하에서 다른 세계는 가능하다고 말하는 것에 자신의 목숨을 바친 사람들에게도 감사드리고 싶다. 내가 결코 만난 적이 없지만 희망을 생각하는 데 자신의 일생을 바침으로써 나와 다른 많은 사람들을 위해 완전히 새로운 사유의 세계를 열어준 에른스트 블로흐에게 특별한 감사를 드리고 싶다. 그리고 자신들의 저항과 반란으로 자본주의를 무너뜨릴 수 있는 희망을 살아 있게 하고 그것에 활력을 불어넣고 있는 살아 있는 사람들에게도 감사드리고 싶다. 사빠띠스따, 쿠르드 운동, 〈아바흐랄리〉, 그리고 '아니요'라고 말하면서 불가능한 가능성들을 만들어 내고 있는 다른 수많은 어긋나는자들misfitters에게 깊은 감사를 드리고 싶은 것은 물론이다. 또 더 이상 어린아이가-아닌-어린아이인 아이단 홀러웨이, 안나-마에브 홀러웨이, 마리아나 홀러웨이를 생각하지 않고서, 그리고 나의 손자 콘스탄티노스를 생각하지 않고서 희망을 생각할 수 있는 길은 물론 전혀 없다. 그리고 또 안또니오 오르티스, 마르타 아발로스, 마리안느 마르샹에게, 그리고 폭넓은 가족 지원과 토론에 감사드린다. 그리고 이 책을 읽고 그것을 모종의 생각-행위로 가져가는 사랑하는 독자 여러분께 감사드린다. 그 외의 더 많은 사람들에게도 감사드린다. 나의 감사는 이 책처럼 '모자라'Not Enough로 끝날 뿐 마침표로 끝날 수 없다

:: 옮긴이 후기

    존 홀러웨이의 *Hope in Hopeless Times* (London : Pluto, 2022)를 번역하기 시작한 것이 2022년 말이니 거의 2년여가 소요되었다. 영문 원제의 뜻은 "희망 없는 시대의 희망"으로 절망스러움과 희망이 교차하는 역설의 장을 보여준다. 홀러웨이에게서 절망스러움과 희망은 유물론적 근거를 갖고 있다. 그것은 화폐 관계인데 화폐 지배의 확대가 절망이라면 그것의 가상화가 갖는 취약성이 희망이다. 그런데 그 취약성을 이용하여 희망을 실현할 힘은 무엇인가? 저자는 이 책의 7부에서 이 문제를 집중적으로 다룬다. 나는 이 부의 절정인 37장과 38장에 등장하는 폭풍과 불의 이미지를 연결하여 책의 제목을 『폭풍 다음에 불』로 바꾸고 "희망 없는 시대의 희망"을 부제로 놓았다. 저자는 벤야민의 「역사철학 테제」에 등장하는 진보의 폭풍, 사빠띠스따의 또르멘따tormenta에서 폭풍의 이미지를 가져오고 있다. 그것은 위기의 이미지다. 그리고 그는 우리가 위기의 희생자에 그치는 것이 아니라 그 위기의 잠재적 주체라고 보면서 폭풍이 불로 이어질 것임을 시사한다. 더 강력한 위기, 불의 위기가 닥친다면 어떻게 할까? 『폭풍 다음에 불』은, 위기가 끝날 때까지 숨어 있는 노아 스타일의 방주로 더 이상 대처할 수 없는 거대한 위기의 필연성과 그 속에 내장된 무리의 잠재력에 대해 생각하게 하는 책이다.

한국에서 홀러웨이 번역과 수용의 역사

존 홀러웨이는 유럽과 라틴아메리카에서 저명하고 중요한 저자이다. 그는 지금까지 한국에서 그만큼의 주목을 받지는 못했다. 하지만 한국에서도 그의 정치철학의 중요성에 대한 자각은 점점 커져 왔다. 얼마 전 안산에 있는 대안공간 〈책방 들락날락〉 번역 모임은 존 홀러웨이가 지하드 하미와 가진 인터뷰를 번역해 소개했다.[1] 이것은 대중적 수준에서 홀러웨이에 대한 관심이 커져 가고 있음을 시사한다. 학술적 수준에서도 주목할 수 있는 예가 있다. 스미다 소이치로의 『국가에 대항하는 마르크스』(정성진·서성광 옮김, 산지니, 2024)가 번역·출판된 것이 그것이다. 이 책은 영어권에서는 홀러웨이가 주도했던 국가도출론을 적극적으로 옹호하면서 '정치의 타율성'이라는 주제하에 맑스 국가비판론의 계보학을 전개하는 책이다. 『폭풍 다음에 불』은 이러한 움직임 중의 하나일 것이다. 이 책으로 홀러웨이 주저인 삼부작이 모두 번역되었으므로 이 시점에서 존 홀러웨이 사상이 한국에 수용되어 온 과정을 살펴보고 또 그의 사상이 우리에게 어떤 의미를 갖는지 짚어보려고 한다.

돌아보면, 한국에 존 홀러웨이가 소개된 지는 꽤 오래되었다. 약 사십 년 전인 1985년에, 홀러웨이가 솔 피치오토와 함께 편집한 『국가와 자본』(청사)이 김정현 번역으로 출판되었다. 이 책의 원서는 *State and Capital*(London : Edward Arnold, 1978)인데, 독일에서 전개된 국가도출론을 영국에 소개하고 영국의 지적·실천적 맥락 속에 적용하기 위해 편집된 책이다. 국가의 파생성을 강조한 이 책이 한국에 소개된 것은 당시 신식민지국가독점자본주의론, 식민지반봉건사회론, 종속이론 등 국가체제 및 국

---

1. 존 홀러웨이·지하드 하미, 「[번역] 희망이 사라진 시대에 희망을 품는다는 것 : 존 홀러웨이와의 인터뷰」, 책방 들락날락 번역모임 옮김, 『책방 들락날락 뉴스레터』 4호, 2022년 5월 6일 수정, 2024년 10월 12일 접속, https://comeandgoansan.wordpress.com/2022/03/14/번역-희망이-사라진-시대에-희망을-품는다는-것-존-홀/.

가 간 체제를 중심에 놓는 이론들이 경합하며 사회운동의 흐름을 만들어 가던 시대 분위기에 비추어 보면 이질적인 것으로 지금의 관점에서는 시기상조로 느껴질 정도이다. 하지만 이 책의 편집자 서문인 「유물론적 국가론의 전개」가 같은 해에 『국가란 무엇인가』(임영일·이성형 편역, 까치, 1985)에서 「국가도출론: 이론사적 배경과 그 내용」으로 제목을 바꾸어 번역된 것을 보면, 당시 한국 학계가 밀리반드-폴란차스 논쟁에 대한 비판적 시각의 하나로 국가도출론을 진지하게 검토했던 것이 아닌가 생각된다.

국가도출론은 국가를 자본 관계의 한 형태로 보기 때문에, 국가가 상대적 자율성을 갖는다는 폴란차스의 구조주의적 시각과는 구분된다. 국가도출론의 관점에서 폴란차스의 정치적 자율성론은, 국가는 자본가계급이 사용하는 지배 도구에 불과하다는 밀리반드의 도구주의적 입장과 같은 전제를 공유하고 있는 것으로 평가된다. 국가도출론의 관점에서 보면 정치적 범주인 국가는 경제적 범주인 상품, 화폐 등과 마찬가지로 자본 관계 속에서 계급투쟁이 취하는 형태이기 때문에, 자본 관계가 왜 경제적 형태와 정치적 형태로 분리되는가를 비판적으로 분석하는 것이 유물론적 국가론에서 중요하다. 그런데 구조주의나 도구주의는 국가를 상대적으로 자율적인 것으로 보건 계급에 도구적인 것으로 보건 자본 관계 외부의 어떤 것으로 취급한다는 점에서 공통적이다.

다소 추상적인 이 논리를 이해를 위해 실천적 수준에서 조금 더 단순하게 적용해 보면 다음과 같을 것이다. 밀리반드의 생각은, 현존 국가는 자본가계급의 도구이므로, 프롤레타리아가 혁명을 통해 국가를 장악해서 사회주의의 도구로 사용할 수 있다는 것이다. 폴란차스의 생각은 자본주의 속에서도 국가는 상대적으로 자율적이기 때문에 사회주의로의 이행 이전에도 프롤레타리아에게 유리한 방향으로 국가를 고쳐 사용할 수 있다는 것이다. 같은 방식으로 풀어보면 국가도출론과 홀러웨이의 생각은 국가는 자본 관계의 형태이므로, 자본주의를 벗어나기 위해서는 자본 관계를 폐지하는 혁명을 통해 그 관계의 다른 형태인 국가형태를 소멸시키는 것이 필요하다는 결론에 이른다.

내가 보기에 한국의 좌파적 사회운동과 사회이론은 1980년대까지는 압도적으로 밀리반드적인 사고에 이끌렸고, 1987년 항쟁과 개혁을 거친 1990년대 이후에는 폴란차스적인 사고에 큰 영향을 받아 왔다. 그러나 이러한 사고들의 영향력은 결코 완벽하지 않았으며, 개혁주의 정치가 실험되고 그것의 모순과 한계가 경험되기 시작한 1990년대 말 이후부터는 홀러웨이적인 사고가 지배적 패러다임에 도전하는 저항의 정치철학으로 활성화되어 가고 있는 것으로 판단된다.

내가 존 홀러웨이를 번역하기 시작한 것은 김대중 정권의 탄생으로 이어진 1997~8년 IMF 경제 위기의 원인을 이해하고 대안을 찾으려는 노력의 일환이었다. 수배 중인 상태에서 필명으로 번역한 책이 존 홀러웨이와 워너 본펠드가 편저한 『신자유주의와 화폐의 정치』(이원영 옮김, 갈무리, 1999)로, 원제는 *Global Capital, National State and the Politics of Money* (Basingstoke : Macmillan Press, 1995)였다. 원제는 화폐 정치가 지구적 자본과 국민국가라는 두 가지 형태로 나타나는 양상에 초점을 맞추고 있지만, 한국어 제목은 당시 한국에서 주요 이슈였던 신자유주의와 화폐 정치의 관계에 초점을 맞추었다. 이 책의 6장에 실린 자신의 논문에서 존 홀러웨이는 국가가 사회적 관계의 형식임을 강조하고, 민족국가들을 사회관계들의 지구적 총체성의 한 형태로 정의한다. 그는 신자유주의적 공격에 맞선 사회복지 논의에서, 일국 사회주의나 국가발전 사회주의, 국가개혁주의 같은 "국가의 개혁"이 대안이 될 수 없다고 주장하며, 자본의 지배를 약화시키고 불완전하게 만드는 아래로부터의 저항에 주목해야 한다고 말한다. 이러한 관점은 신자유주의 틀 속에서 진행되었던 김대중 정부 및 그 이후의 개혁 정부들이 가진 한계에 주목하고 더 나아간 대안을 성찰하도록 촉구하는 역할을 했다.

『신자유주의와 화폐의 정치』 번역 작업에서 나타난 나의 관심은 1994년에 신자유주의에 맞서 멕시코 치아빠스주에서 일어난 사빠띠스따 투쟁과 연결되어 있었다. 이 책이 출간되기 한 해 전에 번역·출판한 『사빠띠스따』(이원영·서창현 옮김, 갈무리, 1998)가 바로 그 예다. 같은 해에 한국 노동운동의 일부에서 사빠띠스따와 존 홀러웨이를 주목한 것도 의미가 깊다. 〈전태일을 따르는 민주노조운동연구소〉가 편역한 『신자유주의와 세계민중운동』(한울)에 존 홀러웨이의 글 "The Concept of Power and the Zapatistas"(*Common Sense* #19, June 1996)가 「권력의 새로운 개념」이라는 제목으로, 사빠띠스따 부사령관 마르꼬스의 글 「제4차 세계대전이 시작되었다」와 함께 실려 있다. 이 글에서 존 홀러웨이는 국가권력 개념이 환상에 불과하며, 국가권력을 장악하는 것은 실질적인 권력을 장악하는 것이 아니라고 비판한다. 그는 국가권력 장악을 명시적으로 거부한 사빠띠스따처럼, 국가권력을 장악하지 않고도 세상을 바꿀 수 있는 방법을 찾아야 한다고 주장한다.

지금까지 살펴보았듯이 2000년 이전에 홀러웨이는 편저자나 개별 논문의 집필자로서 단편적인 모습으로 소개되었다. 이와 달리 2000년 이후에는 그 자신이 "삼부작"이라 부르는 세 권의 단행본 전작을 통해 그의 고유한 사상의 전모가 소개된다. 『권력으로 세상을 바꿀 수 있는가』(영어판 2002/한국어판 2002), 『크랙 캐피털리즘』(2010/2013), 그리고 이 책 『폭풍 다음에 불 : 희망 없는 시대의 희망』(2022/2024)이 그것이다.

존 홀러웨이는 스코틀랜드의 에든버러 대학에서 정치학을 가르치다가, 1991년에 멕시코로 건너가 사빠띠스따 봉기가 일어나기 직전인 1993년에 멕시코 베네메리따 뿌에블라 자치대학 인문사회과학 연구소에 자리를 잡았다. 1994년 이후 사빠띠스따의 경험은 그의 글쓰기에 큰 변화를 가져왔다. 이전의 학술적 글쓰기에서 시적이고 감성적인 글쓰기로의 변화다. 마이클 하트는 『폭풍 다음에 불』에 대한 추천사에서 "존 홀러웨이는 복잡하고 학문적인 논쟁들을 놀라울 정도로 읽기 쉬운 산문으로 풀어내는 뛰어난 재능을 가지고 있다."라고 썼는데, 그의 문체 변화는 "읽기 쉬운 산문"이라고 표현하는 것만으로는 충분치 않은 깊은 변화였다. 이성이 정동과 결합되어 이제 정동이 이성적으로 말하는 듯한 느낌을 주기 때문이다. 사빠띠스따 부사령관 마르꼬스의 글쓰기를 마술적 리얼리즘으로 부르기도 하는데, 홀러웨이의 글에서도 그런 요소가 뚜렷하게 느껴진다. 『폭풍 다음에 불』에 나오는 표현을 빌리자면, 그의 책은 "이성적 희망"의 언어가 "춤추는" 무대라고 할 수 있다.

그의 삼부작 중 첫 번째 책인 *Change the World Without Taking Power*(London : Pluto, 2002)는 영어본과 거의 동시인 2002년에 『권력으로 세상을 바꿀 수 있는가』(조정환 옮김, 갈무리)로 출간되었다. 영어본이 출간되기 훨씬 전에 존 홀러웨이가 단면 출력된 두 권의 두꺼운 원고 책을 소포로 보내주어 일찍 번역에 착수할 수 있었던 덕이다. 삼부작 중의 다른 두 책과 달리 이 책은 강독 세미나를 통한 협동 번역이라는 실험적인 방법으로 번역되었다. 나의 주도하에서 각자가 준비해 온 번역을 소리 내어 함께 읽으면서 한 문장 한 문장 수정하는 방식이었다. 이 책의 협동 번역 팀인 @Theoria에는 〈다중문화공간 WAB〉의 여러 회원들이 참가했는데 토론을 곁들인 이 협동적 읽기-번역의 과정은 매우 유용한 지적 공통되기의 방법이었다고 생각한다.

이 책에 조금 앞서 출간된 네그리·하트의 『제국』이 격렬한 반응을 불러일으켰던 것과는 달리 『권력으로 세상을 바꿀 수 있는가』에 대한 반응은 잔잔한 것이었다. 『제국』은 체제변화(전 지구적 주권체제)의 동역학을 분석하고 다중이라는 새로운 주체성의 윤곽을 그려내어 현 체제와 대안적 힘에 대한 어떤 '긍정적 앎'을 제공했다. 『권력으로 세상을 바꿀 수 있는가』는 이와 달리 지향력power-to을 바탕으로 해서 지배력power-over에 대해 비판하고 저항할 것을 주장하고 지금까지 좌파가 꿈꾸었던 국가권력 장악이 실제로 꿈에 지나지 않으며 국가권력 장악 없이 세상을 바꾸어야 한다고 주장하면서도 혁명이 절박하지만 우리가 혁명이 무엇인지를 아직 알지는 못한다고 끝맺어 독자에게 어떤 '과제'를 제시한다. 그것은 홀러웨이의 철학적 방법론이기도 했는데, "태초에 절규가 있었다"며 시작한 이 책은 자본에 대한 노동의 투쟁보다 노동에 대한 자본의 의존성에 주의를 기울이고 앎에 기초한 대답보다 알지 못함에 기초한 질문에서 혁명의 길을 찾도록 권유하기 때문이다. 이 책 전반에 걸쳐 절규는 시작일 뿐만 아니라 영속적 에너지로 제시된다. 그가 80세가 다가오는 지금, "걸으면서 묻기"를 통해 길을 찾는 "반자본주의 비판이론 센터"를 만들고 있는 것도 아마도 이런 생각의 연속이 아닐까 짐작된다.

하지만 그의 생각이 연속되는 것만은 아니다. 삼부작이 완성되기까지의 20년 사이에 미세한 차이가 엿보인다. 『권력으로 세상을 바꿀 수 있는가』로부터 8년(한국어판을 기준으로는 11년) 뒤에 출간된 『크랙 캐피털리즘』(조정환 옮김, 갈무리, 2013)에서 홀러웨이의 억양이 미세하게 달라지는 것을 느낄 수 있다. 절규에서 균열로의 초점 이동이 그것이다. 앞의 책에서 질문으로 남겨 두었던, 혁명의 길과 방법에 대한 제시가 강하게 나타난다. 균열을 통한 틈새혁명. 이런 점에 주목하여 나는 이 책의 부제를 "균열혁명의 멜로디"라고 붙였다. 이 책에서는 이전의 지향력이 존엄, 행위, 생산력 등의 이름으로 변주되면서 좀 더 적극적인 어조를 갖는다. 이 책의 집필과 출간이 2007~8년의 서브프라임 모기지 위기와 2011년 전 지구적 반란 사이에 놓여 있는 것에 유의할 필요가 있다. 그는 자본의 이 위기 속에서 행위의 힘을 읽어 냈다. 그는 31장의 제목을 「우리는 아마도, 자본주의의 위기, 우리의 행위할-힘의 비순응적-넘쳐흐름, 다른 세계의 돌파일 것이다.」로 달고 있는데, 2011년의 전 지구적 반란은 홀러웨이의 사유 맥락 속에서는 그 "우리의 넘쳐흐름"의 좀 더 가시적인 출현으로 이해될 수 있을 것이다.

한국에서 이 책에 대한 반응도 역시 잔잔했지만 새로운 세대들이 홀러웨이의 말에 귀를 기울이기 시작한 흔적이 역력하게 나타나기 시작했다. 예컨대 이 책은 2013년 서울의 네 개 대학 생활도서관과 〈시민행성〉이 함께 뽑은 '올해의 인문학 도서'에 선정되었고 또 부산의 〈인디고서원〉에서는 이 책을 '2013년 2월의 추천도서'로 선정했다. 그럼에도 불구하고 이 책은 아직, 이미 읽힌 책으로보다는 앞으로 읽힐 책으로 남아 있다고 생각된다.

『크랙 캐피털리즘』의 마지막 장에 나오는 "우리의 행위할-힘의 비순응적 넘쳐흐름"이 이 책『폭풍 다음에 불』의 기저에 깔린 출발 개념이자 핵심 개념이다. 절규는 균열을 거쳐 희망으로 이동한다. 앞 두 책에서 부정변증법의 테오도어 아도르노의 호흡이 강하다면 이 책에서는 에른스트 블로흐의 호흡이 강하게 나타난다. 첫 두 책을 이끌었던 지향력은 이제 부wealth 속에서-대항하며-넘어서는 풍요richness의 힘으로 나타난다. 그가 좀체 쓰지 않았던 주체성의 이름도 비록 그림자 형태로이긴 하지만 윤곽을 드러낸다. 무리rabble가 그것이다. 때때로 떼mob와 혼용되기도 하는 이것은 생산의 적극적positive 주체성인 다중multitude과는 달리 소극적negative 주체성의 이름이지만 자본이 항상적으로 두려워하며 자본주의 위기 속에서 부정적 형태로 자신의 힘을 드러내는 강력한 힘으로 서술된다.

우리 사회에서 태극기-분노와 촛불-분노로 갈라져 표면화되고 있는 두 가닥의 분노가 홀러웨이의 관점에서 보면 모두 경향을 달리하는 무리일 것이다. 이들은 바이러스의 확산, 빙하의 붕괴, 인구 소멸, 전쟁의 분출 등과 같은 멸종적 상황에서 서로 다른 방향을 가리키며 운동하고 있다. 다른 한편에서 이 무리의 지성을 인공지능이라는 이름으로 포획하여 산업화하는 자본화의 경향 역시 가속되고 있다. 이런 상황을 타개해 나갈 수 있는 방안으로 홀러웨이는 집회assembly, 코뮌, 소비에트와 같은 비정체화하는 조직 형태들에 주목할 것을 요구한다. 다행스럽게도 마이클 하트가 1970년대를 중심으로 이러한 조직 형태의 발전 과정을 분석한 책(『전복적 70년대』)을 내놓아서 우리는 홀러웨이의 요청에 접근할 디딤돌 하나를 갖게 되었다. 여전히 정체성주의적인 당 형태가 지배하고 있는 현실에서, 또 무리들 일부도 인종주의, 성차별주의와 같은 정체화로 이끌리는 현실에서 이러한 비정체화하는 조직 형태들을 실질화하려면 무엇이 필요할까? 이것이 『폭풍 다음에 불』이 우리에게 던지는 질문이다.

『폭풍 다음에 불』의 몇 가지 핵심 개념과 번역어에 대해

홀러웨이는 독창적 생각을 전개하는 철학자들이 그렇듯이 자신의 생각을 표현하기 위해 새로운 말을 만들어 쓰거나 (특히 일상어에) 새로운 뜻을 불어넣는 방식으로 작업한다. 그래서 효과적인 번역어의 선택이 그의 생각에 접근하는 열쇠가 되는 경우가 많다. 그의 정치철학에 접근해 갈 수 있는 몇 가지 핵심 개념을 번역어 선택과의 관계 속에서 살펴보는 것이 유익한 이유가 여기에 있다. 내가 선택한 것은 (1)풍요-넘쳐흐름-(2)어긋남-비복종-무리-저항-(3)대항희망-밖에섬으로 이어지는 개념 계열이다. 이 계열에 내가 붙인 번호들은 자본 관계 (1)안에서-(2)대항하며-(3)넘어서의 각 국면을 쉽게 구분해 보기 위한 것이다.

풍요-넘쳐흐름

『폭풍 다음에 불: 희망 없는 시대의 희망』의 메시지를 한 문장으로 표현하라면 이 책의 모두어로 인쇄되어 있는 "화폐는 가둔다. 풍요는 넘쳐흐른다."일 것이다. 『권력으로 세상을 바꿀 수 있는가』에서 부정의 절규를 출발점으로 삼았던 홀러웨이가 균열을 거쳐 도달한 곳이 바로 이 풍요다. 풍요는 대항의 힘으로 나타나지만 그 대항은 풍요에 내재하는 넘쳐흐름의 힘의 한 표현 방식이다. 나는 이 말에서 네그리나 들뢰즈의 존재론적 퓌상스puissance, 즉 잠재력 개념의 기운을 느낀다. 물론 홀러웨이는 열린 맑스주의의 주창자답게 네그리나 들뢰즈가 아니라 맑스에게서 이 말의 원천 개념을 찾아낸다. 그 원천의 하나는 "부르주아적 형식이 벗겨진 부"는 "보편적 교환을 통해 창출된 인간적 필요, 능력, 쾌락, 생산력 등의 보편성", "인간의 창조적 잠재력의 절대적 전개", "절대적 생성 운동"과 다르지 않다고 말한 『정치경제학 비판 요강』의 맑스다. 그리고 또 하나는 『자본』의 맑스다. 주지하다시피 맑스는 『자본』의 첫 문장에서 "자본주의적 생산양식이 지배하는 사회의 풍요는 '상품의 거대한 축적'으로 나타난다."고 썼는데 홀러웨이는 맑스가 이 문장에서 상품사회에서 "부"로 축적되는 것이 다름 아닌 "풍요"임을 명시했다고 해석한다.

번역본으로 『자본』을 접한 우리에게 이 문장에서 "풍요"라는 단어의 자리에는 대개 "부"라는 단어가 들어가 있어 혼란스럽게 느껴진다. 맑스가 사용한 독일어 원어는 Reichtum이다. 홀러웨이는 독일어 Reichtum을 대개의 영문에서 사용된 wealth로 번역하지 않고 richness로 번역한다. 이런 독해 전략을 통해 wealth를 부르주아적 형식의 "부"로, richness를 부르주아적 형식이 벗겨진 "풍요"로 해석하는 개념 분할이 성립하는 것이다. 명사로 쓰일 때(Reich) 나라, 제국 등을 의미하게 되는 독일어 형용사 reich는 어원적으로 power(ful)을 함축하고 있다. 이 때문에 reich는 넘쳐흐르는 힘을 지시하기에 적절한 용어다. 그래서 나는 이것을 우리말 "부"가 아니라 "풍요"라고 옮겼다. 어원적으로 부유할 富^부자는 넉넉함이 집 안에 가두어진 모양(즉 곳간의 풍요)를 가리킨다. 반면 풍년 豊^풍자는 그릇 위에 가득 담긴 음식이 넘칠 것 같은 형상을 가리키고 넉넉할 饒^요도 먹을 것이 넘치는 모습을 의미하기 때문이다. 풍부, 풍성 등 풍요와 결합된 넘쳐흐름의 언어들은 드물지 않다. 이 풍요는 홀러웨이에게서 존재론적 역량을 지칭하는 용어로 사용된다. 삼부작의 전작^{前作}들에 등장하는 그의 개념인 지향력, 행위, 창조력, 생산력 등도 이제 이 풍요의 속성으로 규정할 수 있을 것이다. 이 때문에 이 한글본에서 "부"는 풍요의 동의어가 아니라 의미상 반의어에 가까움을 주의할 필요가 있다.

어긋남-비복종-무리-저항

1 대 99로 부와 빈곤이 대립하고 있는 양극화된 신자유주의 사회를 오래 겪고 있는 우리에게 부에 대립하는 것이 빈곤이 아니라 풍요라고 말한다면 다소 생뚱맞을 수 있겠다. 그런데 우리가 사는 세상에 한숨, 불만, 분노, 항의가 풍성하다는 점을 부인하기는 어렵다. 홀러웨이는 이 넘쳐나는 절규와 부정을, 풍요가 대항의 형태로, 즉 지배력에 맞서는 방식으로 나타나는 양상으로 이해한다. 이런 의미에서 풍요는 지배력과 지배질서에 "어긋나고" 있다. 이때 홀러웨이가 사용하는 단어가 "misfit"이다. 우리말로 '들어맞지 않는다'는 정도의 뜻을 가지고 있고 사전에서 '부적응'의 의미로 새겨지는 이 단어를 "어긋나다"로 번역한 데는 이유가 있다. 홀러웨이가 자주, 그리고 일관되게 사용하는 이 용어를 맑스의 편위^{clinamen} 개념과 연결시키는 것이 좋겠다는 생각에서였다. '비적응', '비순응' 같은 사회

학적·정치학적 술어보다 원자론적이고 물리학적인 의미를 담고 있는 '어긋나다'가 이 말을 표현하는 데 더 적절하지 않은가라는 판단에서였다.

어긋남은 적극적인 저항으로 발전하기 전에도 여러 형태로 드러난다. 적극적인 반항insubordination과 불복종disobedience 이전에도 존재하는 다양한 비복종non-subordination의 행동들이 그것이다. 권력자의 연설을 외면하거나 일터에서 컴퓨터 게임을 하다가 감독관이 들어오면 일하는 것처럼 화면을 전환하는 행동, 주류 신문들을 구독하지 않거나 그들의 방송 채널을 건너뛰는 행동 등이 그것이다. 저자는 『폭풍 다음에 불』 같은 책을 읽기 위해 공원으로 책을 들고 나가는 행동도 그 예의 하나로 든다. 이렇게 함으로써 홀러웨이는 어긋남의 영역을 매우 폭넓게 정의한다. 이러한 어긋남과 비복종은 집회, 시위, 반란 등의 적극적 어긋남의 행동으로 발전할 수도 있고 그렇지 않을 수도 있다. 소극적 어긋남인 이 비복종의 개념을 통해 우리는 일상 속의 작은 저항들이 갖는 의미를 인식할 수 있게 된다.

반항과 비복종을 구분하고, 반항만이 아니라 비복종에도 주목하는 이러한 관점 속에서 보면, 이 책에 등장하는 "rabble"이라는 용어는 주의를 요한다. 대부분의 사전에서 rabble은 '오합지졸', '어중이떠중이' 등 경멸적인 의미로 정의된다. 그러나 이 책에서는 rabble이 자본에 두려움을 주고 구조 변화를 촉진하는 주체성으로 등장하며, 거기에는 어떤 경멸적인 의미도 포함되어 있지 않다. 사전에서 rabble은 폭력적이고 질서를 어지럽히는 집단, 즉 '폭도'를 가리키는 경우도 많다. 하지만 이 책에서의 rabble은 반드시 폭력과 결합되는 어휘가 아니다. 저자가 눈에 띄는 반항뿐만 아니라 은밀한 비복종의 주체성을 나타내기 위해서도 이 용어를 사용하기 때문이다. 그래서 나는 "rabble"을 지배에 맞서는 적극적 반항과 소극적 비복종을 아우르는 의미에서 "무리"라고 번역했다. 이미 우리 사회에

널리 인지된 다중multitude과 홀러웨이의 이 무리rabble 개념의 정치철학적 함의를 비교하는 것은 흥미로운 과제가 될 것으로 보인다.

밖에-섬, 넘어섬, 그리고 대항-희망

어긋남은 지배력과의 관계 속에서 자신이 놓인 자리와 질서에서 벗어나는 움직임이다. 이 점에서 어긋남은 루크레티우스가 말한 원자의 예측할 수 없는 궤도 이탈과 통한다. 그것은 어떤 질서 속에서 주어진 자아의 자리에 가두어지는 것이 아니라 그 밖으로 나아가는 운동이다. 홀러웨이는 이것을 표현하기 위해 삼부작의 첫 작품인 『권력으로 세상을 바꿀 수 있는가』에서부터 "ec-stacy"리는 개념을 시용해 왔다. 이전의 번역에서 나는 이것을 "무아"라고 번역했다. 『폭풍 다음에 불』에서 ec-stacy의 함의에 미묘한 변화가 감지된다. 그것은 이 책이 밖으로 넘쳐흐름에 대한 강한 모색을 표현하고 있는 데서 온다. 그래서 이 책에서는 이것을 의도적으로 (자아) "밖에-섬"으로 옮겼다. 그렇게 하는 것이 이 책에서 강조된 넘어-섬 beyond과 더 잘 어울리는 것으로 보였기 때문이다. 희망은 이 넘어섬의 운동인데 그것은 밖에-섬을 수반하는 적극적 반항이나 저항으로 나아갈 뿐만 아니라 편재적인 비복종으로 나타나기도 한다. 홀러웨이가 희망은 대항-희망이라고 말할 때 그 대항은 이 여러 차원을 포함한다.

대개 비가시적이라서 사례화하기 힘든 비복종의 현장과는 별도로 홀러웨이는 이 대항-희망의 사례적 현장으로 오큐파이 운동이나 사빠띠스따 봉기, 쿠르드 봉기, 〈아바흐랄리 바스음존돌로〉로, 3월 8일M8 운동, '흑인 생명은 중요하다'BLM 운동 등과 같은 표면화된 투쟁 형태들을 든다. 그런데 그가 드는 또 다른 현장이 있다. 그것은 가상자본화된 신용세계, 즉 자본의 금융화 그 자체이다. 실제로 희망론을 전개하는 이 책의 6부와 7부에서 홀러웨이가 가장 중시하는 대항-희망의 현장은 가상적으로 팽창하는 신용세계의 취약성이다.

어째서 신용세계는 취약하고 또 대항-희망의 현장이 될 수 있는가? 가치로부터 화폐의 분리를 함의하는 신용 확장과 양적 완화가 자본에게 피할 수 없는 운명으로 강제되는 것은 다름 아닌 무리에 대한 두려움 때문이기 때문이다. 실업자를 비롯한 무리들이 화폐에 접근할 수 있도록 양적 완화를 하는 이유는, 그렇게 하지 않으면 그들이 질서를 뒤엎을 것에 대한 두려움 때문이라는 것이다. 이것은 국가형태의 강화를 요구한다. 왜냐하면 양적 완화는 가상화된 신용에 대한 국가의 보증력을 필요로 하기 때문이다. 이렇게 국가는 가상화폐를 무리들에게 뿌림으로써 체제의 안전을 도모한다. 물론 이 과정에서 양극화는 청산되기는커녕 오히려 심화된다. 무리들에게 뿌리는 화폐와는 비교할 수 없을 정도로 더 많은 화폐를 은행을 비롯한 대자본가에게 뿌리기 때문이다. 화폐를 가치로부터 유리시키면서 더욱 불건전하게 만드는 이 예방 조치는 무리들의 미시적인 비복종과 거시적인 반항의 잠재력에 대한 자본의 선제적 대응 방식이라고 할 수 있을 것이다.

이러한 서술은 오래전에 존 홀러웨이가 워너 본펠드와 함께 편저한 『신자유주의와 화폐의 정치』의 핵심 주장 중의 하나와 연결된다. 그것은, 1970년대 자본의 금융화가 1968년 혁명에서 등장한 저항적 노동 주체성으로부터 자본이 도피하는 방식이었다는 주장이다. 이 주장은 1930년대 이후의 케인스주의가 1917년 혁명에서 등장하고 1929년 공황 속에 잠재한 혁명적 프롤레타리아 주체성을 체제 내로 포섭하기 위한 방식이었다는 안또니오 네그리의 연구를 이어받은 것이다. 이렇게 명시적으로 저항적인 무리와 비가시적인 비복종적 무리에 쫓겨 점점 가상화하면서 자본은, 홀러웨이가 알랭 리피에츠의 이미지를 빌려와 우리에게 제시하듯이, 절벽 끝에 도달한 후에 밑 없는 허공을 향해 계속 걸어가는 만화 캐릭터의 행동을 금융 무대에서 연출한다. 그 캐릭터의 행동이 우스꽝스러운 것은 그것이 우리로 하여금 자신이 믿고 선 세계가 발밑에서 갑자기 꺼져 내려 추락하는 순간을 상상하게 하기 때문이다. 이처럼 홀러웨이가 보는 가상화된 신용의 세계는 취약해질 대로 취약해진 낡은 질서다. 그 취약함은 무리의 힘이 부정적 형태 속에서 나타나는 방식이다. 홀러웨이는 "우리, 무리가 너희의 위기이고 세계의 미래다"라고 말하면서 자본 관계에 복종하기를 집단적으로 멈추고 다른 세계를 향한 비복종과 불복종의 조직화를 시작하자고 제안한다.

존 홀러웨이의 희망론과 섭정의 문제

세월호 사건에서 촉발된 2014~2017년의 장기 촛불집회는 대통령 박근혜의 파면을 가져왔다. 거리에서 '무리'의 퇴진 투쟁이 의회를 매개로 대통령에 대한 탄핵에 성공한 것이다. 그리고 2017년 5월 9일 대선을 통해 촛불정부를 자임한 문재인 정부로의 정권 교체가 이루어졌다. 나는 2017년 5월에 출간한 『절대민주주의』의 한 장에서 이 사건을 다중의 절대민주주의적 섭정의 한 사례로 분석했다. 당시 나는 '섭정'을, "중심에서 질서를 잡아가는 것이 아니라, 이리저리 흩어지는 소산의 과정 속에서 어렴풋하게 새로운 질서의 윤곽이 드러나도록 만드는 것"으로, 혹은 비슷한 말이지만 "담당 주체를 바꾸면서 권력을 실체화하는 방향으로 나아가기보다 운동들과 투쟁들의 확산하는 연결망을 통해, 새로운 권력의 윤곽이 아래로부터의 투쟁의 그림자로서 나타나게 하고, 실체로서의 권력 기구들을 그것에 종속시키는 것"[2]으로 서술했다.

---

2. 조정환, 『절대민주주의』, 갈무리, 2017, 193쪽.

칠 년이 지난 지금 서울시청을 비롯한 전국 각지에서는 윤석열 정권의 퇴진을 주장하면서 의회를 향해 윤석열 대통령에 대한 탄핵을 촉구하는 거리 투쟁이 〈촛불행동〉, 〈비상시국대회〉 등의 이름으로 전개되고 있다. 아직 법률적 의미의 탄핵은 이루어지지 않았지만 20% 수준으로 떨어진 낮은 지지율은 정치권력이 파면에 준하는 상태에 처했음을 지표로서 보여주고 있는 것으로 읽힌다. 2016~17년에 1천만 명이 넘는 무리의 집결을 통해 권력을 뒤흔들고 압도했던 적극적 섭정 운동이 지금은 그보다 훨씬 적은 수의 집결로도 실효를 보이고 있는 것일까? 2016~17년의 섭정 경험이 이미 섭정의 경로를 열어 놓았기 때문일까? 아래로부터의 '탄핵명령'은 '퇴진', '타도'의 주장을 배경으로 이전보다 뚜렷하게 정식화되어 있다.

이미 말했듯이 존 홀러웨이의 정치철학은 거시적인 투쟁들(저항, 반항, 반란)을 무시하지 않으면서도 절규, 비복종 같은 미시적 투쟁의 힘과 그것이 자본 관계에 가져오는 균열 효과에 초점을 맞추는 방식으로 서술된다. 그의 정치철학은 아래로부터 섭정의 '전략'이 가능하고 또 필요하다는 생각을 명시적으로 지지하는 것으로 읽히지는 않는다. 오히려 섭정의 전략이 국가형태에 힘을 보태 자본 관계를 지속시키는 조력자가 될 가능성을 우려할 수도 있을 것으로 보인다. 하지만 그의 정치철학이 섭정의 전략에 문을 닫아 버리는 것은 아니다. 왜냐하면 마지막 장에서 그는, 공원에서 자신의 책 『폭풍 다음에 불: 희망 없는 시대의 희망』을 읽고 나서 고개를 들어 위를 쳐다보다가 거기에 여전히 괴물이 있음을 발견하는 한 소녀의 한숨을 그린 후 "모자라. 모자라. 모자라"라고 마침표도 찍지 않은 채 글을 끝맺고 있기 때문이다. 물음과 탐구는 계속된다. 그래서 나는 여기서 다중의 절대민주주의적 섭정 구상에 홀러웨이 정치철학이 던지는 함의에 대해 간단히 생각해 보고자 한다. 그리고 그 결론을 미리 말하자면 홀러웨이의 정치철학은 무리-다중의 절대민주주의적 섭정 전략을 정초하는 데 풍부한 밑거름을 제공한다는 것이다.

그 밑거름의 첫 번째는 국가권력을 장악하지 않고 세상을 바꾸라는 그의 명제가 무리-다중의 절대민주주의의 근본 명제여야 한다는 점에서 주어진다. 섭정력은 피섭정의 집정체에서 독립해 있어야 하며 그것과 하나가 되어서는 안 된다. 무리-다중과 국가의 관계가 그렇다. 무리-다중은 국가권력을 장악하는 순간 동일성의 힘으로 전화되어 하나의 정체성으로 응고되기 시작한다. 이때부터 무리-다중은 국가와 다를 수 있는 힘을, 그리고 무엇보다도 자기와 다를 수 있는 힘을 상실한다. 다시 말해 다중은 세상을 바꾸는 차이의 힘이 아니라 국가를 지키는 동질성의 권력으로 전화한다. 그 결과 다중은 다국가 체제의 세계 속에서 다른 국가 및 국민들과 경쟁하고 전쟁하는 국민으로 쉽게 전화한다. 국민으로의 퇴락은 무리-다중의 자기부정이다.

그런데 지금 우리의 촛불운동 속에 너무나 강한 국가애가, 국가권력을 장악하려는 너무 강한 충동이 꿈틀거리고 있는 것은 아닐까? 그것은 분명히 우리 촛불의 한 요소로 남아 있다. 애국주의와 국가주의가 촛불 섭정 운동의 한 요소로 움직이고 있다. 이것은 우리의 촛불운동이 국가형태와 연접하여 국가를 중심으로 하는 정체성주의적 동력으로 전화할 위험이 있음을 시사한다. 그것은 무리-다중의 섭정력을 침식하여 무력화할 수 있는 위험 요소이다. 하지만 우리의 촛불에는 국가형태의 존재 이유인 이윤 체제 대신에 생명을 우선시하고 전쟁 대신에 평화를 옹호하며 수직적 위계제 대신에 수평적 네트워크를 선호하고 정체성보다 공통성을 확대하는 강한 전통과 경향이 있다. "대~한민국" 구호 속에서 세계인과 연대했던 붉은악마의 경험이 있다.[3] 이것은 국가형태 속에서 국가형태를 넘

---

3. 이에 대해서는 조정환, 『제국의 석양, 촛불의 시간』, 갈무리, 2003, 137~159쪽에 실린

어설 수 있는 잠재력이다. 그것은 국가기관과 국가권력을 초과하며 국가형태를 넘쳐흐르는 풍요와 과잉의 힘이다.

홀러웨이의 정치철학이 섭정의 정치에 제공하는 두 번째 밑거름은 섭정의 편재성에 대한 인식이다. 섭정이 의식적으로 시도되기도 전에 이미 아래로부터 '무리'의 섭정이 진행되고 있다는 인식이다. 홀러웨이의 생각을 섭정론의 관점에서 읽어보자. 그는 케인스주의와 사회국가는 무리의 봉기력에 대한 두려움의 산물이고 신자유주의적 금융화와 신용 확장 역시 무리에 대한 두려움의 연속이라고 말한다. 케인스주의에서 신자유주의에 걸친 자본의 재구조화가 금을 대신하여 신용을 보증할 국가권력을 강화시켰지만 그것이 오히려 자본의 취약성을 극단화시키고 있는 일종의 역설적 과정이라는 것이다. 나는 이것이야말로 무리의 '그림자 섭정'에 대한 서술이라고 생각한다. 무리는 그것의 잠재력으로 체제와 자기를 계속 주어진 질서 밖으로 밀어붙인다. 이것은 루이 보나파르트를 취약함의 극단으로 몰고 갔던 맑스의 두더지 섭정에 대한 서술을 다른 상황 속에서 연속하는 것이다. 맑스는 『루이 보나파르트 브뤼메르 18일』에서 "너 두더지여, 잘도 팠구나!"라고 말하는데, 홀러웨이는 "너 무리여, 잘도 다스렸구나!"라고 말하고 있기 때문이다. 이 그림자 섭정은 자본 관계의 취약화와 해체를 향한 일종의 '부정적 섭정'으로 나타난다. 그리고 그것은 자본과 국가가 가장 강한 것으로 보일 때조차 작동하고 있는 무리-다중의 편재하는 섭정이다.

홀러웨이의 희망론이 섭정론에 제공하는 세 번째 밑거름은 섭정은 대항-섭정이라는 주장이다. 국가권력을 넘쳐흐르는 풍요의 섭정은 넘쳐흐르기를 멈추고 응고하면서 정체화하려는 경직과 마비의 경향과의 긴장된

「붉은악마」 현상 속의 근대성과 탈근대성」 참조.

대결을 통해 전개된다. 앞서 첫 번째 밑거름에서 언급한 독립성도 흐름의 독립성, 비정체화의 독립성, 그리고… 그리고… 의 독립성이다. 그것은 결코 특정한 정체성의 독립성이 아니다. 대항은 늘 새로운 열림, 새로운 시작이다. 절규, 풍자, 항의, 타도는 풍요의 대항적 넘쳐흐름의 양상들이다. 이런 의미에서 대항은 새로운 열림의 입구이자 출구이다. 홀러웨이가 희망을 대항-희망이라고 거듭해서 말하는 이유는 여기에 있다.

마지막으로 나는 여기에 섭정이 다중의 상상적 기획이며 공통적인 것의 긍정적 지시이고 넘쳐흐름의 새로운 방향 제시라는 점을 덧붙이고 싶다. 신학적 용어를 가져와 보면 섭정은 탈신비주의적 의미에서의 '섭리'의 실현이다. 섭리를 뜻하는 'providence'는 어원적으로 pro(미리)와 videre(보다)의 합성어다. 이 말은 신의 지성을 지칭해 왔지만 나는 그 미리-봄이 인간, 비인간 무리-다중의 공통된 지성과 정동, 그리고 존재론적 역량과 다르지 않다고 말하고 싶다. 사전에서 섭정은 "군주가 통치하는 군주국에서 군주가 아직 어려서 정무를 수행할 능력이 없거나 병으로 정사를 돌보지 못할 때 군주를 대신해서 통치권을 받아 국가를 다스리던 사람이나 그 일"로 정의되곤 한다. 그런데 우리 시대에 군주가 어리거나 병약해서 정사를 돌보지 못하는 상황은 특별하거나 예외적이지 않다. 왜냐하면 국가형태 그 자체가 어리석음과 병약함을 의미하기 때문이다. 국가형태는 본원적으로 이윤 추구라는 자본의 협소한 이해관계에 구속되어 있어 무리-다중의 특이함이나 공통성을 돌볼 능력을 갖고 있지 않고 인간, 비인간의 삶을 흐름 속에서 있는 그대로 직시할 능력도 갖고 있지 않다. 요컨대 그것은 미리-볼 내다봄의 능력을 갖고 있지 않다. 그것은 '내다보기'의 권력이라기보다 정체화를 통해 다중을 국민, 시민, 주민 등의 형태로 호명하여 멈춰 세우고 착취·수탈하는 '울타리치기'의 권력이다. 근로자, 산업역군, 주부, 전우 같은 이름들이 그런 호명의 하나다. 그러한 정체화 속에서 무리-다중까지 협소해지고 병든다.

국가형태가 무리에 대한 두려움에 의해 재구조화된다는 것은 무리의 비정체성과 돌발성에 대한 두려움이 가져오는 효과다. 그런데 무리는 국가가 제시하는 그 병적 질서 속에서, 삶의 모든 에너지가 이윤 회로를 통해서만 흐르도록 강제하는 그 착취적 질서 속에서 행복함 대신 고통을 느낀다. 고통과 절규는 다른 세계가 필요하다는 정동적 신호다. 분노는 그것이 가능하다는 정동적 표지다. 노동거부를 함축하는 파업 행동과 담론적이거나 행동적인 집회 등에서 무리-다중의 공통되기는 새로운 세계를 실현할 힘의 축적 과정이고 새로운 세계를 열기 위한 축제의 시작이다. 이 모든 것이 섭정의 요소이지만 무리-다중이 섭정자로서의 얼굴을 표면에 드러내는 결정적 순간은 우리가 "혁명"이라고 부르는 그 순간일 것이다. 그림자 섭정자였던 다중은 혁명적 사건에서 집합적 '섭정군주'로 나타난다. 그러나 우리가 잊지 말아야 할 것은 넓은 바다로의 섭정적 넘쳐흐름의 항해는 거대한 소용돌이에 휩쓸려 사라질 위험과 국가형태의 백래시와 같은 새로운 응고와 정체화에 갇혀 정박될 위험을 피할 수 없다는 것이다. 이런 의미에서 희망과 섭정의 운동은 모두 카리브디스와 스킬라 사이를 헤쳐가는 불안정하고 긴장된 항해다.

◇

이 자리를 빌려 이 책을 번역할 수 있도록 영문 원고를 보내주고 번역 과정에서 나의 질문에 성의 있게 답해준 저자 존 홀러웨이 님께, 한글 원고를 미리 읽고 좋은 문장으로 고칠 수 있게 도와준 프리뷰어 손보미·박서연 님께, 한글 원고를 다듬고 디자인하고 레이아웃하고 홍보하여 누구나 읽을 수 있는 책으로 만들어 줄 갈무리 출판사의 신은주·김정연·조문영·김하은 님께, 그리고 원고를 인쇄하고 제작하고 보관하고 유통해 줄

이름 모를 여러 노동자분들께 감사드린다.

2024년 10월 12일

조정환

:: 참고문헌

Abahlali baseMjondolo. 2021. 'Dignity is at the Centre of the Politics of Our Movement', Presentation 27 January 2021. Available at http://abahlali.org/ node/17219/.

_____. 2020. 'Organising in the shadow of death', Press statement, 7 July 2018. Available at https://abahlali.org/node/16663/.

Adorno, T.W. 1966/1990. *Negative Dialectics*. London : Routledge. [테오도어 W. 아도르노, 『부정변증법』, 홍승용 옮김, 한길사, 1999.]

_____. 1951/2005. *Minima Moralia : Reflections on a Damaged Life*. London : Verso. [테오도르 아도르노, 『미니마 모랄리아 : 상처받은 삶에서 나온 성찰』, 김유동 옮김, 도서출판 길, 2005.]

Agnoli, Johannes. 1990/2005. 'Destruction as the Determination of the Scholar in Miserable Times', in Bonefeld. 2005. 25~38.

Anta Martínez, Sagrario. 2020. 'Terminary Accumulation or the Limits of Capitalism', in Dinerstein, García Vela, González and Holloway 2020. 95~108.

Aslan, Azize. 2021. *Economía Anticapitalista en Rojava. Las Contradicciones de La Revolución en La Lucha Kurda*. Guadalajara : Cátedra Jorge Alonso.

Baschet Jérôme. 2020. 'Qu'est-ce qu'il nous arrive? Beaucoup de questions et quelques perspectives par temps de coronavirus', *Lundi AM*, 13 April 2020. https://lundi.am/Qu-est-ce-qu-il-nous-arrive-par-Jerome-Baschet.

Benjamin, Walter. 1974. 'Anmerkungen zu "Über den Begriff der Geschichte" ', in *Gesammelte Schriften* Vol. 1, 1223~66. Frankfurt : Suhrkampf. [발터 벤야민, 「'역사의 개념에 대하여' 관련 노트들」, 『역사의 개념에 대하여/폭력비판을 위하여/초현실주의 외』, 최성만 옮김, 도서출판 길, 2008.]

_____. 1940/1969. 'Theses on the Philosophy of History' in *Illuminations*, edited and with an Introduction by Hanna Arendt. New York : Schocken Books. 253~64. [발터 벤야민, 「'역사의 개념에 대하여' 관련 노트들」, 『역사의 개념에 대하여/폭력비판을 위하여/초현실주의 외』, 최성만 옮김, 도서출판 길, 2008.]

Blake, William. 1988. *The Complete Poetry and Prose of William Blake*, edited by David V. Erdman, commentary by Harold Bloom. New York : Anchor Books.

Blinder, Alan. 2014. *After the Music Stopped*. New York : Penguin.

Bloch, Ernst. 1936/1991. *Heritage of Our Times*. Cambridge : Polity Press.

_____. 1959/1985. *The Principle of Hope*. 3 vols. Cambridge, Massachussetts : MIT Press. [에른스트 블로흐, 『희망의 원리 : 전5권』, 박설호 옮김, 열린책들, 2004.]

_____. 1959/1993. *Das Prinzip Hoffnung*, 3 vols. Frankfurt : Suhrkamp. [에른스트 블로흐, 『희망의 원

리 : 전5권』, 박설호 옮김, 열린책들, 2004.]

_____. 1963/1968. *Tübinger Einleitung in die Philosophie*. 2 vols. Frankfurt : Suhrkamp.

Bonefeld, Werner. 1993. *The Recomposition of the British State during the 1980s*. Aldershot : Dartmouth.

_____. 1995. 'Monetarism and Crisis' in Bonefeld and Holloway 1995. 35~68. [워너 본펠드, 「통화주의와 위기」, 『신자유주의와 화폐의 정치』, 워너 본펠드 · 존 홀러웨이 엮음, 이원영 옮김, 갈무리, 1999.]

_____. 2020. 'Capital Par Excellence : On Money as an obscure thing'. *Estudios de Filosofía*, 62, 33~56. https://doi.org/10.17533/udea.ef.n62a03.

Bonefeld, Werner, Richard Gunn and Kosmas Psychopedis (eds). 1992. *Open Marxism, vol. II. Theory and Practice*. London : Pluto.

Bonefeld, Werner, Richard Gunn, John Holloway and Kosmas Psychopedis (eds). 1995. *Open Marxism, vol. III : Emancipating Marx*. London : Pluto.

Bonefeld, Werner and John Holloway (eds). 1995. *Global Capital, National State and the Politics of Money*. London : Macmillan. [워너 본펠드 · 존 홀러웨이 엮음, 『신자유주의와 화폐의 정치』, 이원영 옮김, 갈무리, 1999.]

Bonefeld, Werner and Kosmas Psychopedis (eds). 2000. *The Politics of Change*. London : Palgrave.

Bonefeld, Werner and Sergio Tischler (eds). 2002. *What is to be Done?*. Aldershot : Ashgate. [쎄르지오 띠쉴러 · 워너 본펠드, 『무엇을 할 것인가?』, 조정환 옮김, 갈무리, 2004.]

Bonnet, Alberto. 2008. *La Hegemonía menemista. El neoconservadurismo en Argentina, 1989-2001*. Buenos Aires : Prometeo.

_____. 2009. 'Antagonism and Difference : Negative Dialectics and Post-structuralism in View of the Critique of Modern Capitalism', in Holloway, Matamoros and Tischler 2009. 41~78.

_____. 2020. 'The Concept of Form in the Critique of Political Economy', in Oliva, Antonio, Ángel Oliva and Iván Novara (eds) 2020. 203~26.

Braunmühl, Claudia von. 1974/1978. 'On the Analysis of the Bourgeois Nation State within the World Market Context', in Holloway, John and Sol Picciotto 1978. 160~77.

Brzezicka, Barbara. 2020. 'The Rabbles, the Peoples and the Crowds : A Lexical Study'. *Images of the Rabble, Praktyka Teoretyczna* 2, no. 36 : 15~34.

Buck-Morss, Susan. 2009. *Hegel, Haiti, and Universal History*. Pittsburgh : University of Pittsburgh Press. [수잔 벅모스, 『헤겔, 아이티, 보편사』, 김성호 옮김, 문학동네, 2012.]

Clare, Nick and Victoria Habermehl. 2016. 'Towards a Theory of "Commonisation"' in Souza, Marcelo Lopes de and Richard J White (eds). 101~22.

Clarke, Simon. 1988. *Keynesianism, Monetarism and the Crisis of the State*. Aldershot : Edward Elgar.

Cleaver, Harry. 2015. *Rupturing the Dialectic : The Struggle Against Work, Money, and Financialization*. San Francisco : AK Press. [해리 클리버, 『변증법을 파열하기』, 권범철 옮김, 갈무리, 근간.]

Coggan, Philip. 2012. *Paper Promises. Money, Debt and the New World Order*. London : Penguin.

Davis, Mike. 2006. *Planet of Slums*. London : Verso. [마이크 데이비스, 『슬럼, 지구를 뒤덮다 : 신자

유주의 이후 세계 도시의 빈곤화』, 김정아 옮김, 돌베개, 2007.]

Dinerstein, Ana Cecilia. 2015. *The Politics of Autonomy in Latin America : The Art of Organising Hope*. London : Palgrave Macmillan.

_____. 2020. 'A Critical Theory of Hope : Critical Affirmations beyond Fear', in Dinerstein, García Vela, González and Holloway (eds) 2020. 33~46.

Dinerstein, Ana et al. (eds). 2020. *Open Marxism IV. Against a Closing World*. London : Pluto Press.

Doulos, Panagiotis. 2020. 'Crisis, State and Violence : The example of Greece', in Holloway, Nasioka and Doulos 2020. 118~37.

Dumas, Alexandre. 1850/2003. *The Man in the Iron Mask*. London : Penguin.

Durán Matute, Inés. 2021. 'Romper las fronteras del capital, derrumbar los sueños de "desarrollo" '. *La resistencia de los migrantes indígenas en Gran Los Ángeles*. Unpublished paper.

Durán Matute, Inés, and Rocío Moreno. 2021. *La lucha por la vida frente a los megaproyectos en México*. Guadalajara : Cátedra Jorge Alonso.

Durand, Cédric. 2014/2017. *Fictitious Capital*. London : Verso.

Eagleton, Terry. 2015. *Hope without Optimism*. New Haven and London : Yale University Press. [테리 이글턴, 『낙관하지 않는 희망』, 김성균 옮김, 우물이있는집, 2016.]

Engels, Friedrich. 1844/1975. *Outlines of a Critique of Political Economy*, in Karl Marx, Friedrich Engels, *Collected Works*, vol. 3. London : Lawrence & Wishart.

EZLN Ejército Zapatista de Liberación Nacional. 1994. *La Palabra de los Armados de Verdad y Fuego*, 3 vols. Mexico City : Fuenteovejuna.

_____. 1995. 'Discurso inaugural de la mayor Ana María'. *Chiapas* 3, 101~5.

_____. 2015. *El Pensamiento Crítico frente a la Hidra Capitalista* (3 vols).

_____. 2020. *Por la Vida* (6 parts) https://enlacezapatista.ezln.org.mx/.

Foran, John. 2018. 'The Varieties of Hope'. *Resilience.org*, 2 July 2018. https://www. resilience.org/stories/2018-07-02/the-varieties-of-hope/.

Friedman, Milton. 1969/2009. *The Optimum Quantity of Money*. New Brunswick : Transaction.

Gallo, Alberto. 2019. 'Central banks have broken Capitalism'. *Bloomberg*, 25 April 2019. https://www.bloomberg.com/opinion/articles/2019-04-26/capitalism-is-broken-because-of-central-banks.

García Vela, Alfonso. 2020. 'Objectivity and Critical Theory : Debating Open Marxism', in Dinerstein, García Vela, González and Holloway 2020. 47~62.

Geithner, Timothy. 2014. *Stress Test. Reflections on Financial Crises*. London : Penguin Random House.

González, Edith. 2020. 'From Revolution to Democracy : The Loss of the Emancipatory Perspective', in Dinerstein, García Vela, González and Holloway (eds), 2020. 155~67.

Graeber, David. 2011. *Debt : The First 5,000 Years*. Brooklyn : Melville House. [데이비드 그레이버, 『부채, 첫 5,000년의 역사 : 인류학자가 고쳐 쓴 경제의 역사』, 정명진 옮김, 부글북스, 2021.]

Greenspan, Alan. 2008. *The Age of Turbulence*. London : Penguin. [현대경제연구원 · 앨런 그린스펀, 『격동의 시대 (특별판) : 세계 신용위기를 말하다』, 문학수첩, 2008.]

Greider, William. 1987. *Secrets of the Temple. How the Federal Reserve runs the Country*. New York : Touchstone.

Gunn, Richard. 1985. 'The Only Real Phoenix : Notes on Apocalyptic and Utopian Thought', *Edinburgh Review* 71, no. 1. Reprinted in Macdonald, Murdo (ed). *Nothing Is Altogether Trivial : An Anthology of Writing from Edinburgh Review*. Edinburgh : Edinburgh University Press. 124~39.

_____. 1987. 'Notes on Class', *Common Sense* no. 2.

_____. 1992. 'Against Historical Materialism : Marxism as a First-order Discourse', in Bonefeld, Gunn and Psychopedis 1992. 1~45.

Gunn, Richard and Adrian Wilding. 2020. *Revolutionary Recognition*. London : Bloomsbury Press.

Habermann, Friederike. 2016. *Ecommony. Umcare zum Miteinander*. Rossdorf : Ulrike Helmar Verlag.

_____. 2018. *Ausgetauscht*. Rossdorf : Ulrike Helmar Verlag.

Hardt, Michael and Colectivo Situaciones. 2007. 'Leer a Macherey', in Macherey 2007.

Harvey, David. 2003. *The New Imperialism*. Oxford : Oxford University Press. [데이비드 하비, 『신제국주의』, 최병두 옮김, 2016.]

Hegel, G.W.F. 1807/1977. *Phenomenology of Spirit*, translated by A.V. Miller. London : Oxford University Press. [게오르그 빌헬름 프리드리히 헤겔, 『정신현상학』 1~2, 김준수 옮김, 아카넷, 2022.]

_____. 1821/1967. *Philosophy of Right*, translated with notes by T.M. Knox. London : Oxford University Press.

Hirsch, Joachim. 1974/1978. 'The State Apparatus and Social Reproduction : Elements of a Theory of the Bourgeois State', in Holloway and Picciotto 1978. 57~107.

_____. 1995. *Der nationale Wettbewerbsstaat. Staat, Demokratie und Politik im globalen Kapitalismus*. 2. Amsterdam/Berlin : Edition ID-Archiv.

Hobbes, Thomas. 1651, *Leviathan*, edited and abridged by John Plamenatz. London : Fontana, 1962. [토마스 홉스, 『리바이어던』 1~2, 진석용 옮김, 나남출판, 2008.]

Holloway, John. 1987/2019a. 'The Red Rose of Nissan', *Capital and Class* 32 : 142~64. Also in Holloway. 2019a. 37~65.

_____. 1995a. 'Global Capital and the National State', in Bonefeld and Holloway 1995. 116~40. [존 홀러웨이, 「지구적 자본과 민족국가」, 『신자유주의와 화폐의 정치』, 워너 본펠드 · 존 홀러웨이 엮음, 이원영 옮김, 갈무리, 1999.]

_____. 1995b/2019. 'The Abyss Opens : The Rise and Fall of Keynesianism', in Bonefeld and Holloway 1995. 7~34. Also in Holloway 2019a. 76~103. [존 홀러웨이, 「심연이 열리다 : 케인즈주의의 상승과 몰락」, 『신자유주의와 화폐의 정치』, 워너 본펠드 · 존 홀러웨이 엮음, 이원영 옮김, 갈무리, 1999.]

_____. 1998/2019. 'Dignity's Revolt', in Holloway and Pelaez 1998. 159~98. Also in Holloway 2019a. 114~53.

_____. 2000. 'Zapata in Wall Street', in Bonefeld and Psychopedis 2000. 173~96.

_____. 2002/2019. *Change the World without Taking Power*. London : Pluto Press. [존 홀러웨이, 『권

력으로 세상을 바꿀 수 있는가』, 조정환 옮김, 갈무리, 2002.]

____. 2010. *Crack Capitalism*. London : Pluto Press. [존 홀러웨이, 『크랙 캐피털리즘 : 균열혁명의 멜로디』, 조정환 옮김, 갈무리, 2013.]

____. 2015. 'Read Capital : The First Sentence, or Capital starts with wealth, not with the commodity', *Historical Materialism* 23, no. 3 : 1~24.

____. 2017. *La Tormenta : Crisis, Deuda, Revolución y Esperanza*. Buenos Aires : Herramienta.

____. 2018. *Una Lectura antiidentitaria de El Capital*. Buenos Aires : Herramienta.

____. 2019a. *We are the Crisis of Capital. A John Holloway Reader*. Oakland : PM Press.

____. 2019b. 'The Grammar of Capital : Wealth In-Against-and-Beyond Value', in Matt Vidal, Tony Smith, Tomás Rotta and Paul Prew (eds), *The Oxford Handbook Karl Marx*. Oxford : Oxford University Press. 231~40.

____. 2020. 'Preface', in Abdullah Öcalan, *The Sociology of Freedom*. Oakland : PM Press.

Holloway, John, Panagiotis Doulos and Katerina Nasioka. 2020. *Beyond Crisis. After the Collapse of Institutional Hope in Greece, what?*. Oakland : PM Press.

Holloway, John, Fernando Matamoros and Sergio Tischler. 2009. *Negativity and Revolution. Adorno and Political Activism*. London : Pluto Press.

Holloway, John and Eloína Peláez. 1998. *Zapatista! Reinventing Revolution in Mexico*. London : Pluto Press.

Holloway, John and Sol Picciotto (eds). 1978. *State and Capital : A Marxist Debate*. London : Edward Arnold. [존 할러웨이 · 솔 피치오토, 『국가와 자본』, 김정현 옮김, 靑史, 1985.]

Irwin, Neil. 2013. *The Alchemists. Three Central Bankers and a World on Fire*. London : Penguin.

Jappe, Anselm. 2011. *Crédito a Muerte*. Logroño : Pepitas de Calabaza.

Keynes, John Maynard. 1936/1961. *The General Theory of Employment, Interest and Money*. London : Macmillan. [존 메이너드 케인스, 『고용, 이자 및 화폐의 일반이론』, 조순 옮김, 비봉출판사, 2007.]

Keynes, John Maynard (CW). *The Collected Writings of John Maynard Keynes* (30 vols), edited by Elizabeth Johnson, Donald Moggridge. Cambridge : Cambridge University Press.

Korsch, Karl, Paul Mattick and Anton Pannekoek. 1978. ¿Derrumbe del Capitalismo o Sujeto Revolucionario? Cuadernos del Pasado y Presente, 78. Mexico City : Siglo XXI.

Krueger, Thomas A. 1982. 'The public life and times of Bernard Baruch', *Reviews in American History* 10#1.

La Boétie, Étienne. 1548/2002. *Le Discours de la Servitude volontaire*. Paris : Éditions Payot & Rivages. English translation by Harry Kurz published under the title *Anti-Dictator*. New York : Columbia University Press 1942. Available at http://www.constitution.org/la_boetie/serv_vol.htm.

Leonard, Christopher. 2022. *The Lords of Easy Money*. New York : Simon and Schuster. [크리스토퍼 레너드, 『돈을 찍어내는 제왕, 연준 : 미국 중앙은행은 어떻게 세계 경제를 망가뜨렸나』, 김승진 옮김, 세종서적, 2023.]

Lenin, Vladimir Illich. 1902/1977. *What is to be Done?* in Lenin, *Collected Works*, vol. 5. Moscow : Progress Publishers. 349~529. [블라디미르 일리치 울리야노프 레닌, 『무엇을 할 것인가? 우리 운동의 절박한 문제들』, 최호정 옮김, 박종철출판사, 2014.]

Lipietz, Alain. 1985. *The Enchanted World*. London : Verso.

Lohoff, Ernst and Norbert Trenkle. 2012. *Die grosse Entwertung*. Münster : Unrast.

London Edinburgh Weekend Return Group. 1979/2021. *In and Against the State*. London : Pluto Press.

Lukács, Georg. 1923/1971. 'What is Orthodox Marxism?', in *History and Class Consciousness*. Cambridge, Mass : MIT Press. 1~26. [게오르크 루카치, 「전통 맑스주의란 무엇인가」, 『역사와 계급의식 : 맑스주의 변증법 연구』, 조만영 · 박정호 옮김, 거름, 1999.]

Luxemburg, Rosa. 1921/1972. *The Accumulation of Capital - an Anti-Critique*, in Luxemburg and Bukharin 1972. 45~150. [로자 룩셈부르크, 『자본의 축적』 1~2, 황선길 옮김, 지만지(지식을만드는지식), 2013.]

Luxemburg, Rosa and Nikolai Bukharin. 1972. *Imperialism and the Accumulation of Capital*. London : Allen Lane.

Macherey, Pierre. 2007. *Hegel o Spinoza*. Buenos Aires : Tinta Limón.

Mandel, Ernest. 1975. *Late Capitalism*. London : New Left Books.

Mann, Geoff. 2017. *In the Long Run we are all Dead : Keynesianism, Political Economy and Revolution*. London : Verso.

Marazzi, Christian. 1995. 'Money in the World Crisis : The New Basis of Capitalist Power', in Bonefeld and Holloway 1995. 69~91. [크리스띠안 마랏찌, 「세계위기에서의 화폐 : 자본주의 권력의 새로운 기초」, 『신자유주의와 화폐의 정치』, 워너 본펠드 · 존 홀러웨이 엮음, 이원영 옮김, 갈무리, 1999.]

Marcuse, Herbert. 1964/1968. *One Dimensional Man*. London : Sphere Books. [헤르베르트 마르쿠제, 『일차원적 인간』, 박병진 옮김, 한마음사, 2009.]

Marx, Karl. 1847/1976. *The Poverty of Philosophy*, in Karl Marx, Friedrich Engels, *Collected Works*, vol. 6. London : Lawrence & Wishart. [카를 마르크스, 「철학의 빈곤」, 『경제학 · 철학초고 / 자본론 / 공산당선언 / 철학의 빈곤』, 김문수 옮김, 동서문화동판(동서문화사), 2016.]

_____ 1857/1973. *Grundrisse*, translated with a foreword by Martin Nicolaus. London : Penguin. [카를 마르크스, 『정치경제학 비판 요강』 1~3, 김호균 옮김, 그린비, 2007.]

_____ 1867/1965. *Capital*, vol. 1, translated by Edward Aveling and Samuel Moore. Moscow : Progress Publishers. [카를 마르크스, 『자본론』 1~3, 김수행 옮김, 비봉출판사, 2015.]

_____ 1867/1985. *Das Kapital*, Bd. 1. Berlin : Dietz Verlag. [카를 마르크스, 『자본론』 1~3, 김수행 옮김, 비봉출판사, 2015.]

_____ 1867/1990. *Capital*, vol. 1, translated by Ben Fowkes. London : Penguin. [카를 마르크스, 『자본론』 1~3, 김수행 옮김, 비봉출판사, 2015.]

Marx, Karl and Friedrich Engels. 1848/1976. *Manifesto of the Communist Party* in Karl Marx, Friedrich Engels, *Collected Works*, vol. 6. London : Lawrence & Wishart. [카를 마르크스 · 프리드리히 엥겔스, 「공산주의 선언 : 개정판」, 김태호 옮김, 박종철출판사, 2016.]

Matamoros Ponce, Fernando, Christy Petropoulou, Manuel A. Melgarejo Pérez, Dionisis Tzanetatos, Edith González Cruz y Panagiotis Doulos. 2022. *Experiencias de resistencias entre utopías y distopías. Luchas invisibles en tiempos de Pandemia*. Puebla-Lesbos : ICSYH-BUAP and University of the Aegean.

Mattick, Paul. 1934/1978. 'Zur Marxschen Akkumulations-und Zusammenbruchstheorie', *Rätekorrespondenz* 4, reprinted in Spanish in Korsch, Mattick and Pannekoek 1978.

_____. 1978. *Economics, Politics and the Age of Inflation*. London : Merlin.

McNally, David. 2011. *Global Slump : The Economics and Politics of Crisis and Resistance*. Oakland : PM Press.

Mian, Atif, Ludwig Straub, and Amir Sufi. 2021. 'The Saving Glut of the Rich', Harvard. Available online, https://scholar.harvard.edu/straub/publications/saving-glut-rich-and-rise-householddebt.

Monterroso, Augusto. 1959/2019. 'El Dinosaurio', in *Obras completas (y otros cuentos)*. Mexico City : Ediciones Era.

More, Thomas. 1516/1965. *Utopia*, translated and introduced by Paul Turner. London : Penguin Books. [토머스 모어, 『유토피아 : 최상의 공화국 형태와 유토피아라는 새로운 섬에 관하여』, 박문재 옮김, 현대지성, 2020.]

Moulier, Yann. 1989. 'Introduction', in Negri 1989. 1~44. [얀 물리에, 「얀 물리에의 서문」, 『전복의 정치학 : 21세기를 위한 선언』, 안토니오 네그리 지음, 최창석 · 김낙근 옮김, 인간사랑, 2012.]

Nasioka, Katerina. 2017. *Ciudades en Insurrección. Oaxaca 2006 / Atenas 2008*. Guadalajara : Cátedra Jorge Alonso.

Negri, Toni. 1968/1988. 'Keynes and the Capitalist Theory of the State Post-1929', in Negri 1988. 5~42. [안또니오 네그리, 「케인즈 그리고 1929년 이후의 자본주의적 국가이론」, 『혁명의 만회』, 영광 옮김, 갈무리, 2005.]

_____. 1988. *Revolution Retrieved. Selected Writings on Marx, Keynes, Capitalist Crisis and New Social Subjects 1967-83*. London : Red Notes. [안또니오 네그리, 『혁명의 만회』, 영광 옮김, 갈무리, 2005.]

_____. 1989. *The Politics of Subversion*. Cambridge : Polity. [안토니오 네그리, 『전복의 정치학 : 21세기를 위한 선언』, 최창석 · 김낙근 옮김, 인간사랑, 2012.]

_____. 2002. 'Pour une définition ontologique de la multitude', *Multitudes* 9, no : 2. English translation by Arianna Bove : https://www. multitudes.net/Towards-an-Ontological-Definition/.

Negri, Toni and Michael Hardt. 2009. *Commonwealth*. Cambridge : Harvard University Press. 안토니오 네그리 · 마이클 하트, 『공통체 : 자본과 국가 너머의 세상』, 정남영 · 윤영광 옮김, 사월의책, 2014.]

Nelson, Anitra. 2022. *Beyond Money*. London : Pluto Press.

Oliva, Antonio, Ángel Oliva and Iván Novara (eds). 2020. *Marx and Contemporary Critical Theory : The Philosophy of Real Abstraction*. London : Palgrave Macmillan.

Pascual, Rodrigo. 2022. 'Mercado mundial, imperialismo y derivación del estado en Claudia Von Braunmühl'. Unpublished paper.

Pashukanis, Evgeny. 1924/2002. *The General Theory of Law and Marxism*. New Brunswick : Transaction.

Perelman, Michael. 2011. *The Invisible Handcuffs of Capitalism*. New York : Monthly Review Press. [마이클 페럴먼, 『무엇이 우리를 무능하게 만드는가 : 일할 권리를 빼앗는 보이지 않는 수갑, 어떻게 풀 것인가?』, 김영배 옮김, 어바웃어북, 2014.]

Postone, Moishe 1996. *Time, Labour, and Social Domination : A Reinterpretation of Marx's Critical Theory*. Cambridge : Cambridge University Press.

Rajan, Raghuram. 2010. *Fault Lines. How Hidden Fractures still Threaten the World Economy*. Princeton : Princeton University Press. [라구람 G. 라잔, 『폴트 라인 : 보이지 않는 균열이 어떻게 세계 경제를 위협하는가』, 김민주·송희령 옮김, 에코리브르, 2011.]

Rickards, James. 2016. *The Road to Ruin*. New York : Penguin. [제임스 리카즈, 『은행이 멈추는 날 : 전 세계 대규모 자산 동결이 시작된다』, 서정아 옮김, 더난출판사, 2017.]

_____. 2021. *The New Great Depression*. New York : Portfolio/ Penguin.

Roberts, Michael, *The Michael Roberts Blog. Blogging from a Marxist Economist*. https://thenextrecession.wordpress.com/.

Rodriguez, Milena. 2021. *Identidad Territorial : apuestas desde el reconocimiento en La Minga Juvenil Nariño*. Master's Thesis, Posgrado de Sociología, Instituto de Ciencias Sociales y Humanidades Alfonso Vélez Pliego, Benemérita Universidad Autónoma de Puebla.

Roudinesco, Élisabeth. 2021. *Soi-Même comme un Roi. Essai sur les dérives identitaires*. Paris : Seuil.

Schäbel, Mario. 2020. 'Is Open Marxism an Offspring of the Frankfurt School? Subversive Critique as Method', in Dinerstein, García Vela, González and Holloway 2020, 76~91.

Schlesinger, Arthur. 1959. *The Age of Roosevelt : The Coming of the New Deal*. Cambridge, Mass : The Riverside Press.

Scholz, Roswitha. 2000. *Das Geschlecht des Kapitalismus. Feministische Theorie und die postmoderne Metamorphose des Patriarchats*. Bad Honnef : Horlemann.

Schumpeter, Joseph A. 1942/1976. *Capitalism, Socialism and Democracy*. London : Routledge. [조지프 슘페터, 『자본주의·사회주의·민주주의』, 변상진 옮김, 한길사, 2011.]

Simmel, Georg. 1900/1990. *The Philosophy of Money*. London : Routledge. [게오르그 짐멜, 『돈의 철학』, 김덕영 옮김, 도서출판 길, 2013.]

Sohn-Rethel, Alfred. 1978. *Intellectual and Manual Labour. A Critique of Epistemology*. London : Macmillan.

Solnit, Rebecca. 2004. *Hope in the Dark*. New York : Nation Books. [리베카 솔닛, 『어둠 속의 희망 : 절망의 시대에 변화를 꿈꾸는 법』, 설준규 옮김, 창비, 2017.]

Souza, Marcelo Lopes de and Richard J White (eds). 2016. *Theories of Resistance : Anarchism, Geography and the Spirit of Revolt*. London : Rowman and Littlefield.

Stoetzler, Marcel. 2022. 'Doing the Locomotive'. Unpublished paper.

Sutcliffe, Bob. 1983. *Hard Times*. London : Pluto Press.

Tischler, Sergio. 2002. "Para estos asuntos todos los dioses son iguales" : Las Torres Gemelas y los fetiches modernos, *Bajo el Volcán*, no. 4 : 37~42.

Tischler, Sergio. 2013. *Revolución y Destotalización*. Guadalajara : Grietas.

Tooze, Adam. 2018. *Crashed : How a Decade of Financial Crises changed the World*. London : Penguin.[애덤 투즈, 『붕괴 : 금융위기 10년, 세계는 어떻게 바뀌었는가』, 우진하 옮김, 아카넷, 2019.]

_____. 2021. *Shutdown*. London : Allen Lane. [애덤 투즈, 『셧다운 : 코로나19는 어떻게 세계 경제를 뒤흔들었나』, 김부민 옮김, 정승일 감수, 아카넷, 2022.]

Tronti, Mario. 1963/1979. 'Lenin in England', in *Red Notes : Working Class Autonomy and the Crisis*. London : Red Notes. 1~6. Published as 'A New Type of Political Experiment : Lenin in England', in Tronti 2019. 65~72.

_____. 1976. 'Workers and Capital', in The Labour Process and Class Strategies, CSE Pamphlet 1. London Stage 1.

_____. 2019. *Workers and Capital*. London : Verso.

Turner, Adair. 2016. *Between Debt and the Devil. Money, Credit, and Fixing Global Finance*. Princeton : Princeton University Press. [아데어 터너, 『부채의 늪과 악마의 유혹 사이에서 : 통화, 신용, 그리고 글로벌 금융』, 우리금융경영연구소 옮김, 해남, 2017.]

Vaneigem, Raoul. 2012/2018. *A Letter to my Children and the Children of the World to Come*. Oakland : PM Press.

_____. 2021. *Nada resiste a la alegría de vivir. Libre discurso sobre la libertad soberana*. Colección *Al Faro Zapatista*. http://alfarozapatista.jkopkutik.org/product/liberad-soberana/.

Vonnegut, Kurt. 1963. *Cat's Cradle*. New York : Holt, Rinehart and Winston. [커트 보니것, 『고양이 요람』, 김송현정 옮김, 문학동네, 2020.]

Wallace, Rob, Alex Liebman, Luis Fernando Chaves and Rodrick Wallace. 2020. 'COVID-19 And Circuits of Capital', *Monthly Review*, 1 May 2020. https://monthlyreview.org/2020/05/01/covid-19-and-circuits-of-capital/.

Warburton, Peter. 1999. *Debt and Delusion*. London : Allen Lane.

Wilding, Adrian. 1995. 'The Complicity of Posthistory', in Bonefeld, Gunn, Holloway and Psychopedis (eds). 1995. pp. 140~54.

Wolf, Martin. 2014. *The Shifts and the Shocks*. New York : Penguin.

Žižek, Slavoj. 2018. *The Courage of Hopelessness*. London : Penguin Books. [슬라보예 지젝, 『용기의 정치학 : 우리의 삶에서 희망이 사라졌을 때』, 박준형 옮김, 이택광 감수, 다산초당(다산북스), 2020.]

: : 인명 찾아보기

긴축 정책(austerity policies) 327, 328

ㄴ

남아프리카공화국(South Africa) 29, 37, 256, 386, 397

내재적 부정(immanent negation) 68~70, 109, 152, 211, 228, 232, 235

넘쳐흐름의 시(poetry of overflowing) 31, 56

노동가치론(labour theory of value) 136

노동계급(working class) 43, 51, 65, 69, 70, 108~112, 119, 125, 135, 139~142, 162, 190, 194, 199, 200, 209, 234, 235, 240, 278~281, 283, 284, 287, 288, 291, 294, 297, 308, 318, 319, 372, 386, 388, 392

노동조합(trade unions) 14, 81, 125, 141, 234, 242, 283, 290, 297, 299, 303, 308

뉴딜(New Deal) 165, 247, 293, 298, 299, 349, 373

ㄷ

다양성(diversity) 20, 50, 72~76, 100, 129, 149, 167, 251, 252, 286, 341

『다음번은 불』(The Fire Next Time, 볼드윈) 257

달러(dollar) 250, 264, 301, 302, 307, 309, 323, 331

대규모 퇴직(the Great Resignation) 132, 381

도덕적 해이(moral hazard) 320, 326, 354, 355, 360

독일(Germany) 42, 67, 90, 92, 114, 161, 195, 240, 409, 417, 418

독타 스페스/이성적 희망(docta spes) 41, 45, 46, 65, 66, 92, 153, 209, 250, 400, 413

디그나 라비아(digna rabia) 365, 382, 385

떼(mob) 15, 245, 287, 289, 293, 294, 297, 301, 415

ㄹ

〈라 밍가 후베닐 나리뇨〉(La Minga Juvenil Nariño) 80

러시아 혁명(Russian Revolution) 47, 117, 197, 280, 281, 283, 290, 297, 372

러시아(Russia) 256, 322

로자바(Rojava) 34

롱텀캐피탈매니지먼트(Long Term Capital Management) 322

리먼 브라더스(Lehman Brothers) 256, 326, 330

ㅁ

맑스주의(Marxism) 63, 69, 74, 75, 101, 107, 108, 110, 116, 131, 139, 142, 183~186, 190, 191, 199, 201, 209, 218, 220, 230, 265, 266, 273, 277, 278, 295, 313, 352, 353, 388, 392, 417

멕시코(Mexico) 25, 33, 34, 53, 90, 93, 97, 119, 121, 162, 175, 205, 239, 240, 309, 311, 322, 412, 413

멸종 반란(Extinction Rebellion, XR) 384

모자라(Not Enough) 36, 38, 39, 65, 127, 131, 206, 208, 404, 407, 423

무리(rabble) 11, 12, 18, 109, 110, 235, 281~291, 294, 296, 297, 299, 301, 307, 308, 310, 316, 317, 319, 327, 329, 360, 363, 365, 367, 371, 372, 378, 381, 386, 399, 402, 408, 415, 416, 418~427

「무리, 민중, 그리고 군중 : 어휘 연구」(The Rabbles, the Peoples and the Crowds : a Lexical Study, 브제지카) 286

『무엇을 할 것인가?』(What Is To Be Done?, 레닌) 81

묵시록적 사고(apocalyptic thought) 82

문명(civilisation) 28, 178, 223, 264, 280, 281, 283~286, 288~290, 295, 297, 299, 371~375, 381

물물교환(barter) 177

물신숭배/물신주의(fetishism) 51, 92, 171, 265, 267

물화(reification) 51, 91, 92, 264~268

미국 연방준비제도이사회(연준, Federal Reserve) 11, 12, 14, 15, 17, 275, 302, 305~309, 315, 316, 319, 320, 322, 325, 328, 331, 332, 344~348, 357~359, 362

미래를 위한 금요일 운동(Fridays for Future movement) 384

『민주주의의 경제적 결과』(The Economic Consequences of Democracy, 브리턴) 297

ㅂ

반이민자 운동(anti-migrant movements) 240

반자본주의(anti-capitalism) 38, 46, 47, 49, 50, 71, 77, 84, 96, 132, 177, 184, 201, 202, 209, 237~239,